REITs
房地产
运营时代

不动产投资信托基金实务操作手册

蔺玉红　李杨　杜楠◎著

中国法制出版社
CHINA LEGAL PUBLISHING HOUSE

前言

PREFACE

中国房地产行业伴随城镇化、经济发展以及人口红利快速发展了近20年，随着中国经济增长模式的转换及人口结构的变化，目前正处于深度调整期，未来将走向何方，是每一位地产人都尤其关注的。

关于房地产行业的走势，首先，应该关注房地产行业目前及未来在国民经济中的地位。从全球主要经济体美国来看，2018年、2019年和2020年，房地产业增加值占美国GDP（国内生产总值）总量的12.25%、12.54%和11.89%；其他发达经济体，如英国、法国、日本等国家，房地产业增加值占GDP总量比例也在11%至13%；基于统计规则的不同，目前我国房地产业增加值占GDP总量在7%左右。从经济学角度讲，一个行业占GDP总量超过5%，即可认为是支柱行业。因此，房地产行业在我国以及其他主要发达经济体中均可以被认为是当之无愧的支柱行业，相信这一点在未来也是必然的趋势。从这个角度讲，地产人应该对房地产行业的未来抱有信心。

其次，房地产行业的未来是美好的，但房地产的细分发展行业在未来是怎样的，则需要每一个地产人在调整期做好准备。基于我国房地产行业是伴随中国快速城镇化过程发展起来的，在大部分国人心中，房地产行业与住宅开发是画等号的。但是，据美国房地产信托协会（NAREIT）统计，房地产细分行业类别包括住宅开发及租赁、仓储物流、数据中心、医疗健康、基础设施、写字楼、商业（购物中心、区域购物中心等）、工业地产、林业地产、度假酒店、混合经营及其他类别等；据欧洲公共房地产协会（EPRA）统计，房地产细分行业类别包括零售、购物中心、商业、写字楼、酒店、仓储物流、医疗健康、学生住宿、住宅开发及租赁等；据亚太房地产协会（APREA）统计，房地产细分行业类别则包括综合、工业、物流、办公、零售、酒店、公寓、医疗健康、数据中心等。也就是说，在主要经济体对房地产行业的分类中，住宅开发仅是房地产行业的一个细分行业，且主要指住宅租赁。未来，相信其他细分行业也会在我国房地产行业中占据越来越重要的位置。

最后，从上述房地产行业未来的发展趋势可以看出，房地产未来的细分行业绝大部分以运营为主。而面临的一个问题是，如何解决运营模式下不动产的盘活及流动，即融投管退的问题。因此，公募REITs（Real Estate Investment Trust，不动产投资信托基金）的推出正当其时且具有重大意义。公募REITs的重要性从主要经济体房地产行业与公募REITs的关系中可见一斑：公募REITs市值占美国房地产行业的43%至50%、占日本房地产行业的24%至38%。顺而推演之，公募REITs在我国必将拥有万亿级的市场规模。

2020年，我国拉开了公募REITs的帷幕，接下来，伴随房地产细分运营行业的发展以及公募REITs万亿时代的到来，了解主要经济体公募REITs的特征及发展现状、公募REITs的运作机制以及预判中国房地产行业的未来发展趋势与公募REITs的未来，也是每位地产人应做好的功课与准备。

本书共分六章，作者从房地产行业视角，阐述了我国房地产行业资产证券化的必要性，世界主要经济体房地产公募REITs的机制及发展现状，我国目前房地产类公募REITs操作实务，我国公募REITs案例研究、房地产行业公募REITs各细分行业（住房租赁、写字楼、商场、数据中心、仓储物流、养老地产）的国外发展现状及在我国未来的展望，同时对公募REITs涉及的主要法律法规进行了总结。从理论、实践、未来趋势展望以及法律法规机制方面，全面研究、分析了公募REITs制度的海外和国内实践及机制，以期帮助房地产企业管理者更好地了解房地产行业的未来发展趋势和了解、运用公募REITs模式，提升房地产行业的运营及金融运作能力，起到投石问路的作用。

未来已来，将至已至，以梦为马，不负韶华，未来的房地产行业属于有准备的房地产人。我们谨以此书献给所有正感到迷茫、困惑以及坚定方向前进的房地产人。祝愿祖国的未来更加美好，房地产行业的未来更加美好，每位做好准备的房地产人的未来更加美好！

目录

CONTENTS

第一章　房地产行业资产证券化的必要性

第二章 海外房地产REITs发展情况及现状

第三章 我国房地产类REITs操作实务

第四章 公募REITs案例研究与解读

第五章　公募REITs的实践及展望

第六章 公募REITs关键问题

第一章

房地产行业 资产证券化的必要性

房地产行业作为经济发展的基础性、先导性产业，是国民经济的重要支柱产业。中国房地产行业与中国城镇化历程伴随发展的特点，造就了其特殊的住宅开发商业逻辑，即政府对土地进行招拍挂，房地产商按照价高者得原则拍得土地，建成后快速出售给购房者，完成一次商业闭环。随着城镇化率的趋缓，住宅开发将不再是地产业呈现的重要业态，而是运营类的细分行业产业。在整个行业逻辑发生变化的情况下，房地产行业的资产证券化时代随之而来。

第一节　我国房地产行业的发展历程及现状

论及房地产行业的发展现状，先要明确房地产行业的定义。目前，在我国法律法规及大众的理解中，“房地产行业”一般指住宅开发，但其实房地产行业、房地产市场的内涵远远比住宅开发要广。比如，据美国房地产信托协会（NAREIT）统计，房产细分行业类别包括住宅开发及租赁、仓储物流、数据中心、医疗健康、基础设施、写字楼、商业（包括购物中心、区域购物中心等）、工业地产、林业地产、度假酒店、混合经营及其他类别等；据欧洲公共房地产协会（EPRA）统计，房产细分行业类别包括零售、购物中心、商业、写字楼、酒店、仓储物流、医疗健康、学生住宿、住宅开发及租赁等；据亚太房地产协会（APREA）统计，房产细分行业类别包括综合、工业、物流、办公、零售、酒店、公寓、医疗健康、数据中心等。

目前，我国国家统计局发布的《房地产开发统计报表制度》规定，房地产开发的统计范围包括：各种登记注册类型的房地产开发公司、商品房建设公司及其他房地产开发单位统一开发的包括统代建、拆迁还建的住宅、厂房、仓库、饭店、宾馆、度假村、写字楼、办公楼等房屋建筑物和配套的服务设施，土地开发工程，如道路、给水、排水、供电、供热、通信、平整场地等基础设施工程。也就是说，国家统计局统计的房地产范围为各类房屋建筑物物理空间的建设及基础设施工程，但是并不包括其中注入的产业。以住宅开发为房地产行业的主要类别，应该说是我国在某个经济发展阶段的特征，随着我国经济发展阶段的变化以及城镇化率的提升等，住宅开发也必将成为我国房地产行业的一个分支。本书所研究的房地产行业是从广义上理解的，即除了住宅开发及其他物理空间建造之外，还有物理空间内承载的产业业态，包括住宅租赁、工业地产之仓储物流、数字地产之数字中心、商业及写字楼地产、养老地产、特色产业园等。

一、我国房地产行业的发展历程

此处论述的我国房地产行业发展史，主要是从狭义上的房地产行业，即住宅开发行业的角度阐述的。应该说，房地产行业的发展史也是我国社会主义建设和改革开放史的缩影。我国房地产市场总的发展历程，按照时间和重要宏观政策方向划分，主要分为五个阶段：

1. 第一阶段：计划经济阶段（1949—1978年）

1949年，新中国成立，房地产行业的发展经历了巨大变化。新中国成立初始，城市土地收归国有，不能流转，住房退出了流通领域。1956—1958年，政府对资本主义私有房屋进行赎买，大量私有房屋在公私合营、定息赎买等政策的作用下转变为公有房屋，私有住房所占的比重越来越低。从1958年开始，国家对生产性的房地产商品实行计划性的投资和建设，然后无偿拨付给单位和企业使用；对非生产性的房地产以及用于住宿的职工宿舍，也由国家统一计划、建设、分配，单位负责住房的建造与维修，直接给职工提供住房，同时象征性地收取房租，以租养房。在城市建设方面，早期也实行国家包干制度，后来才过渡到“企业办社会”和“统建”这两种制度上。在上述制度下，商业性房地产行业无从发展，中国房地产行业进入“休眠”时期。

2. 第二阶段：初步缓慢发展阶段（1978—1997年）

1978年，中国共产党召开十一届三中全会，我国开始实行经济改革。随着经济体制改革的推进，计划经济逐步向市场经济过渡，我国城镇住房制度和城市土地使用制度也相应地发生改革，由计划经济走向市场经济。中国的房地产行业开始了初步、缓慢的发展，在此期间对房地产市场有影响的重大事件包括：

（1）1987年10月，党的第十三次代表大会首次指出要建立房地产市场，明确提出“社会主义的市场体系，不仅包括消费品和生产资料等商品市场，而且应当包括资金、劳务、技术、信息和房地产等生产要素市场”。

（2）1992年年初，中共十四大确立了建立社会主义市场经济体制的目标；1993年，党的十四届三中全会通过的《中共中央关于建立社会主义市场经济体制若干问题的决定》明确提出要“规范和发展房地产市场”。改革和建设的步伐加快，房地产行业的发展也随之进入一个新的发展阶段。同时，随着房地产行业的迅猛发展，也出现了一些亟待解决的问题。

（3）1994年7月5日，国家发布和实施了《中华人民共和国城市房地产管理法》，从法律层面确认了房地产行业的地位及管理模式，并用法律对其加以规范、引导、推动和保障。

国家统计局数据显示，1979年，我国的国内生产总值约为4 100亿元，房地产行业增加值为86.2亿元，占国内生产总值的比例为2.1%；1997年，我国的国内生产总值约为79 715亿元，房地产行业增加值约为2 914.5亿元，占国内生产总值的比例约为3.66%。

3. 第三阶段：快速发展阶段（1998—2007年）

1998年7月，国务院正式发布了《关于进一步深化城镇住房制度改革加快住房建设的通知》，即我们俗称的“房改通知”，以此为分水岭，住房的计划经济时代终结。“房改通知”的实施，从根本上改变了我国实行了40多年的福利分房制度，引导住房供应体系走向住房市场化的道路。

2003年，国务院发布的《关于促进房地产市场持续健康发展的通知》明确提出，房地产行业是中国国民经济发展的支柱产业，房地产行业进入了快速发展阶段。

自1998年启动房地产市场以后，2002年至2004年，房地产市场出现了过热的势头。2002年后，房地产宏观调控全面展开。其中，2002—2004年的调控目标为抑制房地产市场过热，2005—2007年的调控目标为稳定住房价格。

国家统计局数据显示，1998年，我国的国内生产总值约为85 195.5亿元，房地产行业增加值达到3 427.7亿元，占国内生产总值的比重为4%。2007年，我国的国内生产总值约为27万亿元，房地产行业增加值达到1.37万亿元，占国内生产总值的比重为5.1%。

4.第四阶段：成熟调整阶段（2008—2015年）

2008—2009年，美国爆发次贷危机，引起国际金融危机，为了稳定经济增长、避免房地产市场下滑，政策开始转向刺激住房消费，信贷支持、增加保障房供应和税收减免政策相继推出。在一系列政策的刺激下，从2009年开始，我国房价快速上涨，2010—2012年，国家采取措施，抑制房价上涨过快，稳定市场预期，在土地供应、市场结构、税收和信贷调控的基础上，全面放出限购措施，房地产过热势头得到暂时扼制。2013年后，整体经济向暖，再加上国家宏观调控政策的松动，房地产行业发展逐步向暖；而随着中国经济进入新常态，经济增速减缓，房地产行业的发展也面临调整，商品房库存增加，住房市场面临强大的“去库存”压力。2015年年底，中央经济工作会议提出了“去库存”，在“稳增长”和“去库存”的政策诉求下，刺激政策相继出台，主要包括放松限购限贷、加强信贷支持和税收减免等。2015—2016年，我国一、二线城市房价暴涨，三、四线城市房价平稳，区域分化明显。与此同时，政府更加注重税收等宏观调控政策的作用，并且开始高度重视保障性住房建设，以满足中低收入人群的住房需求，但尚缺乏长效机制。

国家统计局数据显示，2009年，我国的国内生产总值约为34.85万亿元，房地产行业增加值达到1.88万亿元，占国内生产总值的比重为5.4%。2015年，我国的国内生产总值约为68.88万亿元，房地产行业增加值达到4.26万亿元，占国内生产总值的比重为6.2%。

5. 第五阶段：严格调整规范阶段（2016年至今）

2016年，中央经济工作会议首次提出了“房住不炒”的要求，自此房地产行业进入了严格调整规范阶段。关于此阶段的调整规范政策详见后文。

国家统计局数据显示，2016年，我国的国内生产总值约为74.64万亿元，房地产行业增加值达到4.98万亿元，占国内生产总值的比重为6.7%。2020年，我国的国内生产总值约为101.6万亿元，房地产行业增加值达到7.46万亿元，占国内生产总值的比重为7.3%。

二、我国房地产行业发展面临的问题

1. 城镇化率趋缓，新增住宅需求放缓，住宅开发开始从住宅增量时代逐步进入存增量并存时代，最终将进入以房地产行业运营时代为主的阶段

城镇化率是国家现代化的重要标志，是一个地区经济发展水平及活跃程度的重要指标，更是与住宅开发息息相关的数据。

城镇化率趋缓，住宅开发开始从全国大范围快周转的“增量时代”，转入产业运营存量提质改造和增量结构调整并重的时代，在不久的未来，将会步入纯粹意义上的存量时代。

住宅开发的快周转、高增速对应的是国内持续、大规模的城镇化进程。在过去的20年中，我国常住人口的城镇化率由2000年的36.2%提高到了2020年的63.89%，提高了27.69个百分点。2001—2005年，我国的城镇化率由2001年的37.66%提高到了2005年的42.99%，5年时间，提高了5.33个百分点；2006—2010年，我国的城镇化率由2006年的44.3%提高到了2010

年的49.9%，5年时间，提高了5.6个百分点；2011—2015年，由2011年的51.27%提高到了2015年的56.1%，5年时间，提高了4.83个百分点；2016—2020年，从2016年的57.4%提高到了2020年的63.89%，5年时间，提高了6.49个百分点。在过去20年间，中国的城镇化率基本保持了每年1.3个百分点的增长率。

但《中华人民共和国国民经济和社会发展第十四个五年规划和二〇三五年远景目标纲要》（以下简称"十四五"规划纲要）提出，到2025年，我国的城镇化率预期为65%，按照第七次人口普查（以下简称七普）修订后的数据，2019年，我国的城镇化率比原数据增加了3.3个百分点，因此，按新的七普数据，我国常住人口的城镇化率有可能达到67.9%。[①]也就是说，按照2025年城镇化率达到67.9%计算，即2011—2015年将从2020年的63.89提高到2025年的67.9%，5年时间，将提高4个百分点，平均到每年约为0.8个百分点。另外，"考虑到2.86亿农民工在农村留守的家属（其中，外出农民工16 959万人，本地农民工11 601万人），如果能够实现农民工市民化和基本公共服务均等化，我国宽口径的城镇化率已经达到75%左右"[②]。

城镇化率趋缓已是中国房地产面临的必然趋势，也符合国际经验验证的城镇化增长趋势。从国际经验看，城镇化的增长符合S形曲线，其发展一般会经历初始、加速、减速和饱和四个阶段。其中，城镇化率在达到20%之前属于初始阶段，加速阶段和减速阶段分别是城镇化率从20%快速增加至50%和从50%减速增加至70%时的情形，城镇化率进入70%后缓慢发展属于饱和阶段。欧美国家的城镇化率基本稳定在80%左右（见图1）。[③]

---

① 参见魏后凯：《要警惕超大城市急剧扩张和小城镇的萎缩》，载澎湃新闻今日头条，https://www.toutiao.com/i7021806118456263181，最后访问日期：2022年5月31日。

② 参见任泽平：《房地产税试点的原因、方案、影响及展望》，载泽平宏观微信公众号，https://mp.weixin.qq.com/s/ORFAnB-LUa3UcvoL1790cQ，最后访问日期：2022年5月31日。

③ 徐文舸、赵惠：《"十四五"时期新型城镇化拓展投资空间的趋势和潜力》，载《宏观经济管理》2021年第6期，第10—17页。

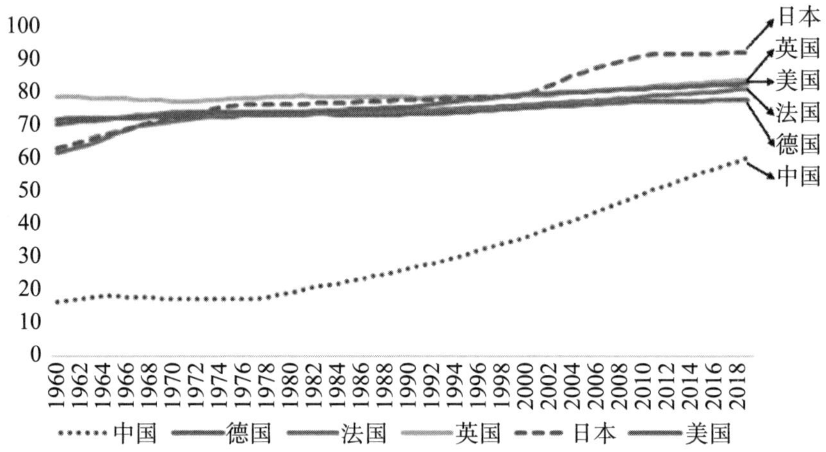

图1　我国1960—2019年与发达国家城镇化率的比较（单位：%）

据国家统计局数据显示，我国东部、中部、西部及东北部的城镇化率现状详见表1-1。

表1-1　我国东部、中部、西部及东北部的城镇化率[①]

地区名称	省或直辖市名称	2020年城镇人口（万人）	2020年总人口（万人）	2020年城镇化率
东部地区	北京	1 916	2 189	87.53%
	天津	1 175	1 387	84.72%
	河北	4 484	7 464	60.08%
	上海	2 222	2 488	89.31%
	江苏	6 226	8 477	73.45%
	浙江	4 668	6 468	72.17%
	福建	2 861	4 161	68.76%
	山东	6 409	10 165	63.05%
	广东	9 360	12 624	74.14%
	海南	610	1 012	60.28%
	合计	39 931	56 435	70.75%

① 表中关于东部、中部、西部、东北部地区的划分是根据国家统计局网站分类。

续表

地区名称	省或直辖市名称	2020年城镇人口（万人）	2020年总人口（万人）	2020年城镇化率
中部地区	山西	2 183	3 490	62.55%
	安徽	3 561	6 105	58.33%
	江西	2 732	4 519	60.46%
	河南	5 510	9 941	55.43%
	湖北	3 613	5 745	62.89%
	湖南	3 905	6 645	58.77%
	合计	21 504	36 445	59.00%
西部地区	内蒙古	1 621	2 403	67.46%
	广西	2 720	5 019	54.19%
	重庆	2 229	3 209	69.46%
	四川	4 749	8 371	56.73%
	贵州	2 050	3 858	53.14%
	云南	2 363	4 722	50.04%
	西藏	131	366	35.79%
	陕西	2 478	3 955	62.65%
	甘肃	1 306	2 501	52.22%
	青海	356	593	60.03%
	宁夏	468	721	64.91%
	新疆	1 464	2 590	56.53%
	合计	21 935	38 308	57.26%
东北部地区	辽宁	3 070	4 255	72.15%
	吉林	1 503	2 399	62.65%
	黑龙江	2 080	3 171	65.59%
	合计	6 653	9 825	67.72%

按区域看，截至2020年，我国东部地区的城镇化率最高，为70.75%，东北部地区略低于东部地区，为67.72%，中部和西部地区分别为59%和57.26%，最高的东部地区和最低的西部地区之间相差13.5个百分点。按省份看，东部三个直辖市北京、上海及天津的城镇化率分别为87.53%、89.31%及84.72%，均超过80%，城镇化率已经趋于稳定；东部沿海的江苏、浙江、广东及东北部地区辽宁的城镇化率分别为73.45%、72.17%、74.14%及72.15%，均超过70%，已经进入缓慢发展的饱和阶段。

按国际经验看，中国的城镇化率趋缓，已经进入历史发展的必然阶段。目前，我国的城镇化进程已经从“追求速度”转向“提升质量”。伴随城镇化率的趋缓，尤其是在城镇化率超过70%甚至超过80%的区域，新增住宅的需求变弱，但是对存量资产的改造及改造后产业内容的注入，将开启房地产行业运营的新时代。

2.人口增速放缓，人口老龄化问题深化，带来传统住宅开发行业发展趋缓

根据国务院第七次全国人口普查领导小组副组长、国家统计局原局长宁吉喆发布的统计数据：全国人口共141 178万人，与2010年（第六次全国人口普查数据，下同）的133 972万人相比，增加了7 206万人，增长了5.38%，年平均增长率为0.54%，比2000年到2010年的年平均增长率0.57%下降了0.03个百分点。数据表明，我国人口10年来继续保持低速增长态势。另外，根据统计局发布的截至2021年年末的数据，全国人口为141 260万人，比2020年年末增加了48万人；全年出生人口1 062万人，比2020年减少了140万人；死亡人口1 014万人，比2020年增加了16万人。人口出生率为7.52‰，比2020年下降了1个千分点；人口死亡率为7.18‰，微升了0.11个千分点。[①]

与此同时，七普数据呈现出的特点是，出生人口规模大，但生育率降低。2016年和2017年，我国出生人口数大幅增加，分别超过了1 800万人和

---

① 参见王萍萍：《人口总量保持增长，城镇化水平稳步提升》，载国家统计局网站，http://www.stats.gov.cn/xxgk/jd/sjjd2020/202201/t20220118_1826609.html，最后访问日期：2022年5月31日。

1 700万人，比“全面两孩”政策实施前分别增加了200多万人和100多万人；2018年以来，出生人口数量有所回落。据七普初步汇总的结果显示，2020年我国出生人口数为1 200万人，这个规模仍然不小。但2020年我国育龄妇女的总和生育率为1.3%，已经处于较低水平，这主要是受育龄妇女数量持续减少和“两孩”政策效应逐步减弱的影响。

因此，我国人口的发展呈现出新的趋势，即人口总量即将达峰，人口负增长为期不远。

虽然“全面两孩”政策实施后，出生人口数量有所回升，但在2020年之后，主要受育龄妇女数量减少等因素的影响，人口增长势能进一步减弱。最新的预测表明，人口总量即将在2025年到2030年达到峰值。我国人口总量达峰，表明我国将提前实现人口再生产类型的历史性转变，将有效缓解人口对资源、环境的压力，有力促进经济发展和社会进步。我国人口在总量达峰后将开始逐步缓慢下降，人口负增长在不远的将来即将成为现实。①

与此同时，人口老龄化程度将继续加深。据七普结果显示，2020年，我国60岁及以上人口数为26 402万人，占总人口的18.70%，其中65岁及以上人口数为19 064万人，占总人口的13.50%。2021年年末，60岁及以上人口数为26 736万人，占总人口的18.9%，其中65岁及以上人口数为20 056万人，占总人口的14.2%。与2020年相比，60岁及以上和65岁及以上的人口数分别增加了334万人和992万人，60岁及以上人口数和65岁及以上人口数的占比分别上升了0.2个百分点和0.7个百分点，老龄化程度进一步加深。②老龄化程度的加深带来了养老产业的发展机遇，本书将在第五章对此进行详述。

---

① 参见陈功：《我国人口发展呈现新特点与新趋势——第七次全国人口普查公报解读》，载人民网，http://finance.people.com.cn/n1/2021/0513/c1004-32101889.html，最后访问日期：2022年5月31日。

② 参见王萍萍：《人口总量保持增长，城镇化水平稳步提升》，载国家统计局网站，http://www.stats.gov.cn/xxgk/jd/sjjd2020/202201/t20220118_1826609.html，最后访问日期：2022年5月31日。

3.传统的住宅开发发展模式已经不能适应中国经济的新发展格局，2021年中央经济工作会议已经明确提出要探索新的发展模式

传统的房地产发展模式，如上文所述，即指住宅开发模式，一般流程是地方政府拍卖出让土地，房地产企业参与竞拍，拍到土地后，房地产企业从金融机构融资进行开发建设，按照法定节点进行预售和销售，赚取差价，实现利润。在传统的发展模式中，地方政府通过土地出让取得土地出让金及相应税费，以增加地方财政收入；金融机构赚取相应的融资利息；房地产企业在扣除土地出让成本、金融机构融资成本、税费、工程建设成本以及相应的费用后，赚取相应利润。

对于房地产企业而言，这一模式的业务本质就是制造业。因此，为了实现每年的业绩增长，不断扩大收入与利润规模，房地产企业首先会不断从地方政府处拍得土地，其次到金融机构融资，最后建造房屋并出售。在这种模式下，房地产行业除需要真实的居住消费需求外，还需要房价不断上涨的预期，即住房具有投资属性，这样有投资意愿的人们才愿意购房。从原则上讲，这两个属性应以消费属性为基础，只有在消费属性的基础上才有所谓的资本属性。但需要注意的是，在两种属性中，不能让资本属性过度扩张，尤其不能让资本属性脱离消费属性，一旦资本属性脱离消费属性，就必然形成泡沫，甚至可能带来整个经营风险的压力。①

在传统模式下，房地产行业基于投资属性而出现了房价高企、房地产的过度投资化甚至投机化，给国家经济及发展带来了诸多负面影响，比如房地产与金融的过度绑定将导致其他实体产业挤出，依靠高杠杆的经营不稳健的房地产企业加剧经营风险，地方政府过度依赖土地财政，导致实体经济的发展被边缘化等。

---

① 参见魏杰：《房地产商必须尊重房地产经济规律——以房子的消费属性为基础》，载新京报，https://www.bjnews.com.cn/detail/163980196014345.html，最后访问日期：2022年5月31日。

在我国的经济发展重心已经从高速发展转为高质量发展的背景下，过去房地产行业单一依靠土地增值形成的粗放式开发、投资和运营模式不可持续。基于上述房地产行业的传统发展模式存在的问题，自2016年中央经济工作会议首次提出“房住不炒”后，近几年国家陆续出台了多项政策（各类政策的解读详见后文），对土地供应端（土地集中供应）、融资端（三道红线、银行贷款集中度限制）、销售端（购房资格、贷款等）均进行了管控，管控的核心内容就是抑制房地产的资本属性，让住房回归消费属性。

《中共中央关于制定国民经济和社会发展第十四个五年规划和二〇三五年远景目标的建议》明确提出要“推动金融、房地产同实体经济均衡发展”和“促进住房消费健康发展”，因此“十四五”期间，房地产将保持合理的经济地位，相关的政策措施也将围绕房地产合理的经济地位进行安排，确保房地产行业“不越位”。

三、我国房地产行业“房住不炒”政策环境促使房地产行业从开发向运营转变

自2016年中央经济工作会议首次提出“房住不炒”后，政府每年的工作报告都以此为当年的房地产市场定调。

2017年，党的十九大报告提出，坚持房子是用来住的，不是用来炒的定位。

2018年，两会报告提出，坚持调控政策不放松；政治局会议提出，坚决遏制房价上涨，多个地方出台调控政策。

2019年，银保监会表态，要防止资金通过影子银行进入房地产市场，坚决遏制房地产金融泡沫化倾向，守住不发生系统性风险的底线。

2020年，地产调控三道红线政策出炉。

2021年，“十四五”规划纲要明确提出，要坚持房子是用来住的，不是用来炒的定位，要加快建立多主体供给、多渠道保障、租购并举的住房制度，让全体人民住有所居、职住平衡。坚持因地制宜、多策并举，夯实城市政府主体责任，稳定地价、房价和预期。

2021年，中央经济工作会议指出，要坚持房子是用来住的，不是用来炒的定位，加强预期引导，探索新的发展模式，坚持租购并举，加快发展长租房市场，推进保障性住房建设，支持商品房市场更好满足购房者的合理住房需求，因城施策，促进房地产业良性循环和健康发展。

近两年来，对房地产的调控已经从对需求端的调控转向了对供给端、需求端、融资端的全面调控。

1. 土地拍卖的管控

从2021年开始，全国22个重点城市开始实施“两集中”供地政策，包括北、上、广、深4个一线城市以及南京、苏州、杭州、厦门、福州、重庆、成都、武汉、郑州、青岛、济南、合肥、长沙、沈阳、宁波、长春、天津、无锡18个二线城市。“两集中”体现在两个方面，一方面是集中发布出让公告，原则上每年不超过3次，从各地对外公布和网传信息看，公告主要集中在3月、6月、9月；另一方面是集中组织出让活动，同批次公告出让土地以挂牌文件交易的，应当确定共同的挂牌起止日期，以拍卖方式交易的，应当连续、集中完成拍卖活动。

22城“两集中”供地政策的出台，进一步坚定了“房住不炒”的总基调，从土地端发力，建立土地供给端长效机制，有助于真正减少土地哄抢，促进各地土地交易市场平稳，本质上也是“稳地价、稳房价、稳预期”的重要体现。另外，土地供给端的改革可以倒逼地方政府做好供地计划编制，如供地的批次、时间、规模。而且，政府可以根据市场热度调整供地计划，预防土地市场过热。同时，在同一时期组织大量地块集中挂牌出让，可以对开发商的资金产生一定的分流效果，使得竞拍同地块的开发商数量减少，间接降低了土地拍卖的激烈程度，避免出现土地拍卖过热现象，使土地溢价率得到合理有效的控制。

2. 房地产企业的融资端管控

“十四五”规划纲要明确提出，要加强房地产金融调控，遏制投资投机性需求。一般来说，金融调控分为对金融机构的管控和对房地产企业的管控两端。

对金融机构的管控而言，2020年12月28日，中国人民银行、中国银行保险监督管理委员会发布了《关于建立银行业金融机构房地产贷款集中度管理制度的通知》（银发〔2020〕322号）（自2021年1月1日起实施）。按照该通知要求，在我国境内设立的中资法人银行业金融机构，其房地产贷款余额占比及个人住房贷款余额占比应满足人民银行、银保监会确定的管理要求，即不得高于人民银行、银保监会确定的相应上限。第一档为中资大型银行，包括中国工商银行、中国建设银行、中国农业银行、中国银行、国家开发银行、交通银行、中国邮政储蓄银行，房地产贷款占比上限为40%，个人住房贷款占比上限为32.5%。第二档为中资中型银行，包括招商银行、农业发展银行、浦发银行、中信银行、兴业银行、中国民生银行、中国光大银行、华夏银行、进出口银行、广发银行、平安银行、北京银行、上海银行、江苏银行、恒丰银行、浙商银行、渤海银行，房地产贷款占比上限为27.5%，个人住房贷款占比上限为20%。第三档为中资小型银行和非县域农合机构，包括城市商业银行、民营银行、大中城市和城区农合机构，房地产贷款占比上限为22.5%，个人住房贷款占比上限为17.5%。第四档为县域农合机构，房地产贷款占比上限为17.5%，个人住房贷款占比上限为12.5%。第五档为村镇银行，房地产贷款占比上限为12.5%，个人住房贷款占比上限为7.5%。

按照《中国银行保险报》对此制度的解读，建立房地产贷款集中度管理制度能够进一步提高金融体系的韧性和稳健性，促进房地产市场平稳健康发展；同时，可以推动金融供给侧结构性改革，强化银行业金融机构的内在约束，优化信贷结构，支持制造业、科技等经济社会发展重点领域和小微、“三农”等薄弱环节的融资，推动金融、房地产同实体经济均衡发展。此外，房地产贷款集中度管理制度有利于降低金融体系房地产贷款敞口过度集中的风险，提高金融体系应对房地产市场波动的韧性和稳健性；能够校正商业银行预期，促使其调整中长期经营策略，调整信贷结构；公开透明的制度也有利于实现规则引导，促进商业银行形成自我约束的内在机制；有助于推动房地产市场回归理性，落实“房住不炒”的政策，促进金融、房地产形成良性循环。[①]

对房地产企业的融资管控而言，2020年8月20日，住房和城乡建设部、人民银行在北京召开重点房地产企业座谈会，研究进一步落实房地产市场长效机制。会议指出，为了进一步落实房地产市场长效机制，实施好房地产金融审慎管理制度，增强房地产企业融资的市场化、规则化和透明度，人民银行、住房和城乡建设部会同相关部门在前期广泛征求意见的基础上，形成了重点房地产企业资金监测和融资管理规则（“三线四档”规则）。目前，关于重点房地产企业资金监测和融资管理的规则，笔者尚未看到正式官方发文，但根据相关报道，自2021年1月1日起，监管层已在房地产行业全面推行这一规则：剔除预收款后的资产负债率不得大于70%；净负债率不得大于100%；现金短债比不得小于1倍。基于三道红线的指标，监管层将试点房地产企业分为四档：触及全部三道红线的房企列入“红色档”，有息负债规模以2019年6月底为上限，不得增加；触碰其中任何两道红线的房企列入“橙色档”，有息负债规模年增速不得超过5%；触及其中任何一道红线的房企列入“黄色档”，有息负债规模年增速不得超过10%；三道红线均未触碰的房企列入“绿色档”，有息负债规模年增速不得超过15%。[②]

应该说，不管是对金融机构的管控还是对房地产企业的管控，其宗旨都是防止过多资金流入房地产市场，为整个房地产行业去杠杆、降负债、预防系统性金融风险，确保房地产市场平稳、健康发展。

3.购买力的销售端管控

2017年，党的十九大报告提出，坚持房子是用来住的，不是用来炒的定位，近几年销售端口政策的管控也践行了这个宗旨。作为住宅销售的购买，无非由首付款和贷款组成，可通过对以首付款比例、贷款比例和贷款资金成

---

① 参见《房地产贷款集中度管理制度建立》，载中国银行保险报百家号，https://baijiahao.baidu.com/s?id=1687739876149144262，最后访问日期：2022年5月31日。

② 参加陈博：《三道红线终结房地产“三高”：房企拼规模速度的日子过去了》，载经济观察报网，http://www.eeo.com.cn/2020/0828/405763.shtml，最后访问日期：2022年5月31日。

本的区分，实现国家在销售端口对房地产市场的管控。

从国家层面，主要是按照国务院部署，由中国人民银行出台关于个人贷款政策。2016年2月1日，中国人民银行、中国银行业监督管理委员会（已撤销）出台了《关于调整个人住房贷款政策有关问题的通知》（银发〔2016〕26号），规定在不实施“限购”措施的城市，居民家庭首次购买普通住房的商业性个人住房贷款，原则上最低首付款比例为25%，各地可向下浮动5个百分点；对拥有1套住房且相应购房贷款未结清的居民家庭，为了改善居住条件再次申请商业性个人住房贷款购买普通住房，最低首付款比例调整为不低于30%。对于实施“限购”措施的城市，个人住房贷款政策按原规定执行。在此基础上，人民银行、银监会各派出机构应按照“分类指导，因地施策”的原则，加强与地方政府的沟通，指导各省级市场利率定价自律机制结合当地不同城市实际情况，自主确定辖区内商业性个人住房贷款的最低首付款比例。

2019年10月8日，中国人民银行发布《关于明确个人住房贷款利率调整相关事项的公告》（中国人民银行公告〔2019〕第16号），规定首套商业性个人住房贷款利率不得低于相应期限贷款市场报价利率，二套商业性个人住房贷款利率不得低于相应期限贷款市场报价利率加60个基点。人民银行省一级分支机构应按照“因城施策”原则，指导各省级市场利率定价自律机制，在国家统一信贷政策基础上，根据当地房地产市场形势变化，确定辖区内首套和二套商业性个人住房贷款利率加点下限。

基于上述规定，各大城市根据自身的不同情况，出台了不同的首套房、二套房及多套房的贷款政策。以北京市为例，北京市住房和城乡建设委员会、中国人民银行营业管理部、中国银行业监督管理委员会北京监管局、北京住房公积金管理中心发布了《关于完善商品住房销售和差别化信贷政策的通知》，规定居民家庭名下在本市无住房且无商业性住房贷款记录、公积金住房贷款记录，购买普通自住房的执行现行首套房政策，即首付款比例不低于35%，购买非普通自住房的首付款比例不低于40%（自住型商品住房、两限房等政策性住房除外）。居民家庭名下在本市已拥有1套住房，以及在本市无住房但有商业性住房贷款记录或公积金住房贷款记录的，购买普通自住房的首付款比例不低于60%，购买非普通自住房的首付款比例不低于80%。除北京市外，其他各大城市，尤其是一线城市、二线城市均出台了相关限购及贷款政策。

上述的贷款政策出台指向明确，即坚决贯彻落实房子是用来住的，不是用来炒的定位和房地产市场长效管理机制，抑制住宅开发的投资属性，使住宅开发回归消费属性。

2022年，根据经济发展的需要，政策对销售端的管控力度有所调整，但总体上，“房住不炒”的定位没有改变。

四、新经济格局下，国家已经为大房地产行业时代指出大方向

1.“十四五”规划纲要及相关政策已经明确提出城市更新行动，推动城市空间结构优化和品质提升，注入产业内容的房地产运营及基金运作时代来临

“十四五”规划纲要提出，要加快转变城市发展方式，统筹城市规划建设管理，实施城市更新行动，推动城市空间结构优化和品质提升。

就国家层面关于城市更新的政策而言，2021年11月4日，《住房和城乡建设部办公厅关于开展第一批城市更新试点工作的通知》（建办科函〔2021〕443号）发布，指出针对我国城市发展进入城市更新重要时期所面临的突出问题和短板，要严格落实城市更新底线要求，转变城市开发建设方式，结合各地实际，因地制宜探索城市更新的工作机制、实施模式、支持政策、技术方法和管理制度，推动城市结构优化、功能完善和品质提升，形成可复制、可推广的经验做法，引导各地互学互鉴，科学有序实施城市更新行动。对于城市更新的模式，要探索城市更新可持续模式。探索建立政府引导、市场运作、公众参与的可持续实施模式。坚持“留改拆”并举，以保留利用提升为主，开展既有建筑调查评估，建立存量资源统筹协调机制。构建多元化资金保障机制，加大各级财政资金投入，加强各类金融机构信贷支持，完善社会

资本参与机制，健全公众参与机制。同时，该通知将北京等21个城市列入了城市更新试点。

如上所述，一线城市的城镇化率大部分都超过了80%。根据2021年的七普数据，北京市的城镇化率为87.5%，上海市的城镇化率为89.3%，广州市的城镇化率为86.19%，深圳市的城镇化率为100%。这几个一线城市均在近几年出台了关于城市更新的相关政策，并试图通过基金运作模式解决产业投资运营及金融运作问题。

（1）北京市发布的城市更新政策及城市更新基金运作

2021年8月31日，《中共北京市委办公厅、北京市人民政府办公厅关于印发〈北京市城市更新行动计划〉（2021—2025年）的通知》（以下简称《城市更新计划通知》）指出，以北京城市总体规划为统领，落实本市“十四五”规划要求；始终坚持有利于完善城市功能、有利于形成活力空间、有利于引入社会资本、有利于改善民生福祉，坚持规划引领、首善标准、市场主体、多方参与，坚持转变城市建设发展方式，由依靠增量开发向存量更新转变。同时，明确提出了六种项目类型：首都功能核心区平房（院落）申请式退租和保护性修缮、恢复性修建，老旧小区改造，危旧楼房改建和简易楼腾退改造，老旧楼宇与传统商圈改造升级，低效产业园区“腾笼换鸟”和老旧厂房更新改造，城镇棚户区改造。在实施路径中，明确提出要研究支持社会资本参与城市更新政策机制，加快建立微利可持续的利益平衡和成本分担机制，形成整体打包、项目统筹、综合平衡的市场化运作模式。畅通社会资本参与路径，鼓励市属、区属国有企业搭建平台，加强与社会资本合作，通过设立基金、委托经营、参股投资等方式，参与城市更新。发挥社会资本专业化运营管理优势，提前参与规划设计。鼓励资信实力强的民营企业全过程参与更新项目，形成投资盈利模式。对老旧楼宇与传统商圈改造升级、低效产业园区“腾笼换鸟”和老旧厂房更新改造等更新项目，市政府固定资产投资可按照相应比例给予支持。《城市更新计划通知》同时指出，更新改造空间以持有经营为主，探索形成多渠道投资模式。

2021年5月，北京市海淀区宣布成立中关村科学城城市更新与发展基金。该基金总规模300亿元，旨在发挥财政资金杠杆作用，引入社会资本，共同推进城市建设，同时解决区属国企建设产业项目资本金不足的问题，是海淀区进一步优化提升城市功能，增强产业引导和资源管控能力的重要举措。[①]

（2）上海市发布的城市更新政策及城市更新基金运作

2021年8月25日，上海市发布《城市更新条例》（上海市人民代表大会常务委员会公告第77号）（以下简称《更新条例》），也即上海市的“城市更新”已经上升到地方人大立法层面。谈到这部立法的背景，上海市人大常委会法工委主任丁伟说，上海作为高度城镇化的超大型城市，城市建设发展模式已经进入从外延扩张转向内涵提升，从大规模增量建设转向存量更新为主的新阶段。[②]《更新条例》指出，为了推动城市更新，提升城市能级，创造高品质生活，传承历史文脉，提高城市竞争力、增强城市软实力制定本条例。条例规定编制城市更新指引应当遵循以下原则：

• 符合国民经济和社会发展规划、国土空间总体规划，统筹生产、生活和生态布局；

• 破解城市发展中的突出问题，推动城市功能完善和品质提升；

• 聚焦城市发展重点功能区和新城建设，发挥示范引领和辐射带动作用；

• 注重历史风貌保护和文化传承，拓展文旅空间，提升城市魅力；

• 持续改善城市人居环境，构建多元融合的“十五分钟社区生活圈”，不断满足人民群众日益增长的美好生活需要；

• 强化产业发展统筹，促进重点产业转型，提升城市创新能级；

---

① 参见《区财政局推动中关村科学城城市更新与发展基金设立》，载海淀区人民政府网站，http://zyk.bjhd.gov.cn/ywdt/rdgz/202105/t20210526_4467120.shtml，最后访问日期：2022年5月31日。

② 参见《划重点！一文读懂上海城市更新条例》，载长三角日报澎湃号，https://m.thepaper.cn/newsDetail_forward_14220211，最后访问日期：2022年5月31日。

• 加强城市风险防控和安全运行保障，提升城市韧性。

《更新条例》提出，鼓励金融机构依法开展多样化金融产品和服务创新，满足城市更新融资需求。此外，支持符合条件的企业在多层次资本市场上开展融资活动，发挥金融对城市更新的促进作用。2021年6月初，上海市宣布率先成立全国最大城市更新基金，规模达800亿元；12月，宣布设立100亿上海城市更新引导基金。通过设立基金，撬动社会资金参与城市更新，形成政府基金和市场投融资体系等完善的金融支持机制。

（3）广州市发布的城市更新政策及城市更新基金运作

广州市城市更新政策主要为2015年12月1日发布的《广州市城市更新办法》（广州市人民政府令第134号）和2015年12月11日发布的配套文件《广州市旧村庄更新实施办法》《广州市旧厂房更新实施办法》和《广州市旧城镇更新实施办法》，以及2019年4月18日发布的《广州市人民政府办公厅关于印发广州市深入推进城市更新工作实施细则的通知》（穗府办规〔2019〕5号）。

作为城市更新的纲领性政策文件，《广州市城市更新办法》指出，该办法制定的目的是促进城市土地有计划开发利用，完善城市功能，改善人居环境，传承历史文化，优化产业结构，统筹城乡发展，提高土地利用效率，保障社会公共利益。同时，《广州市城市更新办法》明确指出，城市更新应当有利于产业集聚，促进产业结构调整和转型升级。城市更新应当引导产业高端化、低碳化、集群化、国际化发展，支持金融、科技、总部经济、电子商务、文化体育等现代服务业，推动制造业高端化发展，培育壮大战略性新兴产业，优化总部经济发展环境，以总部经济引领产业转型升级。城市更新应当推进产业项目集聚，引导落后产业整合和升级改造，推动优势产业、优势企业、优势资源和要素集中，并充分发挥其辐射、带动功能，发展以优势产业（产品）链为主导、关联性强、集约度高的产业集群。

2017年7月10日，广州国资开发联盟暨广州城市更新基金成立大会在广州国际金融中心召开，总规模为2 000亿元的广州城市更新基金正式成立并开始运营。城市更新基金作为以资本推动城市发展的重要载体，将以“政府引导、市场运作、科学决策、防范风险”为原则，围绕土地整备和物业活化两大重点，打造“基金+土地+运营”的城市更新模式。[①]

（4）深圳市发布的城市更新政策及城市更新基金运作

深圳市现行的城市更新政策为2016年11月12日发布施行的《深圳市城市更新办法》（深圳市人民政府令第290号，以下简称《办法》）。《办法》指出，本办法制定目的是规范本市城市更新活动，进一步完善城市功能，优化产业结构，改善人居环境，推进土地、能源、资源的节约集约利用，促进经济和社会可持续发展。《办法》规定的城市更新类型包括综合整治类城市更新、功能改变类城市更新、拆除重建类城市更新；《办法》规定，功能改变类更新项目应当符合产业布局规划，优先满足增加公共空间和产业转型升级的需要。

另外，早在2017年12月，深圳市即启动了深圳市福田区城市更新基金，总规模达100亿元。该基金的成立是银行与政府“银政合作”模式的创新，将为福田区“一核三带一轴八组团”的产业空间布局以及“建设一流国际化中心城区”的战略定位奠定良好的基础。福田区副区长表示，该基金是全国第一只百亿级规模的城市更新基金，对福田区的城市发展具有重大意义，不仅有利于加快城市更新和改善市民居住条件的步伐，也有利于促进银行与政府之间的紧密合作，推动金融服务业的发展。福田区未来十年将有700万平方米的面积需要改造，市场容量非常大，对资金的需求量也非常大，福田区将以城市更新基金落地为起点，吸引更多金融机构以及房地产投资企业关注新一轮城市更新的发展。[②]

---

① 参见《广州成立城市更新基金，总规模达2 000亿》，载观点网，https://www.guandian.cn/article/20170710/188417.html，最后访问日期：2022年5月31日。

② 参见《深圳福田区设立百亿元城市更新基金》，载搜狐焦点，https://sz.focus.cn/zixun/3229ba77b2e489ea.html，最后访问日期：2022年5月31日。

2.“十四五”规划纲要提出，要发展壮大城市群和都市圈的发展。城市群和都市圈内部将逐渐形成完整互补的产业链，房地产企业应抓住区域房地产产业的发展机会

从国际经验看，城市发展的一般规律是从单中心城市向多中心大都市区发展，再向城市群以及大都市带发展，最后发展成城市网络。城市规模分布符合齐普夫定律（Zipf's Law），单中心城市、多中心都市圈和城市群都存在最优规模。在城市化率（国外一般把“城镇化”称为“城市化”）达到30%之前，城市规模和形态体系由单中心城市主导。在城市化率从30%提升到50%的过程中，城市规模快速大型化、形态迅速多样化，以“大聚集、小分散”的都市区和以城市群为主体的城市体系逐步形成。比如，美国在城市化率达到50%的时候，大西洋沿岸城市带开始形成，出现了多中心的大都市区；英国也在城市化率达到50%的时候，出现了大伦敦郊区化和以伦敦到利物浦为轴线的连绵城市带。目前，全球100万以上的城市人口占总人口的比重已升至42.2%，其中欧盟有50%的人口分布于30个主要城市群。①

从七普数据的人口区域分布看，人口向经济发达区域、城市群进一步集聚。东部地区人口占我国总人口的39.93%，中部地区占我国总人口的25.83%，西部地区占我国总人口的27.12%，东北地区占我国总人口的6.98%。与2010年相比，东部地区人口所占比重上升了2.15个百分点，中部地区下降了0.79个百分点，西部地区上升了0.22个百分点，东北地区下降了1.2个百分点。

“十四五”规划纲要提出，要发展壮大城市群和都市圈，分类引导大中小城市发展方向和建设重点，形成疏密有致、分工协作、功能完善的城镇化空间格局。推动城市群一体化发展，统筹推进基础设施协调布局、产业分工协作、公共服务共享、生态共建环境共治。建设现代化都市圈，鼓励都市圈社保和落户积分互认、教育和医疗资源共享，推动科技创新券通兑通用、产业

① 参见中国宏观经济研究院投资研究所：《“十四五”时期新型城镇化拓展投资空间的趋势和潜力》，载国家发展和改革委员会官网，https://www.ndrc.gov.cn/xxgk/jd/wsdwhfz/202109/t20210914_1296569.html?code=&state=123，最后访问日期：2022年5月31日。

园区和科研平台合作共建；鼓励有条件的都市圈建立统一的规划委员会，实现规划统一编制、统一实施，探索推进土地、人口等统一管理。优化提升超大特大城市中心城区功能，增强全球资源配置、科技创新策源、高端产业引领功能，率先形成以现代服务业为主体、先进制造业为支撑的产业结构，提升综合能级与国际竞争力。坚持产城融合，完善郊区新城功能，实现多中心、组团式发展。

完善大中城市宜居宜业功能，充分利用综合成本相对较低的优势，主动承接超大特大城市产业转移和功能疏解，夯实实体经济发展基础。立足特色资源和产业基础，确立制造业差异化定位，推动制造业规模化、集群化发展，因地制宜建设先进制造业基地、商贸物流中心和区域专业服务中心。优化市政公用设施布局和功能，支持三级医院和高等院校在大中城市布局，增加文化体育资源供给，营造现代时尚的消费场景，提升城市生活品质。

从上述“十四五”规划纲要对完善城镇化空间布局的纲领性规定可以明确看出，城市群、都市圈是我国未来最具代表性和发展潜力的区域。

对于房地产企业而言，一要把握以人为核心的新型城镇化发展机会，选好地，做好住宅销售。二要抓住城市群、都市圈房地产产业发展路径的市场机会。也就是说，房地产行业的产业发展机遇，一要基于传统住宅开发，二要基于对产业内容的注入及运营。

对产业内容的注入及运营，“十四五”规划纲要对加快发展现代产业体系提出了明确的战略规划：深入实施制造强国战略，发展壮大战略性新兴产业，促进服务业繁荣发展。其中，就加快生活性服务业品质化发展，明确指出要加快发展健康、养老、托育、文化、旅游、体育、物业等服务业，加强公益性、基础性服务业供给，扩大覆盖全生命期的各类服务供给。持续推动家政服务业提质扩容，与智慧社区、养老托育等融合发展。鼓励商贸流通业态与模式创新，推进数字化、智能化改造和跨界融合，线上线下全渠道满足消费需求。

2020年，《国务院关于促进国家高新技术产业开发区高质量发展的若干意见》（国发〔2020〕7号，以下简称《意见》）中明确提出，以培育发展具有国际竞争力的企业和产业为重点，以科技创新为核心着力提升自主创新能力，围绕产业链部署创新链，围绕创新链布局产业链，培育发展新动能，提升产业发展现代化水平，将国家高新区建设成为创新驱动发展示范区和高质量发展先行区。《意见》提出，要加大开放创新力度。推动区域协同发展，支持国家高新区发挥区域创新的重要节点作用，更好服务于京津冀协同发展、长江经济带发展、粤港澳大湾区建设、长三角一体化发展、黄河流域生态保护和高质量发展等国家重大区域发展战略实施。同时，《意见》还提出，要打造区域创新增长极，鼓励以国家高新区为主体整合或托管区位相邻、产业互补的省级高新区或各类工业园区等，打造更多集中连片、协同互补、联合发展的创新共同体，支持国家高新区跨区域配置创新要素，提升周边区域市场主体活力，深化区域经济和科技一体化发展。

与此同时，各地方陆续发布了关于支持开发区及自贸区创新产业发展的政策。此外，各地方也陆续发布了针对具体行业的政策，包括保障租赁住房、数字化产业、仓储物流、旅游业及养老产业等。上述政策将具体在第五章中详述。

因此，对房地产行业而言，以"十四五规划"纲要为新起点、新征程，房地产行业依然大有可为。我们再次强调，当住房回归消费属性、房地产同实体经济均衡发展之时，建议房企未来主要把握两大核心投资逻辑：一是把握以人为核心的新型城镇化发展机会，二是把握跟随产业发展路径的市场机会。

第二节　世界主要经济体房地产行业发展的重要趋势：REITs

一、世界主要经济体房地产行业发展的重要趋势

截至2021年年末，根据EPRA（欧洲公共房地产协会）发布的《全球房

地产基金研究报告：基于全球主要国家房地产投资信托基金的比较》（*EPRA Global REIT Survey 2021: A comparison of the major REIT regimes around the world*），EPRA房地产指数涵盖的全球市场商业房地产价值（统计范围涵盖了住宅开发及租赁）约为31.8万亿美元，其中上市房地产行业的总价值为4.2万亿美元，占全球市场商业房地产价值的13.1%，REITs总市值为2.5万亿美元，占全球市场商业房地产价值的7.9%。

需要说明的是，上述报告对每个国家商业房地产市场的估值系根据国内生产总值与一定系数相乘计算的，根据不同国家所处的不同经济发展阶段，系数有所不同。发达国家一般为0.45，新兴市场国家的系数会低于此数值。

从上述数据可以看出，资产证券化是全球房地产行业的重要趋势和必然发展方向。

1. 美国房地产市场与REITs发展现状

就美国房地产行业的发展趋势，易居房地产研究院流通研究所所长崔裴曾表示，美国的房地产行业从以提供物质产品为主的类制造业，进化升级为真正的服务业，其行业结构的主体部分是房地产出租业，经营模式已由传统的以资本增值收益为主升级为以长期现金流收益为主。美国房地产行业的进化、升级促进了美国房地产市场的结构优化及相关子市场关联互动机制的形成，如住房租买选择机制、房地产投资替代机制，这些机制均增强了房地产市场的自我调节能力。

2021年10月8日，Wind（万得）来自美国经济分析局发布的数据显示：

2020年，美国名义GDP总量约为20.89万亿美元；房地产行业增加值[①]高达2.41万亿美元，占国民经济比例的12.25%；REITs为223只，市值约为1.2万亿美元[②]，约占美国房地产行业增加值的47.79%，约占美国当年GDP总量的5.7%。

---

① 美国房地产行业增加值包括房地产和租赁业，租赁服务及无形资产出租者。

② REITs数据来自NAREIT。

2019年，美国名义GDP总量约为21.37万亿美元；房地产行业增加值高达2.68万亿美元，占国民经济比例的12.54%；REITs为219只，市值约为1.33万亿美元，约占美国房地产行业增加值的49.63%，约占美国当年GDP总量的6.22%。

2018年，美国名义GDP总量约为20.53万亿美元；房地产行业增加值高达2.44万亿美元，占国民经济比例的11.89%；REITs为226只，市值约为1.05万亿美元，约占美国房地产行业增加值的43%，约占美国当年GDP总量的5.11%。

就上述连续三年的数据而言，美国房地产行业增加值占各年GDP总量的12%左右，是美国的支柱产业；而REITs市值占美国房地产行业增加值的43%至50%，占美国GDP总量的5%至6%。

2. 英国及法国房地产市场与REITs发展现状

（1）英国

2020年，英国GDP总量约为2.15万亿英镑[①]；REITs为54只，市值约为109 558百万欧元，换算为91 294百万英镑[②]，约占英国当年GDP总量的4.25%。

2019年，英国GDP总量约为2.25万亿英镑；房地产行业增加值高达263 565百万英镑，占国民经济比例的11.7%；REITs为53只，市值约为58 537百万欧元，换算为48 779百万英镑，占英国房地产行业增加值的18.5%，约占英国当年GDP总量的2.17%。

2018年，英国GDP总量约为2.17万亿英镑；房地产行业增加值高达260 026百万英镑，占国民经济比例的12%；REITs为55只，市值约为63 988百万欧元，换算为53 302百万英镑，占英国房地产行业增加值的20.5%，约占英国当年GDP总量的2.46%。

就上述连续三年的数据而言，英国房地产行业增加值占各年GDP总量

---

① 英国的国内生产总值及房地产行业增加值的数据来自Wind显示的英国统计局2021年12月22日发布的数据。REITs数据来自EPRA Global REIT Survey 2021，EPRA Global REIT Survey 2020，EPRA Global REIT Survey 2019。

② 本部分欧元与英镑的换算比率按照2022年4月6日的0.833 3计算。

的12%左右，是英国的支柱产业；而REITs市值约占英国房地产行业增加值的20%，占英国GDP总量的2%至4%。

（2）法国

2020年，法国GDP总量约为2.05万亿欧元；房地产行业增加值高达0.28万亿欧元，占国民经济比例的13.66%；REITs为27只，市值约为64 778百万欧元，约占法国房地产行业增加值的23%，约占法国当年GDP总量的3.12%[①]。

2019年，法国GDP总量约为2.17万亿欧元；房地产行业增加值高达0.28万亿欧元，占国民经济比例的12.90%；REITs为28只，市值约为40 120百万欧元，约占法国房地产行业增加值的14.3%，约占法国当年GDP总量的1.84%。

2018年，法国GDP总量约为2.10万亿欧元；房地产行业增加值高达0.27万亿欧元，占国民经济比例的12.86%；REITs为30只，市值约为51 010百万欧元，约占法国房地产行业增加值的18.89%，约占法国当年GDP总量的2.43%。

就上述连续三年的数据而言，法国房地产行业增加值占各年GDP总量的13%左右，是法国的支柱产业；而REITs市值占法国房地产行业增加值的14%至24%，占法国GDP总量的1%至3%。

3. 日本房地产市场与REITs发展现状

2020年，日本GDP总量约为539.07万亿日元[②]；房地产行业增加值为65.90万亿日元，占国民经济比例的12.22%；REITs为64只，市值约为

---

① 法国的国内生产总值及房地产行业增加值的数据来自CEIC显示的欧盟统计局2021年9月27日发布的数据。REITs数据来自EPRA Global REIT Survey 2021，EPRA Global REIT Survey 2020，EPRA Global REIT Survey 2019。

② 日本的国内生产总值及房地产行业增加值的数据来自Wind显示的日本内阁府2021年12月29日发布的数据。REITs数据来自EPRA Global REIT Survey 2021，EPRA Global REIT Survey 2020，EPRA Global REIT Survey 2019。

187 640百万欧元，换算为25.37万亿日元，[1]约占日本房地产行业增加值的38.50%，约占日本当年GDP总量的4.70%。

2019年，日本GDP总量约为561.27万亿日元；房地产行业增加值为65.65万亿日元，占国民经济比例的11.70%；REITs为66只，市值约为107 970百万欧元，换算为14.60万亿日元，约占日本房地产行业增加值的22.23%，约占日本当年GDP总量的2.6%。

2018年，日本GDP总量约为556.19万亿日元；房地产行业增加值为65.23万亿日元，占国民经济比例的11.73%；REITs为66只，市值约为118 827百万欧元，换算为16.06万亿日元，约占日本房地产行业增加值的24.62%，约占日本当年GDP总量的2.89%。

就上述连续三年的数据而言，日本房地产行业增加值占各年GDP总量的12%左右，是日本的支柱产业；而REITs市值占日本房地产行业增加值的24%至38%，占日本GDP总量的3%至5%。

4. 我国房地产市场、REITs发展现状及未来房地产市场REITs的体量

以上国家的数据显示，近三年房地产行业增加值占GDP的比重均超过10%。美国三年房地产行业增加值占其GDP的12%左右，而房地产市场REITs占美国房地产行业增加值的比重则为40%—50%。

从以上分析中可以得出的基本结论为，房地产仍为主要发达国家的支柱产业，REITs将成为房地产业务的主要运作模式，不仅是金融模式，也是业务运作模式。

我国国家统计局国家数据网站的信息显示，2020年，我国GDP总量约为101.59万亿元，房地产增加值为7.34万亿元，占我国当年GDP的比例为7.2%。

2019年，我国GDP总量为98.65万亿元，房地产增加值为7.04万亿元，占我国当年GDP的比例为7.1%。

2018年，我国GDP总量为91.93万亿元，房地产增加值为6.46万亿元，

① 本部分日元与欧元的换算比率按照2022年4月6日的135.211 5计算。

占我国当年GDP的比例为7%。

根据上述数据，按照2021年我国GDP114万亿元、5%至6%的区间比例计算，我国REITs市场的体量为5.7万亿元至6.84万亿元，如按照全球REITs的总市值与商业地产总市值的13.8%计算，我国REITs市场的体量约为7.08亿元（114万亿元 × 0.45 × 13.8%=7.08万亿元）。根据北大光华课题组于2017年11月发布的《中国不动产投资信托基金市场规模研究》报告，通过采用比较研究的方法分析美国、新加坡、我国香港地区和澳大利亚等REITs市场的绝对和相对规模，根据两类可比指标和一些合理假设，北大光华课题组最终认为，中国标准化的公募REITs市场的潜在体量应在4万亿元至12万亿元。

二、房地产行业资产证券化REITs的特点

如上所述，在房地产行业，REITs未来将有巨大市场。REITs的全称为不动产投资信托基金（Real Estate Investment Trusts），是将流动性较低、单笔交易规模较大的不动产资产通过证券化方式形成小而分散的份额，为各类投资者提供低门槛参与不动产投资交易的机会，分享租金收入和资产增值收益。REITs把凝固在不动产中的租金收益提取出来，组织社会资金实现收购与持有，有定期分红和严格管理，并将其输入资本市场流通，变成有特殊投资价值的金融产品。①

1. 类REITs与公募REITs的不同点

在我国，REITs可以分为类REITs和公募REITs两类，目前就广义房地产行业而言，除了产业园和仓储物流（工业地产）、数据中心、保障性租赁住房，我国在其他房地产细分行业中尚未实施公募REITs，均为类REITs模式。

① 高旭华、修逸群、高仪：《REITs颠覆传统地产的金融模式》，中信出版集团2021年版，第23—26页原序一。

国内的类REITs目前均以资产证券化工具为载体进行，通常被称为类REITs或私募REITs，即REITs和ABS（或ABN）的结合。根据证监会2014年11月19日发布的《证券公司及基金管理公司子公司资产证券化业务管理规定》（证监会公告〔2014〕49号），资产证券化业务是指以基础资产所产生的现金流为偿付支持，通过结构化等方式进行信用增级，并在此基础上发行资产支持证券的业务活动。

关于REITs在中国的法律定义，目前仅有基础设施的公募REITs的定义。根据中国证监会2020年8月6日公布的《公开募集基础设施证券投资基金指引（试行）》（中国证券监督管理委员会公告〔2020〕54号）之规定，基础设施基金是指同时符合下列特征的基金产品：80%以上基金资产投资于基础设施资产支持证券，并持有其全部份额；基金通过基础设施资产支持证券持有基础设施项目公司全部股权；基金通过资产支持证券和项目公司等载体（以下统称特殊目的载体）取得基础设施项目完全所有权或经营权利；基金管理人主动运营管理基础设施项目，以获取基础设施项目租金、收费等稳定现金流为主要目的；采取封闭式运作，收益分配比例不低于合并后基金年度可供分配金额的90%。

关于类REITs与公募REITs的区别，主要表现在以下几个方面：

（1）产品结构上的差异

类REITs一般为资产支持专项计划+私募REITs；而公募REITs一般为资产支持专项计划+公募基金。

（2）股债上的差异

REITs是纯股权投资工具，类REITs的本质是债，一般有固定期限、固定利率，结构分为优先级和劣后级，类REITs的劣后级主要由类REITs的原始权益人自持；而公募REITs是一种完全的权益类投资工具，无到期期限、分级结构，其分红根据底层资产的运营情况而定，同时享受资产增值部分收益。

（3）募集方式和投资者上的差异

类REITs是私募产品，主要在交易所、银行间市场、机构间私募产品报价与服务系统等交易场所挂牌交易；公募REITs是公募产品，可直接在证券交易所公开上市交易，向不特定公众公开募集。从投资者角度讲，类REITs门槛较高，一般面向合格投资者发行，一般为机构投资者，投资者合计不得超过200人；公募REITs的门槛较低，从个人到机构都可以投资。因此，类REITs与公募REITs在流动性、投资人规模和交易规则等方面存在根本差异。

（4）管理模式上的差异

类REITs产品的计划管理人和基金管理人主要负责监督基础资产的运营情况、归集分配现金流、披露投资者信息等工作，但对基础资产运营管理的参与度较低，一般由原始权益人对此进行管理；而公募REITs通常采用主动管理模式，管理人需要对基础资产的运营管理负主要责任。

2. REITs对房地产行业的意义

发达国家房地产市场的发展已经充分说明了REITs对房地产行业的重要作用，毋庸置疑，REITs也必将对中国房地产行业产生深远影响。

首先，REITs可以促进金融业与房地产业的良性循环。如前所述，传统上依靠土地增值、房价非理性上涨的住宅开发模式已经不能适应中国的经济发展新格局，而REITs主要投资于能够产生稳定租金的持有型不动产，强制性高比例分红的要求使其仅具有被动投资属性，不通过频繁交易获取主动投资收益，因此不会助推不动产价格的非理性上涨——金融机构对持有型不动产的金融运作是在合理估值上进行的。

其次，REITs将为房地产企业从重资产向轻资产模式的转变提供助力，有效推动房地产行业的转型升级及持续、健康发展。

传统的住宅开发依靠开发、建设、销售实现资本的进入及退出，但这种模式无法适用于运营类的房地产行业，而REITs能够有效地连接产业和资本，打通运营类房地产行业的资本循环。房地产企业可以在产业类项目运营成熟后，通过出售、分散和打包设立REITs在公开市场出售，实现了资本的进入及退出。REITs为持有运营类的产业类项目提供稳定的资本退出方式，从而实现运营类项目"投融管退"的闭合资本模式，进一步推动房地产行业的转型升级及持续、健康的发展。

最后，REITs可以促进房地产行业回归消费属性，服务实体经济。REITs以经营性不动产为底层资产，为各类产业提供经营所需的物理空间，有助于促进消费升级，进而带动相关产业转型升级，实现以金融创新促进房地产行业回归本源、服务实体经济。

三、世界主要经济体推出REITs的时机

1.世界主要经济体推出REITs的时机

一般来说，REITs的发展处于一国经济发展增速放缓、人均GDP缓慢增长的阶段。此时，服务业的GDP占比持续上升，人均消费处于高位或平稳上升，国内青壮年人口比例上升，城镇化完成或处于加速上升期，这一时期是发展REITs的良好阶段。[①]

另外，北京大学光华管理学院"光华思想力"REITs课题组发布的《REITs市场建设与经济转型发展——基于各国推出REITs制度的历史分析》中提到，纵观全球REITs的发展历程，各个经济体推出REITs的契机往往与其自身经济周期有着密不可分的关联，绝大多数的经济体会在经济危机、经济衰退或经济高速发展动力不足时出台与REITs相关的法律法规。本报告对全部37个已推出REITs的国家和地区进行了梳理，在统计的35个国家和地区中，仅有比利时、希腊、保加利亚、阿联酋、以色列、越南6个国家是在经济走势强劲时期出台REITs，其余29个国家和地区均是在经济低迷或出现危机时推出REITs制度（见表1-2）。

① 徐鹤龙：《欧洲房地产投资信托基金演进历史与经验借鉴》，载《海南金融》2018年第12期，第36—43页。

表1-2 世界主要经济体推出REITs的时机

国家/地区	时间	周期	经济特征	国家/地区	时间	周期	经济特征
美国	1960年	危机	1958年第一季度GDP同比下降10%	阿联酋	2006年	强劲	2003年起经济快速增长
荷兰	1969年	减速	经济高速增长，增速下滑	以色列	2006年	强劲	2003年起经济快速增长
比利时	1990年	强劲	经济快速增长	泰国	2007年	减速	经济高增长，增速下滑
巴西	1993年	危机	1990年经济危机	德国	2007年	低迷	2002年起，增速较为缓慢
加拿大	1994年	低迷	1990年起经济长期低迷	巴基斯坦	2008年	减速	经济高增长，但增速下滑
土耳其	1995年	危机	经济剧烈波动	哥斯达黎加	2009年	减速	受2008年金融危机影响
新加坡	1999年	危机	受东南亚金融危机影响	芬兰	2009年	减速	受2008年金融危机影响
希腊	1999年	强劲	经济快速增长	菲律宾	2009年	减速	受2008年金融危机影响
日本	2000年	低迷	1997年起经济陷入低迷	西班牙	2009年	减速	受2008年金融危机影响
韩国	2001年	危机	1998年受金融危机影响	匈牙利	2011年	低迷	2009年经济危机
马来西亚	2002年	危机	1998年危机反弹良好，但2001年经济增速仅有0.5%	爱尔兰	2013年	低迷	2009年起经济持续低迷
法国	2003年	低迷	2000年起经济低迷	肯尼亚	2013年	减速	经济高增长，但增速下滑
中国台湾	2003年	危机	2001年出现经济危机	南非	2013年	减速	经济高增长，但增速下滑
中国香港	2003年	危机	2000年起经济低迷	印度	2014年	减速	经济高增长，但增速下滑
保加利亚	2004年	强劲	2000年起经济快速增长	越南	2015年	强劲	经济高增长

续表

国家/地区	时间	周期	经济特征	国家/地区	时间	周期	经济特征
墨西哥	2004年	危机	2001年陷入经济危机	巴林	2016年	减速	经济高增长，但增速下滑
英国	2006年	平稳	经济增速平稳	沙特阿拉伯	2016年	减速	经济高增长，但增速下滑
意大利	2006年	低迷	2001年以来经济较为低迷				

根据《REITs市场建设与经济转型发展——基于各国推出REITs制度的历史分析》具体来看，在经济走势不佳时推出REITs可分为三种不同情形。

第一，已经较为发达的国家会在经济长期低迷时出台REITs。比如，美国在1960年修改税收法推出REITs制度之前经历了1956年至1959年的经济低迷；加拿大在1994年REITs出台之前经历了自1990年起长达4年的经济低迷；日本在20世纪90年代末出台REITs前经济陷入了低迷甚至负增长；法国、德国、意大利在出台REITs之前都经历了21世纪初期欧洲的经济不景气；2008年国际金融危机之后，匈牙利和爱尔兰同样经历了经济的长期衰退，随后出台了REITs法规。

第二，增长较快的新兴经济体会在突然出现经济危机时出台REITs。经济危机的特点体现为经济快速发展的经济体受到迅速而猛烈的冲击，GDP增速在一年内大幅下跌。比如，巴西在经历了1990年的经济危机后，新加坡、韩国、中国香港和马来西亚在经历了亚洲金融危机后以及西班牙、芬兰、哥斯达黎加等在经历了2008年国际金融危机后，GDP增速都在一年内大幅下跌。

第三，经济高速增长的发展中国家会在经济增速放缓时出台REITs。有部分发展态势良好的发展中国家，在REITs出台前保持了5%以上的经济增长，但增速已经明显呈现出逐渐放缓的趋势，REITs的出台能为这些国家的经济持续增长提供新动能，助力其经济进一步转型升级，典型的国家包括泰国、巴基斯坦、肯尼亚、印度等。

以上现象告诉我们，REITs的出台与一国的经济发展形势有着密切关联。

国家的经济发展态势是国家政策制定者决定是否出台REITs的重要考量因素，在一国经济陷入低迷、面对经济危机或需要持续发展的新动能时，国家往往有更强的动力推动REITs的出台。

另外，在能获得不动产市场统计数据的22个国家和地区中，只有比利时、希腊、法国、英国、意大利这5个欧洲国家是在房价上涨周期中出台REITs，其余各国和地区均是在不动产行业低迷或下跌周期之中出台REITs法律法规。可见，不动产行业的状况是各国政府在制定REITs政策时的重要考量因素，政府期望REITs的出台能够对低迷的不动产行业起到提振的作用。绝大部分国家在经济和不动产行业不景气的周期中出台REITs的根本原因在于REITs市场的建设对国家经济的发展有着至关重要的作用，能够引领国家经济走出危机、摆脱低迷乃至为经济的持续发展提供新动能。

引入REITs制度毫无疑问将成为对国家财政政策的有力补充。一方面，REITs让不动产行业拥有更强的活力、更大的流动性和更高的透明度，使同等的财政投入获得更大的回报，为保障经济增长作出更大的贡献；另一方面，REITs的出台可以吸引社会资本一同参与基础设施建设，也可以为国有资本在未来经济景气时的退出提供新通道，帮助政府财政健康、可持续发展。

从税收角度讲，一方面，采取REITs结构可以降低税率，增强不动产企业的开发和经营动机；另一方面，现有的大量存量不动产通过REITs的引入重新拥有了流动性，反而为政府的税收引入了合理税源。此外，对发展中经济体而言，REITs制度的引入有助于吸引稳定的外国资本和外商投资，成为助推发展中经济体经济转型的关键力量。

2.基于经济增长方式从高速增长向高质量发展的转变，中国已经在基础设施领域开启公募REITs，未来必将成为全球重要的REITs市场

如前所述，中国经济正在从追求高速度向追求高质量发展转变，经济增速放缓，同时正在进行调整经济结构，房地产行业也面临从狭义的住宅开发时代向大房地产产业时代的转换。

2020年4月24日，中国证监会、国家发展改革委发布了《关于推进

基础设施领域不动产投资信托基金（REITs）试点相关工作的通知》[证监发〔2020〕40号，以下简称《（REITs）试点通知》]，自此拉开了中国公募REITs时代的帷幕。2021年6月29日，国家发展改革委发布了《关于进一步做好基础设施领域不动产投资信托基金（REITs）试点工作的通知》[发改投资〔2021〕958号，以下简称《进一步做好（REITs）试点通知》]。

《（REITs）试点通知》指出，该通知推出的目的为，贯彻落实党中央、国务院关于防风险、去杠杆、稳投资、补短板的决策部署，积极支持国家重大战略实施，深化金融供给侧结构性改革，强化资本市场服务实体经济能力，进一步创新投融资机制，有效盘活存量资产，促进基础设施高质量发展。同时，《（REITs）试点通知》还指出，推进基础设施REITs试点的重要意义是基础设施REITs是国际通行的配置资产，具有流动性较高、收益相对稳定、安全性较强等特点，能有效盘活存量资产，填补当前金融产品空白，拓宽社会资本投资渠道，提升直接融资比重，增强资本市场服务实体经济质效。短期看有利于广泛筹集项目资本金，降低债务风险，是稳投资、补短板的有效政策工具；长期看有利于完善储蓄转化投资机制，降低实体经济杠杆，推动基础设施投融资市场化、规范化健康发展。

《进一步做好（REITs）试点通知》再次强调了基础设施REITs的重要意义，"十四五"规划纲要提出，推动基础设施REITs健康发展，有效盘活存量资产，形成存量资产和新增投资的良性循环，开展基础设施REITs试点，对推动形成市场主导的投资内生增长机制，提升资本市场服务实体经济的质效，构建投资领域新发展格局，具有重要意义。

《（REITs）试点通知》提出，基础设施REITs的试点项目要求聚焦重点行业，优先支持基础设施补短板行业，包括仓储物流、收费公路等交通设施，水电气热等市政工程，城镇污水垃圾处理、固废危废处理等污染治理项目。鼓励信息网络等新型基础设施，以及国家战略性新兴产业集群、高科技产业园区、特色产业园区等开展试点。

《进一步做好（REITs）试点通知》明确，试点主要包括下列行业和项目：

（1）交通基础设施。包括收费公路、铁路、机场、港口项目。

（2）能源基础设施。包括风电、光伏发电、水力发电、天然气发电、生物质发电、核电等清洁能源项目，特高压输电项目，增量配电网、微电网、充电基础设施项目，分布式冷热电项目。

（3）市政基础设施。包括城镇供水、供电、供气、供热项目以及停车场项目。

（4）生态环保基础设施。包括城镇污水垃圾处理及资源化利用环境基础设施、固废危废医废处理环境基础设施、大宗固体废弃物综合利用基础设施项目。

（5）仓储物流基础设施。面向社会提供物品储存服务并收取费用的仓库，包括通用仓库以及冷库等专业仓库。

（6）园区基础设施。位于自由贸易试验区、国家级新区、国家级与省级开发区、战略性新兴产业集群的研发平台、工业厂房、创业孵化器、产业加速器、产业发展服务平台等园区基础设施。其中，国家级与省级开发区以《中国开发区审核公告目录》（2018年版）发布的名单为准，战略性新兴产业集群以国家发展改革委公布的名单为准。

（7）新型基础设施。包括数据中心类、人工智能项目，5G、通信铁塔、物联网、工业互联网、宽带网络、有线电视网络项目，智能交通、智慧能源、智慧城市项目。

（8）保障性租赁住房。包括各直辖市及人口净流入大城市的保障性租赁住房项目。

（9）探索在其他基础设施领域开展试点。

- 具有供水、发电等功能的水利设施项目；
- 自然文化遗产、国家AAAAA级旅游景区等具有较好收益的旅游基础设施，其中自然文化遗产以《世界遗产名录》为准。

酒店、商场、写字楼等商业地产项目不属于试点范围。项目土地之用途原则上应为非商业、非住宅用地，租赁住房用地以及为保障项目正常运转而无法分割的办公用房、员工宿舍等少数配套设施用地除外。

可以看出，在目前试点项目的范围内，跟房地产产业相关的主要为保障性租赁住房、仓储物流（工业地产）、高科技产业园、特色产业园以及文旅项目等。另外值得关注的是，各地区已经在陆续出台关于保障性租赁住房REITs试点项目的通知。2021年11月9日，上海市人民政府办公厅印发《关于加快发展本市保障性租赁住房的实施意见》的通知（沪府办规〔2021〕12号），明确指出，在确保保障性租赁住房资产安全和规范运行的前提下，试点推进以保障性租赁住房为基础资产的基础设施不动产投资信托基金。广东省人民政府办公厅在2021年11月2日发布的《关于加快发展保障性租赁住房的实施意见》（粤府办〔2021〕39号）中明确提出，要积极支持保障性租赁住房项目开展基础设施领域不动产投资信托基金（REITs）试点。山东省人民政府办公厅2021年11月14日发布了《关于加快发展保障性租赁住房的实施意见》（鲁政办发〔2021〕17号），在“强化金融支持中”明确提出，要积极推动保障性租赁住房基础设施不动产投资信托基金（REITs）试点。江西省人民政府办公厅2021年12月20日发布了《关于加快发展保障性租赁住房的实施意见》（赣府厅发〔2021〕46号），提出在加强金融支持方面，要鼓励保障性租赁住房项目申报基础设施领域不动产投资信托基金和房地产投资信托基金（REITs）试点。陕西省人民政府办公厅2021年12月23日发布了《关于加快发展保障性租赁住房的实施意见》（陕政办发〔2021〕40号），提出在加强金融支持方面，要支持保障性租赁住房建设、改造、运营企业发行不动产投资信托基金（REITs）融资。

应该说，我国政府出台公募REITs政策的基础是我国经济的现状，未来随着公募REITs试点项目的成功，其必将适用于房地产运营产业的更多细分类别。2022年3月16日，国务院金融稳定发展委员会召开专题会议，明确提出，房地产企业要及时研究和提出有力有效的防范化解风险应对方案，提出向新发展模式转型的配套措施。

本章总结

我国房地产行业的未来究竟在哪里？发达经济体的房地产市场发展路径显示，房地产行业将会进入运营管理、产业结合的阶段，进而上升到房地产金融、资本运作层面，住宅开发只是整个房地产行业的一个分支。房地产商应延长产业链，进行产业运营，而房地产行业将回归其服务本质，其开发的产品在运营产业中将更多地作为服务的载体存在。运营地产种类繁多，包括但不限于住房租赁、酒店、商业地产、写字楼、工业物业等，还有新兴的诸如林地、数据中心、仓储物流、医疗地产等。关于REITs在发达国家的细分行业类别将在第二章进行讲述。

基于上述内容，对于房地产企业而言，行业正处于一个深度调整变化的阶段，企业需要做好充分准备，抓住赛道变化的机会，迎接行业产业运营时代的到来。

第二章

海外房地产REITs发展情况及现状

REITs最早于20世纪60年代出现在美国，发展至今，已有40多个国家和地区推出了REITs产品。对于我国而言，REITs是不折不扣的舶来品，海外市场的REITs发展历程对我国有着重要的参考意义。

上一章提到了主要发达国家市场出台REITs时的基本特征，如果再仔细探寻，我们希望深入了解这些发达国家都是在什么样的具体社会经济背景下产生的REITs？REITs的产生、发展和壮大过程中都会有哪些法律法规变化？REITs对这些发达国家的房地产市场和金融市场产生了哪些不同影响？房地产企业发生了哪些变化？

本章将以美国、欧洲、亚洲市场的国家为例，解读在不同市场中REITs诞生的经济背景、法律基础，分析各国REITs市场的特点与发展现状。

第一节　美国房地产REITs发展情况及现状

一、美国房地产资产证券化兴起

自1776年建国后，美国经过240余年的发展，已经成为当今世界的超级大国之一，其经济社会的快速发展为美国资产证券化的出现提供了沃土。房地产行业资产证券化的兴起可以追溯到20世纪60年代，房地产资产证券化的出现和美国房地产市场以及金融政策有着密切联系。

Wind数据显示，2019年及2020年，美国房地产和租赁业增加值分别占其GDP总增加值的13.4%及14%左右，这说明美国的经济发展对房地产行业有一定的依赖。美国自建国起，便开始以出售或无偿划拨的形式推动土地的私有化进程，随着19世纪铁路的兴起和城市工业化浪潮的来临，土地交易频繁，价值随之升高。“一战”给房地产市场带来了一定的负面影响，“一战”后美国的房地产市场进入复苏期。1925年，美国的自居建设面积创下新高，经济“大萧条”的出现给美国房地产市场蒙上了一层阴影，每天有超过1 000套抵押住房面临被强制抵押拍卖。为了防止系统性风险出现，美国联邦政府相继出台了《联邦住房借贷银行法案》《有房户借贷法案》《全国住房借贷法》等多部法案，成立了“联邦住房借贷银行系统”“联邦住房管理局”（FHA）以及隶属于FHA的“联邦国民抵押协会”（Fannie Mae，即房利美），并且推出了低首付比例、固定利率、本金摊付长期贷款的购房方式，这一系列举措使房地产市场自住率大大上升，房地产市场得到了复苏。同时，房利美具有全国资金融通平台属性并可以发行债券，这也为房地产二级市场的发展奠定了基础。“二战”后，返乡人员以及人口由东部向中西部迁移带动了房地产市场的进一步发展。

从房地产融资市场看，此时，传统提供住房抵押贷款的储蓄贷款协会和储蓄银行系统的弊端尽显：一是该储蓄机构以吸纳短期存款为主，以此应对长期低息的住房抵押贷款便会出现利息倒挂；二是当时兴起的共同基金分流了部分储蓄客户，储贷协会和储蓄银行大量缩减房贷业务，数十亿美元的住房抵押贷款由二级市场购入，二级市场由此快速发展并占据了主导地位。为助力二级市场的发展，联邦政府随之在房利美下设了美国政府国民抵押协会（Ginnie Mae，即吉利美）及联邦住宅贷款抵押公司（Freddie Mac，即房地美）。1968年，吉利美首次公开发行抵押贷款支持证券（Mortgage-Backed Securities，MBS）——“传递证券”，开创了房地产资产证券化之先河。

从房地产投资市场看，房地产的发展带动了投资者对房地产行业的投资热情，但是面对房地产市场投资资金需求体量大、周期长等特点，个人投资者在机构投资者面前毫无优势。为了让中小投资者可以分享房地产发展带来的红利，REITs应运而生，此种创新是对“马萨诸塞州投资信托”产品模式的再次发扬。REITs作为房地产投资工具，通过发行基金份额等收益凭证募集资金，投资于房地产及相关产业，以绝大部分收益分配给收益凭证持有人。此种金融创新使普通美国人也能够从有价值的房地产中受益，为他们提供了获得股息收入和总回报的机会。

在1960年修改税收法案正式出台REITs之前，美国经历了1956年至1959年长达4年的经济低迷期，也正是在美国房地产市场低迷、资本短缺和房地产资产投资意愿高涨时，REITs应运而生。全球40多个有REITs市场的国家也大多数是在经济低迷或下行时期出台REITs相关法律法规，它能为摆脱经济衰退、降低银行坏账、引领经济发展提供新动能，同时对刺激实体经济起到至关重要的作用。[①]REITs的出台对经济已经较为发达的美国来说，在经济长期低迷，不动产市场下行的周期中，起到了一定的提振作用[②]，并帮助社区成长、繁荣和振兴。截至目前，美国有1.45亿人直间或间接持有REITs产品，所有资信托基金拥有大约2.5万亿美元的资产，折合超过500 000处房产。

二、REITs的快速发展

美国REITs自1960年发展至今，从种类形式上，由以私人持有为主发展到如今，表现为上市后由公众持有。从规模上，根据NAREIT的统计，1971年，美国REITs仅有34只，总市值约15亿美元。截至2020年年底，美国REITs总量达223只，发行规模达1.2万亿美元，占全球市场六成以上，上市REITs股票的市值超过1.35万亿美元（见表2–1）。

---

① 翟国辰、陈柏安：《公共事件影响下中国不动产发展新思路——基于美国不动产投资信托基金的分析》，载《中国房地产》2020年第24期，第68—75页。

② 陈飞、韩志峰、张峥主编：《全球主要REITs市场法规汇编》，机械工业出版社2020年版。

表2-1　美国REITs的情况统计

年份	REITs数量（只）	总市值（百万美元）	权益类数量（只）	市值（百万美元）	抵押类数量（只）	市值（百万美元）	混合类数量（只）	市值（百万美元）
1971	34	1 494.3	12	332	12	570.8	10	591.6
1972	46	1 880.9	17	377.3	18	774.7	11	728.9
1973	53	1 393.5	20	336	22	517.3	11	540.2
1974	53	712.4	19	241.9	22	238.8	12	231.7
1975	46	899.7	12	275.7	22	312	12	312
1976	62	1 308	27	409.6	22	415.6	13	482.8
1977	69	1 528.1	32	538.1	19	398.3	18	591.6
1978	71	1 412.4	33	575.7	19	340.3	19	496.4
1979	71	1 754	32	743.6	19	377.1	20	633.3
1980	75	2 298.6	35	942.2	21	509.5	19	846.8
1981	76	2 438.9	36	977.5	21	541.3	19	920.1
1982	66	3 298.6	30	1 071.4	20	1 133.4	16	1 093.8
1983	59	4 257.2	26	1 468.6	19	1 460	14	1 328.7
1984	59	5 085.3	25	1 794.5	20	1 801.3	14	1 489.4
1985	82	7 674	37	3 270.3	32	3 162.4	13	1 241.2
1986	96	9 923.6	45	4 336.1	35	3 625.8	16	1 961.7
1987	110	9 702.4	53	4 758.5	38	3 161.4	19	1 782.4
1988	117	11 435.2	56	6 141.7	40	3 620.8	21	1 672.6
1989	120	11 662.2	56	6 769.6	43	3 536.3	21	1 356.3
1990	119	8 737.1	58	5 551.6	43	2 549.2	18	636.3
1991	138	12 968.2	86	8 785.5	28	2 586.3	24	1 596.4
1992	142	15 912	89	11 171.1	30	2 772.8	23	1 968.1
1993	189	32 158.7	135	26 081.9	32	3 398.5	22	2 678.2
1994	226	44 306	175	38 812	29	2 502.7	22	2 991.3
1995	219	57 541.3	178	49 913	24	3 395.4	17	4 232.9
1996	199	88 776.3	166	78 302	20	4 778.6	13	5 695.8
1997	211	140 533.8	176	127 825.3	26	7 370.3	9	5 338.2

续表

年份	REITs数量（只）	总市值（百万美元）	权益类数量（只）	市值（百万美元）	抵押类数量（只）	市值（百万美元）	混合类数量（只）	市值（百万美元）
1998	210	138 301.4	173	126 904.5	28	6 480.7	9	4 916.2
1999	203	124 261.9	167	118 232.7	26	4 441.7	10	1 587.5
2000	189	138 715.4	158	134 431	22	1 632	9	2 652.4
2001	182	154 898.6	151	147 092.1	22	3 990.5	9	3 816
2002	176	161 937.3	149	151 271.5	20	7 146.4	7	3 519.4
2003	171	224 211.9	144	204 800.4	20	14 186.5	7	5 225
2004	193	307 894.7	153	275 291	33	25 964.3	7	6 639.4
2005	197	330 691.3	152	301 491	37	23 393.7	8	5 806.6
2006	183	438 071.1	138	400 741.4	38	29 195.3	7	8 134.3
2007	152	312 009	118	288 694.6	29	19 054.1	5	4 260.3
2008	136	191 651	113	176 237.7	20	14 280.5	3	1 132.9
2009	142	271 199.2	115	248 355.2	23	22 103.2	4	740.8
2010	153	389 295.4	126	358 908.2	27	30 387.2	—	—
2011	160	450 500.6	130	407 528.9	30	42 971.7	—	—
2012	172	603 415.3	139	544 414.9	33	59 000.3	—	—
2013	202	670 334.1	161	608 276.6	41	62 057.4	—	—
2014	216	907 425.5	177	846 410.3	39	61 017.2	—	—
2015	233	938 852	182	886 487.5	41	52 364.6	—	—
2016	224	1 018 729.9	184	960 192.8	40	58 537.1	—	—
2017	222	1 133 697.6	181	1 065 947.7	41	67 749.9	—	—
2018	226	1 047 641.3	186	980 314.9	40	67 326.4	—	—
2019	219	1 328 806.2	179	1 245 878.3	40	82 927.8	—	—
2020	223	1 249 186.3	182	1 184 150.2	41	65 036.1	—	—

短短半个世纪，美国REITs由青涩走向成熟，这得益于其房地产市场的

需求驱动及严格的监管、担保制度和完善的法律制度等。

（一）市场需求驱动

从投资需求的角度来看，美国REITs的产生更多基于投资者的投资需求，由投资者驱动REITs自下而上地设立发行。同时，美国REITs的立法意图使REITs成为一种具有包容性的投资方式，让所有美国人而不仅仅是大型金融中介机构和富人可以享受投资高质量商业房地产的收益。为了保护中小投资者的收益，若想设立REITs产品，在满足《证券法》基本的要求之外，其主体还必须要满足以下7个条件：

- 至少将其总资产的75%投资于房地产；
- 至少75%的总收入来自房地产租金、房地产抵押贷款利息或房地产销售；
- 每年以股东股息的形式支付至少90%的应纳税所得额；
- 是公司应纳税的实体；
- 由董事会或受托人管理；
- 至少有100名股东；
- 不超过50%的股份由5名或5名以下的个人持有（5/50原则）。

从融资需求的角度看，REITs产品给房地产行业带来了新型的融资渠道，此种产品实现了房地产商由重资产运营到轻资产运营的转变。

（二）有效的法律制度

REITs在美国有如此之快的发展速度，有效的法律制度提供了另一层面上的保障，税法的逐步调整调动了REITs参与者的积极性，"穿透性税收待遇"模式驱动了REITs在美国的蓬勃发展。重要的相关法案大致如下：

1. 1960年：《房地产投资信托法案》

1960年由美国总统签署通过。此法案有两项重要意义：其一，法案为REITs确认了身份，标志其正式成立；其二，REITs可进行上市交易。同年的税收改革法案规定，满足一定条件的REITs可视为利润传递，在REITs层面免征所得税和资本利得税。

美国REITs的免税规则可以总结为将REITs视为免税主体，但它的组织方式、投资内容、收益来源与收益分配等必须符合一些严格的规定。比如规定投资资产组合至少有75%的资产须投资于房地产等；至少有75%的总收益须来自房地产的租金收入或其出售收入等；至少30%的总收益不能来自房地产持有期限不到4年就出售的收入，或者股票或债券的持有期限不到6个月就出售的所得。

同时，根据1986年税收法典，作为投资者由REITs获得的收入，REITs的收益被视为股息，被归属于“非被动收入”，而“非被动收入”的税率相对较低，个人所得税为15%，企业所得税则低于10%。[①]

2. 1986年：《税收改革法案》

法案赋予了REITs主动管理职权，通过REITs可以直接管理资产。此法案开创了REITs可以进行内部管理的先河，在此之前，REITs产品属于外部管理模式。内部管理模式为股东（投资者）争取了最大利益，使REITs的投资不仅局限于房地产，更进一步向“上游”和“下游”产业扩张，实现了REITs对房地产资源的“垂直整合”。[②]值得关注的是，在2001年6月4日，美国重申REITs可以将主动贸易和商业活动作为其典型的房地产贸易活动。

3. 1993年：《综合预算调整法》

养老退休基金对REITs投资的限制被取消，即养老金在投资REITs时可以按照养老基金的所有人数来计算基金的投资者，以避免最少股东以及不超过50%的股份由5名或5名以下的个人持有的原则。

4. 1997年：《REITs简化法案》

该法案拓宽了REITs可以提供的增值服务的范围，同时允许专营森林木厂物业的REITs建立。同年，美国财政部修改了税收条款，允许所有美国以

---

① 孙汉康：《国外REITs发展的经验及对我国REITs转型的启示》，载《经济问题》2019年第10期，第56—63页。

② 张蓉：《美国发展房地产信托投资基金的经验及启示》，载《经贸实践》2017年第2期，第11—12页。

外的投资者只须支付15%的REITs投资所得税。这也开启了海外资金进入美国REITs投资领域的大门。

5. 1999年:《REITs现代化法案》

该法案允许REITs成立按正常公司纳税的子公司（Taxable REIT Subsidiaries，TRS）。TRS的成立表示允许REITs进行房地产以外业务的服务，TRS的引入在很大程度上加强了REITs的盈利模式，并且让那些有实力的公司拓展了经营范围。

6. 2003年3月:《英美互惠税收条款》

美国和英国重新修正并批准了互惠税收条款，允许英国的养老金投资美国的REITs，而不需要对其红利缴纳任何税款。此后，美国对日本也实施了同样的互惠税收政策。

7. 2004年10月:《创造就业法案》

该法案包括三条REITs改良法规，其中很重要的一条就是取消所有国外投资者在投资美国公开交易REITs产品时受到的差别对待，这让美国REITs成为世界性的房地产投资工具。另外很重要的一条是，其改变了过去法律中有关在违反了REITs税收条例时取消其REITs注册资格的规定，改为可以改正错误或接受罚款处罚。

三、美国运营模式及特点

（一）REITs产品的分类

1. 按照REITs投向的种类，可分为权益型、抵押型以及混合型

（1）权益型REITs（Equity REITs）

权益型REITs亦可称为股权类REITs，表现为上市公司的形式，投资者即为该上市公司的股东。权益型REITs可以持有经营不同种类房地产资产的投资组合或投资房地产公司，主要收入来自租金或买卖房地产的交易利润。在支付与经营房地产相关的费用后，每年将大部分收入作为股息支付给股

东。目前，权益型REITs是当今房地产投资信托基金市场的主要组成部分，占比约96%。据NAREIT统计，截至2020年年底，权益型REITs的市值达1.18万亿美元，其中186只可在纽交所交易。截至2021年7月，权益型REITs在美国拥有超过2.5万亿美元规模的房地产资产，包括50个州和哥伦比亚特区的50多万栋建筑。权益型REITs的特点如下：

①可直接持有经营资产

权益型REITs主动对其持有或控制的物业资产进行管理运营，此特点也是权益型REITs的设立基础，加之高比例分红策略，这就要求权益型REITs必须有能力提高持有运营物业的价值增长，将其房地产定位于吸引租户和赚取租金收入上，并管理其房地产投资组合和资产买卖，以在整个长期房地产周期中创造价值。

②可多元组合投资资产

权益型REITs可进行丰富的投资组合管理，实现多种类型资产的搭配组合，从而使投资者获得的收益呈现多元化的特征，这可以降低投资组合的波动性，有较好的分散性。同时，此特点可以降低权益型REITs产品与其他资产波动的相关性，并可以发行股票和债券。

③可实现流动性和透明性

权益型REITs实现了不动产物业的“上市流通”，投资者可以通过购买REITs产品而持有特定资产的部分份额，且其所持有的份额可以进行买进或卖出，让不动产变成可以流通的证券资产。

权益型REITs定期对资产进行估值，从而提升了市场透明度。美国证券交易委员会对上市REITs进行注册和监管，确保其遵守美国证券交易委员会的公司治理、财务报告和信息披露标准。

④可对冲通货膨胀

权益型REITs的主要收入来自租金或资产买卖，在通货膨胀的影响下，收入部分同样可以增长，不会降低投资组合的购买力。

（2）抵押型REITs（Mortgage REITs）

抵押型REITs扮演的是金融中介的角色，持有者购买或发起抵押贷款和抵押担保证券并从这些投资的利息中赚取收入，为房地产提供融资。抵押型REITs早于权益型REITs问世，随着REITs主动管理职能的优势逐渐扩大以及紧缩的货币政策致使利率攀升，抵押型REITs的规模逐渐萎缩，目前占比约4%。抵押型REITs的投向主要是住宅以及住宅抵押贷款支持证券（RMBS）和商业抵押贷款支持证券（CMBS）。

（3）混合型REITs（Hybrid REITs）

混合型REITs是权益型REITs和抵押权型REITs的综合体，其主要投资标的包括房地产本身及抵押放款债权，二者所占比例可根据市场以及经理人调整。

2.按照组织结构不同，可分为契约型REITs和公司型REITs

（1）契约型REITs

在契约型REITs中，投资人即为信托委托人，其与受托人（基金管理公司或投资公司）签署以房地产投资为标的的信托契约，将该契约的受益权加以分割，使投资人取得表示这种权利的受益凭证。契约型REITs不具有独立的法人资格，但是是独立的法律主体。

（2）公司型REITs

公司型REITs是指设立以房地产投资为目的的股份有限公司，投资人即为公司股东，其持有的股票为收益凭证，公司再将收益以股利的形式分配给投资人。公司发行股票募集的资金，由公司委托给专业基金管理人进行房地产投资。

3.按照产品是否公开，可分为公募REITs和私募REITs

（1）公募REITs

公募REITs不得向特定投资者发售，需要在美国证券交易委员会（SEC）注册。公募REITs又根据其是否在证券交易所进行流程交易分为上市公募REITs以及公开非上市REITs（PNLRs）。公开非上市REITs不在证券交易所进行交易，通常要求有1 000—2 500美元的初始投资。

（2）私募REITs

私募REITs也可称为私人REITs，根据1933年《证券法》第D条的规定，其无须在SEC注册且不在国家证券交易所交易。私募REITs通常只能出售给大型养老基金等机构投资者以及合格投资者，一般要求合格投资者净资产不少于100万美元（不包括主要居住地）或前两年收入超过20万美元（有配偶的为30万美元）。

（二）REITs产品投向资产种类多元

REITs投资范围为广泛的房地产类型，包括办公室、公寓楼、仓库、零售中心、医疗设施、数据中心、手机发射塔、基础设施和酒店。大多数房地产投资信托基金会专注于一种特定的房地产类型，但有些基金在其投资组合中可能持有多种类型的房地产。

截至2022年年初，美国权益类REITs产品纳入富时指数的共有158只，具体的投向行业细化如表2-2所示。

表2-2 美国REITs投资底层资产类别[①]

资产类型	数量（只）	Net Mcap（百万美元）	占比（%）
数据中心	3	117 855	7.93
综合体	13	35 226	2.37
医疗	16	126 795	8.53
工业	14	196 984	13.26
基础设施	4	229 426	15.44
酒店	15	38 960	2.62
写字楼	19	100 170	6.74
住宅	22	243 265	16.37
零售业	33	190 097	12.80
自助仓储	5	106 646	7.18
农业	4	39 327	2.65
其他	10	60 936	4.10
合计	158	1 485 687	100

① 数据来源：FTSE。

通过表中数据可以看出，从投向资产种类上看，目前REITs产品的投向呈现出多元化的特点，涉及12种房地产相关资产类别，除了传统的住宅、写字楼等资产，随着科技进步，数据中心等新型高科技资产也是REITs产品占比较高的资产类别，产品种类多元分散化投资，有利于产品的良性、健康发展。

从发行数量上看，零售业、写字楼、住宅类的发行数量比较多，这个和零售业、写字楼、住宅在房地产市场中总量庞大有直接关系。同时也可以看出，此类资产作为REITs投向是个较为常见的种类。

从所有资产规模总占比中可以看出，在美国权益类REITs市场中，基础设施、住宅、零售业、工业的占比达55.74%，占据较大市场份额，这说明投资者对新型基础设施表现出了较为强烈的投资意向，包括较为传统的住宅以及工业仓储物流等。结合我国公募REITs基础设施的概念，即包括产业园区、仓储物流、收费公路、生态环保、数据中心等资产种类。从广义上的基础设施资产的角度看，美国权益类REITs在广义的基础设施语境下，数据中心、基础设施、自助仓储以及工业类REITs共计26只，占比约43.83%，考虑到资产类别存在模糊或交叉的现象，我们可以得出结论：对美国成熟的REITs市场而言，广义基础设施资产是其重要的组成部分。

从表2-3中可以看出，从美国头部权益REITs产品上看，在前10只产品中单只占比最大的为工业类资产，为7.77%；数量最多的为基础设施类（狭义基础设施概念）资产，共3只，同时也是比重最大的资产类别，合计占比15.29%，而广义基础设施资产共计7只，占比91.6%。

表2-3　美国前10名权益REITs产品分析①

REITs名称	资产类别	市值（百万美元）	占比（%）
Prologis	工业	115 444	7.77
American Tower Corp	基础设施	113 373	7.63
Crown Castle Corp	基础设施	78 524	5.29

① 数据来源：FTSE。

续表

REITs名称	资产类别	市值（百万美元）	占比（%）
Eauinix Inc	数据中心	64 690	4.35
Public Storage	自助存储	53 948	3.63
Simon Property Group	零售	47 914	3.23
Digital Realty Group	数据中心	41 798	2.81
Realty Income	零售	39 185	2.64
Welltower Inc	医疗保健	37 646	2.53
SBA Communications	基础设施	35 179	2.37
合计		627 701	42.25

（三）REITs的回报率表现

从美国市场REITs的收益率看，自1972年以来，REITs的回报率达9.70%，高于标普500的7.81%，但低于纳斯达克的10.23%（见表2–4）。

表2–4 美国REITs 1972年以来收益率一览表[①]

年度	FTSE NAREIT REITs	标普500	纳斯达克
2016	9.28%	9.54%	7.50%
2017	9.27%	19.42%	28.24%
2018	–4.10%	–6.24%	–3.88%
2019	28.07%	28.88%	35.23%
2020	–5.86%	15.52%	43.44%
2021	17.04%	12.03%	8.49%
过去一年	35.47%	43.56%	57.07%
过去三年	12.96%	16.43%	25.46%
过去五年	9.18%	15.13%	23.91%
过去十年	9.57%	11.84%	17.11%
1972年至今	9.70%	7.81%	10.23%

① 数据来源：NAREIT，平安证券研究所，数据截至2021年4月30日。

根据近五年的数据，从2018年至2020年，REITs的回报率稳中有升。2020年，新冠肺炎疫情对REITs的回报率产生了重大影响，对抵押型REITs的影响尤其严重，其下降幅度超过了权益型产品。随着疫情得到一定的控制，REITs产品的回报率在2021年度呈现出了上升趋势。

对比FTSE Nareit composite（混合型REITs）、FTSE Nareit All Equity REITs（权益型REITs）、FTSE Nareit Mortgage REITs（抵押型REITs）、FTSE Nareit Real Estate 50（房地产50指数），房地产50指数表现最优，增速超过了REITs产品，在REITs中，权益型REITs表现优异，保持高幅度增速，其在2022年2月的回报数据创历史新高，其次为混合型REITs，抵押型REITs表现平平。

（四）产品模式

1. 传统的REITs运营模式

REITs在发展初期，其持有物业的运营管理会委托给独立第三方进行，REITs则直接持有物业资产。在此种模式下，REITs的投资者相对比较固定，且有的资产规模不易进行扩大，在一定程度上限制了REITs的发展（见图2-1）。

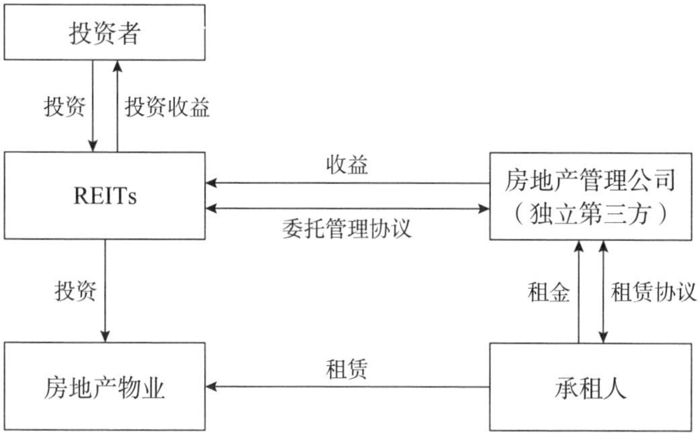

图2-1 传统REITs交易结构

2.伞形运营模式（UP REITs）

随着REITs的发展，1986年税收法案改革之后，赋予了REITs主动管理的职权。在此改革之下，1992年美国Taubman Centers公司首次采用了伞形结构（Umbrella Partnership REITs，见图2–2），此种模式一经推出便被批量复制采用。其主要优势在于：一来可以实现递延纳税，对以物业资产出资成为经营性合伙企业的有限合伙人（LP），美国税法规定，此过程可暂缓缴纳资产转让税费，待LP将其持有的经营性合伙企业的份额转换成现金或REITs份额时才需缴纳；二来更加容易扩大REITs的资产规模，后续加入资产物业组合以加入经营性有限合伙的形式进入，方式更加便捷灵活；三来可用经营性有限合伙企业的份额购置更多的REITs资产，而不仅仅是用现金。鉴于REITs高比例分红的要求，其自身资金余量有限，此模式可给REITs带来一定程度上的资金扩充。

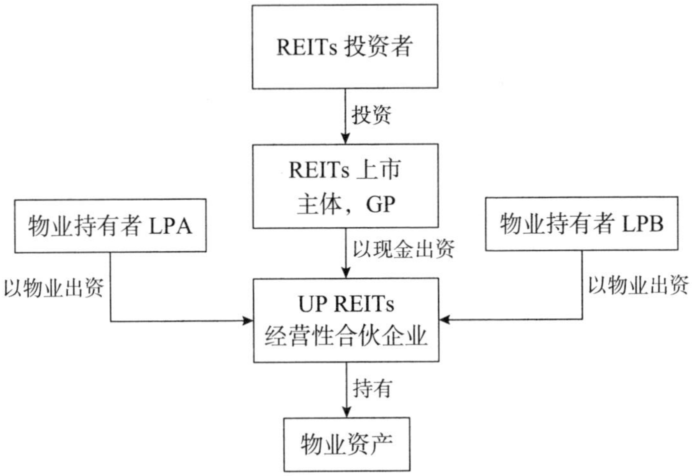

图2–2 伞形模式交易结构

3.伞形多重运营模式（Down REITs）

伞形多重运营模式是在伞形运营模式的基础上发展而出的创新模式（见图2–3）。在此种模式下，REITs可成为多个经营性合伙企业的GP（普通合伙人）。除具有上述UP REITs的优势外，多个经营性合伙企业模式在资产购置上更加灵活，可以增加产品的流动性。

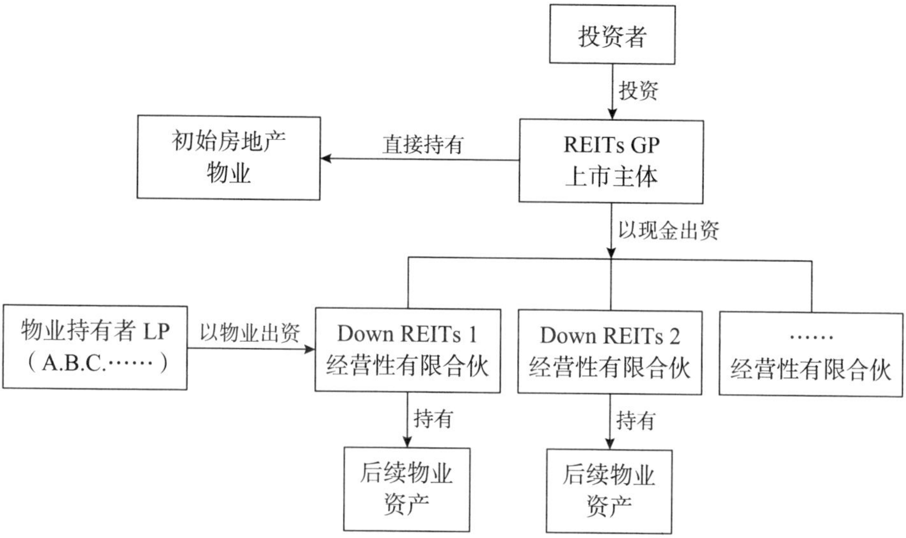

图2-3　伞形多重运营模式交易结构

四、纽约经济、房地产情况与REITs

纽约是世界的经济中心之一，也是世界三大金融中心之一（另外两个为英国伦敦地区和中国香港地区）。2018年，纽约市被全球化与世界城市研究网络（Globalization and World Cities Study Group and Network，GaWC）评为特级（Alpha++）世界一线城市，这座独具魅力的都市位于美国纽约州东南部大西洋沿岸，是美国第一大城市及第一大港口。

纽约市总面积为1 214.4平方千米，人们居住在789平方千米的土地上，包括五个行政区：布朗克斯区（The Bronx）、布鲁克林区（Brooklyn）、曼哈顿区（Manhattan）、皇后区（Queens）、斯塔滕岛（Staten Island）。纽约市是美国人口最多的城市，截至2021年年底，有人口约853万人。纽约也是个多族裔聚居的城市，拥有来自97个国家和地区的移民，其中包括西班牙裔在内的白人约占67.9%、非裔占15.9%、亚裔占5.5%。有数据显示，2021年，纽约市的GDP总量为1.1万亿美元，[①] 人均GDP为12.89万美元。

纽约证券交易所拥有全球最大的上市公司总市值，全球市值15万亿美元，超过2 800家公司在此上市。根据美国联邦政府的报告，截至2013年年底，纽约市的财产总值为879万亿美元。在世界500强企业中，有73家企业位于纽约市。全球首只上市REITs便是于1965年在纽约交易所挂牌交易的。

纽约市作为超级大都市，其房地产市场经历了百年的发展历史，从独栋别墅转变为出租型公寓、合作公寓，再到独立产权公寓。[②] 根据Zillow[③] 对纽约市房地产市场长期走势的记录，纽约市的房价在2010年至2018年几乎翻了一番。Numbeo网站[④] 的数据显示，2019年，美国纽约市的平均房价为3.7万美元（合24.85万元人民币）/平方米，在全球最贵城市榜单中排名第四。据统计，2021年6月，纽约市房价的中位数在57万美元左右，而曼哈顿区作为纽约市的核心区域，其房价较其他区更高，房价中位数为159.75万美元左右。在华人较多的皇后区，房价中位数在55万至56万美元。布鲁克林区的房价近几年增长速度较快，房价中位数为66万美元。

FRED（美国联邦储备经济数据库）数据显示，1988年至2020年，纽约市的Case-Shiller（凯斯-席勒房价指数）阶层房价指数整体市场上涨了16.74%，其中高端市场上涨了15.65%，中端市场上涨了18.07%，低端市场上涨了20.86%。

除了房屋自身的价格，在纽约市购房还需要支付高昂的房产税。购房交易房产税共分三种情况：一是豪宅税，这个税费是纽约州独有的税费，针对100万美元以上的物业，需要缴纳1%的豪宅税。当然，此税为一次性税费，不需要重复缴纳。二是贷款记录税，此税是为需要贷款的客户准备的。贷款

---

① 参见《中美第一大城市PK：2021年纽约GDP为1.1万亿美元，那上海呢？》，载大话企业百家号，https://baijiahao.baidu.com/s?id=1728551461109095536&wfr=spider&for=pc，最后访问日期：2022年6月1日。

② 参见《带你回顾美国纽约房产的百年历史》，载搜狐号，https://www.sohu.com/a/308048243_120066495，最后访问日期：2022年5月31日。

③ Zillow是一家提供免费房地产估价服务的网站。

④ Numbeo网站是一个由用户提供的有关全球国家和城市数据的数据库。

50万美元以内的，缴纳1.8%的贷款税；贷款50万美元以上的，税费额度提高到1.925%。三是新公寓交易税，也称转让交易税，此税仅针对纽约市新开发的公寓，买方要帮助开发商支付州转让税，50万美元以内的，大约缴纳1%的税；50万美元以上的，大约缴纳1.425%的税。此外，还需要支付持有期间房产税及管理费。因此，房主持有房屋的成本相对还是比较高的。据全美房地产经纪人协会（National Association of Realtors）2019年的调查，美国首次购房者的中位数年龄已增至33岁，创下自1981年以来的最高纪录。而在买得起房的人里，很多也得在亲戚朋友的帮助下才能凑够首付。与此同时，所有购房者的年龄中位数也创下了历史新高，达到47岁，连续第三年攀升，远高于1981年31岁的年龄中位数。

从房屋租赁的角度看，目前纽约市的平均租金仍然处于较高水平，根据Zillow的统计，房租中位数超过了每月3 000美元。一居室公寓和单间的月租金大概是3 000美元，而两居室公寓的月租金大概是3 800美元。高昂的租金为纽约市房地产成为全球房地产最贵的地区之一提供了相应的支撑，曼哈顿区每个月的房屋租赁费用中位数为3 495美元左右，而该区域的房租年增长幅度还是所有区域中最高的，达到了10%至11%。皇后区每个月的房屋租赁费用中位数为2 200美元左右，它的年增长幅度没有曼哈顿地区高，但是和整个纽约市的增长幅度差不多，保持在5%左右。布鲁克林区每个月的房屋租赁费用中位数为2 700美元左右，它的年增长幅度比皇后区要稍高一些，在5.5%至6%。

可以看出，在纽约市房屋持有成本较高的环境下，其租赁市场的租金水平保持着平稳增长，这也是本地区可以发展REITs的优势之一。美国房地产资本纽约市房地产投资信托公司（American Realty Capital New York City REIT，Inc.）是一家公开的非上市房地产投资信托公司，旨在收购位于纽约市五个行政区（尤其是曼哈顿区）内的高质量商业房地产，市值1.19亿美元，股息率4.8%，2021年第二季度FFO（Fund from Operation，即营运现金流）为5 000美元至6 000美元。同时，曼哈顿区物业也是REITs的投向资产。

2015年8月，Office REIT SL Green（格林不动产）以26亿美元完成了对纽约市大楼的收购；2018年，霍华德休斯公司改造了曼哈顿海港区；2018年1月，韦斯特菲尔德世贸中心继续振兴曼哈顿下城等。

纽约市作为国际大都市，其房地产市场在新冠肺炎疫情的影响之下仍保持坚挺，这说明了纽约房地产市场的成熟，这种高稳定性也为REITs的发展提供了坚实的基础。

第二节　欧洲房地产REITs发展情况及现状

一、欧洲（英国、法国、西班牙）房地产资产证券化的兴起

相较于美国，欧洲各国出台REITs的时间较晚。20世纪60年代，荷兰开始尝试启动REITs，1969年便引入了FBI（Fiscale Beleggings Instelling）制度，且将其包含在荷兰的企业所得税法中。在随后的近30年间，欧洲再无REITs相关法律和实践。直到1995年和1999年，比利时和希腊分别发布了REITs相关法律。此后，在金融危机前后，欧洲其他各国也开始着手布局REITs。截至目前，欧洲有15个国家制定了关于REITs的法律法规（部分国家制定了法律，但没有REITs产品）。

自2008年起，欧洲REITs市场开始进入大发展时期。欧洲各国的REITs大部分借鉴了美国REITs的发展模式，但在体系结构和税收制度上又有所不同。

根据欧洲公共房地产协会（European Public Real Estate Association，EPRA）发布的《全球房地产基金研究报告》（*EPRA Global REIT Survey 2021*），欧洲目前已经发布REITs法律法规的国家有15个，分别是比利时、保加利亚、芬兰、法国、德国、希腊、匈牙利、爱尔兰、意大利、立陶宛、卢森堡、荷兰、葡萄牙、西班牙、英国。其中，芬兰、匈牙利、立陶宛、卢森堡、葡萄

牙已经对REITs立法，但是目前没有上市的REITs。

从规模和成熟度上讲，欧洲REITs的代表国家是英国、法国和西班牙，以下将以英国、法国和西班牙为代表国家进行研究。

1. 英国

英国有全球最为成熟的资本市场，且存有巨量的优质物业，但在2007年之前因没有相关立法，其REITs市场始终没有建立和发展起来。此时，英国的投资者仅有两种方式投资英国活跃的不动产，即全部购入或通过有限合伙商业关系持有。这两种方式所需要的资金量和面临的税收令普通投资者望而却步。

在荷兰、法国、比利时、希腊等国陆续立法并建立REITs市场后，在英国离岸不动产投资火爆的压力之下，英国政府终于在2005年的财政预算报告中宣布，其2006年的财政法案中将包含REITs的相关立法。随后，REITs在英国2006年的财政法案（Finance Act 2006）中被引入，相比于欧洲其他国家，特别是荷兰和比利时而言，起步晚了几十年。①

2. 法国

法国于2003年通过立法正式确立了REITs（Statut SIIC）的组织形式和税收政策，是欧洲第三个引入REITs的国家，晚于荷兰（1969年）和比利时（1995年），与新加坡和中国香港地区大致在同一时间段。其实，在2003年之前，以持有物业并收取租金作为主要经营模式的上市公司（Foncire）早已在法国出现。但受制于交易过程中过高的税务成本，加上缺少资金流入，这些公司的经营活动如同一潭死水，每年只能向投资者发放很少的股息。

20世纪90年代初的经济危机使欧洲国家陷入长达数年的经济衰退，对法国，尤其是巴黎地区的房地产市场产生了深远影响。1991年至1996年，巴黎地区的房地产价格下跌了40%，直到1998年才开始有所回升。与此同时，

---

① 参见韩雨、国梁、许琳震：《欧洲REITs市场及体系概览》，载豆丁网，https://www.docin.com/p-2446573066.html，最后访问日期：2022年5月28日。

租金却在稳步上涨，这也给REITs的建立创造了条件。为了更好地走出经济危机，法国政府开始考虑引入REITs，为房地产行业注入活力，REITs的创立转变了原有持有型地产上市公司的经营模式：从原来的单一收取租金转变为开发、更新、出租和转售为一体。①

3. 西班牙

在2007年英国和德国对REITs立法后不久，西班牙受2008年金融危机的影响，经济减速。在此背景下，西班牙于2009年在法案110中对REITs进行了立法，被称为SOCIMI（Sociedades Anónimas Cotizadas de Inversión en el Mercado Inmobiliario），并确认SOCIMI为公司制类型。SOCIMI可在西班牙交易所、欧盟交易所等受监管的交易所挂牌上市，或者在任何与西班牙建立了税务信息连续互换机制的国家或地区内的受监管交易所上市。

二、英国、法国、西班牙REITs发展机制与法律制度

1. 英国制度概况

根据2006年金融法案，房地产投资信托基金于2007年1月1日被引入英国。2007年1月1日，9家公司经核准成为房地产投资信托基金——这一数字在该制度实施的第一年里显著增长。从那时起，这一数字不断增加，部分原因是法律法规规则的各种优化。

2012年，其金融法案引入了一系列针对房地产投资信托基金规则的修订并陆续生效。

这些规则的修订使英国房地产投资信托基金制度更具吸引力，比如入市费用被取消，REITs可以在AIM（伦敦证券交易所另类投资市场）上市，REITs有三年的宽限期，可以被公众持有，而不是被“封闭”；此外，某些机构被鼓励投资REITs，因为它们在REITs的股份将被视为分散持有；在

---

① 参见张建邦：《深度解读法国REITs最新发展及对中国的启发（最实务解析版）》，载REITs行业研究东方财富网，https://caifuhao.eastmoney.com/news/20200519220751117314420，最后访问日期：2022年5月28日。

2013年和2014年的金融法案中，英国政府对英国REITs投资其他英国REITs的相关内容进行了进一步修订，允许将英国REITs投资其他英国REITs的收入视为投资REITs的免税物业租赁业务收入。这些变化为REITs带来了三个好处：投资多样化、现金管理灵活化和税收简化。

从2019年4月6日起，英国政府作出了一些改变，对于向REITs从主营业务在英国的房地产公司（其主要业务收入至少75%来自英国）的股份买卖中获得的收益征收公司所得税的事项进行了修改，免除该部分收益的税赋。英国政府亦正在研究进一步放宽房地产投资信托基金的规定。

2.法国制度概况

法国在2003年的金融法案中引入了适用于上市房地产投资公司（Sociétés d'Investissements Immobiliers Cotées，SIIC）的特定企业所得税豁免制度，该制度可在准入和受条件限制的情况下生效。这个税收制度受法国税法（FTC）第208条C、第208条C之二、第208条C之三和第219条Ⅳ的管辖，属于法国税法的附属制度。

SIIC制度在2004年、2005年、2006年、2007年、2008年、2009年、2012年、2013年、2014年、2019年和2021年的财政法案和金融修正法案中都进行了修订完善。

另外，法国税务部门分别在2003年9月25日、2010年2月1日、2011年12月27日、2012年3月8日和2012年6月15日发布了政府行政税收导则。这些制度都包含在2014年3月4日发布的法国税务当局的财政公告中。

3.西班牙制度概况

管理SOCIMI的第11/2009号法案将REITs工具引入了西班牙房地产市场。2012年12月，SOCIMI制度发生了重大变化，并从2013年1月1日起生效。新的SOCIMI吸收了欧洲其他国家REITs制度的特色，其主要特点是取消了对社会投资机构的直接征税，并将这种税收转移给最终投资者。具体来说，SOCIMI将以0%的企业所得税税率征税。此外，和其他欧洲REITs体系（如SIIC或UK-REITs）一样，引入了19%的特别税，目的是避免相关机构通过设立特定架构来免交投资者层面的税费或者减少相关税费。

三、英国、法国、西班牙REITs运营模式及特点

（一）英国REITs运营模式及特点

1.上市过程

申请必须在转换之前提交。为了成为英国REITs，一组公司必须确认母公司符合以下条件：

- 是英国居民而非其他地方之居民；
- 拥有在被认可的证券交易所被允许交易的股份；
- 此外，在伦敦证券交易所（或国外同等的主要市场交易所）符合“上市”定义或在被认可的证券交易所交易（交易满三年）；
- 不是开放式投资公司；
- 不是一家封闭型公司（前三年不申请）；
- 只持有普通股（其中只能有一个类别）或无投票权限制性的优先股；
- 没有与业绩相关的贷款；
- 母公司将出具财务报表。

严格来说，每年应提交两份纳税申报单（英国REITs集团的物业租赁业务和其余业务）和三套财务报表（证明英国REITs集团符合各种资格测试和条件）。

2.法定形式

封闭的上市公司（Listed Closed-Ended Company），最小实缴资本为70万英镑（如果在英国伦敦证券交易所上市）。

英国房地产投资信托基金的母公司必须是符合列明的上市要求的（非开放式）公司。虽然没有规定在哪里注册，但注册人必须是英国的税务居民，而不是其他国家的税务居民。

附属实体可以是英国以外的税务居民，但此类实体可能受制于海外司法

管辖区的当地税收制度，并可能被课税。

管理可以是内部管理也可以是外部管理。

最小股本要求：没有关于股本的具体要求，适用股份上市的证券交易所有关股本的正常上市要求。例如，一家在伦敦证券交易所上市的英国公司必须拥有至少70万英镑的股本。

3.股东要求

- 不是“封闭型公司”（Closed Company）；
- 如果一个公司股东拥有10%或以上的股份/投票权，就可能会受到处罚；
- 对外国股东没有限制。

另外，英国房地产投资信托基金不能是“封闭型公司”。如果一家公司由五个或五个以下的股东控制，那么它就“接近”封闭公司的定义。一家挂牌上市的公司不能是封闭型公司，因为最少35%的股本份额要由公众持有。“公众”的含义包括持股比例低于5%的股东和养老基金（不为该REITs的员工提供养老基金），但不包括非封闭型公司。总体而言，机构投资者持有的股票将计入被视为广泛持有的股票。机构投资者包括慈善机构、注册的社会住房提供商、主权财富基金、养老基金、授权单位信托和开放式投资公司（Open-Ended Invesment Company）的经理/受托人，以及自2014年以来的英国房地产投资信托基金和英国房地产投资信托的海外对等机构。

如果公司股东（无论是不是税收居民）持有10%或更多的英国REITs股票或投票权，且REITs支付任何股息给这样的股东，将会产生惩罚性税。英国房地产投资信托基金因此通常会在相关章程中作出相关规定，以防止公司股东持有10%或更多的股本或投票权。同时，如果股东违反10%的限制，英国REITs将迫使股东出售他们的股票。但是根据房地产投资信托公司的规定，在这方面对外国股东没有限制。

4.上市要求

必须获准在认可的证券交易所进行交易，并且三年内在伦敦证交所（LSE）上市（或外国的同等主要市场交易所），或在其他被英国税务海关总署认可的任何股票交易所（期限三年）。英国税务海关总署（Her Majesty's Revenue and Customs，HMRC）负责维护更新全球认可证券交易所的名单。

5.持有资产要求

- 至少75%的REITs净利润必须来自房地产租赁业务（以财务报表衡量）；
- 至少75%的REITs资产必须用于房地产租赁业务（以财务报表衡量）；
- REITs必须持有至少三个独立的房地产资产，任何一项物业资产不能超过总资产的40%；
- 可以在英国以外的任何地方投资房地产。

业务平衡测试对投资施加了限制，限制了投资于非租金产生资产的数额和非租金收入的数额，但是在遵循这些限制条件下的其他活动是被允许的。从本质上讲，只有租金收入和通过处置位于英国、能产生租金收入的房产所实现的资本利得才可以免除英国的税赋。

业务测试的测试条件如下：

- 英国REITs至少75%的净利润必须来自房地产租赁业务（无论位于何处）；
- 英国REITs至少75%的资产必须用于房地产租赁业务（无论位于何处）。

一家英国房地产投资信托基金必须直接持有至少三种独立资产，而且任何一种资产都不能超过总投资组合市值的40%。符合资格的房产可以是位于世界各地任何位置的住宅或商业资产。

在余额业务测试中，现金被视为一种良好资产，尽管利息仍须纳税，仍是剩余业务的一种收入。

业主自住资产（指英国房地产投资信托基金使用的物业，如总部大楼）并不符合进行业务余额测试的租赁资产资格。

6.杠杆要求

杠杆要求即利息保障倍数测试，要求物业利润必须至少是物业融资成本的1.25倍。

利息费用受融资成本比率的限制。该比率的定义为“物业利润”，即物业出租业务扣除利息、上一会计期间的亏损和税务折旧（资本抵减）前的利润，除以物业融资成本（与物业出租业务有关的融资，其定义较为宽泛）。融资成本仅限于与融资相关的利息成本和折扣摊销。物业利润必须至少是物业融资成本的1.25倍；如果收入低于1.25倍，则以房地产财务成本为基数的税赋将会增加。

由于该测试只考察租金收入和利息成本之间的关系，利率的突然意外上升或收入的下降可能导致税收罚款。如果英国REITs存在严重的财务困难，或者比率不满足条件的原因是意想不到的情况且英国REITs无法合理地采取行动以避免使收入比率低于1.25倍，英国税务海关总署有权豁免这项罚款。

7.利润分配

英国REITs经营性租赁收入的90%以及来自其他REITs的PIDs（Property Income Distribution，即财产性收入分配），除租金及资本利得收入外的全部收益的100%，在每年年末之后的12个月内必须进行分配。

（1）经营性租赁收入（营业收入）

房屋租赁业务90%（免税）的收入通常必须在会计期间结束后的12个月内分配（但来自剩余业务收入的利润不必分配）。REITs可以通过支付股票股利（有向股东发行新股的选择权）的方式代替现金股利，这些都被视为合格的分配。

如果一个REITs投资于另一个REITs，投资REITs收到的100% PIDs股息必须在会计期间结束后的12个月内分配。

（2）资本利得

如果出售用于租赁业务的免税收益，就不需要分配免税资本利得。

8.处罚

英国法律关于处罚措施或者取消英国REIT资格制定了相关条款，如果违反某些规定，REITs将被处以罚款或撤销英国房地产投资信托基金的地位。这些规定很复杂，有不同的补救措施和时间限制，加上一些违约可能会发生许多次，而其他可能只违约一次，即失去在英国房地产投资信托基金地位。因此，需要谨慎地决定如何处理特定的违约。以下是这些规定在应用中的规则大纲：

如果集团英国房地产投资信托基金的母公司或英国房地产投资信托基金的单一公司不再在股票交易所上市或关闭，则其英国房地产投资信托基金的地位可自上一个会计期间结束时起撤销。而在某些情况下则不会出现违约，如股票交易所上市的损失是由另一个集团或单一公司的英国房地产投资信托基金的收购引起的；集团公司英国房地产投资信托基金或单一公司英国房地产投资信托基金由于其他人的行动而变得紧密，需在下一个会计期间结束时得到纠正。

未能满足物业租赁业务测试（房地产投资信托基金必须持有至少三处房产，且任一房产价值不得超过总市值的40%）会被认定为违约，这种情况可能不止发生一次。

未能分配90%应税利润的物业租赁业务和100%的从其他英国房地产投资信托基金收到的任何PIDs股息，如果没有遵守利润分配义务，将对英国房地产投资信托基金征收税收（目前税率为19%）。

关于英国房地产投资信托基金的资产业务测试。如果在会计期间开始时超过50%的资产是合格资产，则不满足75%资产测试被评估为轻微违约。但如果在当时不足50%的资产是合格资产，则构成严重违约。在考虑英国房地产投资信托基金收入中租金收入所占比例时，类似的条款也适用于业务平衡测试。

对于持有英国REITs10%或更多股份的公司股东，英国REITs将收取相当于PIDs金额20%的税。因此，REITs通常会采取措施，阻止这种水平的投资（例如，通过修改公司章程来防止这种分配）。

9.税收制度：REITs层面的主要税收

（1）营业收入

物业出租收入免征公司所得税，剩余的营业收入应按当时的公司税税率（19%）纳税。

来自物业租赁业务的收入不需要缴纳英国公司税。一家英国房地产投资信托基金在另一家英国房地产投资信托基金的投资将被视为投资信托基金的物业租赁业务的资产。收到的PIDs金额将被认定为房地产租赁业务并免税，但必须100%分发。非租赁业务收入（剩余收入）按现行公司税税率（19%）纳税。

（2）资本利得

处置用于物业租赁业务的资产所产生的收益不纳税。但如果是由REITs机构主导的地产开发项目，由在其完工后的三年内出售“已开发地产项目”所获得的收益是要纳税的。任何地产项目由REITs支付的开发成本超过该地产项目并购时市场公允价值的30%，就会被认为是“已开发地产项目”。处置那些不属于被授权开展业务的资产收益也要纳税。

从2019年4月6日开始，一个英国REITs机构通过出售主业在英国的房地产公司（公司的收入至少有75%来自英国的地产项目）股份所获的收益可以免税。税收豁免金额只适用于与房地产租赁业务相关联的那部分资产收益。因此，这也包括在英国开发房地产项目的公司，除非开发成本超过房地产项目并购成本（或者资产进入REITs体系时的市场价值，取高者）的30%，或者出售股份是在房地产项目开发完后的三年内进行的。

（3）会计准则

英国房地产投资信托基金根据每个集团公司的英国实体账户征税（英国公认会计准则或国际财务报告准则）。集团公司英国房地产投资信托基金须根据国际财务报告准则（IFRS）合并各公司的财务报表，以计算业务测试的余额。

（二）法国REITs运营模式及特点

1.成为REITs公司的申请过程

在法国，获得REITs的准入不需要特殊的申请，这更像是公司自身的一种选择，只需要满足以下两个条件就可以：

• 申请文件必须连同子公司的名单一并提交给母公司的相关税务局，子公司名单必须每年更新一次；

• 为了从SIIC制度中受益，一个合格的房地产投资公司（上市母公司）

必须在该公司希望从SIIC制度中受益的财政年度的第四个月结束前，向法国税务当局提交一份申请信。

缴纳企业所得税的附属公司也可进行此申请，条件是其至少95%的股本直接或间接由一个或多个按照SIIC制度设立的上市母公司持有，且其主要经营目的与上市母公司相同。准入申请信必须连同被选为SIIC制度子公司的名单提交给母公司的相关税务部门。该清单连同公司的年度企业纳税申报单必须每年更新。

该申请是不可撤销的，并自其实现的财政年度的第一天起生效。一旦成立申请被批准，符合条件的公司不得放弃。申请也被认为是全球性的，因为它适用于符合条件的全球合伙企业的所有财产和股份。

2.法定形式：股份公司和简化股份公司，有限合伙制

选择SIIC制度的母公司必须是一个公司（有限公司）或任何其他公司，其资本被分成股份可以上市。SIIC制度并不要求母公司必须根据法国法律成立或者是法国的纳税居民企业。母公司可以是一家经营和运作规则与法国SIIC制度类似的外国公司。

任何在欧盟监管的交易所（或其他国家的交易所，采用与欧盟监管规则相类似的制度）上市，并且遵守当地SIIC制度的境外公司均可以通过在法国成立直接控制或间接控制的运营企业，申请由其作为母公司，采用法国的SIIC制度。为了能够在法国有资格采用SIIC制度，法国税务部门要求这些境外公司必须在法国成立永久性的运营企业并且遵守法国的企业所得税法。这些境外公司在法国拥有的资产和其附属子公司的股权都会被纳入法国政府的应征税资产。位于法国的附属子公司为了采用SIIC制度，必须要做到以下事项：一是要遵守法国的企业所得税法，或者参照其法律主体，或者参照其纳税主体；二是其至少95%的股份要由遵守SIIC规则的上市母公司持有，且这些母公司要在SIIC制度适用的整个会计年度内采用SIIC规则（境外公司要遵守相类似的税收法规）；三是实施SIIC制度所允许的投资行为。

最低份额：上市母公司的股本必须达到1 500万欧元。不过这种要求不

适用于上面所描述的按照SIIC制度成立的上市SIIC母公司的附属子公司（境外公司参照相类似的税收法规）。

3.股东要求

单一股东不得持有SIIC母公司超过60%的股份或投票权，SIIC母公司的附属子公司除外。在成立过程中，15%的股份和投票权必须由多个股东持有，且每个股东的持股量要少于2%。

单一股东或多个股东的一致行动人之行为要遵守法国商业法规L.233–10的章节的规定，这些一致行动人股东合计持有的上市母公司的股份和投票权不得超过60%。这一“60%股东测试”必须持续被满足（因为并购、换股、债券转股或者赎回等因素导致股份比例被暂时性突破的情况是被允许的）。未能通过60%股东测试将导致其由SIIC税收制度享受的相应优惠政策被暂停。如果在会计年度结束前再次满足60%的条件，SIIC制度可以在下一个会计年度开始时再次申请。此外，60%股东测试的长期性不满足（包括在会计年度结束后）将导致其由SIIC制度中退出。

上市母公司至少15%的股本和投票权必须由单独直接或间接持有不超过2%的股本和投票权的股东持有。这个条件的目的就是确保在公司采用SIIC制度之前，能够满足最少的公众持股比例要求。不过该要求只需要在采用SIIC制度的当年的第一天满足即可（后续不再强制要求）。

上市要求：母公司必须在欧盟或欧洲经济区监管的证券交易所上市。它也可以在任何证券交易所上市，条件是该证券交易所的运作规则与欧盟和欧洲经济区相同。

4.资产及投资行为要求

主要投资业务局限于房地产项目并购和建设用于出租收益的房地产项目，投资方式可以是直接或间接成立合伙企业或投资其他公司，且这些企业要缴纳当地的所得税，并且与SIIC机构具有相似的商业模式和战略目标。

在资产层面没有明确要求。

附属投资业务规模不得超过公司总资产账面价值的20%。

为了取得SIIC制度的资格，公司的主要活动必须限于以出租物业为目的的物业收购和/或建设，投资方式可以是直接或间接成立合伙企业或投资其他公司，且有与SIIC相似的经营活动和目标。符合条件的租赁活动是指住宅、商业或工业用途的租赁活动。这些活动可以在法国进行，也可以在国外进行，只有原则上在法国纳税的情况下，公司才会从SIIC制度中受益。

上市母公司及其子公司也可以从事被动投资以外的活动。但是这些主动投资行为须是其主营业务的附属业务，通过投资所产生的收益也要按照正常的公司所得税法规纳税。

5. 杠杆率：法国的SIIC制度对杠杆率没有明确的限制

法国的一些规章对财务费用的扣除做了限制（最高可扣除税款比率、资本弱化规则、反混合融资体制、2019年法国金融法案所规定的新资本弱化规则和普通利息扣除限额标准）。法国的一些利息扣除限制规则适用于根据SIIC制度成立的公司，并影响这些公司用于分配股利的税后利润。

法国2019年金融法案已经解决了金融费用扣除规则的改进问题，以前的弱资本化规则和财务费用净额的一般利息扣除限制已合并为一个方案。根据2019年法国金融法第34条（编入FTC第212条之二）之规定，遵守企业所得税规则的企业财务费用扣减限额是300万欧元或息税折旧摊销前利润（EBITDA）金额的30%比例的孰高值。如果这些企业属于资本弱化型企业（公司的所有债务金额超过其净资产的1.5倍），则其财务费用扣减限额是100万欧元或税前EBIDTA金额的10%比例的孰高值，且企业不能把当年超额的财务费用移到第二年。

6. 利润分配义务

（1）运营收入

从2013年12月31日开始，税后利润（包括直接拥有的合伙企业或直通实体实现的利润）至少95%必须在产生的下一个纳税年度结束前进行分配。2013年以前，这些税后利润至少要有85%的比例被用于分配。

（2）资本利得

从2018年12月31日开始，通过以下方式获得的利润应按照税后收益70%的比例进行分配：一是出售与房地产资产租赁合同有关的权利；二是财产出售（包括直接持有的合伙企业或转移实体的财产出售）；三是所持合作伙伴或下属子公司的股份出售。

以前，这种分配义务是这些免税收益的60%（2013年前是50%）。自2018年12月31日起，2019年金融法案将截至财年资本利得的利润分配义务从60%提高到了70%。

（3）股利

SIIC机构下属的子公司（选择SIIC制度）获得的股利必须在该纳税年度结束前，由SIIC母公司全部进行分配。

（4）合伙所得

合伙企业所得视为由母公司SIIC直接实现，并享受相同分配义务下的税收优惠。因此，这些收入分为以下几类：合格租赁业务所获取的利润、之前用于合格业务的不动产通过出售获取的利润以及从根据SIIC制度成立的附属子公司处获取的收益。然后应用相应的比率确定每种收入类型的股利分配率。

（5）分配义务的限制和上限

SIIC一个财政年度的总分配义务［（4）中三个部分的分配义务总和］不得高于该公司在当财年可免除税费的总收入金额，剩余分配义务不需要分配。法国相关法律和政府部门对超过利润分配最高限额的那部分金额是否可以向后结转，或是否不得包含在以后年度的强制利润分配金额内，并没有作出明确说明。

SIIC机构的年度内需要分配利润金额的最高值要根据当年的财务情况确定，具体内容：一是减去以前年度的亏损金额和留存的法定盈余公积金额；二是加上留存收益。如需要利润分配的总金额超过这个调整后的财务数据，则该剩余未分配的金额需要在第一个盈利年度和第二个盈利年度内进行补交。

7.违反SIIC制度条件的制裁

- 如果SIIC机构没有达到强制利润分配要求或出现了资格取消事件，则其当年的收益和资本利得所能享受到的税收优惠政策将会暂停；

• 如果SIIC机构在其取得SIIC资格之后的十年内被取消了相关资格，则在其再次成为SIIC机构时，通过不动产获取的未实现资本利得需要按照标准的公司所得税税率纳税。在其成为SIIC机构期间，通过不动产资产所获取的未实现收益要按照特别税率25%纳税。

8. SIIC层面的企业所得税

（1）经常收入（或营业收入）：符合条件的收入是免税的

原则上，已入选SIIC制度的上市母公司及其符合条件的企业子公司须缴纳法国企业所得税。但是，下列所得在满足分配要求的情况下，可完全免征企业所得税：

• 从符合条件的租赁活动中直接或通过符合条件的合作伙伴实现的收入；

• 从选择SIIC制度的合格子公司获得的股息，并从该子公司的免税收入中支付；

• 上市母公司可能受益于股息免税的红利来自以下三种：另一个SIIC，SIIC下属子公司或外国房地产投资信托基金，但是需要提供上市母公司持有至少5%的分发实体资本的股票和投票权至少两年的证据。

（2）资本利得：符合条件的资本收益是免税的

出售或处置用于符合条件的租赁活动的物业，处置参与符合条件的合伙企业或其他直通实体，或处置参与已选择SIIC制度的符合条件的公司子公司所产生的资本利得是完全免税的。

（3）合伙企业收入

合伙企业所得视为由母公司SIIC直接实现的收益，享受相同分配义务下的免税待遇。因此，这些收入应该在母公司SIIC的不同收入之间进行分配，以计算分配义务。

（4）预扣税

原则上，来自国内的收入不需要缴纳预扣税；如果双重征税条约允许，从外国收入中扣缴的税款可以抵免。

如果一家法国上市公司或子公司从外国获得的收入要缴纳法国企业所得税，且双重征税协议允许，便可以抵扣所扣缴的税款。不过，对在境外代扣的税费是无法进行返还的。原则上，由SIIC机构向法国居民企业支付的股利不用缴纳预扣税。

（5）会计准则

法国相关部门在2002年12月12日通过了相关决议，该决议主要把IFRS（国际财务报告准则）机构关于资产折旧和减值损失的大部分内容应用到法国的企业会计准则中。法国企业也被要求从2005年1月1日开始根据这些会计准则编制财务报表。因此，法国的SIIC机构关于资产折旧和资产减值损失的会计处理要遵守法国的GAAP（通用会计准则）规则。

（三）西班牙REITs运营模式及特点

1.手续或步骤

- 需要在受监管的交易市场或另类交易市场挂牌上市；
- 采用特殊税收制度。

SOCIMIs作为西班牙的REITs形式，必须在西班牙交易所、欧盟交易所等受监管的交易所挂牌上市，或者任何与西班牙建立税务信息连续互换机制的国家或地区的受监管交易所上市。此外，西班牙在2012年12月修改SOCIMIs法案（SOCIMIs Act）后，也允许在替代多边另类交易市场上市，不仅包括西班牙的另类交易市场，还包括欧盟的多边另类交易市场，以及任何与西班牙建立税务信息连续互换机制的国家或地区的另类交易市场。在这个意义上，已有76家SOCIMIs被纳入西班牙另类市场（BME Growth），23家SOCIMIs被纳入泛欧交易所（Euronext Access Paris）。最后，有3个SOCIMIs在西班牙连续市场（Mercado Continuo）上市（例如，Merlin Properties，SOCIMI S.A.）。

决定申请这个特殊的税收制度必须通过股东大会，并且要在财务年度的最后一个季度前通知税务机关，其目的是应用特殊的税务制度（例如，对财务年度2021年1月1日至2021年12月31日，该决定必须在2021年10月1日前通过。该制度将从2021财政年度开始实施，直到发出停止适用该特别制度的通知为止）。

法定形式/最低股本：

SOCIMIs必须采取上市股份公司的形式，最低股本为500万欧元。此外，SOCIMIs的股票必须是记名的，并且只有一种股份类型。

此外，相关机构要求，SOCIMIs公司的名字中应该包括可以被当地西班牙人所能理解的字母或缩写，如“Sociedad Anónima Cotizada de Inversión en el Mercado Inmobiliario”，可以被命名为“Sociedad Anónima”或“SOCIMIs, S.A.”。

SOCIMIs的主要经营范围必须包括：

（1）出于租赁收益目的，并购和开发城市区的房地产项目（包括翻新）。

（2）持有其他SOCIMIs机构或非西班牙的REITs机构的股份，且这些机构与SOCIMIs机构具有相似的经营目的和利润分配要求。

（3）在SOCIMIs机构下属的非上市附属子公司的注册资本金中持有股份，不论该子公司是否是西班牙居民纳税企业，其主要经营目的是租赁收益和并购市区内房地产项目，并且遵守相同的投资行为、股利分配和杠杆率的要求。SOCIMIs机构的附属子公司不得在其他经营实体的股本金中持有股份。另外，SOCIMIs机构的附属子公司的股份要被记名。只有SOCIMIs机构或满足上述第（2）条的其他经营实体可以成为该类附属子公司的唯一股东。

（4）根据西班牙的集合投资计划35/2003法案，SOCIMIs机构可以持有或者参股房地产类型的集合投资计划。

2. 股东要求

没有股东持股百分比的门槛，但根据上市系统的不同，对公开流通的最低股份数量的要求有所不同。

SOCIMIs机构必须上市，但是从开始采用SOCIMIs制度之日到上市之间有两年的宽限期。

SOCIMIs机构的股份必须在西班牙、欧盟或欧洲经济体的交易市场上市，主要包括官方监管的二级流通市场和多边另类交易市场。另外，SOCIMIs机构的股份也可以在与西班牙建立税务信息连续互换机制的国家或地区的受监管交易所上市。

3.资产水平

（1）对投资行为的限制

至少80%的资产必须投资于以下项目：用于租赁的城市房地产项目，其他SOCIMIs，境外REITs，西班牙或境外合格附属子公司和房地产集体投资计划。

（2）收入测试

至少80%的SOCIMIs收入必须来自合格资产的租赁和合格子公司分配的股利分红。

（3）最低持有期限

符合条件的资产必须由SOCIMIs持有至少三年。

4.负债率（杠杆）：没有限制

2012年，西班牙对SOCIMIs法案的修改删掉了杠杆率的限制。

西班牙政府最近批准的税收限制（财务费用抵扣税费、折旧额抵扣税费、税收损失向后递延和税费返还）应该没有实际影响，因为SOCIMIs对所有收入征收的CIT（Corporate Income Tax）即所得税的税率为0%。

5.利润分配义务

（1）运营收入的分配比例

一般为80%（从租金收入及附属活动中取得的利润），符合资格的实体分配的股息为100%。

（2）资本利得

转让房地产资产（在满足持有期的情况下）和符合条件的资产所产生的收益中至少50%的利润必须进行分配，剩下的50%利润必须在三年内再投资于符合条件的资产，否则将分配给社会保险的股东。如果再投资的对象（新的合格资产）在三年持有期期满之前就进行了转让，则利润必须分配给SOCIMIs的股东。

（3）其他利润

剩下的利润中至少有80%必须分配。

（4）分配周期

分配决议必须在财政年度结束后的六个月内通过，所有收入必须在分配决议的下个月有效地支付给股东。

6.处罚措施

处罚措施/损失状况规则包括SOCIMIs资格的取消（不再享有SOCIMIs特别税收制度）以及在没有遵守信息披露义务的时候，SOCIMIs机构会被处以1 500欧元到3万欧元的罚款。

西班牙最近对SOCIMIs法案的改革减少了SOCIMIs因丧失SOCIMIs地位而受到制裁的情况（关于SOCIMIs特别税收制度）。特别是以下这些情况：

（1）丧失上市地位；

（2）出现重大未遵守信息和报告义务情况，修改年度账目除外；

（3）未能通过股息分配决议或未能在SOCIMIs法案规定的期限内有效支付股息，在这种情况下，SOCIMIs地位的丧失将在未分配利润获得的纳税年度产生影响；

（4）纳税人放弃SOCIMIs制度；

（5）未达到SOCIMIs法案规定的要求，如果在第二年进行补救可以除外。虽然未能遵守资产的最低持有期限不会导致丧失SOCIMIs地位，但是该资产将被视为不合格资产，并且从这些资产获得的收入将被按标准企业所得税税率（25%）征税。

一方面，如果SOCIMIs出现上述情况，那么SOCIMIs特别税制度将失效，且三年内将不能享受特别税制度。

另一方面，如果不遵守SOCIMIs法案规定的信息义务，根据未提供的信息的种类，SOCIMIs法案规定了1 500欧元到3万欧元的罚款。

7.税收承担（SOCIMIs层面）

满足法律要求的SOCIMIs机构可以申请采用SOCIMIs特殊税收制度，且该制度也适用于SOCIMIs机构的股东。

SOCIMIs机构若想在财务会计年度内采用特殊税收制度，就需要在当年最后一个季度之前召开股东大会，通过该项特殊税收制度决议，并向税务部门备案。

（1）经常收入（营业收入）

从2013年1月1日起，SOCIMIs的所有收入都将按照西班牙企业所得税（CIT）纳税，税率为0%。尽管如此，在最低持有期限（三年）结束之前出售符合条件的资产所产生的租金收入也将受制于标准的CIT税率（25%）。

（2）资本利得

作为一般规则，SOCIMIs将在CIT下纳税，适用0%的统一税率。然而，在上述情况下，如果相关资产在最低持有期限（三年）结束前被出售，SOCIMIs将按25%的标准CIT税率纳税。

（3）其他税收

关于SOCIMIs机构的合并或股本金增加，抑或将资产捐献给其他机构，都有资格获得资本税豁免。

（4）预扣税

预扣税规则通常适用于社会保险协会支付的款项。然而，SOCIMIs集团内部的股息支付也将免除预扣税。

四、欧洲REITs市场总体运行情况及英国、法国REITs市场运行情况

根据EPRA发布的《全球房地产基金研究报告》（*EPRA Global REIT Survey 2021*），欧洲目前共有15个国家发布了REITs法律法规，有REITs上

市的国家有10个，共计63只REITs，市值共计2 685.95亿欧元。

1.欧洲REITs市场总体运行情况

从*EPRA Global REIT Survey 2021*统计的数据中可以看出，在欧洲的REITs市场，排名前三的国家分别为英国（约占欧洲REITs总市值的41%）、法国（约占欧洲REITs总市值的24%）、西班牙（约占欧洲REITs总市值的12%），这三个国家的REITs市值约占欧洲REITs总市值的77%。2020年，欧洲总体REITs市场情况如表2-5所示。

表2-5 欧洲总体REITs市场情况①

国家	REITs只数	纳入EPRA REIT Index的只数	市值（百万欧元）	在全球REITs指数的占比（%）
比利时	17	10	30 537	1.29
保加利亚	39	0	826	0
法国	27	6	64 778	4.29
德国	7	2	6 778	0.26
希腊	4	0	3 074	0
爱尔兰	3	2	2 457	0.11
意大利	3	1	1 025	0.02
荷兰	5	5	18 133	0.96
西班牙	75	3	31 429	0.46
英国	54	33	109 558	5.15
合计	234	62	268 595	12.54

① 芬兰、匈牙利、立陶宛、卢森堡、葡萄牙已经对REITs进行立法，但是目前没有上市的REITs。

2. 英国REITs市场运行情况

表2-6　2020年英国主要REITs的市场情况[①]

名称	市值（百万英镑）	股息收益率（%）	类别
New River	305.38	16.25	零售
AEW UK	129.59	9.78	商业
Regional	330.97	8.34	办公
Real Estate Investors	60.09	7.46	办公、零售
Highcroft Investments	38.04	6.53	商业
Drum Income Plus	18.15	6.32	商业
Impact Healthcare	360.42	5.57	医疗健康
Custodian	371.75	5.55	多样化
Supermarket Income	709.35	5.49	零售
Standard Life Investments	248.51	5.37	工业、写字楼
Residential Secure Income	158.36	5.24	住宅
Urban Logistics	380.02	5.2	物流
Civitas Social Housing	678.84	4.95	住宅
Schroder European	128.92	4.88	写字楼、零售
British Land	4 800.37	4.7	商业
The PRS	428.41	4.62	住宅
Secure Income	1 100.1	4.46	医疗保健、经济型酒店、休闲
Hibernia	749	4.42	商业
RDI	462.04	4.12	写字楼、零售、酒店
London Metric Property	1 902.97	4.11	物流、零售
Primary Health Properties	1 939.25	4.09	医疗健康
BMO Real Estate	175.72	4.04	多样化
Triple Point Social Housing	402.79	4.01	社会保障住房
Assura	1 923.74	3.94	医疗健康

① 数据来源：https://www.uk-reit.com/，最后访问日期：2021年3月21日。

续表

名称	市值（百万英镑）	股息收益率（%）	类别
Tritax Euro Box	652.28	3.81	物流
Mountview Estates	432.79	3.6	住宅
Tritax Big Box	3 061.39	3.6	物流
McKay Securities	199.06	3.4	写字楼
Empiric Student Property	471.67	3.2	学生公寓
Picton Property Income	477.51	3.15	商业
Big Yellow Group	1 906.54	3.11	仓储
Workspace Group	1 449.81	3.06	写字楼
Land Securities Group	5 103.57	2.62	零售
UK Commercial Property	952.47	2.51	工业、零售、写字楼
Segro	10 814.77	2.43	零售、物流
Safestore Holdings	1 650.65	2.38	仓储
Derwent London	3 632.03	2.3	商业
GCP Student Living	700.73	2.27	住宅、学生公寓
Great Portland Estates	1 757.27	1.82	多样化
Phoenix Spree Deutschland	308.37	1.3	住宅
Unite Group	4 061.73	1.25	学生公寓
Hammerson	1 420.46	1.14	零售
KCR Residential	6.07	—	住宅
Shaftesbury	2 478.19	—	餐厅、零售、写字楼
CEIBA Investments	111.93	—	商业
Capital & Regional	94.15	—	零售

根据表2-6统计的数据可以看出，Segro、Land Securities Group、British Land、Unite Group、Derwent London是英国排名前五的REITs。另外，根据*EPRA Global REIT Survey 2021*统计的数据，英国排名前五的REITs也是上述五只REITs（见表2-7）。

表2-7　2020年英国排名前五REITs情况

REITs名称	市值（百万欧元）	一年投资回报率（%）	股息收益率（%）	在全球REITs指数所占比例（%）
Segro	15 285	28.96	2.02	1.17
Land Securities Group	5 834	30.73	4	0.43
British Land	5 343	38.49	3.04	0.41
Unite Group	4 982	24.30	1.19	0.31
Derwent London	4 338	23.35	2.24	0.30

Segro是英国最大的仓储物流REITs，总部位于英国，在英国和欧洲大陆拥有、开发和管理仓储物业。它的投资组合包括仓库和轻工业建筑，包括用作数据中心和物流操作的仓库。投资组合的主要部分集中在英国、法国、德国和波兰，其余部分位于其他欧洲国家，包括西班牙、荷兰和捷克共和国。Segro的物业应用于多个行业，包括零售、运输和物流、邮政和包裹递送、服务和公用事业、零售、技术、媒体和电信。

Land Securities Group的业务分为三个部分：办公室、零售和专业部门。办公室部分包括其所有的办公室，基本上都位于伦敦；零售部分包括其所有的购物中心、销售点、零售公园和其伦敦办公楼内的零售单位；专业部分包括其休闲和酒店资产、皮卡迪利灯饰和其他不属于任何其他部分的专业资产。该公司拥有约106个物业，包括休闲、住宅、零售、工作空间、零售公园和购物中心。Land Securities Group的地产包括伦敦SW1维多利亚街123号；布莱顿码头；枢机广场、伦敦SW1广场、哈特菲尔德；之字形建筑、伦敦SW1；湖滨零售公园、西瑟罗克、南侧旺兹沃斯SW18。

British Land拥有、管理、开发和融资一系列商业地产，主要集中在伦敦办事处或英国其他地方的零售地点，为人们创造和经营工作、购物和生活的场所。其业务分为写字楼和住宅、零售和休闲、加拿大水务项目（一个伦敦的城市更新项目）。其商业地产投资组合主要集中在英国各地的零售场所和伦敦办事处，其零售和休闲投资组合专注于地区和本地的多重租赁资产。该公司的资产包括加拿大水务项目;布罗德盖特，摄政广场，帕丁顿中心，莱登霍尔大厦，利物浦街100号，伊灵百老汇，布罗德盖特–201主教门和布罗德盖特–155主教门等。

Unite Group是一家总部位于英国的学生宿舍开发商和运营商。该公司在英格兰和苏格兰超过28个大学城和城市中为超过50 000名学生提供大约140处房产。它通过两个部分进行操作：房地产开发部门及运营部门。房地产开发部门负责其开发和资产投资战略；运营部门负责公司约140个物业，包括其共同投资工具拥有的物业。该公司直接向学生和英国各地约60所大学出租其房间。Unite Group的物业提供靠近大学校园的住宿，交通和配套设施便利，提供学习卧室、保险、24小时安保、清洁服务和无线保真服务。另外，Unite Group还经营和运作着大约三个基金和合资企业。

Derwent London是一家总部位于英国伦敦的房地产投资信托公司，拥有和管理的投资组合为约570万平方英尺的商业地产，主要位于伦敦市中心。该公司的物业投资组合包括投资物业、业主自住物业和交易物业。该公司的地产项目位于伦敦（西区中心、西区边界和城市边界），其余在苏格兰。子公司包括德温特伦敦夏洛特街有限公司、苏格兰地产有限公司、苏格兰地产投资有限公司、德温特中央十字有限公司、德温特伦敦KSW有限公司、德温特山谷有限公司、新河有限公司和德温特伦敦资本（泽西）有限公司。

3. 2021年法国REITs市场总体情况

表2–8　2021年法国REITs市场总体情况①

公司名称	市值（百万欧元）	营收②（欧元）	市价盈利比率（%）	近一年投资回报率（%）	近三年投资回报率（%）	类型
Acanthe Developpement	67.97	3.84M	14.05	12.14	–15.07	办公
Argan S.A.	2430	231.67M	3.63	28.03	102.63	仓储物流

① 数据来源：https://cn.investing.com，IEIF SIIC France（SIIC），最后访问日期：2022年3月4日。关于上述表格中的类型系根据公司网站主要内容概括，可能会与EPRA网站的分类有出入。

② M指百万欧元，B指十亿欧元。

续表

公司名称	市值（百万欧元）	营收（欧元）	市价盈利比率（%）	近一年投资回报率（%）	近三年投资回报率（%）	类型
Bleecker	195.7	21.53M	2.53	12.26	65.71	商业
Bois Scier Manche	101.06	17.17M	7.85	-3.41	25.93	住宅
Carmila	2 130	487.92M	—	11.76	-18.67	购物中心
Covivio	6 070	1 340	6.62	-10.16	-26.45	办公楼、酒店、住宅
Covivio Hotels	2 300	260.01M	49.86	-13.92	-42.19	酒店
Fonciere Atland	186.22	205.95M	8.81	28.27	86.96	办公室、仓库、零售店和轻工业场所
Fonciere Inea	383.36	49.88M	7.73	14.94	12.94	办公、物流
Fonciere Lyonnais	3 710	177.31M	14.82	36.91	31.91	商业地产
Fonciere Paris Nord	4.82	—	—	-27.12	-16.35	住宅
Frey	952.37	109.41M	27.32	18.11	18.84	城市和商业更新运营
Gecina S.A.	7 470	1 270	8.82	-11.44	-19.78	办公楼、学生宿舍、住宅
Groupe ALTAREA	2 660	3 100	—	-10.82	-29.46	综合模式：住房、商业、办公、酒店、物流
Icade	3 920	3.31B	9.73	-15.09	-29.54	办公、医疗保健
Immob. Dassault	390.3	22.43M	4.69	3.57	-11.59	办公楼、商业
Klepierre	6 270	1.17B		8.44	-28.16	购物中心
Mercialys	787.32	340.34M	12.59	-6.59	-34.40	购物中心
MRM	53.22	9.69M	46.32	37.08	-16.44	购物中心
Paris Realty Fund S.A.	78.42	22.26M	7.12	-16.13	-32.47	办公
Patrimoine et Commerce	265.62	66.22M	8.32	18.39	7.27	购物中心
Societe de la Tour Eiffel	439.46	125.19M	—	-8.62	-36.60	办公

续表

公司名称	市值（百万欧元）	营收（欧元）	市价盈利比率（%）	近一年投资回报率（%）	近三年投资回报率（%）	类型
Vitura	538.09	84.66M	14.45	-5.26	-15.79	办公
Unibail Rodamco S.E.	8 100	3.61B	—	-10.36	-59.36	酒店、购物中心

根据表2-8的统计数据可以看出，Unibail Rodamco S.E.（市值8 100百万欧元）、Gecina S.A.（市值7 470百万欧元）、Klepierre（市值6 270百万欧元）、Covivio（市值6 070百万欧元）、Icade（市值3 920百万欧元）是法国市值排名前五的REITs。

另外，根据*EPRA Global REIT Survey 2021*统计的数据，2020年法国排名前五的REITs跟前述一致，但是市值排名不同（见表2-9）。

表2-9　2020年法国排名前五REITs情况

REITs名称	市值（百万欧元）	一年投资回报率（%）	股息收益率（%）	在全球REIT指数所占比例
Gecina S.A.	9 512	22.94	3.99	1.62%
Covivio	6 802	17.32	4.99	0.88%
Klepierre	6 087	49.56	9.66	0.97%
Icade	5 387	28.15	5.51	0.56%
Unibail Rodamco S.E	1 643	15.61	8.65	0.11%

应该说，对比2020年和2021年的市值数据，排名前五的REITs变化较大。以下对2021年最新排名前五的REITs进行简单介绍：

Unibail Rodamco S.E.是一家法国商业房地产投资公司，主要在欧洲的商业房地产行业从事房地产开发、建设和管理业务，其资产组合来自三个业务部门：（1）零售分部，包括法国、西班牙、荷兰、丹麦、瑞典、芬兰、波兰、捷克共和国、斯洛伐克和奥地利的购物中心；（2）写字楼和其他分部，包括主要位于巴黎中央商务区和拉德芳斯的多个商业楼宇、仓库和工作坊；（3）巴黎会展中心分部，由Viparis和Comexposium运营，Viparis和Comexposium由该公司和巴黎工商会（CCIP）共同拥有。Viparis在巴黎管理一系列场馆，而Comexposium是法国的一家活动承办方。

Gecina S.A.是巴黎泛欧交易所一家上市房地产投资公司（SIIC），根据其公司网站显示的信息，其接近97%的资产位于法兰西岛，拥有约100 000名客户和用户，致力于打造长期和全价值链。Gecina S.A.拥有欧洲第一个办公资产、巴黎第一个私人住宅公园，也是第一个学生宿舍的综合参与者。截至2021年12月底，其资产达201亿欧元。

Klepierre是一家巴黎的房地产开发商，负责管理法国、比利时、斯堪的纳维亚半岛各国、意大利、西班牙、中欧等地的商业地产。该公司专门从事购物中心、零售综合体和大型超市的运营。

Covivio作为一家办公楼、酒店及住宅的综合性房地产投资公司，其公司网站的数据显示，其38%的投资组合位于法国，41%的业务位于德国，16%的业务位于意大利。就业务分类而言，28%为位于德国的住宅开发业务、33%为位于法国的办公楼、15%为位于意大利的办公楼、15%为位于欧洲的酒店、9%为位于德国的办公楼。

Icade是一家办公楼、医疗健康综合性房地产投资公司，根据其公司网站公示的2021年综合年度报告，办公楼业务贡献了其现金流的56%，医疗健康业务贡献了其现金流的38%，低碳建筑业务贡献了其其余现金流。

第三节　亚洲房地产REITs发展情况及现状

一、亚洲（日本、新加坡）房地产资产证券化的兴起

亚洲各国房地产资产证券化的起源基本和经济危机有关。经济衰退时，房地产商无法从传统信贷途径中获得债权投资，只能寻找新的融资路径，房

地产资产证券化由此作为股权融资方式被引入市场，逐渐成为主要融资渠道之一，并发展成新的行业。在这种背景下产生的资产证券化意味着房地产商是房地产资产证券化的推动力量，在房地产商融资需求和经济环境的促进下，政府也有动力建立、发展、规范相关市场。因此，可以说，亚洲房地产资产证券化市场大部分是从上而下建立起来的，先制定市场框架和法律基础，再根据发行情况和经济环境进行修正，这和美国REITs的起源截然不同。当然，特定的历史经济条件必然会催生出不同的道路，因此从某种角度上说，危机也不完全是坏事——它能打破现状，带来新的转机。

作为资产证券化的重点模式，REITs在亚洲获得了蓬勃发展。截至2020年12月31日，在亚洲市场上活跃的REITs共有185只，总市值达2 814亿美元，其中日本、新加坡、中国香港三地的REITs市值合计占比近九成。[①]

1. 日本：从“广场协议”到泡沫破灭，日本房地产的过去与REITs的兴起

提起日本经济与“失去的20年”，大部分分析都会从“广场协议”说起，其实更早的种子在广场协议之前就埋下了，经济发展路径的选择给日本带来了后续的繁荣与问题。

20世纪60年代，日本立下了“贸易立国”的四字方针，其出口贸易和经济都开始腾飞。1980年，“两伊战争”爆发，作为世界“油库”的中东地区陷入战乱，石油价格猛涨。受油价上涨的影响，美国的钢铁、汽车等产业遭受严重打击，物价飞涨也带来了大量失业。与此同时，日本产品凭借“低价、节省原料”等特点占领美国市场。美国对日本的贸易逆差越来越大，引起了美国政府的不满。1985年，美国将日本列为“不公正贸易国”，开始向日本施压。同年9月22日，美、英、法、德、日五国在纽约曼哈顿广场酒店签署协议，主要内容为“干预汇率，美元贬值，日、英、法、德货币升值”，

① 参见中国房地产行业协会、戴德梁行：《亚洲房地产投资信托基金（REITs）研究报告》，载戴德梁行官网，https://www.cushmanwakefield.com.cn/site-search.html?keyword=%E4%BA%9A%E6%B4%B2%E6%88%BF%E5%9C%B0%E4%BA%A7%E6%8A%95%E8%B5%84%E4%BF%A1%E6%89%98&type=all，最后访问日期：2021年10月15日。

也就是广为流传的“广场协议”。

日元升值给以出口贸易为经济支柱的日本带来了巨大打击，为应对日元升值导致的企业倒闭、工人失业等状况，日本政府开始采取补救措施。“降息”和“放水”成为两大“法宝”。从1986年1月到1987年2月，日本在短短一年时间内降息六次，银行利率从5%降到2.5%。1987年年中，日本政府发布《政府景气对策》，内容包括“减税1万亿日元、增加5万亿日元公共事业投入”，开始向市场增加资金。

资本的本质是逐利，“降息+放水”带来的资金并没有像日本政府希望的那样流入实体产业，而是流进了外汇市场和房地产市场。1987年至1988年，日本企业纷纷设立所谓的“财务技术部”，主要工作就是“炒股票、炒期货、炒外汇”。“炒作”能够轻易赚钱，再也没有企业肯老老实实做实业了。

与此同时，房地产也在金钱的堆积下飞速发展。从1985年到1988年，日本的平均房价涨了近四倍，“炒房”成为“稳赚不赔”的生意。当时有观点甚至认为，“人们对土地总是有需求的，而日本的土地又是稀缺的，所以经济就不会衰退”，同时当时的日本市场也鼓励人们购买股票，甚至有观点认为，“日本企业的股票不会贬值，可以放心购买”。保守的日本民众在“赚钱”的狂热气氛下纷纷进入金融和房地产市场，整个社会陷入纸醉金迷中，企业借贷炒房炒股、民众借贷炒房炒股成为风气，房屋、土地价格不断突破新高，巅峰时期甚至有人认为，“卖掉东京就能买下美国”。

拥有大量资金的日本企业也开始对外投资。1989年，日本三菱以8.46亿美元购买了洛克菲勒集团51%的股权，取得了纽约地标洛克菲勒中心的控制权，成为当年日本海外投资的经典案例。当这段经历成为历史，回头再看时，才发现此时泡沫已经越吹越大。当然，当时身在其中的人们并没有觉得这是“泡沫”，更不会觉得“泡沫”会破灭。

面对“产业空心化”和疯狂炒作，日本政府开始采取控制手段，逐步收紧政策，融资成本不断上升，虚荣的经济泡沫被戳破了。从1991年起，日本的房价开始出现崩盘式下跌；到1997年，平均房价下跌到了1985年的水平甚至更低。随着泡沫破灭，公司破产、企业裁员，之前拥有庞大金融帝国的银行、证券公司也纷纷倒闭，许多人的“财富”灰飞烟灭甚至背上巨额债务。日本从此进入长达20年的通货紧缩期，这段时间也被称为日本“失去的20年”，泡沫的破灭及其后果也深深影响了日本几代人的思想和行事作风。

泡沫破灭使日本房地产市场在20世纪末跌至谷底，企业破产和民众弃贷造成了大量不良资产，市场信心亟须恢复。面对如何快速处置抵押资产、不良资产，使房地产价值回归到合理区间的难题，日本政府开始为房地产资产证券化制定相关法案，开启了亚洲第一个真正意义上的REITs市场。

2. 新加坡：“居者有其屋”与新加坡REITs起源

“花园城市”新加坡以世界上最完善的住宅保障制度来实现“居者有其屋”，同时也是世界上房价较高的城市之一，是商业地产极其发达的城市。新加坡独特的住宅制度离不开极具新加坡特色的房地产业发展历程，而新加坡房地产业的发展也离不开其整体的政治经济环境。

1965年，新加坡独立建国，优越的地理位置使新加坡外贸行业发达，同时安定的政治经济环境也吸引了大量外国投资，外贸成为新加坡经济的支柱产业。同时，新加坡也选中了“石油”这一战略资源作为自身发展的助力，大力促进石油化工相关行业的发展。

在土地制度上，新加坡实行国有、公有土地占主导的土地制度，87%以上的土地归国家所有保证了政府可以低价征收土地。在低价土地的基础上，新加坡建立了“组屋+私人住宅”的住房体系，低收入者可以申请购买价格便宜的普通组屋，中等收入群体可以申请条件更好的组屋，如执行共管公寓（Executive Condominium，EC）、三代同堂公寓（3-Gens），高收入群体和拥有永久居住权的外国投资者则可以购买产权属于个人的私人住宅。同时，为了保障住房体系良好运作，匹配了严格的申请门槛、收入审核机制和严厉的处罚措施，制定了强制缴纳的公积金制度，对房产交易收取高额税费，建立了相对公平的教育制度等公共服务系统。在政府强有力的保驾护航下，新加坡约80%的居民住在组屋中，真正实现了“居者有其屋”。

完善的公共住房体系并未影响私人住宅市场的发展，自20世纪80年代起至今，新加坡私人住宅的价格一直在波动中上涨。根本原因是新加坡面积狭小、土地资源稀缺、大部分土地掌握在政府手中，可供房地产企业作为住宅开发出售的土地资源有限。同时，新加坡的经济发展带来家庭收入增加，人民对改善居住条件的需求也随之增加。加之新加坡良好、安全的政治经济环境吸引了众多外国资金流入，也对新加坡私人住宅市场的发展起到了促进作用。总体来说，“组屋+私人住宅”的系统运行良好，同时实现了满足居民的住房需求和促进房地产市场发展两大目标。目前，新加坡约90%的家庭拥有自己的住房，住房自有率居世界前列。

虽然居民不用为居住问题发愁且住宅市场相对稳定，但新加坡整体房地产业的发展依然受到大环境的影响。自20世纪70年代起，新加坡的房地产企业积累了较多资金，同时新加坡开启市区重建计划带来了大量的开发需求，房地产企业开始从专注住宅开发逐步转向介入商业地产项目开发。

20世纪80年代，石油危机影响世界经济，新加坡的出口和石油加工产业均受到打击，经济萧条，房地产市场同样受到波及，市场中开始出现发行房地产投资信托的呼声，但由于整体资本市场不成熟，未能实现。

1997年，亚洲金融危机爆发，新加坡房价下跌、信贷紧缩，导致融资来源基本全靠银行贷款的房地产商陷入困境，能够增加股权融资来源的REITs成了市场的期盼。1999年，新加坡金融管理局正式发布《新加坡房地产基金指引》，这是新加坡第一版房地产投资信托市场的指导方针。

后续不断完善的资产证券化制度使得新加坡实现了与房地产相关的资本结构的各个部分都能在私人或公开市场交易，使房地产与资本市场形成紧密结合。

二、日本、新加坡REITs发展机制与法律制度

1.日本：强大基础支持与法律法规变迁

从立法的角度看，日本为REITs产品进行了专项立法，这一系列法案也

为日本REITs打下了理论和政策基础。

1998年，日本出台了《特殊目的公司实现特定资产流动化法》（以下简称《SPC法》），主要目的是通过资产证券化的方式来处置大量不良债权和抵押资产，帮助日本企业盘活资产，以增加流动性的方式摆脱危机。该法规定，通过设立SPC（Special Purpose Company，即特殊目的公司）的方式把房产从原公司分离出来，使SPC能够通过发行公司债券、优先出资债券等方式募集到购买不动产所需的资金，从而实现证券化，有效实现目标房地产与原房地产持有人（原始权益人）的风险隔离。

《SPC法》通过房地产证券化募集资金的方式为危机下的日本企业提供了喘息之机。一方面，大量濒临破产的企业可以依托房地产证券化获得现金流，暂时渡过难关；另一方面，相较于低价转让或抵押资产，证券化使得原始权益人在一定程度上仍可以保持对房地产资产的参与与管理，同时，原始权益人也可以通过售后回租的方式，继续租赁并使用转让后的房地产物业。《SPC法》还规定，公司可以在税前向股东分红并抵扣相当数额的缴税金，从而避免房地产证券化带来的双重课税风险——这也决定了日本公募REITs的主要形式是公司制，基础政策对金融产品结构的影响可见一斑。对日本金融市场而言，《SPC法》的推出对日本遏制经济危机和盘活金融市场有着深刻的积极意义，可以说是日本房地产资产证券化市场的开篇之法。

2000年，日本政府对《SPC法》进行了修订，将名称变更为《资产流动化法》。修订简化了审批程序并减少了信息披露要求，扩大了可流动化的资产对象，将特定目的信托认定为资产证券化的形式之一。同年，日本政府也修订了《关于证券投资信托及证券投资法人的法律》（以下简称《投信法》），《投信法》放宽了《SPC法》对房地产证券化投资定义的限制，即由原来的"首先要确定投资的目标资产，并以此为依托进行证券化"变更为"可以先通过证券化募集资金再投向某目标资产"，从而确立了"以资产为导向的不动产投资"和"以资金为导向的不动产投资"并行的模式。更重要的是，《投信法》的修订将房地产投资列为允许证券投资的对象，从而催生了日本公募REITs（J–REIT）。

《投信法》扩大了房地产投资市场的资金来源，一方面，SPC能够借助该法公开发行证券，且个人投资者也可以通过投资SPC参与对房地产的投资，减少了对投资者的限制、拓宽了投资人范围；另一方面，创新了投资制度，使投资者可以通过投资信托的方式对不动产进行投资，增强了不动产市场流动性。大量个人投资者和存款进入不动产投资市场。《投信法》的修订还为之后私募REITs进入证券化市场打开了大门。

在《投信法》将不动产作为证券市场投资对象的推动下，2001年3月，东京证券交易所建立了REITs上市系统；同年10月，房地产投资信托公司被允许在证券市场上市；11月，两单REITs在东京证券交易所首次上市。

2007年，日本出台了《金融商品交易法》（以下简称《金商法》）。《金商法》是一部将多类别的金融产品进行一体化管理的法律，明确定义了有价证券的范围，其中包括传统意义上的股权凭证和根据契约组成的主体发行的受益凭证，在法律层面为以信托受益权为基础资产的不动产证券化提供了保障。作为具有广泛适用性的法律，《金商法》帮助日本建立了一个相对公正、透明的房地产资产证券化市场，吸引越来越多的投资人参与房地产市场的投资。

同时，日本《税收特别法》（又称《租税特别措施法》）规定，SPC虽然需要与一般公司进行同等纳税，但在满足法律规定的一定条件下，如果SPC 90%以上的应纳税所得以股息或红利的方式进行分配，则这些分配了的股息或红利可以被视为费用进行税前扣除，避免双重征税的负担。

2008年，美国次贷危机带来的国际金融危机使日本房地产市场受到了打击，出现了房地产企业破产倒闭的现象。为重建市场信心，2009年，日本修改了投资法人合并制度，规定了合并的税务、审批条件等。随着合并制度的完善，市场上出现了多起J–REIT并购案例，大公司通过并购小公司扩大资产规模、提高资产信用度、提高REITs的流动性。同时，日本政府设立了面向J–REIT市场的救市基金——“不动产市场安定化基金”（也称“官民基金”），在二级市场买入J–REIT，用“国家队”信用为J–REIT背书。

2. 新加坡：开放型政府引导与法律法规变迁

新加坡是继日本后第二个推出REITs的亚洲国家。在经济衰退的刺激和市场呼吁下，1999年至2002年，新加坡政府通过立法奠定了REITs的法律框架。更重要的是，新加坡政府的开放态度和监管机构对市场变动的迅速反应给新加坡REITs的发展带来了良好环境，使新加坡REITs市场吸引了各国投资者和发行方。

1999年，新加坡金融管理局发布《新加坡房地产基金指引》，允许REITs以信托或公募基金的形式上市，为REITs的发展奠定了基础。新加坡金融管理局归属于新加坡财政部，可以说是“新加坡央行”，承担着除货币发行外的几乎所有央行职责，包括制定和实施金融货币政策、监督和指导金融业的各项经营活动等。但由于《新加坡房地产基金指引》在税收优惠政策上含混不清，因此房地产开发商并没有因该指引而对REITs产生兴趣。

2001年，新加坡出台了《证券和期货法》，对REITs上市作出了具体规定。同年，新加坡税务局出台了关于REITs的税收透明政策，要求REITs每年将90%以上的利润作为红利分配给投资者，则分配部分在REITs层面可免征所得税，后续还制定了包括“个人投资者免征所得税，国内企业投资者按17%征收所得税，外国企业在新加坡投资REITs享受税收优惠”的政策。税收优惠政策解决了发行REITs的主要成本障碍，增加了房地产企业的兴趣，新加坡REITs进入快速发展期。

2002年，新加坡发布了《集合投资准则》，细化对REITs的监管。2005年，新加坡修订了《财产信托指南》，允许REITs在持有资产时只持有部分股权而非持有全部股权，放开部分REITs份额投向房地产开发及未完工房地产。

政策法规随着经济情况变动而变动，从1999年到2020年，新加坡REITs经过了不下八次的框架调整。初始时，杠杆率要求为25%，适用于当时的经济和资产情况；而2020年为应对新冠肺炎疫情带来的经济衰退，杠杆率的上限由45%提高至50%。

三、日本和新加坡REITs运营模式及特点

1. 日本：公司制J–REIT，外部管理

日本公募REITs也称“J–REIT”，在东京证券交易所上市。《投信法》规定，J–REIT可采取“投资信托”和“投资公司”两种形式，即契约型和公司型。在实际发展过程中，目前为止，所有J–REIT均采取了投资公司（Toshi Hojin）的形式成为SPC，作为公司型封闭式基金在证券交易所上市，投资单位公开交易。

公司制REITs在其他国家所面临的主要问题是双重征税的难题，即SPC作为公司需要缴纳所得税，SPC的投资人也要纳税。日本的《租税特别措施法》为解决这一问题提供了方案：对满足“期末分配90%以上的可分配利润、投资法人未持有其他企业50%以上股份、日本国内股份发行比例超过50%、资产管理运用和保管委托给资产管理机构、期末投资者人数超过50人、不得开展不动产投资之外的业务等若干条件”的REITs，可将分配的收益视为损失用于抵扣，从而达到免征企业所得税的效果，避免了双重课税。

虽然是公司制，但J–REIT与一般法人治理公司明显不同，SPC作为特殊目的机构，实质上只是个“壳公司”，不能参与房地产投资、运营管理等事务性工作，只是单纯的不动产持有者。SPC在成立之初即严格限定了投资范围并制定了明确的投资方针，具体的投融资事项、资产管理必须由SPC委托给资产管理机构（Asset Manager，AM）负责，而具体项目的运营管理、租赁管理则由AM委托给财产管理人（Property Manager，PM）负责。这种全部由外部管理人进行管理的“全托管理模式”也被称为“外部管理模式”（见图2–4），用以和美国内部管理模式区分。外部管理模式确实可以“让专业的人做专业的事”，避免原所有人对物业的过度控制损害中小投资人的利益，但同时外部管理模式也会带来“委托代理”问题，即AM可能会为了自身利益损害底层资产或投资人的利益。当然，每种模式都有利弊，具体还要根据制度环境进行选择。

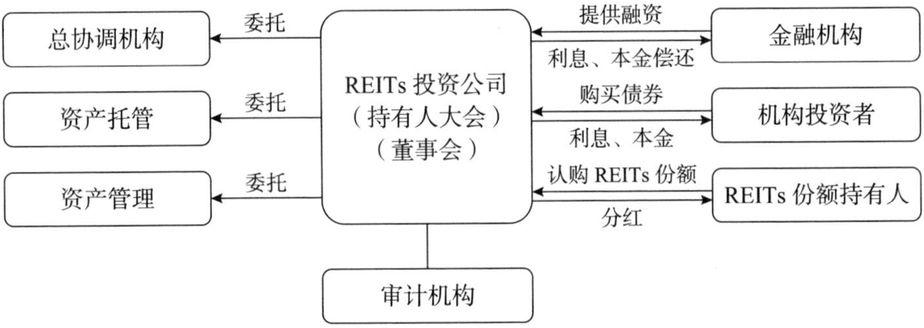

图2-4　J-REIT交易结构①

除了要满足上述交易结构和管理要求，根据法律法规，J-REIT上市还要满足以下条件：

• 最低出资要求：1亿日元；

• 发行模式：封闭式；

• 募集资金投向要求：至少70%的总资产必须投资于房地产物业、房地产租赁等直接相关资产；至少95%的总资产必须投资于房地产及其相关资产、现金及其等价物、有价证券等；

• SPC资产要求：净资产超过10亿日元，总资产超过50亿日元；

• 杠杆率要求：无，只可向合格机构投资者借款；

• 投资者要求：初期上市流通股份至少4 000股，前十大份额持有者持有的份额不得超过总份额的75%，除前十大份额持有者外，其他份额持有者的数量必须超过1 000人；

• 分红要求：不少于可分配利润和资本利得的各90%必须作为红利分配给投资者。

随着经济形势的变化和J-REIT的兴起，日本房地产企业也在不断调整。最初，房地产企业基本采取“开发—销售”的重资产模式，融资来源主要是银行贷款。泡沫破灭、地产崩盘给房地产企业带来了毁灭性打击，许多企业

① 图片根据J-REIT（https://j-reit.jp/en/about/）相关资料绘制。

纷纷破产，存活下来的企业开始寻找新的出路。为了生存下去，企业首先采取抛售资产回笼现金的方式应对危机，其次开始调整业务结构，从传统的重资产向轻资产转变。代建业务、持有物业出租业务、房地产经纪业务、物业管理业务等上、下游业务领域都成为房企业务拓展的目标。截至2019年年底，日本房企的开发业务收入占比平均为30%，而三大房企三井不动产、三菱地产和住友不动产的物业租赁业务收入占比分别为52%、63.6%和72%[①]。持有型业务所具备的稳定租金收入使房企在经济周期中更加从容，同时，正是日本不断发展的资产证券化市场和法律体系建设使房地产企业可以有更多机会发展物业持有类业务。日本政治经济环境、基础法规建设和房企发展意愿互相影响，构成了房地产市场的发展历史。

2.新加坡：房地产投资信托，内部管理与房地产开发商的转型路径

2001年，新加坡凯德集团以三家购物中心为底层资产发行了新加坡第一只REITs，但由于当时市场对REITs的认识并不深刻，加之其他大额融资分散了资金，发行以失败告终。

2002年，凯德集团再接再厉，终于成功发行了凯德商用信托（CapitaLand Mall Trust，CMT），底层资产依然是2001年的三家购物中心，成为新加坡历史上首只公募REITs，这次发行一改上次的失败，获得了五倍的超额认购。新加坡REITs市场也随着投资人认知的加深和政策的支持迅速发展起来。

从发行结构上看，公开发行的新加坡REITs采取封闭式契约型基金模式，也被称为“信托型REITs”或者“房地产投资信托”，其交易结构可以参考新加坡交易所网站给出的示例（见图2-5）[②]。

① 参见张宇、孙静曦、王璞：《模式突围与估值重构——房企商业模式与估值水平的国际比较》，载新浪财经，http://finance.sina.com.cn/stock/stockzmt/2021-05-13/doc-ikmyaawc4992243.shtml，最后访问日期：2021年10月10日。

② 参见Direct Listing Framework for Chinese Companies，载新加坡交易所网站，https://www.sgx.com/securities/how-get-listed，最后访问日期：2021年10月23日。

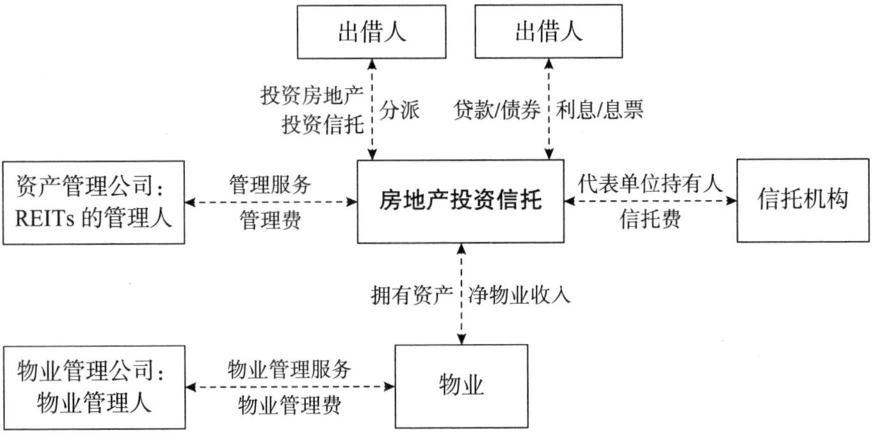

图2-5　新加坡房地产投资信托发行结构

其上市条件包括：

• 投资方向要求：至少75%的总资产投向房地产物业，除非确定后续持有，否则不得从事物业开发，不得投资于空闲土地，投资于未建成物业的资金不得超过总资产的10%，投资于单一证券的金额不超过5%；

• REITs收入要求：90%以上的收入应来自房地产租金、分红或利息；

• 杠杆率要求：不超过50%；

• 投资者要求：对不动产原所有权人的持股没有限制，至少25%的份额应由超过500位公众投资人持有；

• 分红要求：超过90%的利润应作为红利分配给投资人，满足该分红条件则可在REITs层面免征所得税；

• 税收优惠：个人投资者免征所得税，国内机构投资者按17%的税率征收所得税，外国机构投资者享受税收优惠，其分红按10%征收预提税（预提税仅对外国投资者征收）。

新加坡REITs对原物业所有权人在REITs份额中的持有比例没有限制，强化了原物业所有权人对资产的掌控能力。同时，REITs的信托管理人和物业管理人通常都是原始发起人或房地产开发商成立的全资子公司，体现了房地产开发商在REITs中的主导作用。开发商通常参与REITs交易的各个环节，既是开发商又是物业运营商，同时还是基金管理人。“三方合一”的角色定位提高了房地产企业发行REITs的动力，也给了房企更大的发展空间。这种“内部管理模式”与日本的“外部管理模式”完全相反，也在一定程度上使两国的REITs风格不同。

以凯德集团发行的凯德商用信托（CMT）为例，基础资产投向凯德旗下商业物业，凯德集团作为发起人，同时持有CMT部分基金份额，基金管理人为凯德购物中心信托资产管理有限公司，基础资产物业管理人为凯德零售管理有限公司和凯德物业管理有限公司，基金管理人和物业管理人均为凯德集团下属企业。借助REITs募集的资金，房地产开发商能够收购更多资产，同时降低资产负债率，新的资产在成熟后将再次注入REITs，促进房地产开发和资产证券化市场的循环发展。同时，由于“三方合一”的定位，房地产开发企业不仅能够享受物业开发的收益，也可以获得物业管理费和基金/信托管理费，扩大了收入来源。

可以说，REITs的出现改变了新加坡房地产企业的经营模式。得益于REITs募集资金的能力和降低负债率的作用，房地产开发企业摆脱了商业地产开发时的资金限制问题，开始从重资产向轻资产转变，商业地产蓬勃发展。REITs也开启了房地产开发企业同时兼任基金（信托）管理人、物业管理人的多元化发展路径。

政府支持、企业主导的新加坡REITs带来了良好效用，借用新加坡交易所北京代表处首席代表谢采含在2020年讲话中所说的：“新加坡REITs有许多优势：一是帮助物业资产变现，开发商可以拿到一笔资金在未来做并购；二是保留对物业的掌控权，通过资产管理公司、物业管理公司持有一部分信托股份，增强话语权；三是优化财务报表，可以把开发商层面的杠杆率降低；四是资产价值实现，资产剥离的过程中资产因为重新估值而得到实现；五是拓宽收入来源，资产管理公司、物业管理公司可以收取管理费，加上作为单位持有人有分红，这三个与纯租金相比使收入来源更分散了；六是利用境外主体融资，与境内发债相比能降低债务成本；七是资产重组，帮助集团梳理资产情况；八是进入公开资本市场，实现品牌建设；九是在国际资本市场上提高声誉。”①

四、日本、新加坡REITs市场运行情况

1. 日本J-REIT市场表现

2001年，日本三大房地产企业之中的三井不动产株式会社和三菱地所株式会社分别作为原始权益人公开发行REITs，拉开了J-REIT的帷幕。随后几年，随着市场对J-REIT的逐步认可，发行数量增加，海外投资者也参与进来。

2008年，受国际金融危机的影响，日本的股市、房地产和J-REIT都受到了打击，J-REIT价格下降，多家发行机构被收购。

随着量化宽松政策带来的经济恢复和放开日本央行对J-REIT的购买，2011年起，J-REIT市场逐步恢复，数量和投资范围都有所扩大。

2014年5月前，J-REIT的投资范围仅限于日本，之后开始向海外拓展。

2020年起，全球金融市场出现较大波动，J-REIT市场也经历了一定的下挫，加上东京奥运会延期举办对日本的金融、房地产均带来了负面影响，全年J-REIT股价整体下降了9%。截至2022年2月底，日本共有62只REITs，总市值约1 394亿美元，占据亚洲REITs市场过半的市值，是除美国外的全球最大REITs市场，也是亚洲规模最大的REITs市场。②

从投资方向上看，J-REIT投资的物业类型已经从最早的以写字楼为主转向多元化物业。截至2022年2月底，在61只J-REIT中，投资综合物业的REITs有27只、物流REITs有10只、公寓REITs有5只、办公REITs有10只、酒店物业REITs有5只、零售物业REITs有3只、医疗健康REITs有1只，总

---

① 参见谢采含：《新加坡REITs发展历程与实践》，载N+C论坛微信公众号，https://mp.weixin.qq.com/s/kPmj0qQIFayU_ScvCYCeIA，最后访问日期：2022年3月14日。

② 参见中国房地产行业协会、戴德梁行：《亚洲房地产投资信托基金（REITs）研究报告》，载戴德梁行官网，https://www.cushmanwakefield.com.cn/site-search.html?keyword=%E4%BA%9A%E6%B4%B2%E6%88%BF%E5%9C%B0%E4%BA%A7%E6%8A%95%E8%B5%84%E4%BF%A1%E6%89%98&type=all，最后访问日期：2021年10月15日。

市值约15.5万亿日元。[①]在亚洲各国的REITs产品中，目前日本是唯一既拥有专门的公寓REITs，又拥有医疗健康REITs产品的市场。本质上，J-REIT的产品特点与其经济环境息息相关，日本的住房制度使多数漂泊在大城市的年轻人选择租房，而老龄化社会又带来了医疗健康和养老公寓方面的更多需求，因此日本才会发展出公寓和医疗健康REITs。

和其他国家不同，日本对基础设施REITs进行了单独分类，成为和J-REIT并列的产品。东京证券交易所于2015年4月30日正式设立了基础设施REITs，包括再生能源发电、道路机场港口等运输设施、发电设施及石油和天然气管道、上下水道运营权等几类底层资产。截至2022年2月底，日本基础设施REITs有7只产品，市值约1 600亿日元。[②]从市值和数量上说，日本房地产资产证券化底层资产的主流还是以写字楼、酒店、商业、住宅为主的地产物业及综合类物业，主要分布在经济发达的大城市圈。

从杠杆率上看，由于对负债率没有限制，因此J-REIT的杠杆率普遍较高，最高可达到52%。从物业类型上看，专注于公寓的J-REIT的平均杠杆率最高为50%，物流和工业的J-REIT的平均杠杆率最低为40%。

从分红收益率上看，截至2022年2月，J-REIT的平均分红收益率为3.85%，相较于日本长期的零利率甚至负利率，3.85%的分红率较为可观。

另外，由于J-REIT对底层物业的估值采用成本法而非公允价值法计量，因此随着计提折旧，J-REIT的市净率一般都大于1，这也是J-REIT和其他国家REITs有所区别的地方。

日本房地产证券化联盟在2012年的文章中表述道："J-REIT对日本经济起到了两个关键作用：一是提供了一种长期稳定的金融工具来管理金融

① 参见List of Yields，载J-REIT官网，http://en.japan-reit.com/list/rimawari/，最后访问日期：2022年3月28日。

② 参见List of Yields，载J-REIT官网，http://en.japan-reit.com/list/rimawari/，最后访问日期：2022年3月28日。

资产；二是通过将募集的资金进行投资，有利于城市振兴和经济发展。”[①]J-REIT给日本的房地产投资市场带来了显著变化：房地产的长期价值观回归理性，物业的运营和投资管理受到重视，房地产金融、资产管理方面的专业化人才得到培养，房地产这一传统行业被注入了新的增长动力，房地产估价、咨询、资产管理等配套服务产业也逐步完善并迎来新的增长空间。

2.新加坡S-REIT市场表现

截至2022年2月28日，新加坡共有44只REITs，总市值超过1 080亿美元，约占新加坡股票市场市值的12%。[②]作为亚洲最多元化的REITs市场，新加坡REITs拥有众多特点，包括底层资产多元化、投资地域多元化、投资者多元化等。

从底层资产投资方向上看，在截至2022年2月28日的44只REITs中，有12只投向多元物业、9只投向工业和物流资产、8只投向零售商业、5只投向酒店、6只投向写字楼资产、2只投向医疗健康产业、2只投向数据中心。

从投资地域上看，新加坡REITs在地域的选择上更为多元，不仅投资新加坡本土资产，也投资美国、亚洲各国的优质资产。截至2022年2月，约有84%（37只）的新加坡REITs持有海外资产，其中有10只新加坡REITs持有位于中国内地的物业计82处，其中约90%位于一、二线城市。根据新加坡证券交易所的数据，2021年全年，新加坡房地产投资信托宣布了多项资产收购交易，总对价超127亿新元，收购资产涉及数据中心、物流仓储和办公楼等资产，且大多数收购发生在新加坡境外。[③]

从投资者上看，新加坡REITs吸引了大量外国投资者，包括亚洲、北美等地的投资人，为发行人带来了丰富资金来源。

---

① 陈林峰、郭杰群：《日本房地产投资信托的发展回顾与启示》，载《当代金融家》2017年第6期，第92—95页。

② 参见《新加坡房托和地产商业信托分析报告》，载新交所SGX微信公众号，https://mp.weixin.qq.com/s/4-VqG69sQI6gl0bKt6oZmw，最后访问日期：2022年3月28日。

③ 参见《REIT观察——新加坡房托2021年收购总对价超120亿新元》，载新交所网站，https://www.sgx.com/zh-hans/research-education/market-updates/20220110-reit-watch-acquisitions-s-reits-exceed-s12-billion-2021，最后访问日期：2022年3月15日。

从发行人上看，新加坡REITs市场的开放性和包容性使得很多尚未开放REITs的国家的房地产企业纷纷到新加坡上市。

从杠杆率上看，2020年，新加坡金融管理局（MAS）将REITs的杠杆率限制从45%提高到了50%，目前各REITs的平均杠杆率仍低于40%。

从分红收益率上看，新加坡REITs是亚洲最高的，平均分红收益率为6.4%，体现了REITs收益的稳定性。

五、东京都市圈经济、房地产情况与REITs

东京是日本的政治、经济和文化中心。传统的“东京都区部”由23个区级行政区组成，面积623平方千米，人口1 000万左右。“东京都”指日本一级行政区划“都道府县”中的“一都”，下辖23个区、26个市、5个町、8个村以及伊豆群岛和小笠原群岛，面积约2 193平方千米，人口超1 300万。“东京都市圈”由东京都、埼玉县、千叶县和神奈川县一都三县组成，面积约13 561平方千米，常住人口超3 500万人。

从行政区划上看，如以国内作对比，“东京都区部”类似北京的城六区，“东京都”相当于北京，“东京都市圈”相当于京津冀。对比面积大小，“东京都市圈”的面积小于北京市的面积，北京行政区划面积为16 410平方千米，根据七普数据，截至2020年11月1日零时，北京市常住人口约2 189万人。由此可见“东京都市圈”的人口密集程度。

从面积与人口上看，“东京都市圈”是世界上最大的城市圈。从功能上看，日本整个国家最核心、最重要的功能都在“东京都市圈”内，东京都市圈集政治中心、文化中心、经济中心等中心职能于一体。相比之下，美国的政治、经济、文化各有不同的中心，我国的京津冀与长三角、珠三角也各自承担了不同的定位。

“东京都市圈”之所以会形成这样的职能定位与其历史发展息息相关。从地理位置上看，东京位于日本关东平原东部，对多山的日本来说是难得的平原区域，具备进行大规模建设的条件。从交通上看，东京都市圈发达的公共交通体系，尤其是轨道交通系统方便了人群的流动，整个“东京都市圈”的城市轨道交通总长达2 500多公里。

上述诸多原因造就了“东京都市圈”的繁荣，也成为日本年轻人向“东京都市圈”聚集的原因。第一太平戴维斯（Savills）日本研究部主管表示：“东京的实力根植于其全球领先的人口数量及经济规模——相当于几个欧洲国家的总和甚至还要多。”[①]

“东京都市圈”是日本唯一人口净增长的区域。2019年1月31日，日本总务省根据居民基本台账发布了2018年人口流动报告，报告称，东京圈（东京都、神奈川县、埼玉县、千叶县）的流入人口超过流出人口，净流入139 868人，其中东京都净流入79 844人。而名古屋圈和大阪圈均是流出大于流入，属于人口净流出，其中名古屋圈净流出7 376人、大阪圈净流出9 438人。作为参考值，总务省还同时发布了“仅日本人的人口流动”报告。更重要的是，净流入东京圈的人口大多在15岁至29岁，这反映出向东京的“单极集中”以年轻人流动为主。[②]2020年以来，因疫情原因，虽然东京都人口净流出大于净流入，但差额非常小。从日本入国管理局于2019年10月23日发布的《平成30年（2018年）在日留学生就业情况》中可以看到：在就职企业所在地区许可人数比例中，东京占46.1%，大阪占10%。

从人口数据中可以看出，虽然日本整体处于老龄化、人口减少、劳动力减少的状态，但“东京都市圈”因自身实力而达到了人口流入、劳动力流入的相对更有活力的状态。也正是因为有劳动力和人口的流入，才维持了“东京都市圈”的持续繁荣。

在人口优势下，“东京都市圈”的经济优势非常明显。与我国对比，2010年，中国的GDP总量超过日本，居于世界第二。2010年后，两国的

---

① 参见《2021影响力：演变》，载第一太平戴维斯官网，https://www.savills.com.cn/research_articles/166704/203478-0，最后访问日期：2021年9月25日。

② 参见《东京城市圈连续22年人口净流入》，载新华社新媒体百家号，https://baijiahao.baidu.com/s?id=1624336046921141921&wfr=spider&for=pc，最后访问日期：2022年3月15日。

GDP总量差距逐渐拉大（见图2-6）。①

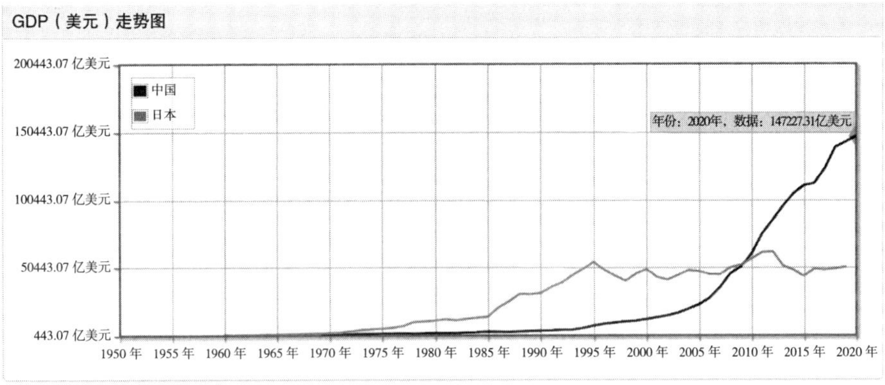

图2-6　1950年以来中国、日本历年GDP数据比较

但从人均GDP的角度看，我国还远远低于日本。2019年，我国人均GDP为1.02万美元，而日本人均GDP为4.01万美元，是我国的4倍左右（见图2-7）。②

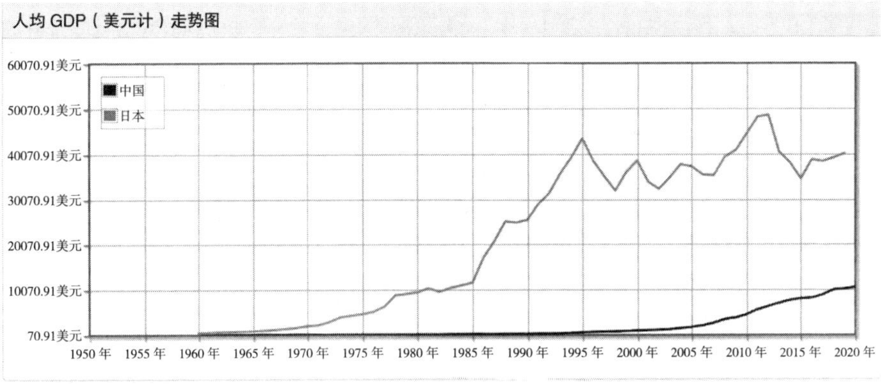

图2-7　1950年以来中国、日本历年人均GDP数据比较

“东京都市圈”的人均GDP水平则更高。2018年，“东京都市圈”的人

① 参见《中国、日本历年GDP数据比较》，载快易理财网，https://www.kylc.com/stats/global/yearly_per_country/g_gdp/chn-jpn.html，最后访问日期：2022年2月25日。

② 参见《中国、日本历年人均GDP数据比较》，载快易理财网，https://www.kylc.com/stats/global/yearly_per_country/g_gdp_per_capita/chn-jpn.html，最后访问日期：2022年2月25日。

均GDP约6.7万美元；[①]而北京的人均GDP在2018年为2.13万美元，在2020年约为2.4万美元（总量GDP约3.6万亿元人民币）。[②]

从对全国GDP的贡献上看，“东京都市圈”GDP约占日本全国的1/3，其用占日本国土3.5%的面积承载了30%的全国人口、贡献了30%以上的经济总量。因此，可以说“东京都市圈”的经济繁荣与否决定着整个日本的经济。相比之下，中国因国土广阔、城市包括大城市众多而经济贡献相对分散，结构更加均衡和稳固。

“东京都市圈”的繁荣与其产业构成相关。在东京都的产业结构中，第三产业占比近80%，其中“金融、保险业”占比7%至8%，不动产业占比12%至14%。外资企业的数量及占比接近全国总数的90%，民营企业从业人员的数量占全国的1/3左右。83%的IT类企业聚集在“东京都市圈”及其周边。作为全球金融中心，东京证券交易所也是世界几大交易所之一。年利润在10亿美元以上的大企业中，东京有600多个，纽约也不过才200多个，伦敦不到200个。作为对比，2019年，北京一、二、三产业占GDP的比例分别为0.3%、16.2%、83.5%，其中金融业经济增加值为6 544.8亿元，房地产行业经济增加值为2 620.8亿元，分别占2019年GDP 3.53万亿元的18%和7%。[③]

人口聚集带来了房地产行业的发展。根据2020年不动产流通机构发布的数据，2020年6月，“东京都市圈”二手房每平方米的成交价为53.48万日元（约3.49万元人民币/平方米），同比上升1.4%，其中东京核心区的单价为70.19万日元（约4.58万元人民币/平方米），同比上升0.6%。根据日本国税厅的“民间工资实态统计调查”，2015年4月1日至2018年3月31日记录的

① 参见《东京都统计年鉴》，载东京都总务局统计部，https://www.toukei.metro.tokyo.lg.jp/tnenkan/tn-eindex.htm，最后访问日期：2022年3月6日。

② 谈绪祥：《北京人均GDP达到发达经济体中等水平，科技创新成为第一动力》，载北京发展和改革委员会官网，http://fgw.beijing.gov.cn/gzdt/fgzs/mtbdx/bzwlxw/202103/t20210308_2301685.htm，最后访问日期：2022年3月25日。

③ 参见《北京统计年鉴2020》，载北京市统计局官网，http://nj.tjj.beijing.gov.cn/nj/main/2020-tjnj/zk/indexch.htm，最后访问日期：2022年3月1日。

年收入数据，排在第一位的是“东京都”，年收入为474万日元；第二位是“神奈川县”，年收入为442万日元；之后依次为“大阪府”（438万日元）、“爱知县”（428万日元）和“静冈县”（413万日元）。由此可知，东京都的房价收入比[①]约为13，在日本全国属于高房价、高房价收入比水平。同时，根据诸葛找房数据研究中心2021年4月发布的中国百城房价收入比的数据，2020年中国百城平均房价收入比为13.2[②]，其中深圳以48.1位列第一，三亚以38.1位列第二，厦门以31.3位列第三，北京以30.8位列第四，上海以30.7位列第五。截至2021年8月，英国的房价收入比平均为8.1，创历史新高。[③]另外，由于日本多年来实行低利率政策，因此日本房贷利率在1%左右，首付也基本只有一成至两成。当然，日本的房屋保有成本较高，房产税、物业税均较高。

日本年轻人中购房的很少。统计表明，日本人购买第一套住房时的平均年龄为40岁，在“东京都市圈”内购房的人均平均年龄则还要大幅上升。低购房欲望与日本经济泡沫破裂后出生的“低欲望一代”有关，也与日本完善的住房租赁制度有关，日本在租房相关法律法规上注重保护租客权益，使得年轻人更愿意租房。租赁市场的完善刺激了大量公寓的诞生，因此J-REIT的资产中有其他亚洲国家REITs中少见的公寓资产。

人口聚集、企业众多更是带来了写字楼业态的发展。截至2020年第四季度末，东京A级写字楼的平均租金为38 987日元/坪/月（换算成人民币约为702元/平方米/月），环比下降1.3%，同比下降2.2%。租金连续第三个季度出现负增长，整个CBD的租金均出现下降态势，新宿/涩谷区的租金环比下降超过2%。东京A级写字楼的空置率为1.3%，环比增长0.6个百分点，同

---

① 房价收入比是指，住房价格与城市居民家庭收入之比，可概算为“房价收入比=住宅市场均价×城市人均住房面积/城镇居民人均可支配收入”。

② 参见李叶：《百城房价收入比数据出炉，深圳买房压力高居榜首》，载中房网官网，http://www.fangchan.com/news/1/2021-04-21/6790453041213805298.html，最后访问日期：2022年3月1日。

③ 参见《英国“房价收入比”创历史新高！普通人不吃不喝需8年工资才能买房》，载英伦投资客搜狐号，https://www.sohu.com/a/483988824_627135，最后访问日期：2022年3月1日。

比增长0.8个百分点，24个月来空置率首次突破1%。而北京的甲级写字楼平均租金为346.4元/平方米/月，空置率约为18%。①

商业、写字楼的繁荣与REITs的繁荣对应，具有稳定现金流的物业大多被纳入REITs。以Nippon Building Fund为例，其由三井不动产发起成立，是日本第一只写字楼REITs，也是日本现在规模最大、市值最高的REITs，专注于管理经营办公类不动产。截至2022年2月，该REITs已经在东京中心商业区拥有72处大型办公建筑，总资产超过1.3万亿日元。②

从人口、经济、产业等各角度看，"东京都市圈"与日本都可说是"一荣俱荣、一损俱损"，决定着日本经济走向。同时，"东京都市圈"也带来了相应的问题，新干线等交通设施具有反虹吸效果，快速交通体系的建设是一把"双刃剑"：一方面，高铁、高速公路可以把都市圈核心城市的辐射功能发挥出来；另一方面，核心城市也把地方上的所有精华吸收过来，这里包括人才以及高附加价值的产业，甚至把全部功能都吸收过来，造成其他地区在这些方面的贫乏。另外，东京也出现了"城市海绵化"现象，即中心地区出现了很多空置的房子，造成资源浪费。

即使存在上述问题，但日本和东京依然是亚洲非常重要的国家和城市。虽然一直说日本经历了"失去的20年"，但日本的整体经济实力依然强劲，作为国际金融中心的东京都依然有着强大的吸引力。其"失去"指的也仅仅是经济增长不如快速增长时期那般迅速（最盛时期日本的GDP增速曾一度达到20%），因此日本依然是值得我们研究和学习的对象，其城市经济发展路径值得房地产行业关注。

第一太平戴维斯在《2021影响力：演变》第四期"全球韧性城市指数"中（见图2-8），将东京排在第4名，是排名最靠后的亚洲城市，排

① 参见严含：《东京A级写字楼空置率24个月以来才刚突破1%！相比上海的情况又如何呢？》，载上海转型发布企鹅号，https://new.qq.com/rain/a/20210412A016W800，最后访问日期：2022年3月1日。

② 参见J-REIT数据，载J-REIT官网，http://en.japan-reit.com/meigara/8951/portfolio/，最后访问日期：2022年3月31日。

名依据是“经济基本面（经济具备规模、个人财富水平高、人口结构优势明显）、知识经济及技术（拥有大量高增值型就业及优质教育资源、商务模式不断创新）、ESG（社会重视可持续环保实践、配备优质、健全的医疗保健系统、包容性强且公平、公正）、房地产（房地产市场流动性好、投资便利）”。

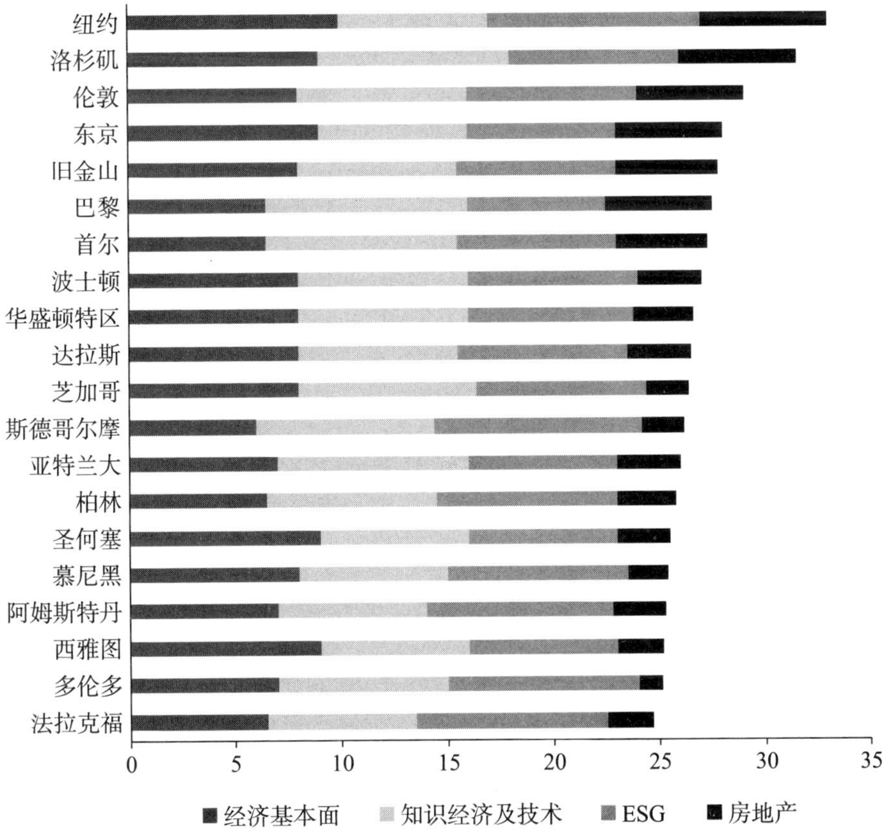

图2-8 2021年全球韧性城市指数[①]

① 图片根据第一太平戴维斯《2021影响力：演变》内容绘制，载第一太平戴维斯官网，https://www.savills.com.cn/research_articles/166704/203478-0，最后访问日期：2021年9月25日。

本章总结

不同国家地区开展REITs市场建设的历程具有一定的相似性。美国作为最先出现REITs的国家，为后续国家提供了很多经验。

在时点上，日本、新加坡均是在经历了经济危机后开始建立REITs市场，期望通过REITs来促进房地产业的发展，为房地产市场开辟新的路径，为开发商提供更多股权融资选择，为投资人提供多元化的投资方向。REITs的发展迎合了市场、政治、经济需求，也与当时资本市场的成熟度相匹配。事实证明，REITs确实为日本、新加坡房地产市场的发展作出了贡献。

在机制和法律设计上，欧洲各国及日本、新加坡等国在建立REITs税收、法律制度时充分借鉴了REITs在美国的发展经验，所以在交易结构、投资范围和收入分配等方面的要求与美国很相似。

不同的是，各国对REITs的立法及监管的严厉程度不同。美国在REITs的立法上采用分散立法的形式，更多地从税收角度出发，形成税收法律条款下的市场型模式；日本、新加坡则更为仔细、严格，普遍采用专项立法的形式，通过修改投资、信托等有关法律对REITs的设立、结构、投资资产、收入及其分配等方面进行明确的规定。

从REITs发展的影响上看，REITs已经成为各国房地产及金融市场的重要组成部分，并为房地产企业提供了长期资金，促进运营类物业发展，也带来了REITs相关行业如资产管理、资产评估的发展。

一个国家的城镇化发展过程通常伴随着房地产市场的发展、演进，中国的城镇化正逐步成熟，同时也面临着与发展过程相伴相生的种种问题，而REITs可能会成为我们在发展过程中主动寻求的出路之一。

第三章

我国房地产类REITs操作实务

中国证券监督管理委员会（以下简称证监会）在《证券公司及基金管理公司子公司资产证券化业务管理规定》明确：本规定所称资产证券化业务，是指以基础资产所产生的现金流为偿付支持，通过结构化等方式进行信用增级，在此基础上发行资产支持证券的业务活动。本规定所称基础资产，是指符合法律法规规定，权属明确，可以产生独立、可预测的现金流且可特定化的财产权利或者财产。基础资产可以是单项财产权利或者财产，也可以是多项财产权利或者财产构成的资产组合。前款规定的财产权利或者财产，其交易基础应当真实，交易对价应当公允，现金流应当持续、稳定。基础资产可以是企业应收款、租赁债权、信贷资产、信托受益权等财产权利，基础设施、商业物业等不动产财产或不动产收益权，以及中国证监会认可的其他财产权利。

已经有无数专家学者论述了发展类REITs和公募REITs对金融市场的促进作用，对正面临市场变化的房地产企业来说，类REITs实际上是通过“出售”存量资产来实现融资。因此，此处最核心的点就是：要不要做类REITs？该怎么做类REITs？做了对企业有什么好处？

日光之下并无新事，所有行业都经历过周期，都曾被时代赋予过红利，而当红利退去，从疯狂时代回归到理性时代，又该如何应对行业变化？大城市房地产行业的运行逻辑可能将从投资主导变成产品主导，独特的价值和场景才是胜出关键。类REITs虽然复杂，但如上一章所述，在经济形势和市场环境变化的当前，类REITs确实是房地产企业发展的重要选择之一，直接回答了“要不要做”的问题。

那么，房地产企业该“如何做”类REITs呢？

企业的本质是逐利，制度设计和引导只有让企业看到真正的利益才能落地。不论采取何种形式，类REITs的本质都是“资产转移”，因此所有准备工作和交易结构设计都要围绕这一点来进行。也因为其本质是“资产转移”，因此类REITs具有交易结构复杂、涉税环节多等特点或难点，而当在实际工作中把这些难点一一解决后，就会发现类REITs的作用是其他融资方式无法比拟的。

本章将详细讲述搭建类REITs的每一步，抽丝剥茧，提出可供实际操作的建议。

第一节　资产选择

当前，国内已发行的房地产类REITs产品的底层资产范围非常广泛，涵盖了写字楼、购物中心、零售物业、酒店公寓等商业物业资产，但并不是上述类别的所有资产都能够发行类REITs产品。

哪些资产可以做类REITs，有什么特别要求？

一个运营多年的物业会因为哪些手续不合格无法成为类REITs底层资产？

刚刚开始出租的物业可以做类REITs吗？

很多中介机构会强调物业的位置，要求最好在一、二线城市，最好是核心区位，这是为什么？

本节将回答这些问题。

一、物业资产产权要求

（一）底层资产要求

证监会在《证券公司及基金管理公司子公司资产证券化业务管理规定》中指出：本规定所称基础资产，是指符合法律法规规定，权属明确，可以产生独立、可预测的现金流且可特定化的财产权利或者财产。基础资产可以是单项财产权利或者财产，也可以是多项财产权利或者财产构成的资产组合。前款规定的财产权利或者财产，其交易基础应当真实，交易对价应当公允，现金流应当持续、稳定。同时，证监会在《证券公司及基金管理公司子公司资产证券化业务尽职调查工作指引》（证监会公告〔2014〕49号）中要求：对基础资产合法性的尽职调查应当包括但不限于以下内容：基础资产形成和存续的真实性和合法性；基础资产权属、涉诉、权利限制和负担等情况；基础资产可特定化情况；基础资产的完整性等。

因此，类REITs在选择底层资产时，最重要的就是物业产权清晰、证照齐全，这是物业合法合规性的基础保障。对“产权清晰、证照齐全”的核查要追溯从项目公司拿地、建设到竣工备案、交付、产权证取得的全过程。重要证件如土地证、相关规划许可证、建设工程规划许可证、施工证、房地产权证等，要关注证照是否齐备，证照间信息记载是否一致，核实证照间的法律关系是否对应、连贯，包括用地性质是否前后一致、用地面积是否发生了变化等。除了证照外，还要关注资产的验收备案、消防、环保等手续是否齐全。

当然，鉴于房地产项目的复杂性和不同历史时期的特殊性，不是所有项目都有齐备的“五证”或者前后统一的记录。有些历史时间长的项目可能是通过政府划拨等形式取得的，没有土地证，此时要关注划拨文件是否齐全，从“划拨用地”改为“商业用地”有无相关许可、用地性质变化是否要补缴土地款等。对企业来说，每一笔可能付出的钱都是成本，都需要仔细考量，都可能影响到类REITs做与不做的决定。有些项目虽然证照齐全，但是不同证照上载明的信息不一致。比如，有的项目土地证上载明的用地性质为“商业”，但房屋产权证或不动产权证上显示用途为“写字楼”，此时用地性质发生了变更，需要核查用地性质的变更是否经过了相关主管部门的同意，如未经审批改变用地性质则会存在法律瑕疵。还有些项目，证照上载明的信息虽然一致，但实际用途完全不同。比如，证载用途为“商业”，实际却装修成了“公寓”出租，此时就要核查、论证项目的实际用途是否有法律法规支持。各类信息都核实一致后，还要关注土地使用期限，尤其是以出让方式取得的建设用地，在使用权上要关注土地使用期限和起止日期、剩余使用期限、续期的规定等，剩余使用期限如果太短则可能无法支撑发行长期限的类REITs产品，同时也会对资产估值产生影响。

在确认产权无问题后，还要关注物业相关的权利负担问题。证监会在《证券公司及基金管理公司子公司资产证券化业务管理规定》中明确要求：基础资产不得附带抵押、质押等担保负担或者其他权利限制，但通过专项计划相关安排，在原始权益人向专项计划转移基础资产时能够解除相关担保负担和其他权利限制的除外。

首先，要关注物业上是否存在权利负担，包括物业是否已被抵押、查封，被作为担保物，已设置地役权等其他项权利。由于类REITs的本质是“资产转移”，因此带有权利负担的资产肯定不会被投资人认可。对此类存在权利负担的物业，要么在发行类REITs前自主解除权利负担，要么通过交易结构设计，由类REITs募集资金支持权利负担解除。如果负担在发行前自行解除，房地产企业可能需要提前支付资金，涉及企业的资金占用和现金流安排问题，需要整体通盘考虑。同理，物业资产所属的项目公司股权也不能存在质押等权利负担。

其次，要注意与物业资产相关的已有合同是否影响类REITs设计。比如，如果物业资产所在的项目公司未来有大额工程款支出，将会引起大量现金流出，影响物业资产评估价值，从而影响类REITs交易安排。再如，项目公司已针对物业资产签署了长期租赁协议，并且该协议限制资产转让或约定资产转让的优先购买权等内容，也会影响未来物业价值评估，从而影响类REITs交易。

最后，由于发行类REITs的底层物业资产基本处于运营状态，因此要重点关注已签署的租赁协议。底层物业租金的支付频率需要和未来类REITs利息的支付频率保持一致，比如类REITs约定每半年付息，而底层租金合同约定租户每年付租金，就会产生底层租金与利息支付的时间差，需要调整底层租金支付的频率，以与类REITs的要求一致。另外，要关注租赁合同的收款主体是不是底层物业所属的项目公司。有些项目公司会聘请或委托物业管理公司或其他中介方等第三方来负责收取租金，相当于底层物业现金先流入第三方公司，因此要注意项目公司与第三方公司是否签署了协议、该协议的性质（是物业管理协议、租赁协议还是委托运营协议，不同协议对现金流的划转是如何约定的）以及现金如何从第三方流回项目公司。

（二）项目公司相关要求

有些底层资产满足产权清晰、证照齐全、无权利负担、现有合同与未来类REITs不冲突的条件，但依然不能直接用来发行类REITs。这是为什么呢？

因为底层资产是依附项目公司存在的，除底层资产外，项目公司、项目公司和底层资产的关系也要满足发行类REITs的要求。一种较为普遍的情况是，计划作为类REITs底层资产的物业和其他物业共用大土地证。比如，一家房地产企业在多年前拿到了一块地并建设了购物中心、写字楼、酒店等，考虑到现金流情况，目前企业希望用写字楼作为底层资产发行类REITs，但写字楼、酒店、购物中心使用的是同一块土地证，此时就涉及土地证的分割问题，需要提前确定分割比例。

除项目公司与资产的关系外，原项目公司如果在交易结构中被直接用作类REITs的SPV（特殊目的机构/公司），那么还要保证项目公司本身“干净”，即除计划做类REITs的底层资产外没有其他项目或资产等经营活动，没有无关的债权债务关系。是否需要检查项目公司“干净”与否，本质上在于项目公司是否被作为SPV公司存在，这部分将在交易结构部分详细论述。

二、物业运营现金流要求

满足资产产权要求后，物业运营的现金流大小是决定资产能否发行类REITs的第二个条件。更进一步说，现金流决定着物业的估值规模和类REITs

的发行规模。

证监会在《证券公司及基金管理公司子公司资产证券化业务尽职调查工作指引》中明确规定：对基础资产的尽职调查包括基础资产的法律权属、转让的合法性、基础资产的运营情况或现金流历史记录，同时应当对基础资产未来的现金流情况进行合理预测和分析。管理人应当根据不同基础资产的类别特性对基础资产现金流状况进行尽职调查，应当包括但不限于以下内容：基础资产质量状况；基础资产现金流的稳定性和历史记录；基础资产未来现金流的合理预测和分析。《上海证券交易所资产证券化业务指引》（上证发〔2014〕80号）中明确要求：基础资产符合相关法律法规的规定，权属明确，可以产生独立、可预测的现金流。《深圳证券交易所资产证券化业务指引》（深证会〔2014〕130号）中也明确要求：基础资产符合相关法律法规以及负面清单的规定，权属明确，可特定化，可以产生独立、可预测的现金流。

毕竟类REITs是依靠底层资产的现金流偿付利息的，也就表示底层资产应是能够产生现金流的。那么，什么样的现金流才符合发行类REITs的条件呢？为什么现在已发行的房地产类REITs几乎都处于一、二线城市的核心位置？“区位好”意味着什么？

（一）现金流要求与资产估值方法

对物业现金流的最根本要求是已经产生运营现金流并且现金流持续稳定、来源分散，也就是要求底层资产已经实现市场化租赁。因此，一些未建成、建成未出租的物业很难直接发行类REITs，或者如下一节所讲，需要采取培育期的特别措施。

对已产生现金流的物业来说，重视现金流的根本原因在于：运营现金流的大小决定着资产估值规模，资产估值规模和现金流的大小又共同决定着类REITs的发行规模。

1.运营现金流决定资产估值

《房地产投资信托基金物业评估指引（试行）》（中房学〔2015〕4号）

要求：（信托物业）资产价值类型应当为市场价值，且应当根据估价对象及其所在地的房地产市场状况等客观条件，对收益法、比较法、成本法等估价方法进行适用性分析后，选择适用的估价方法。信托物业或者其同类物业通常有租金等经济收入的，应当选用收益法作为最主要的估价方法，并优先选用报酬资本化法。信托物业的同类物业有较多交易的，应当选用比较法作为其中一种估价方法。采用收益法评估信托物业价值，应当在评估报告中说明估价对象至少近三年的各年收入和运营费用，并在估价对象至少近三年及同类物业的收入和运营费用水平的基础上，合理预测估价对象未来十年以上的各年收入和运营费用。其中，出租型物业应当在评估报告中说明估价对象至少近三年的各年租金水平、空置率以及租金收入和其他收入，并在估价对象至少近三年及同类物业租金水平、空置率的基础上，合理预测估价对象未来十年以上的各年租金水平、空置率以及租金收入和其他收入。

证监会在《中国证监会、住房城乡建设部关于推进住房租赁资产证券化相关工作的通知》（证监发〔2018〕30号）中也要求：合理评估住房租赁资产价值。房地产估价机构对住房租赁资产证券化底层不动产物业进行评估时，应以收益法作为最主要的评估方法，严格按照房地产资产证券化物业评估有关规定出具房地产估价报告。

可见，对已产生运营现金流的底层物业评估来说，收益法是最重要的方法。对资产评估来说，最常用的收益法是“贴现现金流折现法”（Discounted Cash Flow，即DCF法），其原理是“一项资产的价值是利用它所能获取的未来收益的现值，其折现率反映了投资该项资产并获得收益的风险的回报率”。收益率法的关键指标为现金流量、折现率（或者资本化率）、期限，落实到某一具体项目上，当折现率和期限不变时，底层资产未来现金流的金额越大，资产估值越高。

因此，运营良好的现金流可以带来高资产估值，也能够吸引更多投资人。

2.资产估值与现金流决定发行规模

类REITs发行规模是综合考虑各种因素后的结果，但最根本的决定因素是资产估值和现金流，由于资产估值大多是用收益法得出的，因此可以说现金流决定了发行规模。

由资产估值可以估算发行规模，发行规模一般为资产估值的80%甚至更多。从融资角度讲，类REITs能够比其他融资模式更多地募集资金，这源于类REITs“资产转移”的本质。

现金流是发行规模最根本的决定因素，只有现金流足够大，才能“支撑”起发行规模。由于类REITs用底层资产现金流保证偿付，因此为保障类REITs投资人安全，交易所一般都会对类REITs现金流的大小作出要求，即要求“现金流覆盖倍数”或“现金流超额覆盖”。

现金流超额覆盖包含物业运营期间的现金流覆盖和物业处置期间的现金流覆盖，“覆盖”指现金流金额超过需要“覆盖”的金额。一般而言，运营期的底层资产现金流需要对募集资金在存续期内的本息进行覆盖，如果募集到的资金存在优先、次级分层，由于次级资金一般用剩余收益受偿，因此底层现金流应对优先级资金在存续期内的本息进行覆盖。现金流覆盖倍数=某时期内底层资产净现金流金额/该时期应偿还的募集资金（或优先级资金）本息。良好的类REITs项目的现金流覆盖倍数一般为1.3倍至1.8倍左右，高的现金流覆盖倍数也能从侧面说明项目底层资产现金流充实而稳定。处置期间的现金流超额覆盖是指底层资产的处置金额（处置净收入-税费）能够覆盖类REITs最后一次本金。只有满足现金流覆盖要求的底层资产，才具备发行类REITs的资格。

3.对现金流该关注哪些因素?

既然现金流如此重要，那么应该重点关注现金流的哪些方面呢?

对不同物业，运营现金流包括不同种类。从广义上说，运营现金流是物业所在项目公司收到的全部现金流入，包括物业租金、物业管理费、车位费、多种经营收入（广告、招商、运动设施）等。但并不是所有现金流入都可以成为纳入类REITs测算的现金流，因为还要考虑项目公司的支出。因此，类REITs大多考虑“净现金流”，即“现金流入扣减必要的现金流出”，必要的现金流出一般包括运营支出、税费支出、期间费用等，根据不同物业性质进行调整。

但仅仅净现金流规模大还不够，还要关注现金流的分散程度，即一般要求的“市场化程度”，这能体现物业承租人或付款方的关联度和分散度。如现金流过于集中于单个承租人/付款人，则可能存在未来承租人/付款方解约、现金流骤减的风险。同时，对承租人/付款方的判断要穿透到底层，即如果有“二房东”整租了底层资产，就要考虑从“二房东”手里再次承租的最终租户是否分散。另外，证监会在《证券公司及基金管理公司子公司资产证券化业务尽职调查工作指引》中规定：尽职调查过程中，对于单一应收款债务人的入池应收款的本金余额占资产池比例超过15%，或者债务人及其关联方的入池应收款本金余额合计占资产池的比例超过20%的，应当视为重要债务人。对于重要债务人，应当全面调查其经营情况及财务状况，反映其偿付能力和资信水平。因此，整租或单一付款方的付款金额如果占比超过全部租金收入的15%，就需要披露该整租方/单一付款人的情况，需要提前和该机构进行沟通，现实中就存在因整租方不配合提供财务资料而导致项目受阻的情况。

上面说的各种指标可能过于细化，需要项目公司提供资料才可以进行计算。那么，对于一个资产，如何简要判断其现金流是否有问题呢？从市场表现上讲，现金流体现为租金价格、出租率等指标，可以通过对比该资产的租金价格与周边同类产品的租金价格、观察资产出租率等方式来评判该资产的租金水平。和市场价格相比，过高或过低的租金往往说明该物业或项目公司存在一定问题，需要进行深入分析。

另外，很多中介机构在了解项目时，往往会询问项目的位置，包括处于哪个城市、位于何种规模的商圈等，其本质是在评判资产现金流的大小。一般来说，大城市、核心商圈、人流密集处的物业，因其核心位置能够吸引大量顾客，其物业租金也能达到较高水平。目前，已发行的类REITs房地产项目基本位于一、二线城市，也是因为只有一、二线城市的购买力才能够撑起较高的物业租金。当然，其他非传统房地产物业的项目，其选址和租金可能和传统房地产项目不同，如仓储物流项目、数据中心项目的选址一般不会在城市中心，这是因为其现金流不受人流因素影响。但不论哪类物业，最根本的关注点都是现金流的大小。

（二）物业培育期的现金流方案

有些物业位置良好，但可能由于企业计划的原因而分批对外出租或出租时间较短，导致现金流无法达到上节要求的条件，这类物业被称为处于“培育期”的物业。那么，处于培育期的物业能否发行类REITs呢？对处在培育期的物业，可以通过适当措施调整现金流的方式，以使其达到发行类REITs的标准。

为提高现金流，首先，可以采取“整租”的方式，即由第三方统一承租未出租部分物业，使物业的整体现金流达到发行和估值的要求。“整租”背后的原理是通过整租提高现金流、暂时缩短进行市场化出租的时间，同时整租方也会对外出租，最终现金流依然要达到“分散”的效果，而不是仅仅依靠“整租”来形式化地增加现金流。因此，整租方的出租能力、出租经验非常重要，这些也是监管在遇到“整租”案例时会考虑的因素。同时，考虑上节提到的证监会对重要债务人的要求，如果整租金额的占比超过15%或叠加关联企业后超过20%，就需要披露整租方的情况，所以在选择整租方时要提前考虑监管要求。一般企业会选择由内部关联企业进行整租，以方便管理、统一协调。

其次，可以采取调整“净现金流”的方式，通过认可的第三方（如集团）对项目公司运营补足的方式，由第三方承担项目公司的运营支出，减少项目公司运营现金的流出，从而改善项目公司的现金流状况。这种模式涉及第三方增信，也会影响未来的出表判断。

再次，可通过“权利维持费”来弥补现金流的不足。在资产证券化业务中，在现金流不足以覆盖优先级证券本息的情况下，常规逻辑是必须把主体信用嵌入交易结构中，优先级证券才能达到相应的评级。权利维持费是优先收购权人向专项计划支付的一笔费用，用于购买“未来处置资产时优先收购全部资产支持证券的权利”。优先收购权人支付的权利维持费可用于支付专项计划投资人每期需要的本息，使得项目公司需承担的金额降低，从而降低对项目公司现金流的要求。

最后，还可以采取“储架发行”及分期发行的方式。按照证监会《资产证券化业务问答（三）》的要求，对未成熟的物业可以考虑“一次申报、分期发行”，但需要满足相应要求：第一，基础资产具备较高同质性，法律界定及业务形态属于相同类型，且风险特征不存在较大差异；第二，分期发行的各期资产支持证券使用相同的交易结构和增信安排，设置相同的基础资产合格标准，且合格标准包括相对清晰明确的基础资产质量控制条款，比如资产池分散度、债务人影子评级分布等；第三，原始权益人能够持续产生与分期发行规模相适应的基础资产规模；第四，原始权益人或专项计划增信主体资质良好，原则上主体信用评级为AA级或以上；第五，资产证券化项目的计划管理人和相关参与方具备良好的履约能力和较为丰富的资产证券化业务经验。需要指出的是，适合“一次申报、分期发行”的情况是必须有至少一处成熟物业，如果全部是非成熟物业，由于现金流不稳定，不太适合发行类REITs，可以考虑等物业相对成熟后再发行类REITs。

由上述几种方案可见，处于培育期的物业可采取适宜方式发行类REITs，但正如证监会在《资产证券化业务问答（三）》中要求的那样，“培育期”是指物业现金流尚不成熟，而不是完全零现金流。

上述针对处于培育期的物业现金流的处理方案在市场上已有先例，企业可根据自身条件选择不同的方式。在如此“聪明”的市场中，未来也可能出现更多其他方式。

第二节 确定交易结构

确定底层资产后，就要围绕底层资产构建类REITs的交易结构。底层资产质量不同、发行类REITs的目的不同以及增信措施不同，都会表现在交易结构上，也会通过交易结构带来不同结果。

交易结构是用基金还是用信托?

搭建类REITs结构的步骤是怎样的?

为什么要构建“股+债”的交易结构?

增信措施都有哪些?

类REITs的参与方有哪些，分别担负哪些职能?

本节将回答上述问题。

一、主要交易结构类型

类REITs产品交易结构的设计目的有三个：一是实现以物业资产价值为基础的资金募集最大化；二是尽量在节约资金成本和时间成本的前提下将拟发行的底层物业资产/项目公司装入专项计划；三是稳定地将底层物业资产运营产生的现金流输送给专项计划投资人。因此，所有的工作都要围绕实现这三个目标进行。

鉴于上述目标的多重性，类REITs交易结构可以说是目前市场上最复杂的产品交易结构，甚至因为是类REITs，所以比正式的公募REITs还要复杂，是比标准化产品要有“个性”，又比非标准化产品要“标准”的独特存在。

1.整体结构：专项计划+私募基金/信托+SPV+底层资产

一单成功发行的类REITs最终基本结构如图3-1所示。

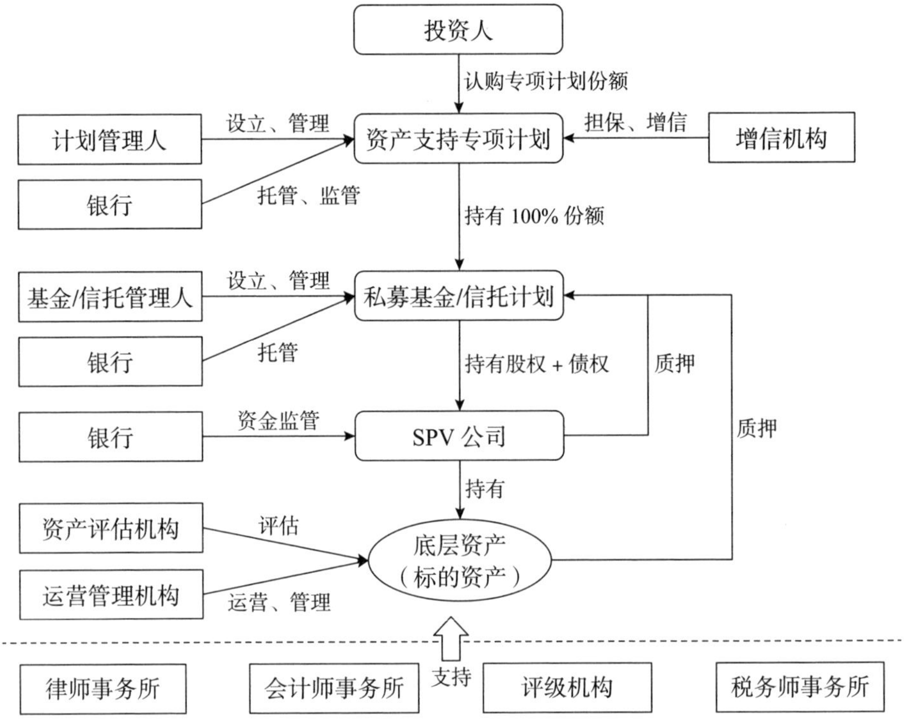

图3-1 成功发行的类REITs基本结构

成型的交易结构似乎很简单，几乎每单类REITs都采用将“专项计划持有的私募基金（信托计划）份额、私募基金以‘股权+债权’的形式投资SPV公司，SPV公司持有最终底层资产”的方式。投资人持有的是资产支持专项计划的份额，资产支持专项计划100%持有契约型私募基金/信托计划的份额，契约型私募基金/信托计划100%持有项目公司股权，通过这种层层持有的方式，实现投资人间接持有底层物业资产。分配收益时，也是通过将底层由物业运营实现的收入层层向上分配，最终将收益分配至资产支持专项计划的投资人手中。

这样的结构虽然看着简单，但要想顺利实现却不容易。下面将模拟实际交易操作过程，分析交易结构的每一个步骤。

（1）设立私募基金

私募基金是类REITs中常见的一环，也有较少的类REITs产品选择不使用私募基金而使用信托计划，但更多的类REITs会选择使用私募基金。因为相对信托来说，私募基金成本更低、形式更灵活。2018年1月23日，基金业协会在北京召开了“类REITs业务专题研讨会”，会上提到，私募基金可以综合运用股权、夹层、可转债、符合资本弱化限制的股东借款等工具投资被投企业，形成权益资本。这使得私募基金在类REITs中能够发挥更大的作用，而且不受信托要求实缴和信托保障基金的限制，能够最大限度地发挥资金作用。当然，信托的优势在于可直接发放信托贷款，并且可以作为法律承认的抵押权人，而私募基金则不具有这类功能。私募基金或私募基金管理人虽然可以发放股东借款，但在部分地区依然存在其无法作为抵押权人的风险。两相比较，私募可实现的基金功能远超其风险，因此私募基金成了大部分类REITs产品的选择。

从组织形式上说，私募基金分为公司型基金、有限合伙型基金和契约型基金。公司型基金因设立复杂，需要像正常公司一样设立股东会、董事会等公司结构，所以在市场上基本不存在。有限合伙型基金也属于企业，需要进行工商登记。因此，相比有限合伙型基金，类REITs更多地采用契约型基金，因为契约型基金是通过签订合同成立的，本身为信托关系，不是法人组织，无须办理工商登记，减少了设立时间和流程。

那么，现在确定了要使用契约型基金作为交易结构的一环，就要由基金管理人发起设立契约型基金，由发行人（原底层资产的最终持有方）或其他机构认购全部基金份额，这个认购全部基金份额的机构被称为“原始权益人”，其所持有的基金份额就是类REITs的“基础资产”，所谓“原始权益”就是原始权益人最早持有私募基金的权益。

（2）原始权益人将私募基金份额全部转让给专项计划

原始权益人认购基金份额后，基金管理人应向基金业协会备案，专项计划管理人随后应设立专项计划并向投资人募集资金。此时，募集资金“流入”专项计划。

通过签署《基金份额转让协议》，原始权益人将其持有的全部基金份额转让给专项计划，原始权益人收到转让款。此时便形成了“专项计划持有私募基金”结构，随后专项计划实际出资私募基金的剩余份额，资金从专项计划流入私募基金。

实例中，也有在私募基金完成下述底层资产“装入”后，再由原始权益人将私募基金的份额转让给专项计划的操作，本质上都是作为“基础资产”私募基金份额的转让。

（3）将底层资产“装入”私募基金

这是最困难的一步，也是类REITs中最复杂、涉及事项最多的一环。很多企业虽然拥有符合条件的底层物业资产，但往往因底层资产无法转移或转移成本太高而不得不放弃发行类REITs。

转移路径一般有三类：一是在私募基金下设SPV，SPV从原物业持有人处购买底层物业资产；二是私募基金从原项目公司股东处收购项目公司，项目公司直接成为SPV；三是在私募基金下设SPV，SPV从原项目公司股东处收购项目公司，项目公司与SPV进行反向吸收合并。下面将详细讲解不同路径的实施方案和难点。

第一条路径：在私募基金下设SPV，SPV从原物业持有人处购买底层物业资产，即“资产转让”。这是看起来最简单直观的方法。其优点包括路径简单、操作简单，缺点则是税费负担重。资产买卖涉及契税、增值税、土增税（土地增值税）、所得税、印花税，是所有路径中税费种类最多的，加上税率较高，因此在现实中采用资产转让方式的并不多见。

第二条路径：私募基金从原项目公司股东处收购项目公司，项目公司直接成为SPV，即“股权转让”。相比资产转让，股权转让涉及的税费较少，只涉及土地增值税（或有）、所得税和印花税。但这种方法对项目公司的要求较高，要求项目公司必须只持有底层物业资产这一个项目，并且私募基金的收购价格符合“股+债”的资本弱化条件。

第三条路径：在私募基金下设SPV，SPV从原项目公司股东处收购项目公司，项目公司与SPV进行反向吸收合并。这是在第二条路径的基础上优化而成的，既满足股权转让税费少的优势，又可以实现“股+债”的资本弱化模式。通过私募基金对项目公司（或底层物业）的收购，募集的资金从私募基金“流入”项目公司（或底层物业）原持有人处，即发行方最终通过项目公司的股权转让（或物业出售）获得募集资金。

（4）为什么要构造“股+债”模式？

在类REITs交易结构中，大多会采用私募基金持有项目公司股权并同时持有项目公司债权的模式，“股+债”模式的重要性体现在节税和现金流稳定上。这种“私募基金持有项目公司股权并向项目公司发放股东借款”的模式也被称为“资本弱化”模式。采取“资本弱化”模式的原因在于，如果私募基金只持有项目公司的股权，私募基金就只能通过项目公司分红获得收益，而分红金额的大小、是否能分红都存在不确定性，受生产经营状况的影响大。同时，分红要在项目公司层面缴纳企业所得税，成本较高。因此，私募基金在持有项目公司股权的同时向项目公司发放股东借款，项目公司通过偿还股东借款本息的形式向私募基金支付资金，在项目公司层面，借款利息可以所得税税前抵扣，起到节税的“税盾”作用。

当然，股东借款虽好，但并不能无限制地使用。财政部、国家税务总局在《关于企业关联方利息支出税前扣除标准有关税收政策问题的通知》（财税〔2008〕121号）中规定，企业实际支付给关联方的利息支出，除符合本通知第2条规定外，其接受关联方债权性投资与其权益性投资比例，金融企业为5∶1；其他企业为2∶1。据此，除非是金融企业，否则其他企业股东的债权性投资与权益性投资的比例均要符合2∶1。在类REITs结构中，私募基金的本质是为了完成交易而临时搭建的SPV的一种，并不适用“金融企业”的定义。因此，私募基金向持有底层物业资产的项目公司发放股东借款时，适用债股比为2∶1，超过这个比例的利息支出不能在计算应纳税所得额时扣除。

设置“股+债”模式的另一个好处在于，股东借款的存在可以让资产抵押等风控措施体现价值。由于私募基金向项目公司（SPV公司）发放了股东借款，作为担保措施，项目公司（SPV公司）将底层物业抵押给私募基金。需要注意的是，在抵押设置层面，目前很多地方只认可抵押权人是有放贷资质的金融机构，即只有银行、信托公司或者小贷公司作为抵押权人时才能设立抵押登记，私募基金或私募基金管理人作为抵押权人时无法实现登记。因此，具体能否实现登记，在操作中还需要跟各地方登记机关确认。

（5）内部增信措施

增信措施是类REITs信用评估的重要对象。在构建上述交易结构的同时，还会搭配设计一系列内部增信措施。内部增信措施一般是指通过项目本身的结构与制度安排，或者依赖物业资产自身及其产生的现金流形成的增信措施。在底层物业和项目公司层面的增信措施主要是物业资产抵押、项目公司资金监管；在私募基金和专项计划层面的增信措施主要是现金流超额覆盖、投资人优先与次级分层、信用触发机制、风险准备金等。

物业资产抵押。前文已经提到过，即通过股东借款构造债权，项目公司作为债务人，将物业资产抵押给私募基金，为股东借款提供抵押担保。

项目公司资金监管。项目公司（或SPV公司）是持有物业资产的主体，由物业资产运营产生的现金流都先归集在项目公司账户中，因此专项计划一般会为项目公司设置资金监管账户，全面监管项目公司收到的私募基金股东借款及运用、运营现金流入和流出，防止资金挪用。

现金流超额覆盖。在“现金流”部分重点阐述过，底层物业资产的运营净现金流金额需要覆盖并超出该期本金的偿付金额，其目的是，即使物业资产收入水平因各类原因低于预期，超额覆盖部分亦能在一定程度上提供资金缓冲，避免发生违约。

投资人优先与次级分层。这是类REITs中常用的内部增信措施，在公募REITs中由于对投资人发行的是公募基金，因此不允许分层。在类REITs中，一般将投资人分为优先级、次级，或者优先级、中间级、次级，优先A级、优先B级、次级等几类，分层原理是优先级的本息偿付次序优先于次级，次级投资人享受优先级本息偿付后的剩余收益，即次级回报不固定，同时也承担对应风险。当现金流不足时，次级投资人将先承担损失，如果损失低于次级本金金额，则优先级不会遭受损失，从而实现对优先级的保护和信用增级。反之，如果项目有剩余收益，则全部归次级投资人所有。一般情况下，为利用发行人主体增信，次级份额通常会由项目发行人全额认购，相当于发行人对优先级投资人做了担保。当然，也有项目因为本身底层资产足够优秀、运营现金流充裕，不需要发行人认购次级份额做担保。

信用触发机制。即在特定信用事件触发后，根据交易文件约定，重新安排基础资产的现金流归集和支付顺序，以加强对优先级证券的收益保障。常见的信用事件包括权益完善事件、加速清偿事件、提前终止事件等。权益完善事件重点关注项目公司的风险信用变化和债务履约情况，触发后，底层资产的回收款不再通过项目公司转付；加速清偿事件在底层资产质量恶化、偿付能力下降时触发，此时，类REITs违约迹象开始显现，但仍具备一定的偿付能力，触发后，类REITs将提前进入分配期，以防止信用风险进一步恶化；提前终止事件是加速偿还事件的进一步恶化，触发后，类REITs将提前进入分配期以及时止损。

风险准备金。一般在交易文件中会约定设置、提取风险准备金，在物业资产当期收入无法覆盖同期证券利息支出及相关税费的情况下，差额部分由风险准备金予以补足。风险准备金的来源包括从项目筹集资金中提取一定比例作为风险准备金、从底层物业资产的超额收入中按比例提取、第三方存入。

（6）其他设计

类REITs的期限可长达18年甚至更久，但在国内资本市场上，资金期限一般不会太长，因此为匹配资金需求，同时增加类REITs的产品灵活性，一般每三年设置开放期，即“3+3+3+……”模式。在开放期，投资人拥有回售权，即有权要求发行方回购其持有的资产支持证券份额，同时可为发行人设置利率调整权和主动回购权。

2. 外部增信措施与“偏股型”类REITs和“偏债型”类REITs

证监会在《证券公司及基金管理公司子公司资产证券化业务管理规定》

中指出：专项计划可以通过内部或者外部信用增级方式提升资产支持证券信用等级。

上面已经分析过，内部增信措施是由项目本身结构制度安排或者依赖物业资产自身及现金流而衍生出来的，而外部增信措施则是通过第三方提供的主体增信。从内容上看，外部增信措施主要包括差额支付承诺、流动性支持承诺、债务加入、运营支持承诺、回购义务承诺、评级下调承诺、权利维持费等。

差额支付承诺是指差额支付承诺人对由底层资产产生的现金流不足以支付优先级投资人的预期收益和未偿付本金余额的差额部分承担补足义务。类REITs的差额支付承诺人一般为发行方。在实际操作中，可分别对私募基金和专项计划设置差额支付承诺。

流动性支持承诺是指当投资人在开放日行使回售权利时，由流动性支持机构买入已确认但尚未完成开放退出的专项计划优先级份额，保障优先级投资人的本金安全。承担流动性支持义务的一般也是发行主体。

债务加入是指并存债务承担，即债务人并不脱离债务关系，而由第三人加入合同关系中，与债务人共同承担合同义务的债务承担方式。在类REITs交易结构中，当私募基金向项目公司（SPV公司）发放股东借款时，可由第三方共同与项目公司（SPV公司）承担该股东借款债务，提高还款能力，降低债务违约的可能性。

运营支持承诺是指第三方对底层物业资产的运营情况与项目公司财务情况进行确认，并承诺当底层资产或项目公司出现运营困难等情形时，由第三方向项目公司提供资金支持，以保障底层资产持续稳定经营。在实例中，一般由发行方承担该职责，当发行方为项目公司提供运营支持承诺时，计算底层资产净现金流时可考虑不扣减运营支出，因为运营支出已由项目公司外的第三方承担，也就是实现了“培育期”资产的现金流增加。

回购义务承诺是指当出现类REITs交易结构中的处置时，由回购义务承诺人购买被处置的各类资产，承担回购责任。处置包括多层次，既有专项计划投资人处置其持有的专项计划份额、专项计划处置私募基金份额、私募基金处置项目公司（SPV公司）股权及债权，也有项目公司直接处置资产等，回购义务设置可针对所有处置情况，也可只针对其中的某种情况。一般来说，承担回购义务的主体为发行方。发行方一旦承诺回购义务，就相当于资产并未“真实出售”。

评级下调承诺是指当评级机构对特定分层的类REITs跟踪评级下调至特定级别以下时，评级下调承诺人向计划管理人支付相当于未偿本息的资金，以收购该分层的全部类REITs份额。评级下调承诺人一般为发行主体。

权利维持费是指在项目交易文件中约定，发行主体在一定期限内保留对专项计划基础资产（私募基金份额）的优先购买权，为享有该份优先购买权，作为优先购买权持有人的发行主体定期向专项计划支付约定金额或比率的权利维持费。该笔权利维持费亦会成为支付证券收益的来源之一，因此也可以用作增加“培育期”资产现金流的方法。

通过外部增信措施可以判断类REITs项目是“偏股型”还是“偏债型”。“偏债型”类REITs的本质是通过底层物业资产进行融资的融资性项目，发行人不会真正转让底层资产所有权。“偏股型”类REITs是发行人真正转让底层资产，类似真正的REITs。

“偏债型”类REITs一般会由发行方进行外部增信，比如进行差额支付、流动性支持、回购承诺等。外部增信也成为对“偏债型”类REITs产品进行评级时考虑的重要因素。因此，发行方的实力、评级将影响外部增信的效力，进而影响类REITs产品的评级和投资人信任度。

“偏股型”类REITs，由于发行方的目的是真实出售资产，因此发行方基本不会提供外部增信措施。此时，类REITs产品的评级高低、是否能获得投资人的认可就全部依赖底层物业资产及其现金流的好坏。底层物业运营良好、现金流充足，就可以获得较高的估值和较低的发行价格，成为所谓的“强资产”。

因此，可以说，如果企业拥有“强资产”，就有能力只凭借资产本身而无须依靠外部增信，直接发行“偏股型”类REITs，通过类REITs将资产真实出售，企业获得资金，发展其他业务。当然，如果对底层资产的未来看好，认为资产的升值空间大，不希望现在出售，也可以在交易合同中设定回购条款，发行“偏债型”类REITs。而当资产较弱时，如果企业的主体资质强，也可以通过主体外部增信来发行“偏债型”类REITs。此时，由于企业最终要回购底层物业资产，因此这更像是一次融资行为，对未来实际履行增信措施和履行回购义务的资金压力较大。

3.退出安排

类REITs的发行期限可长达18年甚至更久，那么到期后该如何结束，投资人如何退出？这些问题虽然最早也要在几年后才会实际遇到，但必须在发行时就想到并有所准备才能确保整个类REITs平稳运行。

国内目前发行的类REITs产品的主要退出方式包括发行方回购、续发和资产市场化处置。公募REITs推出后，由类REITs转为公募REITs也从设想变成了可能，相信未来肯定会出现通过对接公募REITs实现类REITs退出的案例。

发行方回购是指在类REITs到期时、处在开放期时或进入处置期时，由原发行方回购类REITs的相关标的。回购标的可以是投资人持有的资产支持证券份额，也可以是私募基金的份额，或者私募基金持有的项目公司股权及债权。通过回购，底层资产所有权再次回到发行方手中，同时发行方需要提前进行资金准备。目前，市场上大部分到期类REITs项目是通过发行方回购实现退出的。

续发是指当类REITs到期时，新发行另外一单类REITs来接续。2018年6月8日，“华泰佳越—苏宁云新一期资产支持专项计划”正式成立并在深交所挂牌转让，成为国内首单承续发行的类REITs，发行规模为34.92亿元。其以新发类REITs的形式无缝承接了国内较早期的类REITs——原苏宁云创二期项目的相关权益，首次实现了产品间的闭环运作。

资产市场化处置类似房地产大宗交易，是指当类REITs到期时，将相关权益（底层基础资产、项目公司股权或私募基金份额等）直接出售给第三方主体，实现类REITs投资人的退出。此时，底层基础资产的所有权属于第三方。2019年1月，凯德宣布与一家非关联第三方公司成立50∶50的合资公司，斥资27.52亿元收购位于上海陆家嘴核心商圈的上海浦发大厦约70%的面积。浦发大厦是上交所发行的第一单类REITs项目“恒泰浩睿—海航浦发大厦资产支持专项计划”的底层基础资产，凯德成功收购浦发大厦也意味着国内首单通过市场化处置资产完成类REITs退出的实现。

二、各参与方定位与职责

类REITs交易结构中涉及多个主体，每个主体都有不同的权利义务，共同维护类REITs产品的运行。

1.发行方：原始权益人、项目公司、增信机构等

发行方希望通过发行类REITs产品募集资金，发行方中参与类REITs结构的主体为原始权益人、项目公司和增信机构。

根据证监会《证券公司及基金管理公司子公司资产证券化业务管理规定》，原始权益人是指按照本规定及约定向专项计划转移其合法拥有的基础资产以获得资金的主体；基础资产是指符合法律法规规定，权属明确，可以产生独立、可预测的现金流且可特定化的财产权利或者财产。类REITs中，基础资产可以是契约型私募基金份额、信托受益权或项目公司股权等。实务中，因为类REITs结构中存在私募基金（或信托），因此原始权益人是契约型私募基金份额或信托受益权的持有人。目前，公募REITs中已省略了私募基金而直接由专项计划持有项目公司股权，此时，原始权益人是项目公司的原股东。房地产类REITs的原始权益人一般由发行方的特定机构担任。

项目公司是底层物业资产的原持有人，根据交易安排的不同，项目公司可能会将底层物业资产直接出售，也可能直接成为SPV公司，被私募基金收购股权。如果成为SPV，就需要项目公司本身“干净、无其他业务”，在本章第三节“交易结构搭建关键问题”中将会重点讲述如何调整项目公司。

增信机构是为类REITs提供外部增信，承担如差额支付承诺、流动性支

持承诺、回购义务承诺等责任的主体。增信机构自身需要拥有一定的评级和市场认同。一般来说，增信机构由发行方母公司承担，也有因母公司资质较差而委托第三方增信机构担任的情况，此时，需要考虑聘请第三方增信机构的费用对整体类REITs成本的影响。

作为发行方，原始权益人、项目公司及增信机构需要根据发行要求提供财务报告、经营情况、证照资质等资料，配合中介机构进行交易结构设计并落实，开展资产评估、评级等工作。这是不断磨合、不断改进的过程，也是类REITs不断被打磨和精进的过程。

2. 中介方：管理人、托管人、律师事务所、会计师事务所、评估机构、评级机构等

类REITs涉及的中介机构众多，几乎囊括了金融领域的各个机构。根据证监会《证券公司及基金管理公司子公司资产证券化业务管理规定》：管理人是指为资产支持证券持有人之利益，对专项计划进行管理及履行其他法定及约定职责的证券公司、基金管理公司子公司。证监会的规定将管理人限制在证券公司、基金管理子公司的范围内，实例中也有将信托公司作为管理人的情况，但非常少见。专项计划管理人负责设立资产支持专项计划和对外发行、寻找并与投资人沟通，是类REITs产品与市场对接的一环。

一般来说，作为专项计划管理人的证券公司或基金子公司也可以成为整个类REITs的协调人，负责对接发行方、统筹中介机构，不过也有由其他机构作为项目协调人居中处理各类事项的实例，可根据实际情况选择。

托管人是指为资产支持证券持有人的利益，按照规定或约定对专项计划相关资产进行保管，并监督专项计划运作的商业银行或其他机构。

律师事务所是设计类REITs产品结构时重要的参与者，律师事务所的工作体现在出具法律意见书上，但更多的时间花在书面工作之后。律师需要梳理各类法律关系、协助设计交易结构并提供建议、预先防范风险并寻找解决办法。好的律师事务所能够让项目设计少走弯路，促进项目更好地发行。

会计师事务所一般负责对现金流报告执行商定程序。根据交易所的要

求，现金流预测分析报告原则上应当由具备证券、期货业务从业资质的第三方机构出具，或由具备证券、期货业务从业资质的会计师事务所进行鉴定。

评估机构负责对底层物业资产及其现金流进行评估。评级机构负责对类REITs产品进行评级，评级结果既依赖于底层物业的资产和现金流情况，也依赖于交易结构的设计及内部、外部的增信措施。

除上述机构外，根据实际情况可能还有其他参与方，各参与方存在的目的都是完善、优化类REITs的交易结构。

3.其他：投资人、物业管理人等

与公募REITs可以在公开市场发行、个人投资者可以认购不同，类REITs因其“私募”的性质而使得投资人的范围较小，不面向公众投资者，只面向合格的机构投资者。目前，类REITs的投资者主要是银行、基金公司、信托公司等，资金期限较短，这也是类REITs一般每三年设置开放期的原因。

底层物业资产的管理人也是非常重要的参与方，其运营能力的好坏决定了物业的现金流大小和未来价值。由于发行方是底层物业资产的原所有人，对物业情况的了解最为清楚，而专项计划管理人、私募基金管理人等金融机构一般不具有物业管理能力和经验，因此大多数类REITs会聘请发行方相关机构担任物业管理人。当然，也有聘请市场第三方机构担任物业管理人的案例。

第二节　交易结构搭建关键问题

上一节我们讲述了在确定底层物业资产后，类REITs会构建何种交易结构和主要参与方的权利义务。现实中，要实现类似的交易结构并不是一件容易的事，在类REITs产品的发行过程中涉及两个阶段的工作：一是资产的前期重组；二是后期的产品发行，即“一个类REITs=一个资产重组+一个ABS”。在前期重组阶段，由于资产的重组、剥离往往会带来大额税费，因此类REITs产品在前期重组阶段的税务筹划对控制类REITs产品的整体发行成本起着关键作用。

资产剥离有几种方法，各自的优劣势是什么？

税收优惠政策有哪些，如何适用？

针对国有企业有什么特殊规定？

要不要会计出表？如何出表？

本节将着重讲述在构建交易结构时可能遇到的各种问题。

一、资产剥离方法与涉税事项

如在上节“确定交易结构”中提到的，底层物业资产确定后，还需要确定底层资产与项目公司的关系。我们期望的结构是“项目公司下只有单一底层资产”的结构，但实际操作中往往很难直接获得这样理想的结果，于是就需要进行一系列资产剥离工作，需要从“现实结构”调整成“理想结构”，这一调整的过程可以被称为“资产剥离”（见图3–2）。

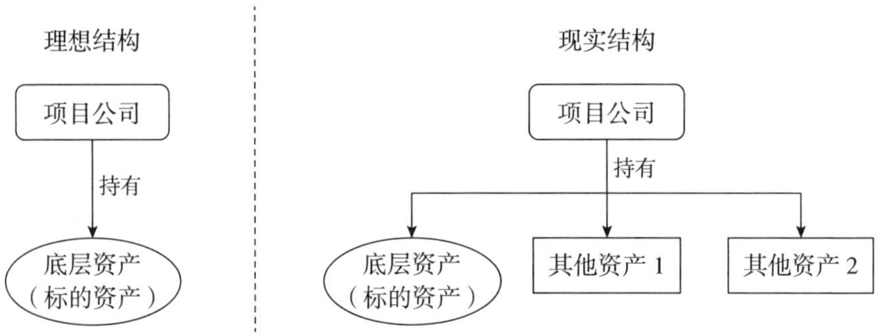

图3-2　资产剥离示意图

在实际工作中，项目公司往往拥有多个项目。比如，一个项目公司可能同时拥有写字楼、底商和酒店，计划做类REITs的底层资产是写字楼，那么底商和酒店就是“其他资产”。从“现实结构”到“理想结构”的实现路径有三种：资产转让、实物出资和公司分立。

（一）资产转让

资产转让的方式是新设项目公司2，原项目公司将底层资产转让给项目公司2（见图3-3）。从操作难易度上看，这是最简单的资产剥离方式，类似正常的物业买卖，只需要进行资产权属变更登记即可。项目公司2可以由发行方设立，后期再转让给私募基金，也可以由私募基金以“股东出资+股东借款”的资本弱化模式直接设立，从而节省后期步骤。

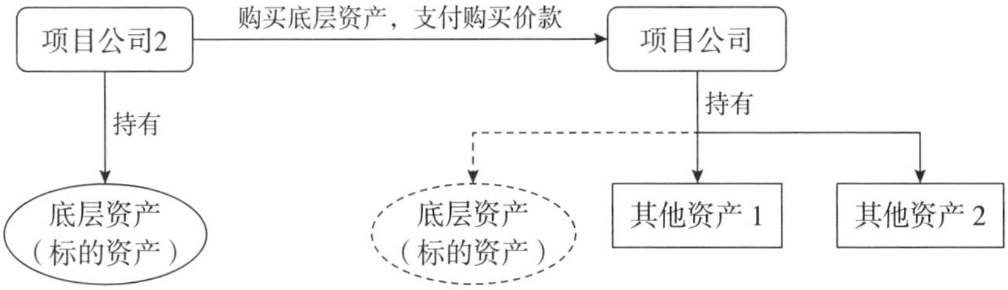

图3-3　资产转让示意图

虽然操作简单，但从税筹角度讲，这是税费成本最高的资产剥离方式。和正常的物业销售一样，出售方（项目公司）需要缴纳的主要税赋包括企业所得税、土地增值税、增值税及附加、印花税。购买方（项目公司2）需要缴纳的税赋主要为契税、印花税。

企业所得税的征税对象是纳税人的所得，包括租金所得。企业所得税的税率一般为25%（高新技术企业、小型微利企业等享受所得税优惠，税率较低）。企业应纳所得税额=（收入总额-准予扣除项目金额）×适用税率。上文提到的底层物业销售收入应纳入项目公司的收入总额，并根据项目公司的整体应纳税所得额和税率计算所得税金额。

土地增值税（以下简称土增税）是指转让国有土地使用权、地上的建筑物及其附着物并取得收入的单位和个人，以转让所取得的收入减除法定扣除项目金额后的增值额为计税依据向国家缴纳的一种税赋，不包括以继承、赠与方式无偿转让房地产的行为。土增税税率采取30%至60%的超额累进制，应纳土增税=增值额×税率，其中“增值额”为转让物业资产所取得的收入减除扣除项目金额后的余额，不同项目的扣除项目也有所区别。土增税的计算过程较为复杂，也可以采取简易纳税公式（应纳税额=增值额 × 适用税率-扣除项目金额 × 速算扣除系数）计算。从上述公式可以看出，增值额和扣除项目金额的大小影响税率及最终土增税的金额，增值额越高，土增税越高。因此，对于很多增值明显的底层物业，采取直接资产转让的方式会带来较大的土增税负担。

增值税的缴纳根据纳税主体是一般纳税人还是小规模纳税人、房地产项目是不是2016年4月30日前的项目（可采取简易计税方式）而产生计税方式上的不同，但归根结底还是取决于资产转让价格，价格越高，缴纳的增值税可能越高。增值税附加税是以增值税的存在和征收为前提和依据，按照增值税税额的一定比例征收的税赋。通常包括城市维护建设税（税率为7%、5%或1%，根据资产所在区域不同而不同）、教育费附加（税率为3%）、地方教育费附加（税率为2%）。增值税与增值税附加税通常被合并成为“增值税及附加”。

印花税是对经济活动和经济交往中书立、领受具有法律效力的凭证的行为所征收的一种税，资产转让属于印花税纳税行为中的“产权转移”，根据资产转让合同金额的0.05%缴纳印花税。买卖双方都需要缴纳印花税。

契税是不动产（土地、房屋）产权发生转移变动时，依当事人所订契约，按产价的一定比例向新业主（产权承受人）征收的一次性税收。契税由新的产权所有人缴纳，计税依据为不动产的价格，税率在3%至5%范围内，由各省制定。

从上述税收情况看，资产转让的价格越高，资产增值越多，买卖双方各自承担的税赋越重，而税赋是发行类REITs必须考虑的成本之一。因此，从资金成本上看，资产转让是对买卖双方都不太经济的方式。

（二）实物出资

项目公司以底层物业资产作价出资，设立新的项目公司2，达到项目公司2只持有单一底层物业资产的效果（见图3-4）。

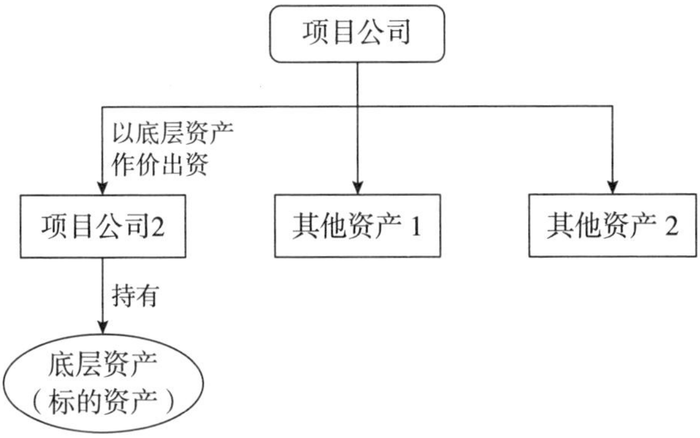

图3-4　以底层资产作价出资新设项目公司2示意图

在新设项目公司2时，项目公司应先经内部有效决策（董事会、股东会），对底层物业资产进行资产评估后将底层资产登记至项目公司2，以完成全资子公司项目公司2的设立。同时，底层资产上不可有抵押、担保等权利限制。《中华人民共和国公司法》（以下简称《公司法》）规定，对作为出资的非货币财产应当评估作价，核实财产，不得高估或者低估。法律、行政法规对评估作价另有规定的，从其规定。因此，在以房地产物业作价出资时，需要委托具备相关资质的评估机构对物业进行评估。从类REITs交易上看，物业的评估价基本等于项目公司2的净资产价值，影响后续股债比搭建的金额。

从税筹角度看，出资方（项目公司）涉及的主要税赋包括所得税、增值税及附加、土增税。新设立的公司（项目公司2）涉及的主要是双方均须缴纳的印花税，其中有些税赋可以适用特殊税务处理。

在企业所得税方面，《财政部、国家税务总局关于企业重组业务企业所得税处理若干问题的通知》（财税〔2009〕59号）和《财政部、国家税务总局关于促进企业重组有关企业所得税处理问题的通知》（财税〔2014〕109号）、《财政部、国家税务总局关于非货币性资产投资企业所得税政策问题的通知》（财税〔2014〕116号）规定：企业以非货币性资产对外投资，应对非货币性资产进行评估并按评估后的公允价值扣除计税基础后的余额，计算确认非货币性资产转让所得。同时，以非货币性资产对外投资确认的非货币性资产转让所得，可在不超过5年期限内，分期均匀计入相应年度的应纳税所得额，按规定计算缴纳企业所得税。因此，出资方需要确认非货币性转让所得并根据整体应纳税所得额情况缴纳所得税。

在增值税及附加方面，《财政部、国家税务总局关于全面推开营业税改征增值税试点的通知》（财税〔2016〕36号）中附件一《营业税改征增值税试点实施办法》第10条规定：销售服务、无形资产或者不动产，是指有偿提供服务、有偿转让无形资产或者不动产；第11条规定：有偿，是指取得货币、货物或者其他经济利益。因此，以增资方式将目标资产出资至子公司需要缴纳增值税。另外，《财政部、国家税务总局关于全面推开营业税改征增值税试点的通知》中附件二“（四）进项税额”部分规定：取得不动产，包括以直接购买、接受捐赠、接受投资入股、自建以及抵债等各种形式取得不动产，不包括房地产开发企业自行开发的房地产项目。因此，被投资企业（图3–4中的项目公司2）如果是一般纳税人，那么在接受房地产作价出资时可将因此取得的进项税额从销项税额中抵扣。

在土增税方面，根据《关于营改增后土地增值税若干征管规定的公告》（国家税务总局公告2016年第70号）关于营改增后视同销售房地产的土地增值税应税收入确认的规定：纳税人将开发产品用于职工福利、奖励、对外投资、分配给股东或投资人、抵偿债务、换取其他单位和个人的非货币性资产等，发生所有权转移时应视同销售房地产，其收入应按照《国家税务总局关于房地产开发企业土地增值税清算管理有关问题的通知》（国税发〔2006〕187号）第3条规定执行。与此同时，从豁免规定上考虑，《财政部、税务总局关于继续实施企业改制重组有关土地增值税政策的通知》（财税〔2018〕57号）（有效期为2018年1月1日至2020年12月31日）规定：单位、个人在改制重组时以房地产作价入股进行投资，对其将房地产转移、变更到被投资的企业，暂不征土地增值税。上述改制重组中有关土增税的政策不适用于房地产转移任意一方为房地产开发企业的情形。因此，如果项目公司是房地产开发企业，则无法适用土增税优惠政策。

在印花税方面，由于底层物业资产发生了权属转移登记，属于“财产所有权”转移，因此应缴纳印花税。

另外，契税的减免政策如下。《财政部、税务总局关于继续支持企业、事业单位改制重组有关契税政策的通知》（财税〔2018〕17号）第6条规定：同一投资主体内部所属企业之间土地、房屋权属的划转，包括母公司与其全资子公司之间，同一公司所属全资子公司之间，同一自然人与其设立的个人独资企业、一人有限公司之间土地、房屋权属的划转，免征契税。母公司以土地、房屋权属向其全资子公司增资，视同划转，免征契税。

（三）公司分立

公司分立是指原项目公司分离成两家公司（项目公司2、项目公司3），原项目公司股东持有项目公司2和项目公司3的100%股权，底层物业资产由项目公司2持有（见图3-5）。

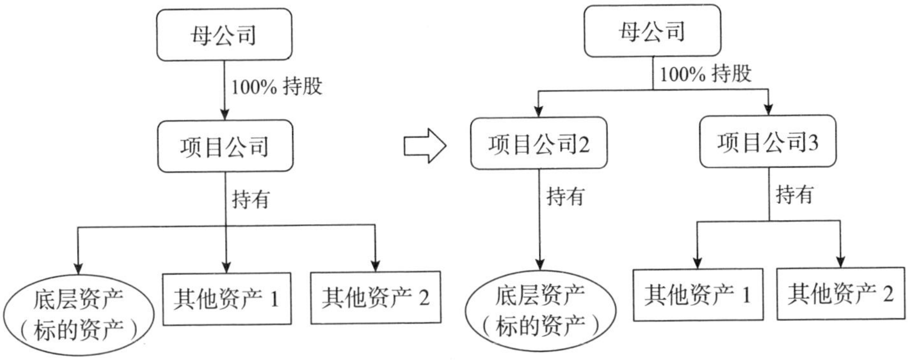

图3-5 公司分立示意图

根据公司分立要求，分立前应聘请会计师事务所编制资产负债表及财产清单，由公司董事会制订分立方案，分立方案应确定分立基准日，并对分立后公司之间的资产划分、负债承担、注册资本金的确定、人员安排、资产交割及分立后的组织架构和运营进行详尽安排。分立方案经股东会决议同意后，由被分立公司和分立出来的各公司的法定代表人共同签署分立协议，对分立方案涉及的双方权利义务关系予以明确约定。同时，公司应在股东会决议作出之日起10日内通知债权人，并于决议作出30日内在报纸上公告。分立公告应当包括：分立各方的名称、分立形式、分立前后各公司的注册资本和实收资本。完成上述流程后，对资产进行实际交割。

从税筹角度看，公司分立主要涉及企业所得税、土增税、增值税。

在企业所得税方面，被分立企业对被分立出去的资产应按公允价值确认资产转让所得或损失，计算并缴纳企业所得税。而作为分立企业，应按公允价值确认接受资产的计税基础。同时，根据《财政部、国家税务总局关于企业重组业务企业所得税处理若干问题的通知》，企业重组同时符合下列条件的，适用特殊性税务处理规定：（1）具有合理的商业目的，且不以减少、免除或者推迟缴纳税款为主要目的；（2）被收购、合并或分立部分的资产或股权比例符合本通知规定的比例；（3）企业重组后的连续12个月内不改变重组资产原来的实质性经营活动；（4）重组交易对价中涉及股权支付金额符合本通知规定比例；（5）企业重组中取得股权支付的原主要股东，在重组后连续12个月内，不得转让所取得的股权。在类REITs交易中，由于后续母公司要将项目公司2的股权转让给私募基金，因此如希望享受企业所得税优惠，就要面临12个月的等待期。实务中，有采用先签订股权转让合同，等待12个月再做工商变更登记的实例，但这样就无法达到专项计划及私募基金实际控制底层资产的目的，很可能无法获得专项计划管理人及投资人的认可。

在土增税方面，如上节所讲到的，《财政部、税务总局关于继续实施企业改制重组有关土地增值税政策的通知》第3条规定：按照法律规定或者合同约定，企业分设为两个或两个以上与原企业投资主体相同的企业，对原企业将房地产转移、变更到分立后的企业，暂不征土地增值税。第5条规定：上述改制重组有关土地增值税政策不适用于房地产转移任意一方为房地产开发企业的情形。第8条规定：本通知所称不改变原企业投资主体、投资主体相同，是指企业改制重组前后出资人不发生变动，出资人的出资比例可以发生变动；投资主体存续，是指原企业出资人必须存在于改制重组后的企业，出资人的出资比例可以发生变动。因此，项目公司如为房地产开发企业，则很难适用土增税暂不征收的优惠政策。

在增值税方面，根据《财政部、国家税务总局关于全面推开营业税改征增值税试点的通知》附件二中《营业税改征增值税试点有关事项的规定》规定：在资产重组过程中，通过合并、分立、出售、置换等方式，将全部或者部分实物资产以及与其相关联的债权、负债和劳动力一并转让给其他单位和个人，其中涉及的不动产转让行为不属于增值税的征税范围。因此，项目公司分立时，如将底层物业资产和相关债权、负债、劳动力一并转让至新的公司（如图3-5中的项目公司2），则可免征增值税。

另外，在契税方面，《财政部、税务总局关于继续支持企业、事业单位改制重组有关契税政策的通知》第4条（公司成立）规定：公司依照法律规定、合同约定分立为两个或两个以上与原公司投资主体相同的公司，对分立后公司承受原公司土地、房屋权属，免征契税。

在实际操作中，根据每个类REITs项目实际底层资产情况的不同，不同方案间存在很大的优劣差异，应根据资产情况选择时间成本和资金成本（税赋成本）等综合成本相对低的方案。

当然，上面的分析都是在讲将“底层基础资产”剥离到“干净”的项目公司，操作中也可以反其道而行之，将其他多余资产（如图3-5中的其他资产1和其他资产2）剥离，仅留底层资产在项目公司中，这样也可以达到同样的效果。选择的依据就是综合成本最低、操作最方便。

二、资产重组与特殊事项

完成资产剥离后，获得“项目公司—底层物业资产”这一单一的组合，接下来的任务就是将这一组合“装入”私募基金。

为构建上节提到的“股+债”模式，也要考虑用多种方式“装入”私募基金。上文提到了三种方式，下面就具体分析这三种方式的可操作性。

（一）资产转让

采取资产转让方式时，一般资产转让价格等于类REITs的发行金额，考虑到上节提到的资产转让相关税费，如果资产转让价格远高于项目公司持有的资产原值，就将带来大量的税务负担。

（二）承债式收购

如果母公司不仅持有项目公司100%的股权，还对项目公司享有债权，且债权与股权的金额比例符合2∶1，那么私募基金就可以直接从母公司处收购项目公司的股权和债权，即“承债式收购”（见图3-6）。此时，母公司因出售股权获得收入须计入母公司的年度应纳税所得额，可能涉及所得税的缴纳。

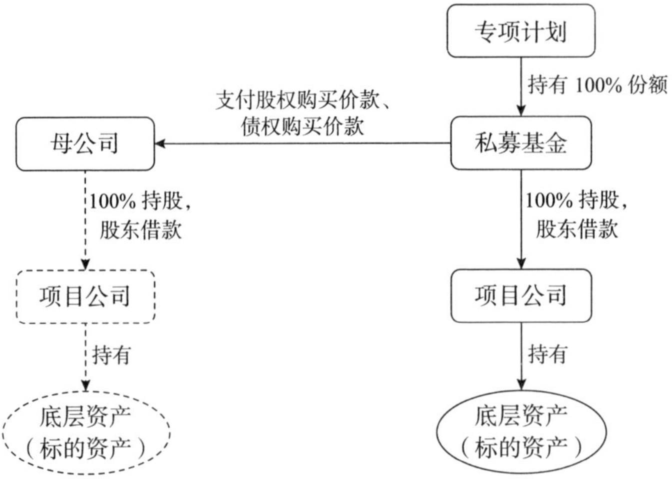

图3-6 承债式收购示意图

（三）收购项目公司股权+反向吸收合并

由于并不是所有母公司与项目公司都存在比例合适的股东借款，因此需要在交易中构造我们希望见到的结构。在类REITs实践中，一般由私募基金出资设立SPV公司并向SPV公司发放股东借款，形成资本弱化的股权与债权结构。

由SPV从发行方处收购项目公司股权，然后进行反向吸收合并（见图3-7）。

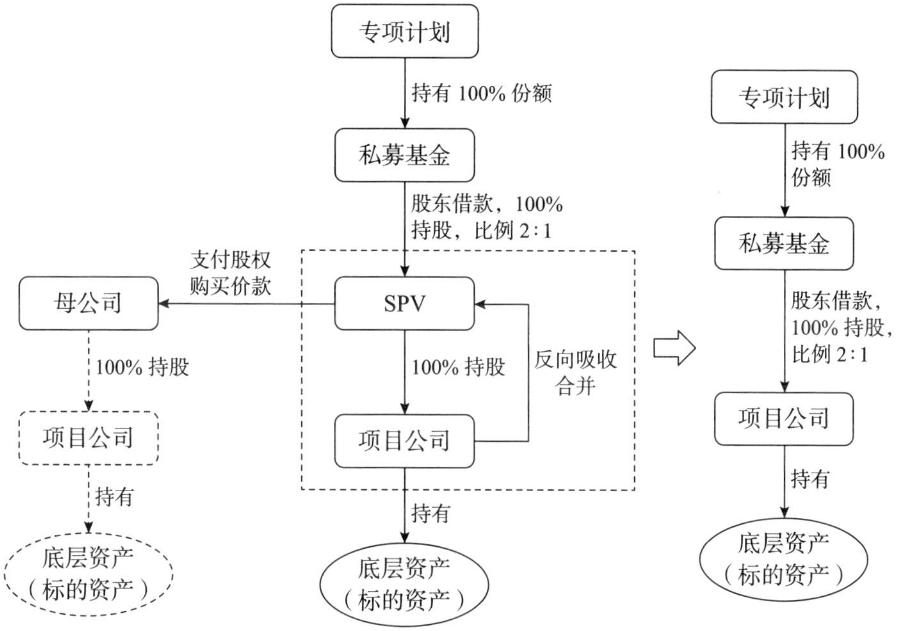

图3-7　收购项目公司股权+反向吸收合并示意图

反向吸收合并是指子公司合并母公司，在类REITs操作中，是由被收购的项目公司反向吸收项目公司的母公司SPV公司，SPV公司灭失，私募基金对SPV公司持有的股东贷款债权与股权便转化为私募基金对项目公司的股东借款债权和股权，形成“专项计划持有私募基金份额，私募基金‘股+债’持有项目公司，项目公司持有底层物业资产”的最终结构。

1.为什么要做反向吸收合并？

由于“资本弱化”结构是构建在私募基金和SPV公司之间的，SPV公司与项目公司之间是100%的股权持有关系，没有债权。因此，如果不进行反向吸收合并，项目公司向上分配运营收益时就只能以项目公司分红的形式支付给SPV公司。如在上节“为什么要构造‘股+债’模式？”中提到的，分红金额完全依赖于项目公司的经营情况，具有不稳定性，并且分红无法在所得税税前扣除，无法发挥“税盾”效应。

而且，在SPV公司100%收购项目公司股权的情况下，由于项目公司只持有底层物业资产这一单一项目且项目公司无负债（如果项目公司有负债，就可以考虑私募基金直接承债式收购项目公司），项目公司的股权价值等于项目公司的净资产价值，等于底层物业估值，SPV公司在支付项目公司的股权收购价款后本身已没有额外资金，无法再对项目公司构造股东借款。

即使SPV公司还有额外资金可以向项目公司发放股东借款，由于项目公司只持有底层物业资产，在类REITs运行期间不再增加新业务，项目公司拿到股东借款后也几乎没有更好的投资路径，会造成资金沉淀。更重要的是，真正希望通过底层物业资产融资的发行方并没有获得这笔资金，会影响类REITs的募资效力。

2.为什么是反向吸收合并，不是直接吸收合并？

既然“股+债”的资本弱化结构如此重要，而私募基金与SPV公司之间已经形成了资本弱化结构，那么由SPV公司直接吸收合并项目公司不是更好吗，为什么还要做反向吸收合并呢？

这是因为项目公司是持有底层物业资产的主体，物业资产所有的权属文件、合同都是以项目公司为主体签订的，如果由SPV公司直接吸收合并项目公司，那么项目公司灭失，所有已有证照和合同就都需要变更到SPV公司名下。整个过程不仅非常复杂，而且如果牵扯到和已有租户重新签署租赁合同，还可能无法获得租户同意或引起租户流失。因此，从时间成本上考虑，实践中一般不会采取SPV公司吸收合并项目公司的方式。

3.如何进行反向吸收合并操作？

目前，企业开展吸收合并的主要法律依据包括《公司法》及原国家工商行政管理总局发布的《关于做好公司合并分立登记支持企业兼并重组的意见》（工商企字〔2011〕226号，以下简称《意见》）等。《公司法》第172条规定：公司合并可以采取吸收合并或者新设合并，一个公司吸收其他公司为吸收合并，被吸收的公司解散。《意见》第2条规定：支持公司采取多种方式合并分立重组，公司合并可以采取两种形式：一种是吸收合并，指一个公司吸收其他公司后存续，被吸收公司解散；另一种是新设合并，指两个或者两个以上公司归并为一个新公司，原有各公司解散。

实务界有人认为，母公司是子公司存在的前提，母公司可以直接吸收合并子公司，子公司予以注销，但子公司不能直接吸收合并母公司。子公司吸收合并母公司的交易实质是，子公司、母公司通过换股的形式，实现母公司原股东直接持有原子公司的股权，母公司脱离对子公司的投资关系并注销，最后实现子公司吸收合并母公司，子公司存续、母公司注销的效果。实务中，反向吸收合并一般也会采取换股的方式进行。

根据《公司法》和《意见》的相关规定，子公司换股吸收合并母公司的主要程序如下：第一，交易双方就本次吸收合并事宜作出内部决议（如交易一方为上市公司的，应予以公告）；第二，交易双方进行审计、评估，编制资产负债表及财产清单，确定换股比例及吸收合并的具体方案；第三，交易双方就本次吸收合并的具体方案进行内部决议并签署《吸收合并协议》；第四，如本次交易涉及国有产权交易的，应获得相关国有资产监督管理部门对本次交易的批准或核准；第五，根据相关规定，如子公司由于持有某行政资质或经营某项目，其股权变动须经行业主管部门批复的，本次交易应获得行业主管部门的批复；第六，交易双方刊登通知债权人的公告；第七，如本次交易涉及上市公司权益变更的，本次交易应获得证监会核准；第八，交易双方实施换股，子公司应办理股权变更的工商登记手续；如子公司为上市公司的，应刊登股份变动公告；第九，子公司办理验资手续（非必须）；第十，母公司予以注销。

需要注意的是，因合并而存续或者新设的公司，其注册资本、实收资本数额由合并协议约定，但不得高于合并前各公司的注册资本之和、实收资本之和。合并各方之间存在投资关系的，计算合并前各公司的注册资本之和、实收资本之和时，应当扣除投资所对应的注册资本、实收资本数额。

4.反向吸收合并的税务与会计处理

子公司、母公司之间的反向吸收合并是同一控制下企业内部股权及业务管理架构的调整，可以适用特殊性税务重组方面的税收优惠。

从理论上讲，一个重组交易是否可以适用特殊性税务处理一般要看几个原则，即权益连续性、经营连续性、缺乏纳税必要资金、合理的商业目的等。

在所得税方面，2009年，财政部、税务总局联合发布了《关于企业重组业务企业所得税处理若干问题的通知》，其对合并的定义为：合并，是指一家或多家企业（以下称为被合并企业）将其全部资产和负债转让给另一家现存或新设企业（以下称为合并企业），被合并企业股东换取合并企业的股权或非股权支付，实现两个或两个以上企业的依法合并。企业合并当事各方应按下列规定处理：一是合并企业应按公允价值确定接受被合并企业各项资产和负债的计税基础；二是被合并企业及其股东都应按清算进行所得税处理；三是被合并企业的亏损不得在合并企业结转弥补。类REITs中的反向吸收合并属于同一控制下且不需要支付对价的企业合并，可以选择按以下规定处理：一是合并企业接受被合并企业资产和负债的计税基础，以被合并企业的原有计税基础确定；二是被合并企业合并前的相关所得税事项由合并企业承继；三是被合并企业股东取得合并企业股权的计税基础，以其原持有的被合并企业股权的计税基础确定。

在增值税方面，由于企业合并是包括资产、负债、人员等在内的企业产权的转移，《国家税务总局关于纳税人资产重组有关增值税问题的公告》（国家税务总局公告2011年第13号）规定：被合并方存货、固定资产等的转移不属于增值税的征收范围，不征收增值税。具体表现为以下两点：一是企业产权整体转让过程中涉及的货物转移不征收增值税，被合并企业的货物不作视同销售处理；二是被合并企业尚未抵扣的增值税进项税额可结转到合并后的企业继续抵扣。

在会计处理上，子公司反向吸收合并母公司，构成同一控制下的企业合并，为权益结合法。子公司在合并中取得的母公司的资产、负债，应按照母公司被合并前的账面价值进行确认和计量，以子公司发行股份对应的面值与母公司原持有上市公司股权对应面值的差额增加股本，其余计入所有者权益其他科目。

（四）资产重组的程序问题——国有资产转让问题

在进行资产重组时，尤其是将项目公司出售给私募基金（或SPV）时，要注意程序问题，尤其是涉及国有资产转让的企业。

《企业国有资产交易监督管理办法》（国务院国有资产监督管理委员会、中华人民共和国财政部令第32号，2016年6月24日发布）第3条规定：本办法所称企业国有资产交易行为包括：（一）履行出资人职责的机构、国有及国有控股企业、国有实际控制企业转让其对企业各种形式出资所形成权益的行为（以下称企业产权转让）；（二）国有及国有控股企业、国有实际控制企业增加资本的行为（以下称企业增资），政府以增加资本金方式对国家出资企业的投入除外；（三）国有及国有控股企业、国有实际控制企业的重大资产转让行为（以下称企业资产转让）。第4条规定：本办法所称国有及国有控股企业、国有实际控制企业包括：（一）政府部门、机构、事业单位出资设立的国有独资企业（公司），以及上述单位、企业直接或间接合计持股为100%的国有全资企业；（二）本条第（一）款所列单位、企业单独或共同出资，合计拥有产（股）权比例超过50%，且其中之一为最大股东的企业；（三）本条第（一）、（二）款所列企业对外出资，拥有股权比例超过50%的各级子企业；（四）政府部门、机构、事业单位、单一国有及国有控股企业直接或间接持股比例未超过50%，但为第一大股东，并且通过股东协议、公司章程、董事会决议或者其他协议安排能够对其实际支配的企业。

在类REITs交易结构搭建的过程中，涉及企业产权和资产转让的有两个步骤：一是“资产剥离”，即通过资产转让、实物出资、公司分立等形式构建项目公司只持有单一底层物业资产的结构；二是“资产转移”，即私募基金收购项目公司的过程。

“资产剥离”的过程由于是在企业内部进行的，国有企业的“资产剥离”行为适用《企业国有资产交易监督管理办法》第31条“同一国家出资企业及其各级控股企业或实际控制企业之间因实施内部重组整合进行产权转让的，经该国家出资企业审议决策，可以采取非公开协议转让方式”及第48条“企业一定金额以上的生产设备、房产、在建工程以及土地使用权、债权、知识产权等资产对外转让，应当按照企业内部管理制度履行相应决策程序后，在产权交易机构公开进行。涉及国家出资企业内部或特定行业的资产转让，确需在国有及国有控股、国有实际控制企业之间非公开转让的，由转让方逐级报国家出资企业审核批准”的规定。即可以采用非公开协议的方式进行，由国家出资、企业批准即可，无须上报国资委等上级主管机构。

由于“资产转移”过程大多发生在国有企业和非国有企业之间，需要执行《企业国有资产交易监督管理办法》第7条“国资监管机构负责审核国家出资企业的产权转让事项。其中，因产权转让致使国家不再拥有所出资企业控股权的，须由国资监管机构报本级人民政府批准”；第8条“国家出资企业应当制定其子企业产权转让管理制度，确定审批管理权限。其中，对主业处于关系国家安全、国民经济命脉的重要行业和关键领域，主要承担重大专项任务子企业的产权转让，须由国家出资企业报同级国资监管机构批准”和第13条“产权转让原则上通过产权市场公开进行。转让方可以根据企业实际情况和工作进度安排，采取信息预披露和正式披露相结合的方式，通过产权交易机构网站分阶段对外披露产权转让信息，公开征集受让方”的规定。其中正式披露信息时间不得少于20个工作日。也就是说，在私募基金（或SPV）收购项目公司的过程中，如果项目公司为国家出资企业或处于关系国计民生的重要行业，那么收购行为就要报同级国资委批准，同时转让需要通过产权交易机构公开进行。根据《企业国有资产交易监督管理办法》第31条的规定，能够获得豁免而不通过产权交易机构进行转让的只有两种情况：一是涉及主业处于关系国家安全、国民经济命脉的重要行业和关键领域的企业的重组整合，对受让方有特殊要求，企业产权需要在国有及国有控股企业之间转让的；二是同一国家出资企业及其各级控股企业或实际控制企业之间因实施内部重组整合进行产权转让的。

由于“资产转移”很难符合上述规定，因此“原则上”大部分“资产转移”行为都需要通过产权交易机构公开进行。但通过产权交易所等机构公开转让的行为又与类REITs的发行目的有一定冲突，如果有第三方机构通过产权交易所取得了项目公司股权，就无法再进行后续的类REITs交易。更进一步说，对一些“偏债型”类REITs而言，发行类REITs的目的是融资，底层资产最终会由发行方回购，并不是真正意义上的“出售”，不会带来国有资产的损失，而如果通过产权交易所将底层资产真正出售，就违背了发行方的初衷。

实务中，也有许多国有企业发行了类REITs，建议国有企业在做类REITs时，提前与国资委进行沟通。

（五）专项计划存续期的税务筹划

专项计划存续期内，即类REITs存续期内，资金流向为项目公司运营底层物业资产产生的现金流，项目公司支付股东借款本息或以基金分红方式形成基金收益，基金扣减基金费用后向基金份额持有人即专项计划分配，专项计划获得收益后分配给投资人。

项目公司的主要收入为底层物业租金收入，主要成本费用为底层物业的运营维护成本和偿还私募基金股东的借款利息支出。项目公司需要缴纳的税赋为增值税、企业所得税、房产税、城镇土地使用税和印花税。

当私募基金收到股东借款利息时，需要缴纳增值税。《财政部、国家税务总局关于明确金融、房地产开发、教育辅助服务等增值税政策的通知》（财税〔2016〕140号）第4条规定：资管产品运营过程中发生的增值税应税行为，以资管产品管理人为增值税纳税人。金融商品持有期间（含到期）取得的非保本收益，不属于利息或利息性质的收入，不征收增值税。此外，《财政部、税务总局关于资管产品增值税有关问题的通知》（财税〔2017〕56号）

第1条规定，资管产品管理人运营资管产品过程中发生的增值税应税行为，暂适用简易计税方法，按照3%的征收率缴纳增值税。因此，基金管理人应当就收取的利息收入简易计征增值税，私募基金收到的项目公司分红、股息收入则免征增值税。另外，由于私募基金为契约型，故私募基金本身无所得税。

当专项计划收到私募基金收益分配时，在增值税方面，《财政部、国家税务总局关于明确金融、房地产开发、教育辅助服务等增值税政策的通知》和《财政部、国家税务总局关于全面推开营业税改征增值税试点的通知》规定：若专项计划作为私募基金投资人取得的收益为保本型（“保本”指合同中明确承诺到期本金可全部收回），则需缴纳增值税；若该收益为非保本型，则无须缴纳增值税。目前，在实践中，类REITs结构中在基金层面基本均未对投资人的本金作出保本承诺。因此，专项计划不必对从私募基金层面取得的投资收益缴纳增值税及相关附加税费。

当专项计划向投资人分配收益时，在增值税方面，如果对投资人有“保本”承诺，则投资人收到的收益就需要缴纳增值税，一般由专项计划管理人代缴。在所得税方面，机构投资者获取的投资收益按照利息收入计算缴纳企业所得税，个人投资者获取的投资收益按照利息、股息、红利所得计算缴纳个人所得税。

三、会计出表选择

REITs可以实现资产的真实出售和会计出表，那么类REITs是否也能达到这一效果呢？由于类REITs交易结构在设计中可以增加诸多外部增信，甚至如前文提到的进一步发展为“偏股型”类REITs和“偏债型”类REITs，因此对类REITs是否可以实现真实出售和出表，要依据会计准则逐步判断。

（一）会计出表判断

房地产类REITs的底层资产基本为不动产物业项目，基础资产为私募基金份额或项目公司股权，基础资产及底层资产的出表判断适用财政部2014年2月17日新修订的《企业会计准则第33号——合并财务报表》(财会〔2014〕10号，以下简称《33号准则》)。《33号准则》第7条规定，合并财务报表的合并范围应当以控制为基础予以确定。控制，是指投资方拥有对被投资方的权力，通过参与被投资方的相关活动而享有可变回报，并且有能力运用对被投资方的权力影响其回报金额。因此，对类REITs交易操作中各环节是否涉及“出表”，要从会计准则中的“控制”角度逐一分析。

将“控制”的定义与类REITs的实际操作结合，是否出表主要考虑以下三点：发行人（原始权益人）是否对基础资产、底层资产拥有权力，发行人是否在类REITs项目中享有可变回报，发行人拥有的权力和可变回报之间是否具有相关关系。

因此，发行方(或原始权益人)将基础资产出售给私募基金(专项计划)并不一定意味着实现了资产的真实出售。

结合类REITs的交易结构、实际操作与“控制”的定义，可以从以下角度判断是否出表：

1.是否拥有权力？

在项目公司层面，如前文所述，发行方一般会将项目公司的股权转让给私募基金，最终形成“专项计划持有私募基金，私募基金持有项目公司”的结构，使私募基金成为项目公司唯一股东。此时，要关注物业运营方是哪个主体，如果专项计划(或私募基金)委托发行方对物业进行运营管理，应重点注意物业管理的相关约定以判断发行方是否拥有对项目公司的权力。如果专项计划(或私募基金)对物业资产运营主体设置了明确的经营业绩考核指标及不达标接管/替换运营主体方案，确保物业资产经营不受发行方的过度影响，就可能被认定为发行方对物业不拥有权力。如果发行方作为物业运营管理人对物业经营情况有完全决策权，不受专项计划(或私募基金)的约束，就可能被判断为发行方对项目公司拥有权力。

在私募基金层面，发行方原始权益人将私募基金的份额全部转让给专项计划，此时需要关注基金份额转让的条款设置以及私募基金管理人的设置。如果存在原始权益人对转让后的基金份额依然有决策权、原始权益人与私募基金管理人存在关联关系，或者原始权益人对基金投向有参与权，就可能被认定为发行方（原始权益人）对私募基金拥有权力。

在专项计划层面，一般发行方会持有专项计划的次级份额，此时要关注次级份额在全部专项计划份额中的占比，以及次级持有人在份额持有人大会中的决策权。

除上述交易结构主体外，还要考虑外部增信条款，尤其是回购条款。如果发行方的回购权为权力，即如果发行方对专项计划份额、基金份额、项目公司股权或底层资产等拥有优先购买权，而不承担对专项计划份额、基金份额、项目公司股权或底层资产的强制购买义务，就可视为发行方对相关购买权标的物无权力。反之，如果发行方承担回购义务，就可认为对相关购买权标的物拥有权力。

一旦发行方被认定为拥有权力，资产就将留在发行方表内，无法实现“出表”。

2.是否享有可变回报？

根据交易结构中的不同角色，发行方实际拥有的可变回报份额不同。

在专项计划层面，如果发行方持有次级份额，则发行方可能获得的次级收益属于可变回报。

在私募基金层面，如果发行方参与基金管理等工作，就可能享有与此相关的可变回报。

在项目公司和底层物业方面，如果发行方是物业运营管理方，则物业管理费及可能的超额管理费均属于可变回报。

3.权力与可变回报的相关性

实务中，发行方承担回购义务，或提供流动性支持、差额支付等外部增信，或者持有的次级份额比重过大，都容易被认定为权力与可变回报间存在相关性，从而无法“出表”。

当然，最终是否能够实现会计“出表”还要依据会计师事务所的认定，因此在发行前和设计交易结构时应与会计师提前沟通，尽量达成一致。

（二）会计出表选择

既然“出表”操作如此复杂，为什么还要“出表”呢？

因为通过类REITs实现资产“出表”后，发行方可以将原来流动性较差的底层资产转变为流动性较好的现金。一方面，这可以提高流动比率和速动比例、提升资产流动性和周转速度并提高资产收益率，改善发行方的短期偿债能力；另一方面，实现资产“出表”并不会提高发行方的资产负债率，同时如果用筹集到的现金偿还已有负债，还可以降低企业的资产负债率。

在房企“三道红线”的要求下，降低资产负债率是房地产企业的重要目标，因此房地产企业对“出表”的追求十分迫切。另外，对国有房地产企业来说，随着《国务院关于积极稳妥降低企业杠杆率的意见》（国发〔2016〕54号）的出台，国企降杠杆的帷幕正式拉开。2018年9月，中共中央办公厅、国务院办公厅印发了《关于加强国有企业资产负债约束的指导意见》，该意见明确：推动国有企业平均资产负债率到2020年年末比2017年年末降低2个百分点左右。降杠杆的方式有两种：压缩负债和扩大权益。在权益难以扩大的情况下，通过类REITs实现“出表”来降低负债不失为一种选择。

既然已经明确了“出表”该如何操作，并且“出表”对企业的意义又如此重大，那么是想“出表”就能“出表”吗？

根据前文是否“出表”的判断可见，如果想要“出表”，发行方就要放弃相应权利，如不享有可变回报等，但并不是所有项目都有实力达到这一条件。有些底层资产运营能力相对一般、现金流较为紧张的物业无法完全依靠自身现金流支持类REITs发行，就需要采取前文提到的“培育期物业现金流”的操作方法，或者需要通过发行主体运营补足、流动性支持乃至回购承诺等增信措施来提升市场信心，促进发行。一旦发行主体的外部增信过多，就很难实现资产“出表”。

因此，要想实现资产“出表”，还需要发行主体重视对底层资产的培育，只有真正现金流充裕、运营情况良好的物业才能实现类REITs“出表”，从而改善发行主体的资产负债表。

本章总结

类REITs是目前市场上最复杂的金融产品之一，其交易结构的搭建过程涉及资产剥离、资产重组以及税务、法律等多方面问题，因此市场上已成功发行的类REITs产品并不多。但类REITs又有着募集金额高、可选择是否会计“出表”等多重优势，尤其对运营类、持有类物业的长期发展有极大的促进作用。在基础设施公募REITs已经试行的情况下，当房地产市场的平稳运行成为常态，未来房地产公募REITs也会在类REITs的基础上发展起来。

2022年后，类REITs的监管政策在不断变动，未来趋势是类REITs交易结构简化，逐步取消私募基金，使专项计划直接购买基础资产，也就是使类REITs交易结构逐步向公募REITs靠拢。取消私募基金后，类REITs的交易原理不变，同时交易结构更加清晰明了、操作步骤简化，相信会促使更多的企业选择类REITs，也为类REITs发展后期与公募REITs的对接做好铺垫。

第四章

公募REITs案例研究与解读

通过本书前述章节的阐述，海外REITs市场的发展如火如荼，国内类REITs的发行规模也迅速增加，底层资产种类丰富。在这种情况下，我国公募REITs的发展也迎来了新的突破。

公募REITs的具体要求是什么？

公募REITs推出的意义是什么，对房地产行业又有何意义？

本章将回答上述问题。

第一节　我国公募REITs发展概述

一、公募REITs发展历程

截至目前，全球已有40多个国家和地区建立了REITs市场，我国作为第45个开放公募REITs的国家，社会各界、各参与主体很早便开始了对REITs的试点研究。

（一）公募REITs的研究与发展历程

经过梳理，公募REITs相关政策推进历程的主要节点如下：

2002年，我国开始开展信托业务，房地产领域也逐步开展相关业务。

2005年，商务部提出探索开展国内REITs融资渠道；银监会发布了《加强信托投资公司部分业务风险提示的通知》，对房地产信托发行的门槛进行了严格的规定；同年，越秀REIT在中国香港证券交易所上市，作为首只投向中国内地物业的房地产投资信托基金，业内人士开始呼吁推进中国特色

REITs市场。

2007年，央行、证监会、银监会成立了REITs专题小组，开启了对中国特色REITs市场建设的推进。

2008年，国际金融危机爆发，资产证券化呈现出“大松绑”模式。央行发布了《2007年中国金融市场发展报告》，明确表示要充分利用金融市场中的创新空间，在未来一段时间内择机推出REITs产品。

2009年，央行联合银监会、证监会等十一个部门成立了REITs试点管理协调小组，详细制订了试点实施方案，随后数月，京、沪、津陆续展开试点工作，均采用了抵押型类REITs。

2010年，住建部等七部门联合发布了《关于加快发展公共租赁住房的指导意见》，该意见鼓励金融机构探索运用保险资金、信托资金和房地产信托投资基金拓展公共租赁住房融资渠道。

2011年，汇贤产业信托在中国香港上市，国投瑞银亚太地区REITs产品完成合同备案，鹏华美国房地产基金成为中国内地首只投资美国房地产的基金。

2013年，广发美国房地产指数基金作为国内首只美国房地产指数基金开盘；开元酒店地产基金作为内地首个上市的酒店地产基金也成功在我国香港上市。

2014年，第一只类REITs产品“中信启航专项资产管理计划”获批发行，此产品的发行标志着REITs的市场建设取得了实质上的发展；同年，央行在《关于进一步做好住房金融服务工作的通知》（银发〔2014〕287号）中提出，将积极稳妥开展REITs试点工作。

2015年，住建部发布了《关于加快培育和发展住房租赁市场的指导意见》（建房〔2015〕4号），指出通过发行REITs可实现社会资金进入租赁市场；同年，深交所批准了鹏华前海万科REITs项目，这也是中国内地市场的首单类公募产品。

2016年，国务院在《关于积极稳妥降低企业杠杆率的意见》中专门提到，有序开展企业资产证券化，支持房地产企业通过发展房地产信托投资基金向轻资产经营模式转型。

2018年，中国证券投资基金业协会召开了《类REITs业务专题研讨会》，会议中明确了私募基金可以参与类REITs业务的细则。

我国自2000年年初提出REITs试点，经历了2005年至2014年的探索期，2014年至2019年的实践期，截至2019年年底，五年内，我国类REITs累计发行64只，累计发行金额达1 237.5亿元，单个产品发行金额约10.34亿元。这足以说明REITs产品在我国资本市场的发展之迅速。

千呼万唤始出来，2020年4月24日，中国证监会、国家发展改革委发布了《关于推进基础设施领域不动产投资信托基金（REITs）试点相关工作的通知》。

同年8月6日，证监会发布了《公开募集基础设施证券投资基金指引（试行）》，这标志着中国内地市场的公募REITs正式拉开帷幕。

2021年1月，上海证券交易所出台了《公开募集基础设施证券投资基金（REITs）业务办法（试行）》《公开募集基础设施证券投资基金（REITs）规则适用指引第1号——审核关注事项（试行）》《公开募集基础设施证券投资基金（REITs）规则适用指引第2号——发售业务（试行）》；同年7月，国家发改委出台了《关于进一步做好基础设施领域不动产投资信托基金（REITs）试点工作的通知》，战略性政策和具体落地细化的规则出台，标志着我国正式走进公募REITs时代。

（二）公募REITs政策出台的背景及意义

从历史发展规律看，海外REITs的出台往往是在宏观经济低迷的时期，如前文提到的1960年的美国、2000年的日本以及亚洲金融危机后的新加坡等。面对我国经济增速放缓、“国内国际双循环”经济政策、不动产增量市场开发饱和并进入存量时代、资本市场发展平稳的经济现状，本次公募REITs的出台具有重要意义，亦是时代的选择。

1. 国家层面

从国家层面看，公募REITs的推出是贯彻落实党中央、国务院关于防风险、去杠杆、稳投资、补短板的决策部署，是深化金融供给侧结构性改革的有力抓手，强化并突出了资本市场服务实体经济的能力，可以进一步创新投融资机制、有效盘活存量资产、促进基础设施高质量发展。

具体而言，我国选择以基础设施领域不动产作为公募REITs的试点领域，是因为基础设施领域的资产构成了一定的体量和规模。我国在计划经济时代，采取了重工业优先发展战略。20世纪70年代末，我国经济逐渐由计划经济向市场经济转型，中央政府与地方政府采取了“分权”管理模式，使我国的基础设施建设获得了急速发展，这种兴盛并不是市场驱动的，更多的是政策的倾斜带来的，由此也带来了资源的结构性错配。公募REITs产品发行，可从市场化的视角给资产进行合理的定价，从而引导资源的正确配置，实现供给侧结构性改革，这关乎国家命脉。

2.基础设施资产层面

从资产层面看，本次公募REITs试点从基础设施领域不动产展开，以基础设施资产为试点范围。这和国际成熟REITs市场的资产分布相吻合，在重点REITs国家的REITs占比中，基础设施REITs市值已经居于整个REITs市值的首位。以美国为例，截至2021年7月，美国上市REITs中基础设施类REITs市值占比约为17%，位列第一。

具体到我国而言，首先，这种选择源于基础设施领域类不动产的重要性。习近平总书记指出：“基础设施互联互通是助推各国共同发展的重要物质基础”，基础设施的重要性不言而喻。其次，基础设施领域类不动产不仅重要，其体量具备一定的规模，而且需求仍在持续增长。国家统计局数据显示，截至2017年，中国城镇基础设施的累计投资额达113.68万亿元。自2002年以来，我国铁路累计完成投资近9万亿元，运营里程突破13万千米，其中高铁运营里程接近3万千米；自2001年以来，我国公路建设累计完成投资20万亿元，通车里程接近500万千米，其中收费公路里程超过16万千米；全国有民用航空机场235个，2018年，全国旅客吞吐量超过12亿人次，2003年以来，完成航空运输投资近2万亿元；2018年，全国规模以上港口完成货物吞吐量133万亿吨，超过1亿吨的港口41个，在2018年全球前20大港口中，有10个位于我国；此外，我国共有34个城市开通运营城市轨道交通，投入运营的路线有155条，运营总里程达4 642千米，全国供水厂5 344座，综合生产能力超过3亿吨/日。[①]

可以看出，我国基础设施的现存体量巨大且未来市场需求旺盛。第一，现存基础设施类不动产有翻新需求；第二，我国在推进城镇化建设中还有一定量的基础设施类缺口；第三，随着技术进步，基础设施领域类的资产类别将更加丰富。我国在2018年中央经济工作会议中首次将5G、人工智能、物联网、工业互联网等相关新兴产业建设定义为“新型基础设施”建设；2020年的政府工作报告指出，加强新型基础设施建设，发展新一代信息网络，拓展第五代移动技术应用，推广新能源汽车，助力产业升级。

基础设施建设的资金占用需求量大、投资回报周期长，所以融资渠道的多寡直接影响基础设施建设的进程。在分税制改革之后，基础设施融资采取当地政府直接投资的形式，给当地政府投资带来了一定的压力，其后为继续吸纳社会资金加入，引入了PPP（Public-Private Partnership，政府和社会资本合作）模式，但地方债务风险激增，亟须一个新型的融资模式来对接新一轮的基础设施建设投资。优质的存量基础设施可为发行金融融资产品提供丰富的底层资产，公募REITs将沉淀在基础设施资产中的大量资金回笼，用于新型项目的再开发，待其达到运营成熟阶段便可将其再次纳入REITs资产之中，以此实现基础资产的良性循环。

3.投资者层面

从投资者层面看，国家统计局数据显示，2020年，我国国民总收入已超过100万亿元，人均国内生产总值72 000元。收入的稳步提高催生了更高的投资热情，运营成熟的基础设施进入资本市场，提供了长期配置和收益稳定的金融投资产品，丰富了金融产品体系，给了投资者更多的选择。公募REITs要求不低于90%的分红比例，公众投资者也可以分享优质基础设施资产的运营收益，亦是在践行“逐渐实现全体人民共同富裕”。

---

① 蔡建春、刘俏、张峥、周芊等：《中国REITs市场建设》，中信出版社2020年版，第288—293页。

（三）公募REITs政策解读

根据目前已发布的政策指引，公募REITs的实质为基金，其除了必须满足基金的一般性要求之外，目前中国内地基础设施领域的不动产公募REITs还需要满足以下要求：

第一，80%以上的基金资产投资于基础设施资产支持证券，并持有其全部份额；基金通过基础设施资产支持证券持有基础设施项目公司的全部股权。

第二，基金通过资产支持证券和项目公司等载体（以下统称特殊目的载体）取得基础设施项目的完全所有权或经营权利。

第三，基金管理人主动运营管理基础设施项目，以获取基础设施项目租金、收费等稳定现金流为主要目的。

第四，采取封闭式运作，收益分配比例不低于合并后基金年度可供分配金额的90%，基础设施基金的收益分配在符合分配条件的情况下每年不得少于1次。

第五，对于基础设施项目，应满足以下要求：

• 原始权益人享有完全所有权或经营权利，不存在重大经济或法律纠纷，且不存在他项权利设定，基础设施基金成立后能够解除他项权利的除外；

• 主要原始权益人企业信用稳健、内部控制健全，最近三年无重大违法违规行为；

• 原则上运营三年以上，已产生持续、稳定的现金流，投资回报率良好，并具有持续经营能力和较好的增长潜力；

• 现金流来源合理分散，且主要由市场化运营产生，不依赖第三方补贴等非经常性收入。

第六，基金发售应满足以下要求：

• 基础设施基金份额的认购价格应当通过向网下投资者（证券公司、基金管理公司、信托公司、财务公司、保险公司、合格境外机构投资者、商业银行及其理财子公司、符合规定的私募基金管理人以及其他中国证监会认可的专业机构投资者）询价的方式确定；

• 基础设施项目原始权益人或其同一控制下的关联方参与基础设施基金份额战略配售的比例合计不得低于本次基金份额发售数量的20%，其中基金份额发售总量的20%的持有期自上市之日起不少于60个月，超过20%的部分的持有期自上市之日起不少于36个月，基金份额持有期间不允许质押；

• 扣除向战略投资者配售的部分后，基础设施基金份额向网下投资者发售的比例不得低于本次公开发售数量的70%。

第七，募集资金规模不少于2亿元。

第八，投资人不得少于1 000人。

第九，基金的杠杆率要求如下：基础设施基金直接或间接对外借入款项，应当遵循基金份额持有人利益优先原则，不得依赖外部增信，借款用途限于基础设施项目的日常运营、维修改造、项目收购等，且基金总资产不得超过基金净资产的140%。其中，用于基础设施项目收购的不得超过基金净资产的20%。

我国公募REITs的要素要求与世界上成熟REITs市场的要素对比见表4-1。

表4-1　我国公募REITs的要素要求与世界上成熟REITs市场的要素对比①

地区	美国	中国	日本	新加坡	中国香港
REITs首次发行时间	1960年	2020年	2001	2005	2005
REITs法律法规	《Real Estate Investment Trust Act》(《REITs法案》)	《公开募集基础设施证券投资基金指引（试行）》	《Investment Trust Law》（《投资信托法》，2000）	《Code on Collective Investment Schemes》（《集合投资计划守则》，1999）	《Code of Real Estate Investment Schemes》（《房地产投资信托基金守则》，2003）
组织结构	公司制	公募基金+ABS	公司制或信托制	公司制或信托制	信托制

① 王刚：《中国公募REITs发展与展望》，载《清华金融评论》2020年第12期，第52—54页。

续表

地区	美国	中国	日本	新加坡	中国香港
最低分红要求	应税收入的90%；出售利得无须分红	可分配金额的90%	应税收入的90%；出售利得的90%分红	应税收入的90%；出售利得的90%分红	每年净运营收入的90%；出售利得依照信托契约的规定
杠杆率要求	无	基金总资产不超过净资产的140%；未来用于新项目收购的借款不得超过基金净资产的20%	只向合格机构投资者借款	一般不超过资产总值的45%—50%	不超过资产总值的50%
股东持股限制	最低100名股东前五大股东合计不超过50%	原始权益人持有不低于20%；其余部分机构投资人持有不低于70%	无	若上市，至少25%的REITs资本由超过500位公众投资人持有	无
资产组合要求	75%的资产为房地产或现金等价物；75%的收入来自房地产	80%以上的基金资产投资于基础设施资产支持计划，公募基金可以整体持有多个资产支持计划	资产总值的50%以上投资于合格资产（证券、地产、出租权、债务等）	至少75%的资金投资于能产生经常性收入的物业；不得投资于地产开发项目	主要投资于能够产生经常性收入的物业；必须持有收购的物业2年以上；不得投资开发阶段物业或空地

根据上述对比可以看出，目前我国的公募REITs要素除了底层资产为基础设施领域不动产之外，呈现的其他特点较其他国家和地区“趋严”，主要体现在以下几点：第一，在组织结构上采用的是“公募基金+ABS”的模式，此种两层交易架构模式较公司制、契约制等一层结构显得复杂，不仅法律关系多层，参与主体及涉及监管主体增加，公募基金层面管理人、资产支持专项计划层面管理人以及项目公司（底层资产）运营管理人等多层管理人嵌

套使得监管更加多层。第二，在杠杆率的要求上，我国REITs设置了杠杆率的上限并规定了新增借款的用途，而美国等国家对杠杆率未做任何限制。根据NAREIT的统计，如果用市值计算REITs的权益价值，那么美国REITs市场20年的平均杠杆率为39%。近年来，美国基础设施REITs的杠杆率水平高达70%，高于REITs整体的平均杠杆率。在对杠杆率有上限要求的国家中，总体看其上限杠杆率限制在40%至80%，较我国目前的要求更加宽松。第三，在基金发售方面，我国规定，原始权益人战略配售即其持股比例不低于20%，机构投资者持股比例不低于70%。美国规定了5/50原则，新加坡则要求公众持有的REITs份额不低于25%，美国及新加坡的此种约定体现了份额分散化原则，和我国的战略配售在底层逻辑上存在差异。第四，在REITs底层资产方面，资产类别上，我国目前仅推出了基础设施领域不动产，包括仓储物流、收费公路、城镇垃圾处理、生态环保、特色产业园区等，而其他国家的REITs有多种不同类型的资产，除了基础设施之外，还有零售、办公、长租公寓、医疗健康等，虽然每种资产在整个REITs市场上的占比多寡不均，但是每个种类根据其市场占有量的发展相对均衡。除了资产类别不同，在资产的区位上，我国目前的政策要求针对重点区域，聚焦重点区域，优先支持京津冀、长江经济带、雄安新区、粤港澳大湾区、海南、长江三角洲等重点区域，支持国家级新区、有条件的国家级经济技术开发区开展试点。上述的重点区域，无论从GDP总量、人口净流入、城镇化程度上说都属于国内较高水平。美国REITs的区域分布则与其REITs的投向资产所属地区一致，不仅在发达的东西海岸，在相对不发达的内陆各州也有REITs的投资。

我国公募REITs要素“趋严”的特征是符合我国目前基本国情的选择。一来我国尚处于公募REITs的试点推行阶段，虽经过多年的学术探索，公募REITs的落地也不能像理论探索一样可以设置多种假设或出现差错失误，社会各界参与方对新型金融产品有一个接纳与反馈的过程，严格的要素要求可以促进产品健康发展，也可全方位地看到我国公募REITs的市场表现，为后续公募REITs向多种不动产领域扩张打下良好的基础；二来考虑到投资者的风险承担问题，严格的要素要求可以在更大限度上控制风险，使投资者获得中长期的投资收益，体现出REITs收益相对稳健的特征；三来目前我国对公募REITs还缺少针对REITs产品的配套法律制度，在现有的法律框架下，交易结构必然相对复杂一些。

二、现有公募REITs上市情况

公募REITs政策推出之后，2020年5月17日，首批9单基础设施公募REITs项目分别经上交所和深交所审核通过并向中国证监会申请注册后，正式获得中国证监会准予注册的批复，标志着我国基础设施公募REITs试点进程又跨越了一个重要的里程碑。

本次获批的9单项目，其中5单被上交所审核通过，分别为华安张江光大园封闭式基础设施证券投资基金、浙商证券沪杭甬杭徽高速封闭式基础设施证券投资基金、富国首创水务封闭式基础设施证券投资基金、东吴苏州工业园区产业园封闭式基础设施证券投资基金和中金普洛斯仓储物流封闭式基础设施证券投资基金；4单被深交所审核通过，分别为红土创新盐田港仓储物流封闭式基础设施证券投资基金、平安广州交投广河高速公路封闭式基础设施证券投资基金、博时招商蛇口产业园封闭式基础设施证券投资基金、中航首钢生物质封闭式基础设施证券投资基金。

首批项目在资产类别上涵盖了收费公路、产业园、仓储物流和污水处理四大主流基础设施类型。在资产性质上有特许经营权和产权两种：收费公路和污水处理集中在特许经营权上，而产业园区和仓储物流则集中在产权性质上。在区域位置上，覆盖了京津冀、长江经济带、粤港澳大湾区、长江三角洲等重点区域，优先支持基础设施补短板行业及高科技、特色产业园区等，聚焦优质资产、创新规范并举，具有良好的示范效应。

根据9个项目的募集规模，9只公募REITs产品的募集金额合计314.03亿元，最高者为91.14亿元（平安广州交投广河高速公路封闭式基础设施证券投资基金），最低者为13.38亿元（中航首钢生物质封闭式基础设施证券投资基金）。鉴于基础设施类不动产存续时间相对较长，9只产品的存续期限从20年到99年不等。

2021年12月，第二批公募REITs正式上市发行，分别为越秀高速公路封闭式基础设施REIT和中关村产业园封闭式基础设施REIT。

截至2022年3月15日，市场上一共有11只公募REITs（见表4–2）。

从底层资产产权性质类型上看，11只公募REITs底层资产分为两大类：一类底层资产为产权类资产，另一类底层资产为特许经营权类资产。从底层资产行业类别上看，包括产业园（4只）和物流仓储（2只），采用“拿地—建设—运营”模式；特许经营权类包括污水处理、城镇固体废弃物处理的绿色环保项目（2只）和高速公路收费权项目（3只）。从交易结构总体上看，11只公募REITs均采取“公募基金+ABS专项计划+项目公司”的结构，招商蛇口产业园REIT、红土创新盐田港REIT等在ABS和项目公司间设置了SPV，在REITs发行后采用反向吸收合并的方式注销SPV。在资本弱化方面，公募REITs在ABS和项目公司间都设置了“股+债”结构。

在11只公募REITs中，大部分底层资产为国有资产，其资产重组也就涉及国有资产交易问题，其中蛇口产业园REIT明确披露已进场交易，剩余项目大部分以地方国资主管部门批复或会议纪要等形式豁免进场交易。相信未来会有更多国有资产作为底层资产发行REITs，关于是否需要进场交易、如何协调进场交易等关键问题也会在实践中越来越明确。

REITs的底层资产估值由专业的第三方评估机构完成，每年度至少更新一次。11只REITs均采用收益法进行估值，即未来现金流按折现率贴现加总进行折算。从发行结果上看，募集金额基本与估值金额一致，其中仓储物流REITs和绿色环保REITs的募集金额均高于资产估值，产业园REITs总体与估值持平，高速公路REITs发行价均低于估值。整体来说，公募REITs的融资能力要高于银行等传统融资方式。

表4-2　我国11只公募REITs基本情况[①]

底层资产产权性质	产权类						特许经营权类				
底层资产行业类型	产业园				物流仓储		绿色环保		高速公路		
项目简称	蛇口产业园REIT	张江光大REIT	东吴苏州产业园REIT	中关村REIT	普洛斯物流园REIT	红土创新盐田港REIT	首钢生物质REIT	首创水务REIT	广州广河REIT	沪杭甬高速REIT	越秀高速REIT
底层资产	万融大厦、万海大厦	张江光大产业园	国际科技园五期B区项目，2.5产业园1/2期项目	中关村产业园互联网创新中心5号楼、协同中心4号楼和孵化加速器	位于北京、广东、江苏3省（市）的7个物流园	盐田港仓储物流设施	生物质能源项目、残渣暂存场项目、餐厨项目	深圳与北京的污水处理项目	广河高速公路广州段收费公路权益	杭徽高速公路浙江段收费公路权益	湖北汉孝高速公路
是否出表	出表	出表	出表	出表	出表	出表	出表	并表	并表	并表	出表
资产评估（亿元）	22.4	14.7	33.50	30.73	53.5	17.0	12.0	17.5	96.7	45.6	22.9
募集金额（亿元）	20.79	14.95	34.92	28.8	58.35	18.4	13.39	18.5	91.14	43.6	21.3

① 数据来源：项目招募说明书、评估报告、Wind，截至2022年3月4日。

续表

原始权益人及关联方战略投资比例（%）	32.0	20.0	30.0	33.3	20.0	20.0	40.0	51.0	51.0	59.0	30.0
实际净回收资金（亿元）	14.14	11.96	24.44	19.20	46.68	14.72	8.03	9.065	44.66	17.88	14.91
其他战略投资者投资比例（%）	33.0	35.0	30.0	62.9	52.0	40.0	20.0	25.0	28.0	15.0	65.3
网下投资比例（%）	25.0	31.0	32.0	1.8	22.0	28.0	32.0	16.8	14.7	22.0	2.6
公众投资比例（%）	10.0	14.0	8.0	2.0	6.0	12.0	8.0	7.2	6.3	4.0	2.1
基金存续期	基金合同生效日起50年	基金合同生效日起20年	基金合同生效日起40年	基金合同生效日起40年	基金合同生效日起50年	基金合同生效日至2057年	基金合同生效日起21年	基金合同生效日至2047年	基金合同生效日起99年	基金合同生效日起20年	基金合同生效日起50年
分红收益率（%）（截至2022年3月4日）	3.1	3.4	3.5	2.8	3.4	3.1	6.5	5.9	6.8	10.1	5.5

在战略配售方面，11只REITs的战略配售比例均超过监管要求的20%，战略配售主体包括两类：一是原始权益人或其同一控制下的关联方；二是其他战略投资者。沪杭甬高速REIT的原始权益人或其同一控制下的关联方认购比例最高，达59%，这意味着在募集的43.6亿元中，原始权益人获得的新增资金为17.88亿元。公众投资比例最高的为张江光大REIT（14%），最低的为中关村REIT（接近2%）。留给公众投资的比例相对海外公募REITs而言较低，这是由于我国公募REITs刚刚启动试点，普通投资者对公募REITs相对来说并不熟悉。在机构投资者中，保险资金在第二批REITs中的认购比例有较大提升，从第一批的3%上升至第二批的10%，这与银保监会下发的《关于保险资金投资公开募集基础设施证券投资基金有关事项的通知》（银保监办发〔2021〕120号）有关，保险资金投资REITs的热情被进一步激发。

公募REITs试点政策坚持权益导向，不允许类REITs产品中的分级、提供增信等交易设计安排。同时，“出表”与“并表”问题也受到广泛关注，从已发行的11只公募REITs项目情况看，产权类项目的自持比例在20%至40%，且均实现“出表”；特许经营权类项目由于行业主管部门的要求，为谨慎起见，以“并表”为主，自持比例在30%至59%，但从第二批公募REITs的发行情况看，越秀高速（REIT）已经实现了不并表发行。

公募REITs收益率包括两部分，即资产升值收益率和股息分红收益率，试点期间要求REITs预计未来三年的净现金流分派率原则上不低于4%。截至2022年3月4日，产权类REITs的分红收益率平均为3.2%，特许经营权类REITs的分红收益率平均为6.9%，分红收益率最高的是沪杭甬高速REIT（10.1%）。分红率上的差异是因为特许经营权类项目到期价值归零，且现金流较稳定，其间分红率天然较高，而产权类项目因底层资产是不动产，到期后不动产价值可能提升，更关注物业未来的增值空间，因此分红率偏低。此外，首钢绿能生物质REIT的累计可供分配金额中包含期初的留存资金，所以当前的累计派息比例较高；广州广河高速REIT的累计可供分配金额受发行募集金额与偿还外部借款本金及购买基础设施项目支出差额的影响较大，这部分资金不属于公募REITs成立后的经营性现金流，在未来是不可持续的。从整体收益率上说，截至2022年3月4日，绿色环保类REITs项目的收益率最高，平均为52.8%；高速公路类基础设施项目的收益率最低，为15.48%。这是因为，一方面可能由于小盘股效应，绿色环保类REITs的发行规模较小；另一方面受国家“双碳”政策影响，市场对环保类的投资产品更加青睐；而高速公路类基础设施REITs的可交易规模较大，且疫情对高速公路类资产有很大的冲击。

11只公募REITs的存续期都较长，最长99年、最短20年。在REITs到期或提前终止时对基础资产的处理上，大部分公募REITs只做原则性约定，只有首钢绿能REIT和招商蛇口产业园REIT具体约定了优先收购权人受让、公开拍卖、产权交易所挂牌等方式。

根据监管要求，公募REITs若存在兼并或收购计划，可按照监管规定，通过基金份额持有人大会进行扩募“再融资”。公募REITs扩募若购入更多资产质量较高的项目，将会给投资者带来更多的分红，但分红率是否可以提高取决于扩募项目的定价、运营等因素，考验着REITs管理人的收购和定价能力。

第二节　公募REITs案例解读

一、收费公路类

（一）收费公路市场现状

1.我国公路发展现状及未来展望

“要致富，先修路。”公路建设对我国而言是引领投资，引领区域性经济增长的重要举措，公路投资建设期间可以带动周围劳动力就业，公路投入运营之后可以带动周边经济的发展。我国公路里程在改革开放的40多年间翻了5倍，从89万公里到目前的501万公里，对应复合增速4.3%，世界排名第三。

尽管如此，我国的公路里程数和发达国家还存在一定的差距。美国的公路总里程为674万公里，人均公路密度为204.31公里/万人，而我国的人均公路密度仅为35.80公里/万人。同时，总里程数也不及印度的590万公里。

具体到收费公路这一种类而言，我国的收费公路仅占公路里程的3.4%，我国的收费公路分为高速公路、一级公路、二级公路，独立隧道与桥梁，其中，高速公路在收费公路中的占比最高，达85.3%。自1988年我国首条高速公路沪嘉高速公路建成通车以来，截至2020年年末，我国高速公路通车里程为16.01万公里，稳居世界第一。但与其他发达国家相比，我国高速公路在人均密度、机动车保有量上还存在一定的差距。2020年，我国收费公路技术等级构成见图4–1。2019年，中国与欧美国家高速公路网指标对比如表4–3所示。

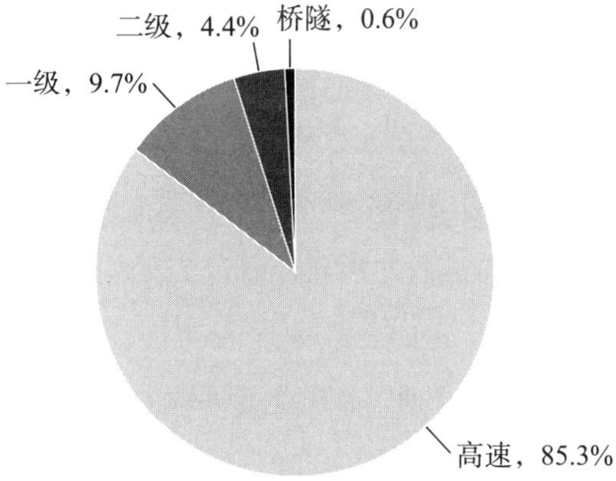

图4–1　我国收费公路技术等级构成（2020年）

表4–3　中国与欧美国家高速公路网指标对比（2019年）[①]

	高速公路里程（万公里）	高速公路密度（千米/百平方千米）	人均高速公路密度（千米/万人）	高速公路车道数量	人均机动车保有量
中国	14.96	1.56	1.07	4至8	0.25
美国	10.86	1.16	3.31	4至12	0.83
德国	1.31	3.68	1.58	4至8	0.62

① 数据来源：万得资讯，联邦交通管理局，中金研究部。

从区域位置上看，我国高速公路呈现出区域分布不平衡的态势，这与经济发展及人口分布因素相关。我国高速公路在中西部地区密度较低，新疆、西藏、青海等地区的密度明显低于东部地区。但从投资规模上看，中西部地区的高速公路投资规模超过了东部，高速公路里程的增速高于同期全国高速公路复合增速10.01%。尽管如此，和东部相比，中西部地区的高速公路密度仍然处于落后水平。

随着社会的发展和大数据时代的到来，我国的高速公路也同步发展。除了进行区域间均衡发展，“城市群”生活圈的形成也对高速公路的发展提出了需求，如“京津冀一体化”的提出使人民对北京周边城市的通勤高速有了新的需求。我国2019年出台的《交通强国建设纲要》和2021年出台的《国家综合立体交通网规划纲要》提出了“全国123出行交通圈”（都市区1小时通勤、城市群2小时通达、全国主要城市3小时覆盖）和“全球123快货物流圈”（国内1天送达、周边国家2天送达、全球主要城市3天送达）的目标。其中，高速公路网络部分仍然延续了《国家公路网规划》（2013—2030年）中“71118”网的框架（在2030年形成以7条首都放射线、11条北南纵线、18条以东西横线为主干道的公路网），但更多地考虑了不同交通模式之间的衔接连通，越来越重视交通效率和交通体验的提升，力求形成一体化的立体交通网络。同时，在碳达峰碳中和的目标下，结合“公转铁、公转水”政策，未来公路运输的运距预计将继续小幅降低，特别是在大宗货运物流货运中将较多地起到两端接驳运输的功能。基于上述内容，再考虑我国人口及汽车保有量的增速，我国高速公路未来将保持个位数的年化增速。折算成投资数据，单公里高速公路的投资成本将随着物料物价的上涨而保持一定幅度的上涨，未来我国每年在高速公路上的投资预计在2万亿元以上。

2. 我国收费公路的融资模式及盈利模式

我国收费公路分为经营性公路及政府还贷公路（见表4-4）：经营性公路以依法成立的企业法人为经营主体；政府还贷公路以人民政府依法设立的专门非营利事业法人为经营主体。

表4-4　经营性公路和政府还贷公路的区别①

	经营性公路	政府还贷公路
2020年里程数（万公里）	9.57	8.36
其中高速公路里程（万公里）	8.68	6.61
占收费高速公路里程比重（%）	56.8	43.2
通行费收入总计（亿元）	3 142.8	1 725.4
每公里收入（万元）	328.40	206.38
经营主体	依法成立的企业法人	人民政府依法设立的专门非营利事业法人
建设资金来源	银行贷款、债券、股票、可转债等多种融资渠道	地方财政、中央交通专项补助、银行贷款、城投债
债务性质	企业债务	政府债务
偿债资金来源	公路收费、企业收入	公路收费、事业单位或城投公司收入、财政补助
收费用途	还清贷款后，收入转化为利润或成本	单一用作偿还贷款和必要的养护
收费期限	高速公路一般不超过30年，改扩建后可重新核定；一级公路和独立桥梁、隧道不超过25年；但国家确定的部分省市不得超过30年	高速公路以路网实际偿债期为准，其余不超过15年，但国家确定的部分省市不超过20年
经营期限	一般不超过30年，期满后由政府决定后续收费安排	以路产实际偿债期为准确定收费期限，如当地仍有高速公路贷款未偿还完，则该地区所有政府还贷高速公路均可由运营主体继续收费。转让后，收费权最多可以延长5年

鉴于收费公路特许经营权存在时间期限，收费公路的融资方式以债务融资为主。根据交通运输部的数据，2020年年末，全国收费公路累计建设投资总额

① 资料来源：中国交通运输部、中央政府官网。

达108 075.1亿元。其中，累计资金投入34 432.5亿元，占比31.9%；累计债务性资金投入73 642.5亿元，占比68.1%（见图4–3）。具体到经营性公路和政府还贷类公路，2011年至2020年我国公路累计建设投资总额见图4–2，2011年至2020年我国经营性公路累计建设投资总额见图4–3，2011年至2020年我国政府还贷公路累计建设投资总额见图4–4。在经营性公路累计建设投资总额中，累计资金投入20 551.4亿元，占比33.0%，累计债务性资金投入41 720.4亿元，占比67.0%（见图4–3）。债务性资金投入依然是收费公路建设投资的主要来源。

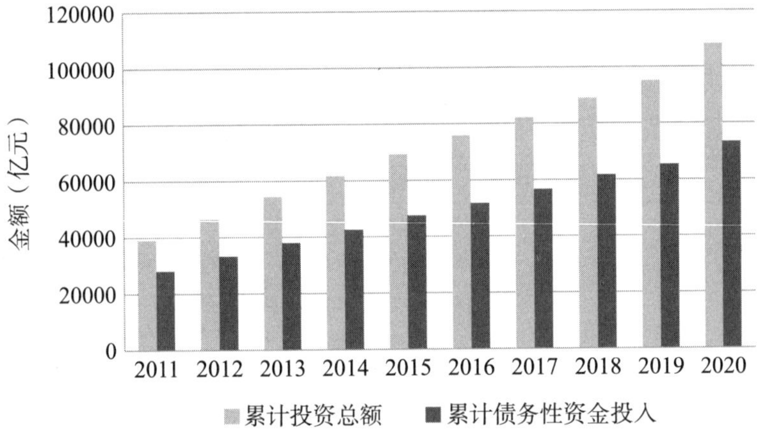

图4-2　2011年至2020年我国公路累计建设投资总额

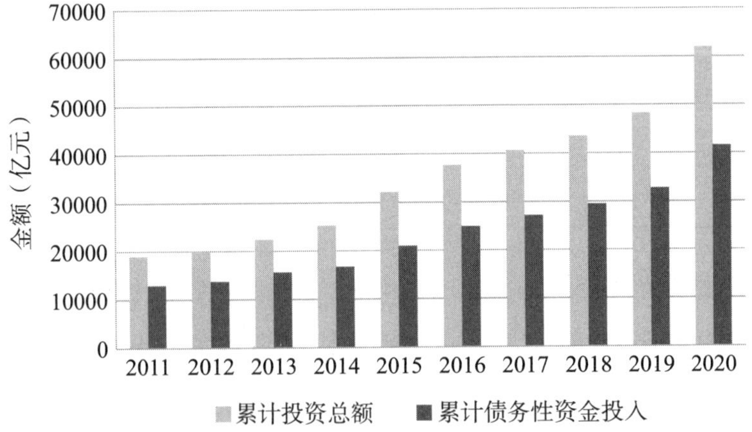

图4-3　2011年至2020年我国经营性公路累计建设投资总额

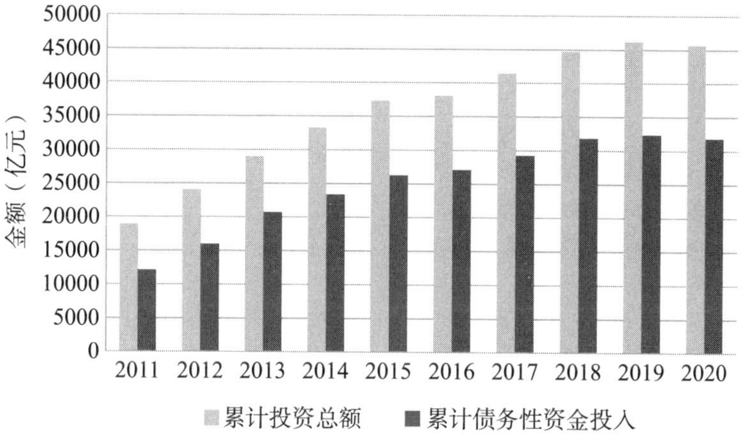

图4-4　2011年至2020年我国政府还贷公路累计建设投资总额

受高速公路里程增加和建设投资总额扩大以及部分项目为养护管理、偿还利息举借新债等因素的影响，收费公路的债务余额持续上升。2020年年末，全国收费公路的债务余额为70 661.2亿元，比上年年末净增9 125.9亿元，增长了14.8%。其中，高速公路66 983.5亿元，比上年年末净增8 939.0亿元；一级公路2 275.1亿元，比上年年末净增84.5亿元；二级公路150.8亿元，比上年年末净增48.2亿元；独立桥梁及隧道1 251.8亿元，比上年年末净增54.2亿元；占债务余额的比例分别为94.8%、3.2%、0.2%和1.8%。

具体到经营性公路和政府还贷公路，2020年年末，经营性公路的债务余额为37 669.6亿元，占收费公路债务余额的53.3%。其中，高速公路的债务余额36 298.7亿元，一级公路525.2亿元，二级公路73.4亿元，独立桥梁及隧道772.3亿元，占债务余额的比例分别为96.4%、1.4%、0.2%和2.1%；2020年年末，政府还贷公路的债务余额为32 991.6亿元，占全国收费公路债务余额的46.7%。其中，高速公路债务余额30 684.8亿元，一级公路1 749.9亿元，二级公路77.4亿元，独立桥梁及隧道479.5亿元，占债务余额的比例分别为93.0%、5.3%、0.2%和1.5%。2011年至2020年我国经营性公路债务余额见图4-5，2011年至2020年我国政府还贷公路债务余额见图4-6。

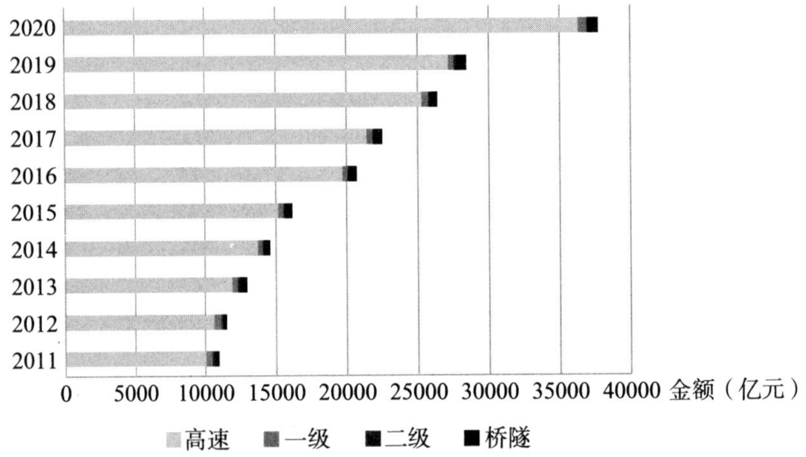

图4-5 2011年至2020年我国经营性公路债务余额

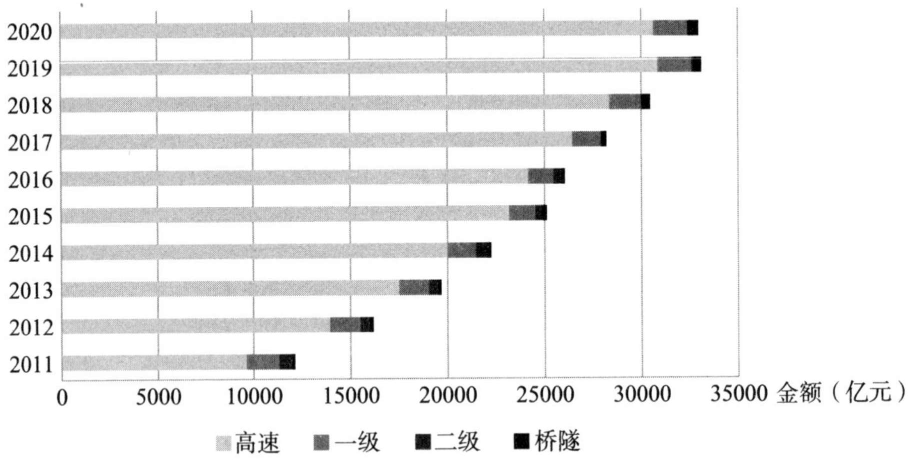

图4-6 2011年至2020年我国政府还贷公路债务余额

随着收费公路的扩张，以债务融资为主的融资方式使收费公路的负债长期走高，债务余额规模持续扩大，且收费公路建设在未来仍有较大的资金需求。但自2014年起，收费公路行业的整体通行费收入便无法覆盖债务的本息部分。截至2020年年底，全国收费公路收支平衡结果为-7 478.2亿元。其中，高速公路收支缺口7 177.4亿元，一级公路收支缺口208.3亿元，二级公路收支缺口15.2亿元，独立桥梁及隧道收支缺口77.3亿元。受收入减少、支出增加两方面因素的影响，2020年度，全国收费公路通行费收支缺口比上年增加2 628.4亿元，增长了54.2%。综合来看，2011年至2020年收支缺口的复合增长率超40%。高负债的运营模式对运营主体的负债率提出了挑战。以高速公路为例，据统计，在高速公路类企业中，除招商公路等公司将资产负债率控制在较低水平外，很多省属交投类公司在连年高负债建设的压力下，资产负债率已经达到较高水平，在未来新项目的建设中，原有的“自有资金+债务融资”的模式面临着资本金筹集和控制负债率的双重压力。2011年至2020年我国收费公路收支见图4-7，2020年我国部分高速公路公司负债水平见表4-5。

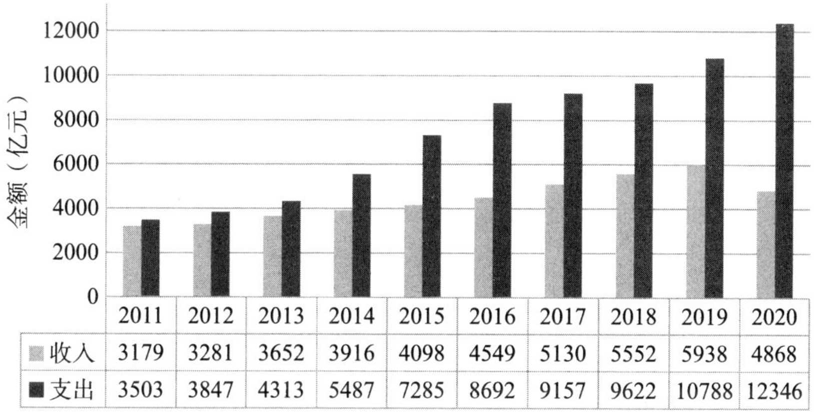

图4-7　2011年至2020年我国收费公路收支

表4-5　2020年我国部分高速公路公司负债水平[①]

公司名称	2020年资产负债率（%）	备注
招商局公路网络科技控股股份有限公司	36.46	上市平台
山东高速股份有限公司	60.94	
吉林高速公路股份有限公司	39.07	
江苏宁沪高速公路股份有限公司	45.91	
深圳高速公路股份有限公司	52.35	

① 天津高速公路集团有限公司为2020年第一季度数据，其余为2020年年底数据。资料来源：各公司官网。

续表

公司名称	2020年资产负债率（%）	备注
现代投资股份有限公司	74.34	上市平台
四川成渝高速公路股份有限公司	59.14	
安徽皖通高速公路股份有限公司	26.64	
河南中原高速公路股份有限公司	74.81	
陕西省交通建设集团有限公司	70.90	省级交通投资集团
山西省交通开发投资集团有限公司	58.05	
广东省高速公路发展股份有限公司	48.19	
天津高速公路集团有限公司	79.23	
蜀道投资集团有限责任公司	65.92	
广东省交通集团有限公司	71.97	
河南省交通运输发展集团有限公司	66.24	

收费公路的盈利模式应从收支两条路径考虑。收费公路的收入部分主要来自交通通行费，影响交通通行费的因素主要包括车流量和收费标准，我国交通通行收费标准一直相对稳定，在此种情形下，车流量的多寡是影响收费公路收入的最重要因素。车流量可从客车流量及货车流量方面考虑，我国的客车流量与我国的汽车保有量呈正相关。前文提到，我国目前的汽车保有量接近3亿辆，但我国的人均汽车保有量和欧美等发达国家相比还存在差距。从全球范围看，目前中国的汽车保有量约为250辆/千人，而美国为850辆/千人，欧洲平均为500辆/千人。我国的汽车保有量还有20年的黄金增长期，随着我国人口的增长及消费的升级，客车流量未来会呈现出稳定增长的态势，由此，我们对收费公路的预期是收入与客车流量上涨呈正相关。货车流量串联着生产、供应、销售的各个环节，受宏观经济波动影响，随着我国发展实体经济的政策以及仓储物流的发展，货车流量随着经济发展稳步增长。随着5G大数据技术的运用和ETC的普及，高速公路等采用了更加科学的运营管理办法，公路的拥堵系数大大降低，这也对引车上路、增加车流量起到重大的帮助作用。在收费标准方面，虽然大环境相对稳定，但随着公路造价

成本的逐年提高，2021年6月，交通运输部、国家发展和改革委员会、财政部印发了《全面推广高速公路差异化收费实施方案》(交公路函〔2021〕228号)，提出全面推广差异化收费，具体包括分路段、分车型（类）、分时段、分出入口、分方向、分支付方式差异化收费。各个省市也根据自身的情况制定了相应灵活的差异化收费模式，一方面提高了通行费率，另一方面差异化安排也可吸引更多的车流量。由此我们预测，我国收费公路在未来可以提供长期且相对稳定的现金流。

3. 公募REITs使我国收费公路进入新发展时代

收费公路作为比较典型的基础设施资产，在国际市场上以此为底层资产的公募REITs产品已有先例。例如，澳大利亚发行过两个产品，分别是Transurban Group和Atlas Arteria。Transurban Group是澳大利亚最大的高速公路建设、运营和维护公司，通过持续收购和新建路产实现了底层资产的扩容。1999年至2019年，公司公路里程复合增速达14.11%，目前拥有公路里程约326.5公里。该公司管理的路产区域最早集中在澳大利亚，2012年首次扩展到美国华盛顿，2018年扩张至加拿大蒙特利尔。截至2019年，该公司在澳大利亚的墨尔本、悉尼、布里斯班和北美经营共计21条已经通车的收费公路。得益于较长的经营年限与新建收购路产，该公司的整体剩余经营年限充裕。澳大利亚等国的公路特许经营权为30年至50年，目前，公司已有的路产特许经营权到期日分布在2026年到2065年。此外，该公司尚有5个在建的项目，合计里程约54.4公里，这些路产在建成后将继续提供公司路产的剩余特许经营年限。该公司于1996年在澳大利亚证券交易所上市了REITs，上市后股价表现良好，这主要是因为利润伴随着路产的成熟不断增长，底层资产不断扩容，延长了特许经营的年限，同时收费业务可带来低风险且稳定的现金流，这一物质符合REITs产品分红相对优厚的要求。

我国的收费公路以高速公路为代表，规模可观、未来扩容空间大，且收费业务现金流稳定，和发行REITs产品底层资产的吻合度高。此外，目前收费公路以债为主的融资模式给收费公路的经营主体带来了负债率的压力，公募REITs产品则可带来新的融资方式。一方面，公募REITs可以释放出沉淀资产的变现能力，回笼的资金可进行新项目开发；另一方面，公募REITs作为一种全新的运营模式，可以降低经营主体的杠杆率，详见下文案例分析。参考澳大利亚模式，在未来REITs可以通过新建或收购来实现底层资产的扩容，提升运营管理水平，推进底层资产的资本升值。根据中金研究部预测，我国公路REITs的资产规模或将达到6 500亿元至8 000亿元。

（二）案例分析

1.平安广州交投广河高速公路封闭式基础设施证券投资基金

（1）基金概要

平安广州交投广河高速公路封闭式基础设施证券投资基金（以下简称广州广河REIT，基本情况见表4-6，交易结构见图4-8）是以平安基金管理有限公司为基金管理人，以中国工商银行为基金托管行，在深交所发行的封闭式基金。

表4-6　广州广河REIT基本情况

简称	不动产类型	项目规模（亿元）	类别	期限	募集份额（亿份）	认购价格（元）	募集金额合计（亿元）
广州广河REIT	收费公路	96.74	特许经营权	99年	7	13.02	91.14

（2）原始权益人

广州广河REIT的原始权益人为广州交通投资集团有限公司（以下简称广州交投，股权结构见图4-9），广州交投的控股股东为广州市人民政府国有资产监督管理委员会，持有100%的股权；广州交投的实际控制人为广州市人民政府国有资产监督管理委员会。

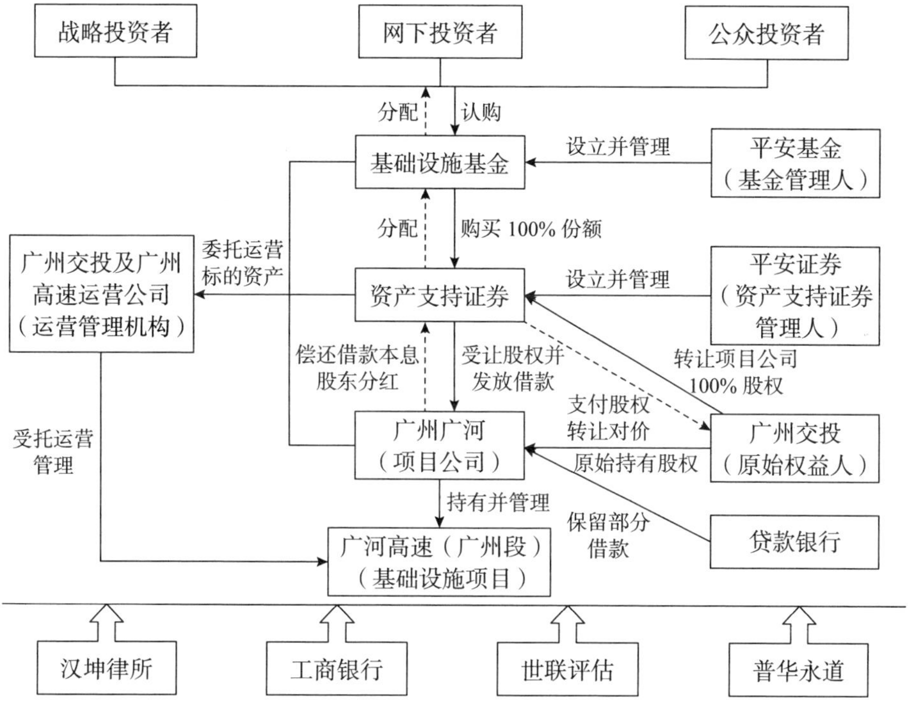

图4-8 广州广河REIT交易结构

图4-9 广州交投股权结构

广州交投是广州市政府直属的大型国有独资企业，被广州市政府定位为全市交通基础产业唯一的龙头企业，负责盘活城市路桥方面的存量资产，拓宽项目建设筹资渠道，积极吸引社会资金参与城市路网建设和经营。作为广州市政府重点打造的交通龙头企业和规划未来的上市公司，广州交投具备突出的区域优势和项目获取能力，目前已拥有30多年的高（快）速路建设管理及铁路轨道交通项目投资经营经验，以全资、控股、参股等方式参与了广州市域大多数高（快）速公路和机场、铁路等交通基础设施的投资建设。截至2020年年末，广州交投共管理14条高（快）速公路，均属经营性高（快）速公路，管理的收费总里程为696.04公里，占广州市属高速公路的绝大多数。此外，截至2020年年末，广州交投的在建和拟建项目合计总里程达346.94公里，建设期预算总投资规模为1 638.91亿元。

原始权益人在符合法律法规要求的前提下，将募集资金以资本金的形式用于投资新的固定资产投资项目。广州交投的新项目为高速公路，位于粤港澳大湾区，具体为南沙至中山高速公路、从化至黄埔高速公路（一期工程）及东晓南站连接线北段（海珠湾隧道）。

（3）基础设施项目

广州广河REIT的基础设施资产是广河高速（广州段），该路段是广东省境内连接广州市、惠州市与河源市的广州至河源高速公路的广州段，属于基础设施补短板行业中的收费公路基础设施。其地理位置优越，位于粤港澳大湾区，属于优先支持的重点区域。广河高速（广州段）全长70.754公里，投资批准概算69.81亿元，于2011年12月30日开通，由项目公司100%持有。项目基本情况见表4–7。

表4–7　项目基本情况

项目名称	广州至河源高速公路广州段项目
所在地	起于广州市天河区龙洞春岗立交，对接华南快速干线（三期），与华南快速干线（二期）相交，路线呈东西走向，穿越广州市天河区、白云区、黄埔区（萝岗）、增城区，终于增城区九龙江与广河高速公路惠州段相接
行业	高速公路
建设规模	项目新建双向六车道高速公路，路线全长70.754公里，全线设春岗、八斗、九龙、中新、二龙、腊圃、黄岭香、正果、梳脑河（预留）互通立交共9处
建设内容	广河高速（广州段）的特许经营权及基于特许经营权而投资建设和拥有的广河高速（广州段）资产
用地性质	高速公路用地
开工时间	2008年4月先行工程开工，2008年9月全线开工

续表

交工时间	2011年12月17日
竣工日期	2015年12月29日
竣工决算	693 372.27万元
收入来源	广河高速通行费收入等高速公路运营收入
所有权人	广州交投广河高速公路有限公司

经评估，在评估基准日和资产评估报告所列之假设成立的条件下，采用收益法评估，广河高速（广州段）特许经营权所在资产组在评估基准日的账面价值为543 341.67万元，评估价值为967 416.02万元，增值额为424 074.35万元，增值率为78.05%。

广河高速（广州段）项目的车辆通行费依据政府收费批准文件收取，收款方式包括现金收款、移动支付和ETC收款方式。2018年至2020年，广河高速（广州段）的营业收入构成及毛利润情况见表4-8和表4-9。

表4-8　广河高速（广州段）的营业收入构成

收入类型	2020年		2019年		2018年	
	金额（万元）	占比（%）	金额（万元）	占比（%）	金额（万元）	占比（%）
通行费业务	54 092.61	99.62	70 039.14	99.76	68 145.57	99.77
其他收入	206.65	0.38	167.88	0.24	158.01	0.23
合计	54 299.26	100.00	70 207.02	100.00	68 303.58	100.00

表4-9　广河高速（广州段）的毛利润情况

项目 \ 年份	2018年	2019年	2020年
毛利润（万元）	38 952.27	39 190.09	25 342.84
毛利率（%）	57.03	55.82	46.67

2.浙商证券沪杭甬杭徽高速封闭式基础设施证券投资基金

（1）基金概要

浙商证券沪杭甬杭徽高速封闭式基础设施证券投资基金（以下简称浙江杭徽REIT，基本情况见表4-10，交易结构见图4-10）是以浙商证券资产管理有限公司为基金管理人，以招商银行股份有限公司为基金托管人，在上交所公开发行的封闭式基金。

表4-10 浙江杭徽REIT基本情况

简称	不动产类型	项目规模（亿元）	类别	期限	募集份额（亿份）	认购价格（元）	募集金额合计（亿元）
浙江杭徽REIT	收费公路	45.63	特许经营权	20年	5	8.72	43.6

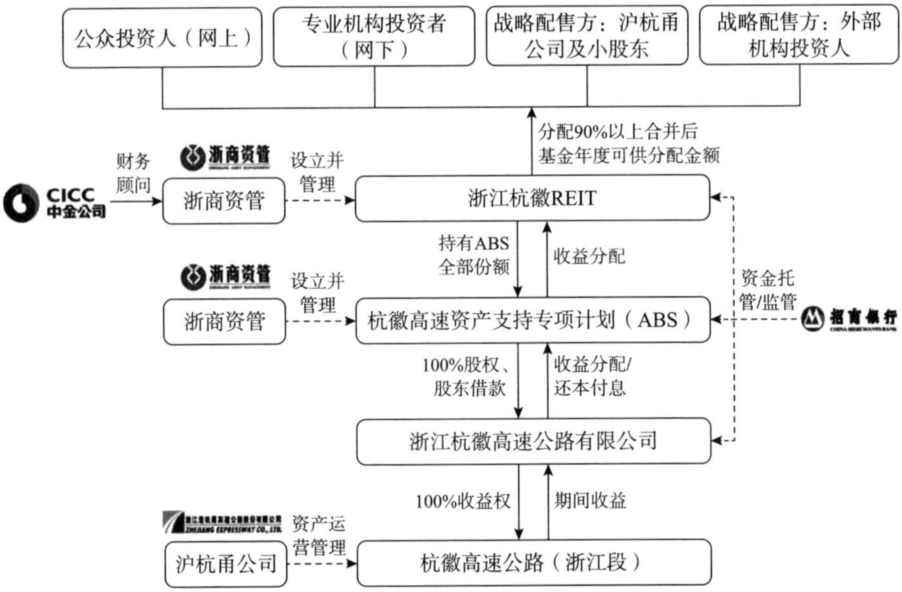

图4-10 浙江杭徽REIT交易结构

（2）原始权益人

浙江杭徽高速公路有限公司的股东包括浙江沪杭甬高速公路股份有限公司

（以下简称沪杭甬公司，股权结构见图4–11）、杭州市交通投资集团有限公司（以下简称杭州交投）、杭州市临安区交通投资有限公司（以下简称临安交通）和杭州余杭交通集团有限公司（以下简称余杭交通），持股比例分别为88.673 7%、5.483 8%、4.014 5%和1.827 9%。沪杭甬公司、杭州交投、临安交通和余杭交通均为基础设施项目的原始权益人，其中沪杭甬公司为主要原始权益人。

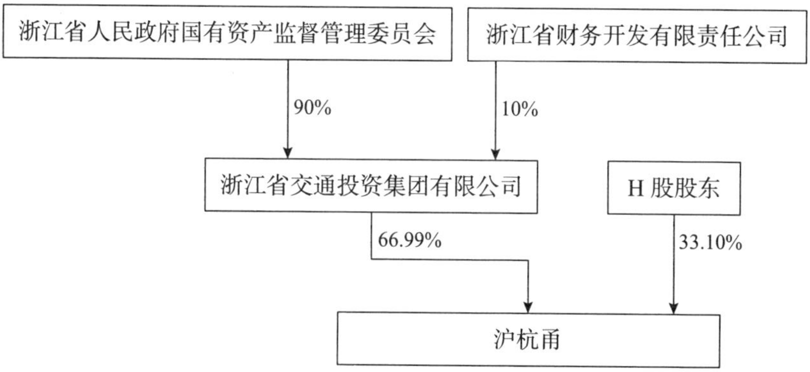

图4–11 沪杭甬公司股权结构

截至2020年年底，主要原始权益人沪杭甬公司收费高速公路合计1 141公里，下辖108个收费站，其中控股里程802公里，托管里程339公里。控股高速公路中，浙江省内里程720公里，安徽省内里程81.6公里。沪杭甬公司近三年的营业总收入分布构成情况如表4–11所示。

表4–11 最近三年沪杭甬公司营业总收入分布构成情况

分类	2018年		2019年		2020年	
	收入（亿元）	占比（%）	收入（亿元）	占比（%）	收入（亿元）	占比（%）
高速公路通行费	63.24	58.89	80.89	56.03	64.02	36.70
金融证券业务	29.47	27.44	33.34	23.10	51.35	29.44
其他	14.68	13.67	30.13	20.87	59.05	33.86
合计	107.39	100.00	144.36	100.00	174.42	100.00

原始权益人杭州交投系国有控股公司，控股股东和实际控制人均为杭州市人民政府国有资产监督管理委员会。杭州交投的股权结构具体如图4–12所示。

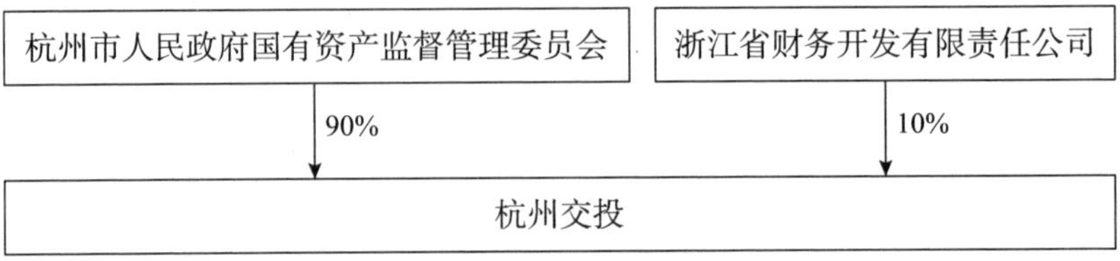

图4-12　杭州交投股权结构

杭州交投是杭州市交通基础设施最大的投资、建设、经营主体，范围涵盖杭州市与外部连接的城际公路及进出杭州市的交接区公路、航道、客货运场站等交通基础设施，具有丰富的项目建设管理能力和营运管理经验。目前，公司已形成了以交通基础设施投建为主，以商品油品贸易、工程施工、房地产开发、酒店经营、物流等业务为辅的多元化经营结构。

原始权益人临安交通系国有独资公司杭州市临安区国有股权控股有限公司间接100%持股的国有全资企业，最终实际控制人为杭州市临安区国有资产监督管理委员会办公室。股权结构如图4–13所示。

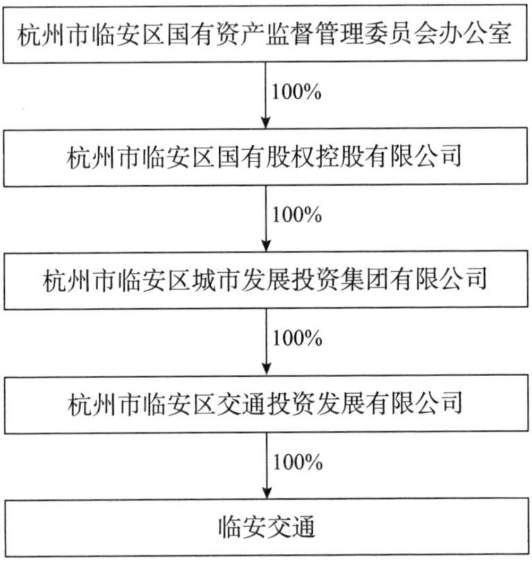

图4-13　临安交通股权结构

临安交通的业务范围为对交通工程项目进行投资、开发、经营等。

原始权益人余杭交通系国有控股公司，控股股东和实际控制人均为杭州市余杭区人民政府国有资产监督管理办公室。股权结构如图4-14所示。

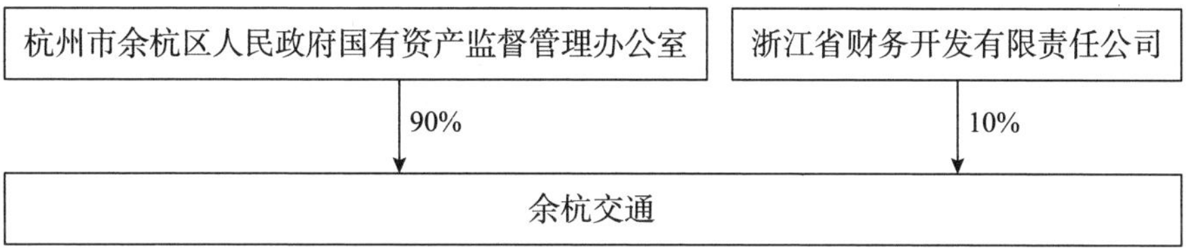

图4-14　余杭交通股权结构

余杭交通作为杭州余杭区内以基础设施建设、公共交通服务、新城开发建设为主的国有企业，在业务方面具有一定的区域垄断性。预计随着余杭区建设规模的不断扩大、基础设施需求的不断增加，余杭交通的行业龙头地位将得到进一步的巩固和提升。

（3）基础设施项目

资产范围为杭徽高速公路浙江段及其相关构筑物资产组的收费权，全长122.245公里，是G56杭瑞高速的重要组成部分，也是浙江省公路网规划的“一连”，与沪杭甬高速公路、沪宁高速公路、国道320线、国道104线和国道205线等相互连接，成为上海、杭州、宁波等沿海城市通往安徽南部地区的公路快速通道；与杭州绕城高速公路相连，成为贯穿杭州市余杭区西部和临安区的东西交通快捷通道，并通过杭州外环与浙江东部沿海地区以及上海实现互联，地理位置优越。

基础设施项目所在的项目公司杭徽公司2018年、2019年和2020年的营业收入分别为53 609.17万元、58 642.12万元和45 673.67万元，净利润分别为14 699.66万元、9 217.51万元和586.42万元，经营性净现金流分别为36 467.23万元、40 631.01万元和29 663.75万元。项目公司的主要业务收入来源为高速公路收费，此外，其他业务收入为服务区房屋及经营权租赁收入、通信管道租赁收入等。2018年、2019年和2020年高速公路通行费分别为

52 910.10万元、58 165.05万元和45 187.74万元，占当期营业收入的比重分别为98.70%、99.19%和98.94%。通行费的主要影响因素为车流量，杭徽高速公路（浙江段）客车交通量的增长比较稳定，从2015年至2019年客车断面加权平均日交通量增长维持在9.3%至10.5%；2020年因受疫情影响，客车断面加权平均日交通量增长为5.2%。从2015年至2019年，客车复合年均增长8.7%。

二、生态环保类

（一）生态环保发展现状

党的十八提出了“五位一体”总体布局，首次把生态文明建设纳入五位一体之中，可见生态环境的重要性。党的十九大报告强调建设节约资源和环境保护的基本国策，建设美丽中国。2018年，习近平总书记在全国生态环境保护大会上指出，生态文明建设是关系中华民族永续发展的根本大计。“绿水青山就是金山银山”这一理念的确立，使生态保护上升为国家的方略之一，建设环境友好型、资源节约型社会是建设现代化社会主义的题中应有之义。环保政策的高度不断提高，生态保护相关领域的发展，在国家政策的大力加持之下，得以飞速地更新、迭代、发展，未来存在较大的市场需求。2020年，全国生态环保和环境治理业的固定投资额预计将达万亿规模，占GDP的1.5%左右。而《全国城市生态保护与建设规划（2015—2020年）》（建城〔2016〕284号）提出，到2020年，我国环保投入占GDP的比例应不低于3.5%。因此，当前环保投入比例仍低于目标，环保投入的资金仍有所缺乏。生态环保类产业关乎国民的基本生活，以政府、央企及大型国企为主要的参与对象，加大社会资产的参与对行业的发展意义重大，本次公募REITs涵盖了生态环保类领域也是其应有之义。

中国作为一个拥有14亿人口的大国，人口众多对生态环保事业提出了挑战。碧水、蓝天、净土需要每一位国民的参与。从环保产业上看，人口众多意味着我国的生态环保类产业具备较大的规模。

从污水治理类产业上看，根据住建部城乡统计年鉴的数据统计，2011年至2019年，我国城市污水处理产能的复合增长率为6%，县城污水处理产能的复合增长率为5%。2020年，我国城市、县城及乡村的污水处理率分别为97.53%、95.05%及60.98%；在污水处理能力方面，2020年，我国城市、县城及乡村的污水处理能力分别为19 267万立方米/日、3 770万立方米/日及98.80万立方米/日。以上数据表明，我国的污水处理行业虽已达到一定水平，但是仍然存在城乡发展不均衡的现象。未来随着环保政策趋严，对欠发达地区污水治理“补短板”的推进，在乡村振兴等政策的影响下，污水处理行业的需求存在充足的增长空间。除了污水处理行业的内在增长，伴随我国城镇化率的提高以及人民生活水平的提高，污水治理规模同样存在较大的需求空间。根据我国住建部城乡统计年鉴统计的数据，截至2020年，我国城市人口人均日生活用水量达179升，城市供水普及率达到98.99%，和澳大利亚、日本基本持平，但较美国还存在差距。从污水治理的角度看，随着环保及污水治理理念的提升，当前污水治理正在逐步向以城市、流域为单位统筹发展。2021年，首部流域类保护法案《长江保护法》出台，有助于以流域为单位的治理理念的落实。污水治理范畴和内容的丰富，同样对污水治理能力及其设备设施提出了高标准、高效率、高科学的要求。我国从传统的污水治理停留在单一的终端污水治理厂设备设施，改进、扩充到厂网一体化，同步加强污水治理管网设施的建设，此种多业务协同的方式同样有利于污水治理市场规模的进一步提升。

从垃圾处理类产业上看，2020年，我国的城市生活垃圾清运量为23 511.71万吨，无害化处理量为23 452.33万吨，无害化处理率达99.7%；2019年，无害化处理率为99.2%。目前，主要的生活垃圾无害化处理方式包括卫生填埋、焚烧及其他方式。截至2020年，根据住建部城乡统计年鉴的数据统计，垃圾卫生填埋处理能力达337 848吨/日，年填埋量达7 771.54万吨，垃圾焚烧处理能力达567 804吨/日，年焚烧量达14 607.64万吨。日均处理能力及年度处理总量、无害化焚烧方式都超过了卫生填埋方式。卫生填埋是较为传统的垃圾处理方式，占地面积大，土地成本高，且填埋会产生较多的渗滤液等污染物，对填埋场附近的环境危害较大。对比而言，焚烧具有占地面积小、焚烧后的能源可用于发电、能够再生资源的优点，符合国家对复合垃圾处理“无害化、减量化和资源化”的要求。国家相继出台政策推进垃圾焚烧行业的发展，多省相继上调了垃圾焚烧产能规模的中长期规划，设定了2030年的远期目标。根据现有数据初步测算，2020年，平均生活垃圾处理能力占无害化处理的比例计划达到56%，较2019年的45%上升11%个百分点。规划的出台有助于进一步提升焚烧比例，预计2030年，这一指标将进一步提升至81%。其中，海南、浙江、福建、江苏的焚烧处理占比规划较为领先，预计2030年分别可以达到100%、100%、93%、85%。从规划中可以看到，部分省份和发达市已经将焚烧作为垃圾处理处置的主流手段，到2030年，我国将基本建成垃圾焚烧型社会，实现原生垃圾“零填埋”。在“十四五”期间，垃圾焚烧行业产能有充足的提高空间。从增量的角度看，伴随城镇化率的提高，城镇人口呈上升趋势。2019年，我国城镇常住人口达8.48亿，城镇化率达60.60%。此外，随着人均可支配收入的提高，人均生活垃圾的清运量稳步上升。相应垃圾处理行业产能，尤其是垃圾焚烧行业产能的上升空间充足。

生态环保类产业的商业模式成熟清晰，多采用政府特许经营权的形式，经营期一般在25年至30年。公司通过BOT（建设—运营—移交）、TOT（移交—运营—移交）、BOO（建设—拥有—运营）等方式与政府签署特许经营权协议，协议中约定生态环保处理量、综合回报率、付费方式、权利期限、调价机制等，由政府根据协议向公司支付治理费用。从费用来源穿透上看，多以政府支付或者居民（使用者）日常付费为主，存在刚性需求，具备灵活的调价机制。根据项目性质可以申请政府的专项补贴，因此可产生长期稳健的现金流，并具有抗周期性，与REITs的发行条件的吻合度较高。

生态环保类产业的水处理、固废等行业的资产沉淀现象比较严重，REITs产品可以盘活沉淀资产，助力公司向轻资产转型。同时，可以打通公司融资、投资、运营、退出的闭环。从行业发展的角度说，REITs的收益率可以倒逼公司提高运营质效，提升行业的竞争力。

（二）案例分析

1. 富国首创水务封闭式基础设施证券投资基金

（1）基金概要

富国首创水务封闭式基础设施证券投资基金（以下简称富国首创水务REIT，基本情况见表4-12，交易结构见图4-15）是以富国基金管理有限公司为基金管理人，以招商银行为基金托管人，在上交所发行的封闭式基金。

表4-12　富国首创水务REIT基本情况

简称	不动产类型	项目规模（亿元）	类别	期限	募集份额（亿份）	认购价格（元）	募集金额合计（亿元）	原始权益人持有比例（%）
富国首创水务REIT	污水处理	17.46	经营权	26年	5	3.70	18.50	51

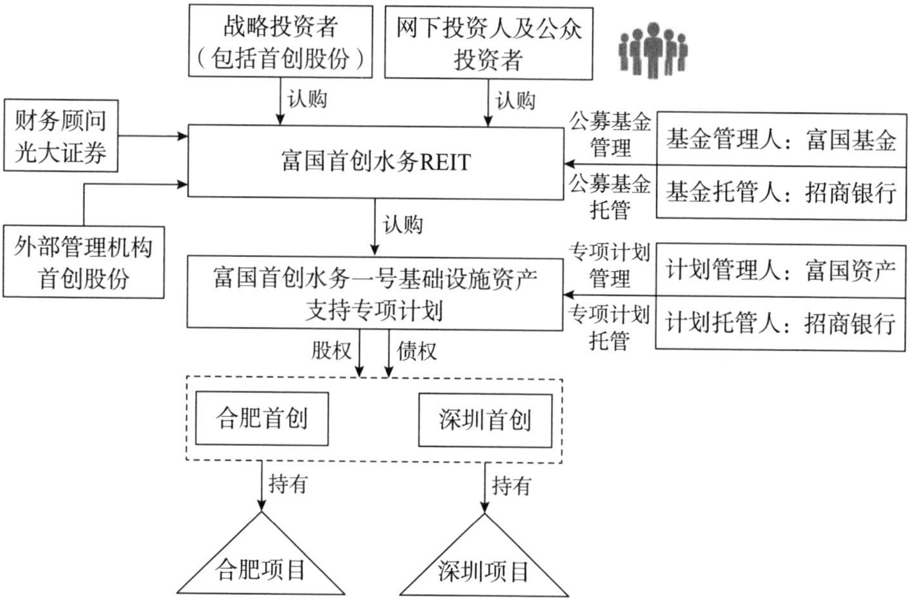

图4-15　富国首创水务REIT交易结构

（2）原始权益人

北京首创股份有限公司（以下简称首创股份）持有深圳首创和合肥首创的100%股权，为本基金的原始权益人。公开信息显示，首创股份的控股股东为北京首都创业集团有限公司（以下简称首创集团），首创集团的实际控制人为北京市国资委。

首创股份自2002年投资第一个水务项目以来，经过近20年的拼搏与发展，目前已成为国内水务行业在管理规模、运营能力方面领先的头部企业，是国内水务综合服务运营经验最丰富的公司之一，也是最早实现全国布局和市场化的企业之一。

首创股份遵循社会满意、政府满意、员工满意、股东满意的理念，以做强总部、做实大区、做精项目公司为指导原则，构建起总部、大区、项目公司一线水厂的立体化运营管理架构。截至2020年年末，首创股份拥有17 261名在职员工，其中包括1 994名专业技术人员，能够集中优势资源、优势业务和群体智慧形成合力，进行统一的调度管理，逐步形成系统化、专业化、智慧化的运营管理体系。

中国环境保护产业协会就首创股份提供的分散式生活污水处理设施运营服务、城镇集中式污水处理设施运营服务及工业废水处理设施运营服务，授予首创股份环境服务证书，服务等级为一级，编号分别为CCAEPI-ES-SS-2018-295、CCAEPI-ES-SS-2018-097及CCAEPI-ES-SS-2018-098。

首创股份已形成了全国性的业务布局，水务投资和工程项目分布于28个省、自治区、直辖市，覆盖范围超过100个城市，并在湖南、山东、安徽等省份实现了区域竞争优势，产生了明显的规模效应，并初步实现了村镇水务业务的纵深化拓展。

近年来，首创股份的污水处理能力不断提升。截至2020年年末，首创股份的污水处理能力达到1 591.22万吨/日。随着污水处理能力的提高，首创股份的污水处理量亦持续快速增长。近年首创股份的污水业务运营情况如下：污水处理能力达到1 226.00万吨/日，污水处理项目共46个，预计总投资额127.09亿元，已投资77.41亿元，项目建成后预计可新增污水处理能力约219.72万吨/日。2020年，公司实现新增投产水处理能力约192万吨/日，其中供水新增约64万吨/日，污水新增约127万吨/日。2020年年底，定州、徐州、马鞍山、广元、铜陵、成都等地市的水厂新增供水产能，大连、石家庄、合肥、石河子、仁寿、临沂、驻马店、株洲、益阳、广元、运城、鹰潭、临沂、淮南、惠州、济宁、合肥、铜陵、揭阳、荆门等地市新增及转运污水处理项目，污水处理量逐步增加。

首创股份通过本次基础设施REITs的发行盘活资产，实现的回收资金将全部以资本金形式用于深圳、安徽等省市共9个城镇的水务、水环境综合治理等环保产业项目的投资。

本基金的原始权益人以自有资金或其同一控制下的关联方参与战略配售，认购本基金份额2.55亿份，占本次基金份额发售比例的51%，且在本基金投资之深圳项目和合肥项目的特许经营权期限内（以届时存续的前述基础设施项目的特许经营权到期日孰晚为准）不得转让，且不得通过其他方式造成其持有的份额产生权利瑕疵，如协议安排、融资、抵押、质押、保理等。

（3）基础设施项目

基础设施项目包括深圳市福永、松岗、公明水质净化厂BOT特许经营项目（以下简称深圳项目）及合肥市十五里河污水处理厂PPP项目（以下简称合肥项目）两个子项目。深圳项目为采用BOT模式的特许经营项目，包含福永水厂（设计规模12.5万吨/日）、松岗水厂（设计规模15万吨/日）、公明水厂（设计规模10万吨/日）的特许经营权；合肥项目为采用TOT+BOT模式的PPP项目，共分四期，前三期采用TOT模式，末期采用BOT模式，四期合计设计规模30万吨/日。

基础设施项目通过污水处理特许经营权，以收取污水处理费为主要收入来源。其中，深圳项目的运营情况如表4–13所示，合肥项目的运营情况如表4–14所示。

表 4-13 首创股份深圳项目的运营情况

福永水厂	2018年	2019年	2020年
污水处理结算量（万吨）	4 450.58	4 588.54	4 698.92
污水处理服务费含税单价（元/吨）	0.779	0.779	0.779—1.371 3
污水处理服务费回收率（%）	100	100	100
吨污水生产成本（元/吨）（电费、药剂费）	0.205	0.162	0.229
抽样出水水质达标率（%）	100	100	100
松岗水厂	**2018年**	**2019年**	**2020年**
污水处理结算量（万吨）	5 339.40	5 448.84	5 804.10
污水处理服务费含税单价（元/吨）	0.791	0.791—1.326 7	1.326 7
污水处理服务费回收率（%）	100	100	100
吨污水生产成本（元/吨）（电费、药剂费）	0.212	0.193	0.215
抽样出水水质达标率（%）	100	100	100
公明水厂	**2018年**	**2019年**	**2020年**
污水处理结算量（万吨）	3 360.50	3 655.30	3 854.66
污水处理服务费含税单价（元/吨）	0.962	0.962—1.506 8	1.506 8
污水处理服务费回收率（%）	100	100	100
吨污水生产成本（元/吨）（电费、药剂费）	0.183	0.146	0.217
抽样出水水质达标率（%）	100	100	100

表 4-14 首创股份合肥项目的运营情况

合肥项目	2018年	2019年	2020年
污水处理结算量（万吨）	1 091.46	6 917.38	7 324.43
污水处理服务费含税单价（元/吨）	1.260	1.260	1.260
污水处理服务费回收率（%）	100	100	100
吨污水生产成本（元/吨）（电费、药剂费）	0.305	0.381	0.295
抽样出水水质达标率（%）	100	100	100

2. 中航首钢生物质封闭式基础设施证券投资基金

（1）基金概要

中航首钢生物质封闭式基础设施证券投资基金（以下简称中航首钢绿能REIT，基本情况如表4–15所示，交易结构如图4–16所示）是以中航基金管理有限公司为基金管理人，以招商银行为基金托管人，在深交所发行的封闭式公募基金。

表4–15　中航首钢绿能REIT基本情况

简称	不动产类型	项目规模（亿元）	类别	期限	募集份额（亿份）	认购价格（元）	募集金额合计（亿元）	原始权益人持有比例（%）
中航首钢绿能REIT	生态环保	12.48	经营权	26年	1.0	13.38	13.39	40

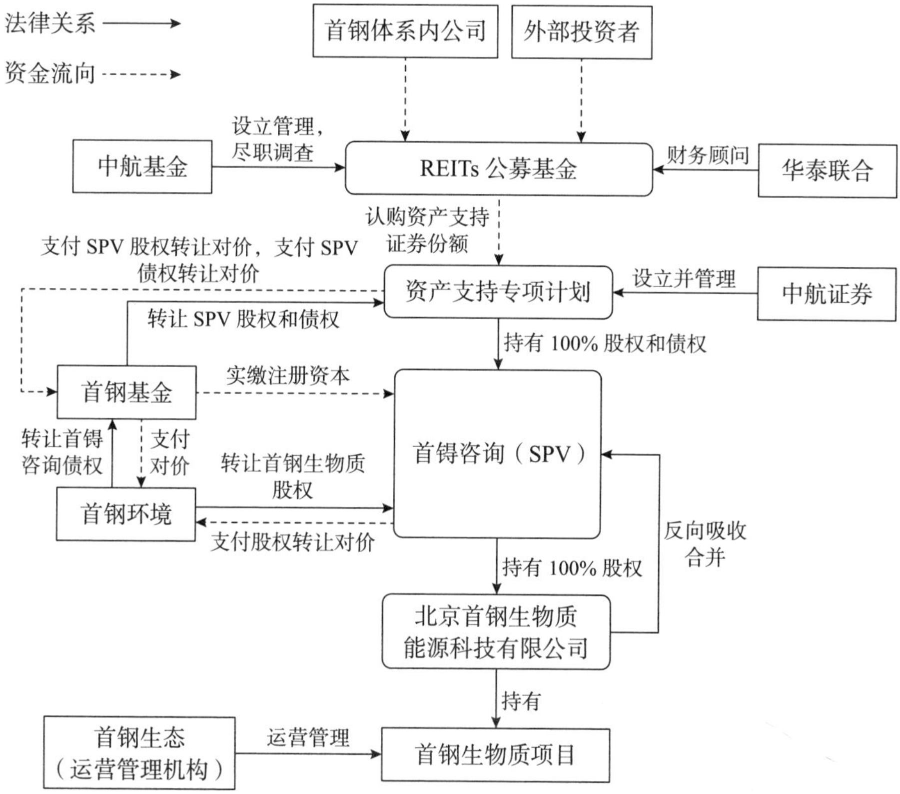

图4–16　中航首钢绿能REIT交易结构

（2）原始权益人

本基金的原始权益人为首钢环境产业有限公司，是由首钢集团有限公司（以下简称首钢集团）100%控股的公司，首钢集团为国有全资公司（股权结构如图4-17所示）。

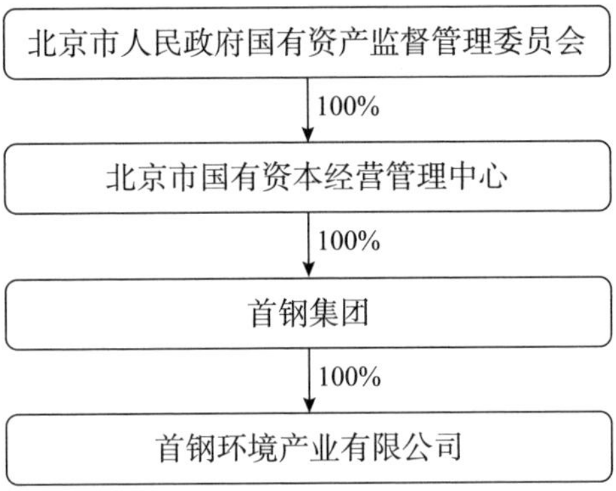

图4-17　首钢集团股权结构

2005年，首钢总公司（首钢集团）率先在国内冶金行业成立了专门推进钢铁企业环保产业发展的机构“环保产业事业部”。2007年，首钢总公司进一步整合环保资源，将环保职能管理、技术研发、项目开发、环保设施专业运营纳入环保产业事业部，初步形成了首钢环保产业一体化管理体制框架。2011年，首钢总公司对现有资源进行深度优化，组建了“能源环保产业事业部（能源环保部）”，成为集能源、环保专业管理和能源环保产业拓展于一体的综合部门。为进一步实现首钢环保产业的规范管理与迅速发展，2014年1月，首钢能源环保产业事业部正式转变为首钢环境产业有限公司。

截至2018年年末、2019年年末和2020年年末，首钢环境资产总额分别为31.09亿元、33.91亿元和34.14亿元，2018年至2020年年均复合增长率为4.79%。

原始权益人回收的资金主要用于北京首钢新能源发电项目（生活垃圾二期）、永清县生活垃圾焚烧发电厂项目（一期），项目总投资额22.63亿元。原始权益人在取得项目公司的股权转让价款并扣除基金战略配售认购款项后的全部资金将用于新项目投资。

北京首钢新能源发电项目（生活垃圾二期）的预计配套资金为8.82亿元，永清县生活垃圾焚烧发电厂项目（一期）的预计配套资金为0.78亿元，均以项目资本金的方式投入。

（3）基础设施项目

首钢生物质项目包括生物质能源项目、餐厨项目和残渣暂存场项目。资产范围中，生物质能源项目，日焚烧生活垃圾3 000吨，总建筑面积为69 933.43平方米，包括焚烧厂房、汽机及主控厂房、沼气发电厂房、污泥脱水间等。餐厨项目，总建筑面积6 044.44平方米，餐厨垃圾的设计处理能力为100吨/日。项目分为收运系统和处理系统两部分，建设内容包括综合水处理车间、餐厨垃圾预处理车间，建设规模为5 934.17平方米。残渣暂存场项目，总建筑面积为160.36平方米（以规划部门的最终审定为准），总库容为128万立方米，设计残渣填埋能力为700吨/日、渗沥液处理能力为35吨/日。建设内容包括渗沥液检查井、渗沥液调节池、药剂储坑、储罐、除臭系统基础、地下水收集提升井、渗沥液收集提升井、渗沥液处理车间等。

首钢生物质项目的收入来源为垃圾处理服务费、发电收入及餐厨垃圾收运、处置费。生物质能源项目的垃圾处理服务费的直接支付主体为北京市城管委，餐厨项目的收运处置费的支付主体为签署协议的各区管委。垃圾处理服务属于为社会提供公共产品或公共服务，按照“污染者/使用者付费”的原则由企业或个人缴纳城市生活垃圾处理费，最终由使用者付费，实行收支两条线管理。因此，垃圾处理服务费、餐厨垃圾收运处置费的终端支付主体为服务区域内产生城市生活垃圾（含餐厨垃圾）的单位和个人，现金流来源合理分散。

2020年度、2019年度及2018年度，首钢生物质的营业收入分别为3.60亿元、4.31亿元及3.92亿元（首钢生物质最近三年营业收入构成情况如表4–16所示）。

表4-16　首钢生物质最近三年收入构成情况

单位：元

项目	2018年度	2019年度	2020年度
主营业务收入	392 327 863.01	431 173 078.99	353 722 304.80
其他业务收入	—	—	6 055 016.64
营业收入总计	392 327 863.01	431 173 078.99	359 777 321.44

本章总结

我国公募REITs处于起步阶段，试点的范围领域、交易结构等具体要素也要根据现阶段的情况设计。随着REITs产品的发展，当前模式的不足会逐渐显现出来，同时制度优势也会凸显，结合我国房地产行业的本土特点，REITs底层资产的领域范围也会逐渐贴近国际REITs市场。

第五章

公募REITs的实践及展望

如前文所述，大房地产产业是相对狭义的房地产概念——对住宅开发而言。就发达经济体而言，住宅开发仅为房地产行业的一小部分，甚至在某种语境下，住宅开发等于房地产开发是新兴市场对房地产的特定概念。EPRA网站于2020年11月发布的《欧州上市房地产公司住宅部分报告》（*European Listed Real Estate-Sector Report Residential*）（FTSE EPRA NAREIT Global Real Estate Index Series，富时全球房地产指数）指出，一般将新兴国家的大多数住宅指数成分股定性为开发商，将发达市场的多数住宅指数成分股定性为租赁公司。

就房地产产业运营的产业体量而言，我们可以从EPRA于2021年12月发布的《全球房地产市场2021年第四季度报》（*Global Real Estate Total Markets Table Q4-2021*）中看到房地产市场的总规模，该报告对全球多个国家和地区的房地产市场估值进行了统计（见表5-1）。截至2021年年底，全球商业地产估值约32.5万亿美元。

根据上述统计可以看出，商业房地产的估值为32.45万亿美元，其中上市公司的市值规模为4.22万亿美元，REITs的市值规模为2.49万亿美元。需要指出的是，上述关于商业房地产的估值的预测基于保诚房地产投资者设计的一个公式，该公式发表在《全球房地产市场鸟瞰：2012年2月更新》中。发达国家的房地产估值=GDP × 0.45，新兴国家的房地产估值=GDP × 0.45（该国人均GDP/GDP Adj. for inflation）$^{(1/3)}$（其中，GDP Adj. for inflation意为每年根据美国的通货膨胀率进行调整，2000年为20 000美元）。

表5-1 全球79个国家和地区的房地产市场估值①

国家/地区名称	人均GDP（美元）	GDP（十亿美元）	商业房地产（十亿美元）	上市房地产（十亿美元）	上市公司数量（家）	REITs市值（十亿美元）	REITs只数	非REITs市场估值（十亿美元）	非REITs公司数量（家）	股票市场（十亿美元）	上市房地产市值与股票市值比率（%）	上市房地产市值与商业房地产市值比率（%）
澳大利亚	52 905.40	1 359.37	622.89	134.00	56	127.39	42	6.62	14	1 774.44	7.55	21.51
奥地利	48 592.71	432.52	197.69	9.64	7	—	—	9.64	7	178.64	5.40	4.88
巴林	23 589.96	34.73	18.94	0.38	3	0.04	—	0.34	2	27.06	1.39	1.99
孟加拉	1 961.60	323.06	54.27	0.10	2	—	—	0.10	2	0.08	126.39	0.18
比利时	44 688.46	514.92	236.25	36.76	29	29.16	17	7.60	12	424.65	8.66	15.56
博茨瓦纳	6 420.23	15.06	4.30	0.56	5	—	—	0.56	5	321.00	17.42	13.01
巴西	6 822.56	1 444.72	475.08	10.99	145	0.25	119	10.74	26	769.42	1.43	2.31
保加利亚	10 006.35	69.21	21.02	0.84	41	0.71	33	0.14	8	17.59	4.80	4.02
加拿大	43 294.80	1 644.04	760.22	92.06	71	77.52	42	14.53	29	3 196.85	2.88	12.11
智利	12 992.98	252.82	92.58	5.44	14	—	—	5.44	14	151.53	3.59	5.88
中国	10 511.34	14 866.74	4 515.16	516.72	260	8.87	6	507.85	254	12 994.96	3.98	11.44
哥伦比亚	5 390.92	271.55	77.05	—	—	—	—	—	—	85.66	—	—

① 1.** 基于截至2021年9月的富时国家股票市场分类，加纳、科特迪瓦、巴勒斯坦、北马其顿、塞尔维亚、坦桑尼亚除外。
2. 数据截至2021年12月21日。

续表

国家/地区名称	人均GDP（美元）	GDP（十亿美元）	商业房地产（十亿美元）	上市房地产（十亿美元）	上市公司数量（家）	REITs市值（十亿美元）	REITs只数	非REITs市场估值（十亿美元）	非REITs公司数量（家）	股票市场（十亿美元）	上市房地产市值与股票市值比率（%）	上市房地产市值与商业房地产市值比率（%）
克罗地亚	13 895.94	56.17	20.36	—	—	—	—	—	—	2 120	—	—
塞浦路斯	26 784.89	23.79	10.54	0.34	—	—	—	0.34	11	3.91	8.78	3.25
捷克	22 942.86	245.35	100.96	14.89	2	—	—	14.89	2	38.30	38.87	14.75
丹麦	61 153.92	356.09	158.08	2.90	9	—	—	2.90	9	77 529	0.37	1.83
埃及	3 600.84	363.25	68.69	5.94	36	—	—	5.94	36	50.66	11.72	8.64
爱沙尼亚	230 359	30.63	12.50	0.13	3	—	—	0.13	3	5.94	2.16	1.03
芬兰	48 786.03	269.56	121.14	7.39	4	—	—	7.39	4	351.75	2.10	6.10
法国	40 298.85	2 624.42	1 208.37	59.04	48	52.18	28	6.86	20	3 464.30	1.70	4.89
德国	46 215.60	3 843.34	1 740.93	133.00	55	6.66	7	126.34	48	2 763.95	4.81	7.64
希腊	17 657.10	189.26	75.28	4.26	9	2.50	4	1.77	5	56.72	7.51	5.66
中国香港	46 657.20	346.58	318.60	221.09	88	26.68	3	194.41	79	6 072.15	3.64	69.40
匈牙利	15 866.22	155.01	57.25	0.48	3	—	—	0.48	3	30.93	1.57	0.85
冰岛	59 643.09	21.72	10.74	1.39	4	—	—	1.39	4	19.69	7.04	12.91
印度	1 929.68	2 660.24	491.95	46.80	116	8.13	3	38.66	113	3.463 25	1.35	9.51

续表

国家/地区名称	人均GDP（美元）	GDP（十亿美元）	商业房地产（十亿美元）	上市房地产（十亿美元）	上市公司数量（家）	REITs市值（十亿美元）	REITs只数	非REITs市场估值（十亿美元）	非REITs公司数量（家）	股票市场（十亿美元）	上市房地产市值与股票市值比率（%）	上市房地产市值与商业房地产市值比率（%）
印度尼西亚	3 921.62	1 059.64	244.17	15.47	71	0.67	2	14.80	69	575.32	2.69	6.34
爱尔兰	85 205.50	425.55	180.24	2.13	3	2.13	3	—	—	129.87	1.64	1.18
以色列	44 181.17	407.10	176.61	63.70	59	3.51	6	60.19	53	314.47	20.26	36.07
意大利	31 604.43	1 884.94	886.61	1.42	9	0.85	3	0.58	6	736.55	0.19	0.16
日本	40 088.60	5 045.10	2 276.67	256.97	153	148.22	63	108.75	90	6 619.69	3.88	11.29
约旦	4 286.49	43.76	10.25	0.77	28	—	—	0.77	28	21.78	3.54	7.53
哈萨克斯坦	9 071.30	171.24	52.98	—	—	—	—	—	—	7.31	—	—
肯尼亚	2 103.55	102.43	18.12	0.01	2	0.01	—	0.00	—	20.50	0.06	0.06
韩国	31 638.46	1 638.26	746.15	8.56	23	7.20	20	1.35	3	2 103.74	0.41	1.15
科威特	22 683.64	105.95	62.95	9.18	36	0.11	1	9.07	35	96.60	9.50	14.57
拉脱维亚	17 549.30	33.48	12.61	0.01	1	—	—	0.01	1	1.13	1.07	0.10
立陶宛	19 981.34	55.84	21.30	0.05	2	—	—	0.05	2	5.50	0.91	0.24
卢森堡	116 921.11	73.21	32.05	—	—	—	—	—	—	15.72	—	—

续表

国家/地区名称	人均GDP（美元）	GDP（十亿美元）	商业房地产（十亿美元）	上市房地产（十亿美元）	上市公司数量（家）	REITs市值（十亿美元）	REITs只数	非REITs市场估值（十亿美元）	非REITs公司数量（家）	股票市场（十亿美元）	上市房地产市值与股票市值比率（%）	上市房地产市值与商业房地产市值比率（%）
马来西亚	10 231.34	3 370.00	109.34	22.70	99	9.25	18	13.45	8	432.85	5.24	20.76
马耳他	28 955.29	14.90	6.71	0.36	7	—	—	0.36	7	5.43	6.53	5.29
毛里求斯	8 618.60	10.92	3.78	1.66	—	—	—	1.66	—	6.13	27.05	43.85
墨西哥	8 403.60	1 073.92	344.45	19.99	22	17.16	16	2.84	6	349.02	5.73	5.80
摩洛哥	3 187.63	114.60	24.79	0.65	4	—	—	0.65	4	64.85	1.00	2.62
荷兰	52 456.09	913.13	407.07	12.86	7	12.76	5	0.10	2	975.52	1.32	3.16
新西兰	41 164.58	209.38	94.17	11.19	12	6.50	6	4.69	6	127.87	8.75	11.88
尼日利亚	2 083.16	429.42	79.12	0.03	2	0.03	2	—	—	43.15	0.07	0.04
挪威	67 326.07	362.52	177.26	7.80	8	—	—	7.80	8	350.49	2.23	4.40
阿曼	14 255.09	63.37	25.00	0.05	—	0.05	1	—	—	15.64	0.30	0.19
巴基斯坦	1 352.72	276.94	47.15	0.24	4	0.15	—	0.08	3	49.45	0.48	0.50
秘鲁	6 134.22	205.46	57.73	—	—	—	—	—	—	77.61	0.00	0.00
菲律宾	33 225.00	361.49	77.71	59.14	52	5.23	5	53.91	47	267.18	22.13	76.10
波兰	15 699.30	606.73	210.99	7.14	37	—	—	7.14	37	178.14	4.01	3.39
葡萄牙	22 148.80	228.36	95.08	0.11	3	0.07	2	0.05	—	86.44	0.13	0.12

续表

国家/地区名称	人均GDP（美元）	GDP（十亿美元）	商业房地产（十亿美元）	上市房地产（十亿美元）	上市公司数量（家）	REITs市值（十亿美元）	REITs只数	非REITs市场估值（十亿美元）	非REITs公司数量（家）	股票市场（十亿美元）	上市房地产市值与股票市值比率（%）	上市房地产市值与商业房地产市值比率（%）
卡塔尔	54 184.97	145.45	92.09	14.83	5	—	—	14.83	5	164.66	9.01	16.10
罗马尼亚	12 867.64	248.72	82.69	6.37	9	—	—	6.37	9	24.51	26.01	7.71
俄罗斯	10 115.35	1 478.57	496.53	15.99	5	—	—	15.99	5	644.71	2.48	3.22
沙特阿拉伯	19 995.70	700.12	292.26	37.46	30	4.82	17	32.64	13	2 432.37	1.54	12.82
新加坡	59 794.60	339.98	322.05	115.33	64	77.92	35	37.41	29	445.64	25.88	35.81
斯洛伐克	19 144.92	104.49	40.26	0.00	1	—	—	0.00	1	528.00	0.00	0.00
斯洛文尼亚	25 548.77	53.55	22.75	—	—	—	—	—	—	22.32	—	—
南非	5 624.50	335.34	95.11	17.70	38	1 523	31	2.48	7	406.81	4.35	18.61
西班牙	27 179.45	1 280.46	585.49	31.36	89	25.68	75	5.6S	14	699.15	4.49	5.36
斯里兰卡	3 681.55	80.70	18.72	0.45	16	—	—	0.45	16	15.96	2.81	2.40
瑞典	52 129.13	541.06	243.80	108.91	49	—	—	108.91	49	1 131.31	9.63	44.67
瑞士	87 366.60	75.88	332.19	65.18	39	—	—	65.18	39	2 036.44	3.20	19.62
中国台湾	28 358.30	668.16	278.82	24.43	40	3.51	7	20.92	33	1 781.92	1.37	8.76

续表

国家/地区名称	人均GDP（美元）	GDP（十亿美元）	商业房地产（十亿美元）	上市房地产（十亿美元）	上市公司数量（家）	REITs市值（十亿美元）	REITs只数	非REITs市场估值（十亿美元）	非REITs公司数量（家）	股票市场（十亿美元）	上市房地产市值与股票市值比率（%）	上市房地产市值与商业房地产市值比率（%）
泰国	7 187.86	501.71	142.68	41.63	113	10.40	59	31.22	54	522.40	7.97	29.18
突尼斯	3 294.88	39.22	8.49	0.03	3	—	—	0.03	3	826.00	0.36	0.35
土耳其	8 610.03	719.92	224.81	6.36	39	6.14	35	0.22	4	230.91	2.75	2.83
阿联酋	38 661.18	358.87	220.34	32.18	15	0.20	2	31.98	13	28 921	11.13	14.60
英国	40 394.13	2 709.68	1 559.55	119.31	83	105.82	53	13.49	30	3 283.79	3.63	7.65
美国	63 358.49	20 893.75	9 370.20	1 722.47	237	1 696.25	190	26.21	47	42 640.76	4.04	18.38
越南	35 225.00	343.11	71.32	57.17	69	—	—	57.17	69	229.46	24.92	80.16
全球**	—	80 963.52	32 452.04	4 224.48	2 621	2 499.92	970	1 724.56	1 651	107 435.98	3.93	13.02

在上述统计中，我国市场被列入新兴市场统计，在GDP为14.87万亿美元的情况下，商业地产估值为4.5万亿美元，约占GDP的30%，如按上述发达国家的估值原则计，商业地产估值应为GDP的45%，则为6.7万亿美元。随着我国经济总量的不断提升，这一数值还将不断提升，因此房地产作为大产业的市场容量是足够巨大的。从REITs市值的角度讲，如果按照美国1.72万亿美元与20.89万亿美元的比率计算，我国的REITs市值应该是1.22万亿美元。由上推之，随着我国经济总量的不断提升，这一数值还将不断提升。因此，REITs作为房地产产业运作的一个重要业务模式和金融运作模式，在我国也必然有广阔的市场空间和前景。

大房地产产业时代来临，以下我们就几个细分产业进行展望。

第一节　房地产行业之住房租赁公募REITs展望

一、发展住房租赁产业的意义

1.发展住房租赁产业是立足新发展阶段、贯彻新发展理念、构建新发展格局的必有之举

北京大学光华管理学院副院长、教授张峥在以《推动租赁住房建设，加速构建新发展格局》为主题的演讲报告中对此进行了深入的论述：

第一，实现与社会主义现代化相匹配的产业结构需要大力发展租赁住房。2035年，实现社会主义现代化的中国，需要实现就业结构和产业结构的匹配。根据光华思想力课题组的估测，未来15年，超过20%的就业人口——1.5亿人口，需要重新配置到第二产业或服务业。在产业结构变迁和人口流动的情况下，农业转移人口城市化将带来大量的住房需求，尤其是住房租赁的需求。只有大力发展住房租赁市场，增加租赁住宅的有效供给，才能够有效解决新市民的居住问题，使人口增长、产业发展相互促进。

第二，城镇化率的进一步提升需要租赁住房市场作为坚定支撑。光华思想力课题组预计2035年中国人口城镇化率将达到75%至80%。租赁住房可以解决进城农村人口的住房需求，激发他们积极融入城市生活的意愿，只有大量人口留下来，才能保持城市的活力和动力。另外，消除城乡二元差距，需要将城市化推进与乡村振兴有效结合起来，将农村集体建设用地的流转与劳动力的自由流动结合起来，这样才能提升农村人口的财产性收入。

第三，发展租赁住房是新发展格局下提振消费、拓展投资的新思路。在新发展格局下，消费将发挥基础性和引领性作用。据光华思想力课题组预测，2035年居民消费占GDP比率将达到60%，相对现在增加约20个百分点，同时服务消费占整个消费的60%。在未来15年的时间里，如果解决了城市人口工作地和居住地相一致的问题，就能更好地释放消费的潜力，促进消费尤其是服务消费。培育租赁住房这样一个新型的住房消费，有利于降低以往高昂的购房和贷款支出，打通消费堵点，释放其他消费需求。

2.住房租赁市场是我国住房供应体系的重要组成部分，培育和发展住房租赁市场是深化住房制度改革的重要内容，是实现城镇居民住有所居目标的重要途径

住房租赁市场是我国住房供应体系的重要组成部分，在经济社会发展中起着十分重要的作用。没有发育完善的租赁市场，住房供应体系就不完整，居民对住房的合理消费就得不到满足，住有所居的目标就难以实现，人口的有序流动就会受到制约，承租人的合法权益就难以得到保障，大量的存量房源就得不到充分利用。

近年来，我国的住房租赁市场快速发展，住房租赁的规模逐步扩大，为解决居民的居住问题、推动经济社会发展作出了重要贡献。据统计，城市居民家庭通过租赁解决住房问题的比例逐年上升，进城务工人员主要通过租赁的方式解决住房问题。与此同时，住房租赁市场的发展还不能完全适应经济社会发展的需要，存在供应总量不平衡、供应结构不合理、制度措施不完善的现象，特别是供应主体较为单一等问题，因此需要加快培育和发展住房租

赁市场，以实现城镇居民住有所居的目标。

培育和发展住房租赁市场，有利于完善住房供应体系，解决不同需求居民的住房问题；有利于拓宽公共租赁住房房源渠道，完善住房保障体系；有利于盘活存量房源，提高资源利用效率；有利于新型城镇化建设，促进人口有序流动；有利于加强和改进社会管理和服务，提高社会治理能力。各级住房和城乡建设主管部门要切实把握当前有利机遇，加快推进住房租赁市场发展。

3.发展住房租赁产业是贯彻落实房子是用来住的，不是用来炒的这一定位的重要举措

推进租赁住房建设、培育和发展住房租赁市场，是贯彻落实房子是用来住的，不是用来炒的这一定位的重要举措，是加快房地产市场供给侧结构性改革和建立购租并举住房制度的重要内容，是解决新市民住房问题、加快推进新型城镇化的重要方式，是实现全面建成小康社会城镇居民住有所居目标的重大民生工程。

二、住房租赁公募REITs在发达国家的现状

根据EPRA于2020年11月发布的《欧洲上市房地产公司住宅部分报告》（*European Listed Real Estate-Sector Report Residential*），截至2020年9月20日，富时全球指数（FEN Global Index）共有485个成分股，其中64个为住宅类，41个来自发达市场，23个来自新兴市场，总权重为19.4%（见图5-1）。

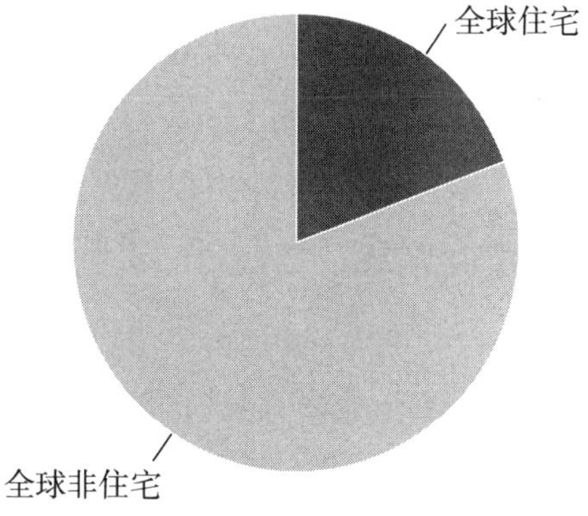

图5-1　2020年9月富时全球指数构成

需要指出的是，由于年报中缺乏明确的分类，许多中国企业被归入多元化企业，EPRA估计住宅企业在全球指数中的总权重接近23%。在北美和欧洲发达国家，住宅部门所占权重都大幅增长，从2010年的11.8%和2.2%分别上升到2020年的20.3%和35.2%。

另外需要指出的是，针对那些被归类为“住宅”公司的投资重点，64家公司中有23家被归类为非租赁公司，这23家公司大多来自新兴市场。我们认为这并非巧合，根据指数的基本规则，住宅开发仅被视为亚太地区和新兴市场（EM）的相关房地产活动，主要是因为这些市场的结构特殊，上市的住宅业主不多，最大的参与者通常是住宅建筑商，如巴西、泰国和阿联酋等国家。此外，中国和印度等国的许多公司使用的是一种混合模式，在租赁住宅物业的同时，在中间城市为每年数百万寻求新机会的农村人口开发大型城市化项目。因此，我们可以很容易地将新兴国家的大多数住宅指数成分股定性为开发商，将发达市场的多数住宅指数成分股定性为租赁公司。

（一）美国的住宅租赁市场

1. 整体情况

美国作为REITs的发展大国，根据NAREIT的统计，截至2020年12月31日，美国住宅REITs的股票市值约为1 680亿美元，共计22只，约占美国REITs比重的14%。

美国住宅REITs分为三个部分，即公寓（Apartments）、预制房屋（Manufactured Homes）和独立家庭住宅（Single Family Homes）。从NAREIT网站上的REITWatch 2021年1月的报告中可以看出，截至2021年12月31日，美国住宅REITs的股票市值为2 671亿美元。其中，公寓市值约1 839亿美元，近五年的投资回报率为17.05%；预制房屋市值416亿美元，近五年的投资回报率为21.91%；独立家庭住宅市值416亿美元，近五年的投资回报率为16.79%（见表5-2）。

表5-2　近年美国住宅REITs的基本情况①

公司名称	股票名称	市值（百万美元）	负债率（%）	股息收益率（%）	2021年投资回报（百万美元）	三年投资回报率（2019—2021年）（%）	五年投资回报率（2017—2021年）（%）
公寓							
American Campus Communities	ACC	7 898.30	34.70	3.28	39.43	16.39	7.35
Apartment Income REIT	AIRC	8 573.70	—	3.22	47.72	—	—
Apartment Inv Management	AIV	1 175.30	56.20	19.73	46.21	22.45	13.68
Avalonbay Communities	AVB	35 262.70	18.40	2.52	62.14	17.06	10.96
Bluerock Residential Growth REIT	BRG	697.00	59.10	2.46	119.25	52.64	22.56
BRT Apartments	BRT	436.10	28.20	3.83	65.76	36.14	31.24
Camden Property	CPT	18 260.60	14.60	1.86	83.13	30.49	20.03
Centerspace	CSR	1 583.70	32.80	2.60	62.23	36.56	14.14
Clipper Realty	CLPR	159.70	72.40	3.82	47.73	–4.39	—
Equity Residential	EQR	33 847.50	19.40	2.66	57.30	14.91	10.67
Essex Prop Trust	ESS	22 894.60	20.60	2.37	52.38	16.26	11.95
Independence Realty Trust	IRT	2 715.10	27.20	0.32	97.25	47.62	30.86
Mid–America Apartment Comm	MAA	26 619.60	14.20	1.79	85.80	38.02	22.55
NexPoint Residential Trust	NXRT	2 106.40	41.60	1.81	102.93	37.49	34.36
Preferred Apartment Communities	APTS	956.20	71.40	3.88	158.99	17.47	11.54

① 数据来源：NAREIT 网站 REITWatch 2021 年 1 月的报告。

续表

公司名称	股票名称	市值（百万美元）	负债率（%）	股息收益率（%）	2021年投资回报（百万美元）	三年投资回报率（2019—2021年）（%）	五年投资回报率（2017—2021年）（%）
UDR	UDR	18 548.10	22.30	2.42	61.10	18.65	14.16
Washington Real Estate Inv	WRE	2 186.40	18.50	2.63	24.33	8.84	-0.33
平均		10 818.88	34.48	3.60	71.39	25.41	17.05
预制房屋							
Equity Lifestyle Properties	ELS	15 981.70	16.60	1.65	41.01	24.27	22.05
Sun Communities	SUI	24 336.20	16.20	1.58	40.79	30.07	25.41
UMH Properties	UMH	1 295.80	28.10	2.78	91.42	38.63	18.27
平均		13 871.23	20.30	2.00	57.74	30.99	21.91
独立家庭住宅							
American Homes 4 Rent	AMH	14 555.30	17.30	0.92	46.91	31.11	16.79
Invitation Homes	INVH	27 057.50	22.30	1.50	55.56	33.85	—
平均		20 806.40	19.80	1.21	51.24	32.48	16.79

2. 中高端公寓REITs

美国中高端公寓REITs的代表有公平住屋（Equity Residential，EQR，股权结构如图5-2所示），成立于1969年，总部位于芝加哥，是美国第一家上市的公寓型REITs（1993年上市），是标普500的成分股之一。

EQR的规模在美国公寓型REITs中一般与Avalonbay Communities排在前两位，专注于各类住户型物业（公寓）的收购、开发和管理业务，为美国中高端住宅租赁市场用户提供高品质的住宅租赁服务，服务客户群体的居住年龄中位数为33岁，年收入超过15万美元。其所持有的公寓在地域上主要分布在美国高端高成长性市场，重点聚焦于九个核心城市（洛杉矶、奥兰治县、圣地亚哥、旧金山、华盛顿特区、西雅图、纽约、波士顿、丹佛）。

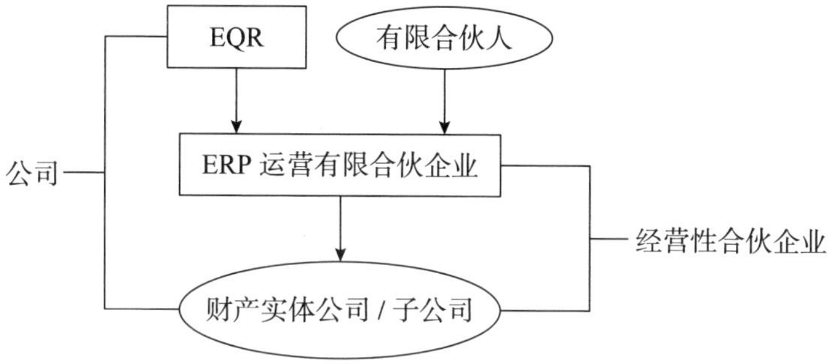

图5-2　EQR的股权结构

根据EQR的2020年年报，截至2020年12月31日，EQR直接或间接持有位于美国9个州和哥伦比亚特区的房产304座，公寓单元77 889个。根据NAREIT网REITWatch 2021年1月的报告，EQR的市值达338.47亿美元，资产负债率为19.4%。

EQR的产品线分为花园洋房及中高层公寓两个系列，平均月租金约2 680美元。根据EQR的2020年年报，其基本情况如表5-3、表5-4和表5-5所示。

表5-3　EQR产品线

类型	房产数量（处）	单位公寓数量（间）	每处房产平均单位公寓数量（间）
花园洋房	102	25 791	253
中高层公寓	202	52 089	258
合计	304	77 889	256

表5-4　EQR的房产分布区位

区域	房产数量（处）	单位公寓数量（间）	平均月租金（美元）
洛杉矶	72	16 603	2 458
奥兰治县	13	4 028	2 222
圣地亚哥	11	2 706	2 373

续表

区域	房产数量（处）	单位公寓数量（间）	平均月租金（美元）
旧金山	48	12 707	3 053
华盛顿特区	47	14 731	2 387
西雅图	46	9 454	2 349
纽约	37	9 606	3 617
波士顿	25	6 430	2 958
丹佛	5	1 624	2 003
总计	304	77 889	2 680

表5-5　EQR经营房产的所有权类型

所有权类型	房产数量（处）	单位公寓数量（间）
全资所有	287	74 328
租赁资产	1	162
部分拥有	16	3 399
合计	304	77 889

应该说，EQR是一个重资产持有型的租赁企业，根据其2020年年报，截至2020年1月31日，该公司经营房产的入住率约为94%。根据NAREIT网站REITWatch 2021年1月的报告，EQR在2021年的投资回报为57.3%（由于新冠肺炎疫情，2020年的经营业绩受到巨大影响），近三年的投资回报率为14.91%，近五年的投资回报率为10.67%。

（二）欧洲的住房租赁市场

1.整体情况

住宅是房地产中最重要的行业之一，根据EPRA于2020年11月发布的《欧洲上市房地产公司住宅部分报告》（*European Listed Real Estate-Sector Report Residential*），住宅在FEN（FTSE EPRA NAREIT）发达欧洲指数中占35%的权重，而2010年时仅为2%。

就该指数中的公司所拥有的房地产投资组合而言，住宅行业在过去10年中也出现了显著扩张。2012年，指数成分股拥有的住宅地产价值348亿欧元，占总额（2 754亿欧元）的13%。除了奥地利、德国和英国的少数住宅公司以外，这些投资组合中最大的一部分由具有多元化战略的房地产公司或其他行业的公司拥有，因此被视为非核心资产。然而，在2019年，住宅投资总额为1 560亿欧元，占总额5 858亿欧元的27%，大部分公司的属性是住宅公司或多元化公司，此类多元化公司有明确的发展战略，包括学生住房、社会住房、服务公寓、护理院和多户型开发项目等。从2020年的情况看，该指数由来自比利时、芬兰、德国、爱尔兰和英国等的16家公司组成，总市值为760亿欧元。关于2012年和2019年住宅地产在房地产产业总市值的占比分布如图5-3、图5-4所示。

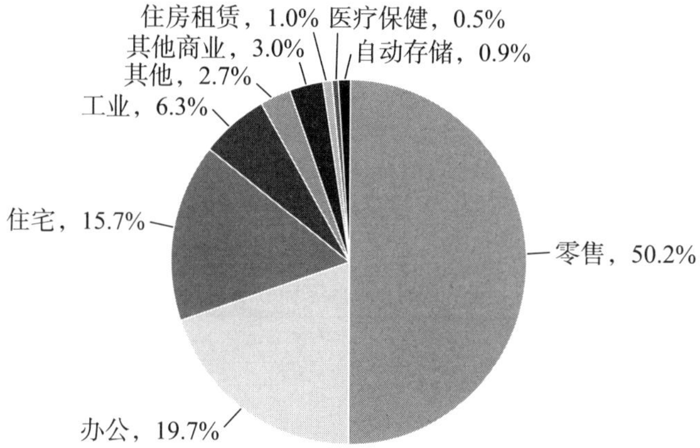

图5-3　2012年住宅地产在房地产产业总市值的占比分布

另外，从投资回报的角度看，该指数在成立的头几年表现不佳，2006年表现平稳；在接下来的2年里，受国际金融危机的直接影响，该指数大幅下跌；在2010年缓慢而稳定的复苏之后，2011年至2013年的欧元区债务危机明显限制了欧洲住宅市场的扩张，因此该指数在几年内保持平稳；2014年，该指数开始稳步增长；2015年，该指数达到了危机前的水平；2020年，该指数的收益率超过了FEN欧洲发达指数和FEN全球发达指数近15年的累计收益率（见图5-5）。

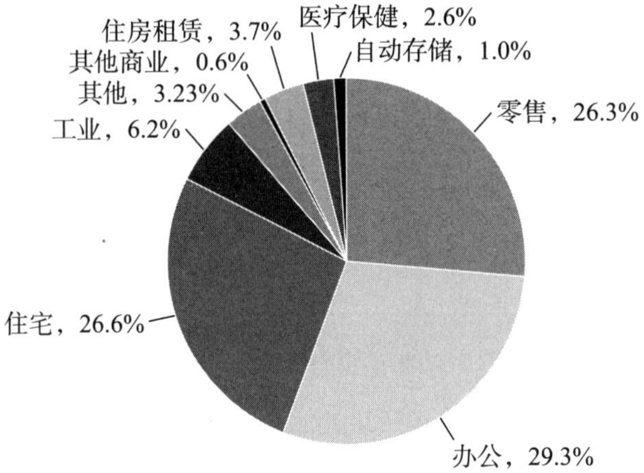

图5-4 2019年住宅地产在房地产产业总市值的占比分布

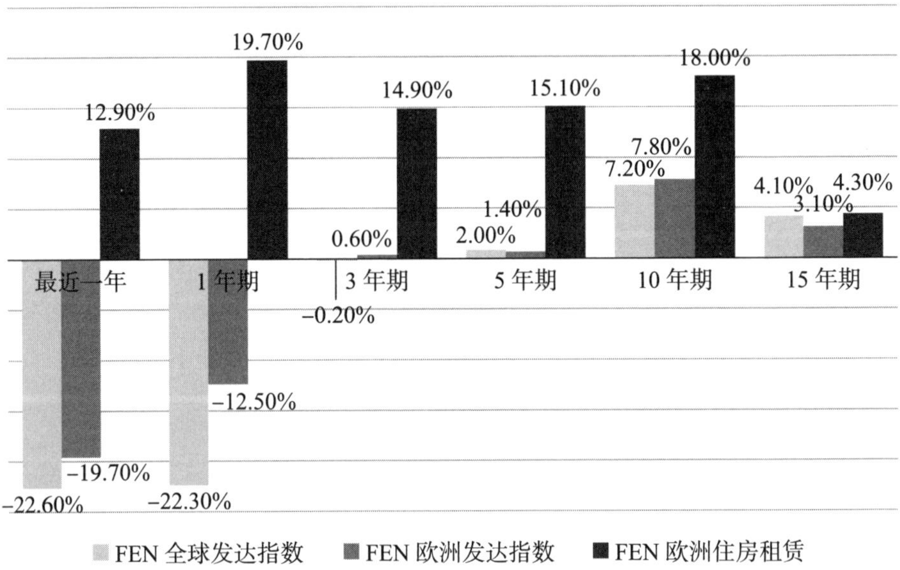

图5-5 收益率比较短期和长期

针对纳入欧洲住宅市场指数的公司，其主要历史演进过程如下：

2006年，有3家公司加入了欧洲住宅指数，分别是Colonia RE、Gagfah和Patrizia Immobilien。

2009年至2013年，4家新成分股公司加入了该指数，分别是TAG、GSW、LEG和Deutsche Annington。

2014年至2015年，又有4家公司加入该指数，分别是TLG、Adler RE、Grand City Properties和ADO。

2013年，GSW Immobilien被Deutsche Wohnen收购；不到2年之后，Deutsche Annington和Gagfah合并，创建了欧洲最大的住宅公司Vonovia。

2016年至2018年，有9家新住宅公司上榜，其中4家考虑的是新地区的传统租赁公司，分别是Irish Residential Properties（爱尔兰）、D. Carnegie（瑞典）、Victoria Park（瑞典）和Kojamo（芬兰）；3个来自现有学生住房分组，分别是Empiric Student Property（Empiric学生公寓）（英国）、GCP（GCP学生生活）（英国）和XIOR Student Housing（XIOR学生宿舍）（比利时）；还有2个属于全新商业模式分组，即Civitas Social Housing（Civitas社会住房）（英国）和Triple Point Social Housing（Triple Point社会住房）（英国）；最后，Vonovia通过收购战略开始其国际扩张，指数中删除了3个成分股，被纳入Vonovia的公司结构，分别是BUWOG（奥地利）、Conwert Immobilien（奥地利）和Victoria Park（瑞典）。

2.欧洲住宅公司呈现的特点

（1）学生住宅行业

随着欧洲留学生数量的增加，学生住宅行业开始在住宅行业发挥越来越重要的作用。在欧洲，2014年约有400万名国际学生，到2020年，这一数字超过了700万。欧洲留学生数量的增加推动了学生住宿需求的增长，截至2020年9月，有3个新的专业学生公寓公司出现，分别是Empiric 学生公寓（英国），GCP学生生活（英国）和XIOR学生宿舍（比利时），总市值为57.71亿欧元。图5-6为纳入欧洲住宅指数的学生住宅行业的公司占比组成。

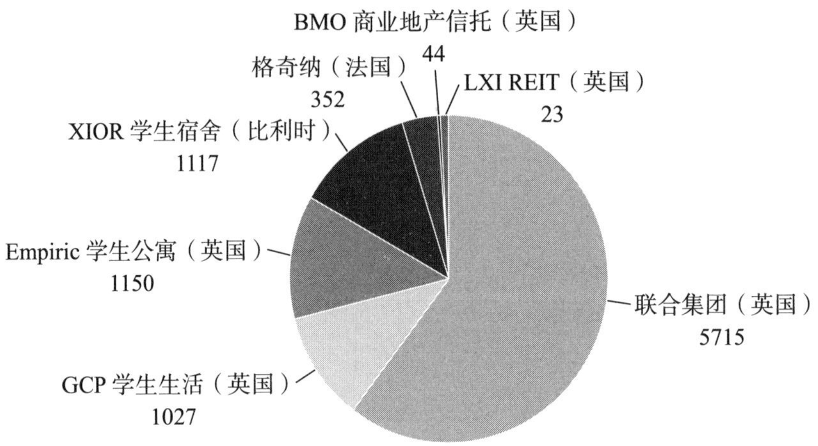

图5-6 纳入欧洲住宅指数的学生住宅行业的公司占比组成

在投资回报方面，学生住宅的房地产收益率高于其他传统住宅市场资产的收益率。根据第一太平戴维斯研究公司的数据，2019年最后一个季度，位于荷兰的学生公寓提供的股息收益率高于5%，位于西班牙的学生公寓的这一数值达到了5%，位于德国、英国、法国和爱尔兰的学生公寓的股息收益率处在3.7%至4.8%。

（2）社会住房

社会住房（Social Housing）与我国的保障性住房的概念相契合，可以被定义为国家提供给低收入公民的出租住房；或者房地产公司拥有的、向社会弱势群体提供的经济适用房，租赁的对手方是向特定公民提供家庭的住房协会或地方当局。

自国际金融危机以来，社会住房问题在欧洲变得更加明显，在这种背景下，英国成为寻找有效解决这些竞争问题的领跑者。根据英国住房、社区和地方政府部门的数据，2018年4月，地方政府的名单上有111万个家庭等待住房，低于2012年180万个的峰值。在FEN欧洲发达住宅指数中，该资产类别目前由英国该领域的两大市场领导者领衔——Civitas社会住房（英国）和Triple Point社会住房（英国），这两家公司分别于2016年和2017年上市，并于2018年加入了该指数。截至2020年9月，它们的总市值为12.06亿欧元。

这两家公司都拥有强大的组合，其中Civitas社会住房在164个地方政府拥有613处个人房产，并接受15个住房协会的物业服务，这些协会为4 216人提供长期住房。根据Triple Point社会住房的统计，Triple Point社会住房在英国有404处支持性住房，合计2 872个单位住房。

虽然政府在社会住房方面的作用至关重要，但也受公共预算的限制。政府支持新建住房和改造投资的补贴总体上在下降，更加聚焦于公共支出的短缺方面。在英国，政府补贴已经大幅减少，住房协会只得寄希望于筹集私人资本，同时允许将租金设定为市场利率的80%。由于这些原因，一些房地产开发商开始投资社会保障性住房，并创造了一种新的融资模式。由于家庭的租金通常是全额支付的，因此由中央政府提供的资金为地方政府提供担保。英国常见的社会住房的交易模式如图5-7所示。

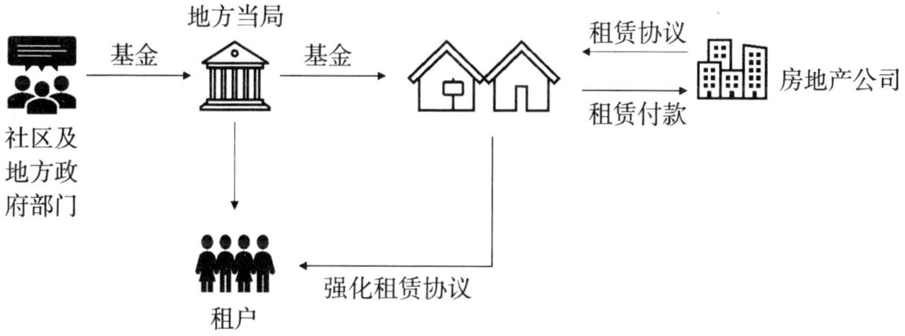

图5-7　英国常见的社会住房的交易模式

另外，FEN发达欧洲指数中的其他公司也将一些经济适用房的风险敞口计入了它们的投资组合。LEG Immobilien（德国）目前为36.5万人提供经济适用房，并计划投资新的建设项目，以帮助缓解高需求大都市地区对额外经济适用房的迫切需求。Grainger Trust（英国）在其投资组合中拥有496个可运营的保障性住房单元，还计划在社会住房领域实现40%的投资。此外，在收购Hemfosa（瑞典）、Samhälls Byggnads Bolaget（SBB）（瑞典）之后，SBB成为北欧地区最大的社会住房公司和欧洲最大的社会基础设施所有者。

总体来说，社会住房的关键在于其租赁价格对于弱势公民的可承受性。社会住房可以提供更好的生活条件，可以改善弱势公民的健康和福祉，也可以为政府节省资金。在投资方面，基于社会对保障性住房的需求，政府提供担保的安全性以及良好的社会影响，带来了政府、地产公司、投资者和租户的多赢。以Civitas社会住房（英国）和Triple Point社会住房（英国）为例，根据纯社会住房的个体在1年和3年时间内的年化总回报率，可看出这两个成分股在短期内的出色表现。

表5-6　纯社会住房的个体在1年和3年时间内的年化总回报率[①]

纯社会住房参与者的年化总回报率（截至2020年9月30日）		
	近1年（%）	近3年（%）
Civitas社会住房（英国）	19	−3
Triple Point社会住房（英国）	12	1

关于欧洲的养老住房行业，本书将在后续章节进行详述。

（三）亚洲的住房租赁市场

1. 整体情况

根据中国房地产业协会和戴德梁行（Cushman & Wakefield ）联合出品的《亚洲房地产投资信托基金REITs 2020年研究报告》，截至2020年12月31日，亚洲市场上共有185只REITs，总市值达2 814亿美元，受新冠肺炎疫情的影响，市值较2019年年末下跌了约5%。

2. 日本情况

在亚洲各大交易所的总市值中（见图5-8），日本的REITs市值约占50%，为亚洲规模最大的REITs市场，亦是全球第二大REITs市场。

---

① 数据来源：EPRA。

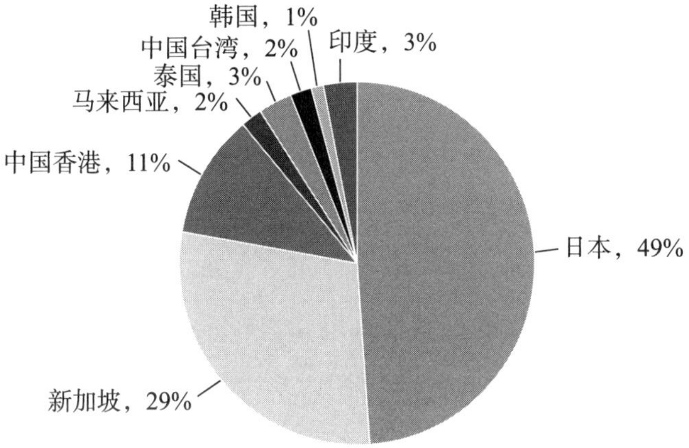

图5-8　亚洲各大交易所REITs总市值及占比[①]

表5-7　亚洲各大交易所REITs总市值[②]

	数量（只）	总市值（亿美元）	占比（%）
日本	62	1 393.7	49.5
新加坡	42	814.0	28.9
中国香港	11	304.2	10.8
泰国	31	82.9	2.9
印度	2	70.6	2.5
马来西亚	17	66.1	2.3
中国台湾	7	44.8	1.6
韩国	13	37.2	1.3
总计	185	2 813.5	100.0

基于日本在亚洲REITs市场上的重要性，住房租赁部分将以日本部分作为研究重点。根据J-REIT网站2022年2月28日公布的数据，日本现有61只REITs，市值1 554.82百万日元，住宅REITs有5只，市值112.06百万日元，住宅REITs市值约占REITs总市值的7.2%。

① 数据来源：彭博数据库，戴德梁行估价及顾问服务部。
② 数据来源：彭博数据库，戴德梁行估价及顾问服务部。

表5-8　日本现有5只住宅REITs的总体情况

证券代码	投资公司名称	股息收益率（%）	净资产值（日元）	净资产值放大倍数	市值（百万日元）
3226	Nippon Accommodations FundInc.	3.37	531 281	1.14	304 601
3269	Advance Residence Investment Corporation	3.48	285 412	1.13	445 970
8979	Starts Proceed Investment Corporation	4.01	224 633	1	57 201
3282	Comforia Residential REIT, Inc.	3.44	286 136	1.09	222 312
3459	Samty Residential Investment Corporation	4.83	116 653	1.01	90 508

就上述数据可以看出，股票代码3269的Advance Residence Investment Corporation是日本市值最大的住房租赁公司（基本情况见表5-9，持有资产的区域分布见表5-10，2011年至2021年的股息分配结果见表5-11）。公司网站显示，截至2022年2月，其管理的资产总价值为4 629亿日元，入住率为96.9%（2021年的入住率为96%）。

表5-9　Advance Residence Investment Corporation基本情况

管理总资产价值	管理房产数量	管理房产平均年限	可出租的单位房产数量
4 629.6亿日元	273处	15.4年	21 662个单元

表5-10　Advance Residence Investment Corporation持有资产的区域分布

投资房产区域	收购价格（亿日元）	房产数量（处）	可出租的单位房产数量（个单元）	所占投资比例（%）
Tokyo 23 Wards	328 282	176	12 439	70.90
Tokyo Metropolitan Area	42 347	26	2 326	9.10
Major Regional Cities	92 332	71	6 897	19.90
合计	462 962	273	21 662	100.00

表5-11　Advance Residence Investment Cor poration 2011年至2021年股息分配结果

期数	单位股息（日元）	计算周期	股息登记日	确权日	计划付息日
22th	5 646	2021年2月1日至2021年7月31日	2021年7月31日	2021年7月29日	2021年10月18日
21th	5 600	2020年8月1日至2021年1月31日	2021年1月31日	2021年1月28日	2021年4月19日
20th	5 635	2020年2月1日至2020年7月31日	2020年7月31日	2020年7月29日	2020年10月21日
19th	5 620	2019年8月1日至2020年1月31日	2020年1月31日	2020年1月29日	2020年4月16日
18th	5 504	2019年2月1日至2019年7月31日	2019年7月31日	2019年7月29日	2019年10月10日
17th	5 422	2018年8月1日至2019年1月31日	2019年1月31日	2019年1月28日	2019年4月16日
16th	5 499	2018年2月1日至2018年7月31日	2018年7月31日	2018年7月26日	2018年10月16日
15th	5 285	2017年8月1日至2018年1月31日	2018年1月31日	2018年1月26日	2018年4月16日
14th	5 169	2017年2月1日至2017年7月31日	2017年7月31日	2017年7月26日	2017年10月12日
13th	4 979	2016年8月1日至2017年1月31日	2017年1月31日	2017年1月26日	2017年4月13日
12th	4 774	2016年2月1日至2016年7月31日	2016年7月31日	2016年7月26日	2016年10月7日
11th	4 578	2015年8月1日至2016年1月31日	2016年1月31日	2016年1月26日	2016年4月13日
10th	4 572	2015年2月1日至2015年7月31日	2015年7月31日	2015年7月28日	2015年10月9日
9th	5 130	2014年8月1日至2015年1月31日	2015年1月31日	2015年1月27日	2015年4月13日
8th	4 593	2014年2月1日至2014年7月31日	2014年7月31日	2014年7月28日	2014年10月14日

续表

期数	单位股息（日元）	计算周期	股息登记日	确权日	计划付息日
7th	4 615	2013年8月1日至2014年1月31日	2014年1月31日	2014年1月28日	2014年4月14日
6th	4 597	2013年2月1日至2013年7月31日	2013年7月31日	2013年7月26日	2013年10月11日
5th	4 505	2012年8月1日至2013年1月31日	2013年1月31日	2013年1月28日	2013年4月15日
4th	4 724	2012年2月1日至2012年7月31日	2012年7月31日	2012年7月26日	2012年10月15日
3rd	4 500	2011年8月1日至2012年1月31日	2012年1月31日	2012年1月26日	2012年4月16日
2nd	4 500	2011年2月1日至2011年7月31日	2011年7月31日	2011年7月26日	2011年10月14日
1st	8 250	2010年3月1日至2011年1月31日	2011年1月31日	2011年1月26日	2011年4月18日

应该说，Advance Residence Investment Corporation作为日本比较有代表性的住房租赁企业，其运营状态一直较为稳定，且投资回报较为稳定。

三、我国住房租赁行业政策鼓励迎来重大机遇

不断推出政策鼓励

（1）《关于加快培育和发展住房租赁市场的指导意见》

2015年1月6日，住房和城乡建设部发布《关于加快培育和发展住房租赁市场的指导意见》（建房〔2015〕4号），该意见提出支持房地产开发企业改变经营方式，从单一的开发销售向租售并举模式转变。鼓励有条件的房地产开发企业，在新建商品房项目中长期持有部分房源，用于向市场租赁；也可以与经营住房租赁的企业合作，建立开发与租赁一体化、专业化的运作模式。支持房地产开发企业将其持有的存量房源投放到租赁市场，也可以转成

租赁型的养老地产、旅游地产等。

同时，该意见首次提出：积极推进房地产投资信托基金（REITs）试点，指出REITs有利于促进住房租赁市场发展，有利于解决企业的融资渠道，可充分利用社会资金，进入租赁市场，多渠道增加住房租赁房源供应。

（2）《关于加快培育和发展住房租赁市场的若干意见》

2016年5月17日，国务院办公厅发布了《关于加快培育和发展住房租赁市场的若干意见》（国办发〔2016〕39号），其指导思想为以建立购租并举的住房制度为主要方向，健全以市场配置为主、政府提供基本保障的住房租赁体系。支持住房租赁消费，促进住房租赁市场健康发展。

同时，该意见明确指出：发展住房租赁企业，充分发挥市场作用，调动企业积极性，通过租赁、购买等方式多渠道筹集房源，提高住房租赁企业规模化、集约化、专业化水平，形成大、中、小住房租赁企业协同发展的格局，满足不断增长的住房租赁需求；鼓励房地产开发企业开展住房租赁业务，支持房地产开发企业拓展业务范围，利用已建成住房或新建住房开展租赁业务；鼓励房地产开发企业出租库存商品住房；引导房地产开发企业与住房租赁企业合作，发展租赁地产。

（3）《关于在人口净流入的大中城市加快发展住房租赁市场的通知》

2017年7月18日，住房和城乡建设部、国家发展改革委、公安部等联合发布了《关于在人口净流入的大中城市加快发展住房租赁市场的通知》（建房〔2017〕153号），鼓励国有、民营的机构化、规模化住房租赁企业发展，鼓励房地产开发企业、经纪机构、物业服务企业设立子公司拓展住房租赁业务。人口净流入的大中城市要充分发挥国有企业的引领和带动作用，支持相关国有企业转型为住房租赁企业。鼓励地方政府出台优惠政策，积极支持并推动发展房地产投资信托基金（REITs）。

（4）《关于推进住房租赁资产证券化相关工作的通知》

2018年4月24日，证监会、住房和城乡建设部发布了《关于推进住房租赁资产证券化相关工作的通知》（证监发〔2018〕30号），该通知指出：住房租赁资产证券化，有助于盘活住房租赁存量资产、加快资金回收、提高资金使用效率，引导社会资金参与住房租赁市场建设；有利于降低住房租赁企业的杠杆率，服务行业供给侧结构性改革，促进形成金融和房地产的良性循环；可丰富资本市场产品供给，提供中等风险、中等收益的投资品种，满足投资者多元化的投资需求。同时，该文件再次提出：重点支持住房租赁企业发行以其持有不动产物业作为底层资产的权益类资产证券化产品，积极推动多类型具有债权性质的资产证券化产品，试点发行房地产投资信托基金（REITs）。

（5）《关于加快发展保障性租赁住房的意见》

2021年6月24日，国务院办公厅发布了《关于加快发展保障性租赁住房的意见》（国办发〔2021〕22号），其指导思想为扩大保障性租赁住房供给，缓解住房租赁市场结构性供给不足，推动建立多主体供给、多渠道保障、租购并举的住房制度，推进以人为核心的新型城镇化，促进实现全体人民住有所居。

在国务院出台《关于加快发展保障性租赁住房的意见》后，2021年，上海市、广东省、山东省、江西省、陕西省陆续出台了关于保障性租赁住房的相关意见，同时明确提出，要积极支持保障性租赁住房项目开展基础设施领域不动产投资信托基金（REITs）试点。

上述关于保障房的相关政策均提出，要支持专业化、规模化的住房租赁企业建设和运营管理保障性租赁住房，同时政策支持形成关于投融管退的闭环。在投融资环节，鼓励多元化融资渠道的参与。在开发建设环节，一方面强调对土地资源和非改租项目给予相应的政策倾斜，利用集体经营性建设用地、企事业单位自有闲置土地、产业园区配套用地和存量闲置房屋建设，适当利用新供应国有建设用地建设，并合理配套商业服务设施，以保证保障性租赁住房的土地供应，并降低土地价格，确保保障性租赁住房起到全体人民住有所居的重要作用；另一方面给予行业实际的财政补贴。在运营环节，除了给予财政补贴，切实减免增值税、房产税等相应税费，旨在缓解企业的运营税赋压力；在退出环节，鼓励行业对不动产投资信托基金（REITs）等创新金融工具的应用和探索。

应该说，一直困扰住房租赁的几个痛点在这几个办法中得到了解决。比如，土地价格过高导致了重资产持有成本过高，无法用资金收入进行平衡。更重要的是，支持保障性租赁住房项目开展基础设施领域不动产投资信托基金（REITs）试点，解决了此类项目的资金退出问题，实现了该类项目的资金运作闭环。

四、我国住房租赁公募REITs的目前实践及未来发展

目前，我国的住房租赁可以分为市场化住房租赁及保障性住房租赁。如前文所述，2021年7月2日，国家发改委发布的《关于进一步做好基础设施领域不动产投资信托基金（REITs）试点工作的通知》，正式将保障性租赁住房项目纳入公募REITs的试点范围。在此之前，我国的租赁项目都是通过私募REITs进行的项目融资，表5-12所示为我国已经发行的租赁私募REITs项目。

表5-12　我国已经发行的租赁私募REITs项目[①]

发行时间	发行主体	首期/拟发行金额（亿元）	要点	备注	底层资产	年化预期收益率
2012年8月17日	房信集团	20	天津市房地产信托集团有限公司2012年度第一期资产支持票据	国内首单租赁住房资产证券化产品	房信集团旗下的32 018套天津市保障性住房	5.75%—8.23%
2017年2月20日	魔方公寓	3.5	魔方公寓信托受益权资产支持专项计划	国内第一单公寓ABS业务	公寓未来的租金应收款	4.8%—5.4%

① 资料来源：Wind、大成律所、光大证券研究所。

续表

发行时间	发行主体	首期/拟发行金额（亿元）	要点	备注	底层资产	年化预期收益率
2017年8月15日	自如	5	中信证券—自如1号房租分期信托受益权资产支持专项计划	国内第二单公寓ABS业务	自如房租分期小额贷款	发行利率5.39%
2017年11月3日	新派公寓	2.7	新派公寓权益型房托资产支持专项计划	国内首单长租公寓权益型类REITs产品	北京市朝阳区新派公寓物业及其租金收益权，估值3.15亿元	发行利率5.3%
2018年3月13日	保利	17.17	中联前海开源—保利地产租赁住房一号第一期资产支持专项计划	储架总规模50亿元；国内首单由央企发行的租赁住房类REITs	保利自持物业及未来租金，首期估值16.8亿元	发行利率5.5%
2018年4月25日	寓见公寓	3.6	华泰佳越—中南寓见资产支持专项计划	国内首单托管型长租公寓类REITs；寓见公寓2018年出现“资金链断裂”，后被麦家公寓和蛋壳公寓收购重组	浦寓集中式公寓	—
2018年4月27日	碧桂园	17.17	中联前海开源—碧桂园租赁住房一号资产支持专项计划（第一期）	储架总规模100亿元；国内首单达到百亿级规模的租赁住房类REITs产品	北京、上海和厦门市总面积超过10万平方米的1 500余套租赁住房	5.8%

续表

发行时间	发行主体	首期/拟发行金额（亿元）	要点	备注	底层资产	年化预期收益率
2018年6月21日	旭辉瓴寓	2.5	高和晨曦—中信证券—领昱系列资产支持专项计划	储架总规模30亿元；国内首单民企长租公寓储架类权益型REITs	首期为柚米国际社区浦江店与博乐诗服务公寓浦江店	5.9%—6.5%
2018年7月5日	恒大	—	中联前海开源—恒大租赁住房一号第N期资产支持专项计划	总规模100亿元；恒大集团首单租赁住房ABS产品	—	优先级7.5%
2018年8月10日	越秀集团	4.966 6	中联前海开源—越秀租赁住房一号第一期资产支持专项计划	总规模50亿元；越秀租赁住房类REITs首期产品	—	优先级5%
2018年9月19日	阳光城	12.1	中信证券—阳光城长租公寓1号资产支持专项计划	国内A股民营房企首单储架式长租类REITs	公寓及未来租金应收款，物业估值12.15亿元	6.3%—6.8%
2018年9月7日	泰禾	8.105 3	中信证券—泰禾集团慕盛长租公寓1号资产支持专项计划	类REITs不动产投资信托	65套长租公寓，涉及资产均位于北京市朝阳区CBD等核心区域	7.5%—9%
2018年12月13日	远洋	32.03	中联前海开源—远洋集团一号资产支持专项计划	对次级投资人结构、产品决策机制、资产运营管理模式等创新	北京远洋未来广场、远洋山水未来汇及天津远洋未来广场，估值32亿元	优先级A档5.5%，优先级B档6%

续表

发行时间	发行主体	首期/拟发行金额（亿元）	要点	备注	底层资产	年化预期收益率
2019年1月21日	上海地产	17.1	国开上海地产第一期公开租赁住房资产支持专项计划	全国首单储架式公租房资产证券化产品	上海地产集团持有的公共租赁住房租金收入	4.5%
2019年2月20日	金地	20	华夏资本—金地火花长租公寓1—8期资产支持专项计划	ABS	—	4.5%
2019年3月12日	佳兆业	30	首笔长租公风资金支持专项计划	获深交所发出无异议函	佳兆业运营的长租公寓	7.5%
2019年3月13日	朗诗	10.68	平安汇通—平安不动产朗诗租赁住房1期资产支持专项计划	首单合作型长租公寓储架式REITs	位于上海市浦东新区外高桥板块的朗诗寓森兰项目	优先级4.6%
2020年3月19日	金地	1.11	华夏资本—金地火花长租公寓1期资产支持专项计划	商业房地产抵押贷款	—	4.5%
2020年3月22日	广州人才	5.04	国君—广州人才租赁第一期资产支持专项计划	—	—	4.9%
2020年4月3日	朗诗寓	3.51	中山证券—东兴企融—朗诗寓长租公寓一期资产支持专项计划	2018年曾两度被中止	—	6.2%—6.8%

续表

发行时间	发行主体	首期/拟发行金额（亿元）	要点	备注	底层资产	年化预期收益率
2020年5月7日	长春润德实业有限公司	3.00	国君—长春人才公寓第一期资产支持专项计划	信托受益权	—	—
2020年8月7日	融创	5.01	华金证券—上海香溢花城长租公寓资产支持专项计划	信托受益权	上海香溢花城长租公寓	4.5%
2020年10月30日	金地	2.36	华夏资本—金地火花长租公寓2期资产支持专项计划	商业房地产抵押贷款	—	4.5%
2021年9月11日	越秀	40	中信证券—越秀租2020年第1—5期资产支持专项计划	—	—	3.5%—4.1%

根据美国、日本等国家的租赁体量预估我国未来的租赁REITs的市场体量，如前文所述，2018年至2020年，美国REITs约占其GDP总量的5.11%、6.22%和5.7%，即处于5%至6%；而住宅REITs约占美国REITs总市值的14%，住宅REITs约占美国GDP总量的0.7%至0.84%；因此，按照中国2021年GDP数值114万亿元推算，中国住宅租赁REITs的体量应在0.8万亿元至0.96万亿元。

需要指出的是，中国是一个人口众多的国家，且经济正处于稳步增长阶段，因此在考虑上述体量计算时，会按照多于上述比例计算的数值计算。

第二节 房地产行业之产业园区（包括工业地产）公募REITs实践及展望

一、我国产业园区的发展

（一）产业园区的概念及分类

工业地产是指具有工业类土地使用性质的所有毛地、熟地以及该类土地上的建筑物和附属物，是有别于住宅、商业和综合类用地的第四种性质用地，类型包括工业制造厂房、物流仓库及工业研发楼等，产业园区与物流园区均属于工业地产。

根据联合国环境规划署（UNEP）对产业园区的定义，产业园区是指在一大片土地上聚集若干工业企业的区域。它具有以下特点：占地较大、有详细的区域规划、有长期发展战略、对入驻企业有明确的准入标准、对园区环境规定了限制标准并提供必要的管理服务。结合我国产业园建设和发展的现状，我国的产业园区一般是指国家或者地区为实现经济发展，在规划区域内聚集若干特定的产业企业，具有明确的管辖边界，在区域内实施统一规划、集中管理，并伴有政策倾斜，提供专门的配套和服务的区域。产业园区一般具有政策支持、设施完善、服务到位、产业聚集等特点，其表现形式包括自由贸易区、出口加工区、经济特区、高新科技区、保税区、自由港、企业区、各类产业园、总部基地等。

产业园区的分类，根据产业的不同，可以分为科技园区、专业园区和一般工业园区；根据承载功能的不同，可以分为国家级开发区、省（县）级开发区、专业园区；根据开发模式的不同，可以分为政府主导园区、企业主导园区、政企合作园区。

（二）我国产业园区的发展及现状

1.基本情况

我国产业园区的发展可以追溯到1979年蛇口工业区的设立，产业园区兴起的很大原因是提高自身生产力，吸引资金、人才，引进技术，这与我国作为发展中国家的现状密不可分。随着我国国民经济水平的提升以及我国经济结构的转型——由纺织业、煤炭、机械等转向先进制造业、高新技术等新兴产业，我国产业园区的发展也一路高歌猛进，推动着城市化的建设，促进着地方经济的腾飞。根据国家发改委的公告，我国产业园区的发展经历了以下阶段（见表5-13）。

表5-13　我国产业园区的发展历程

时间	发展阶段	发展特点
1979年至1991年	改革开放初期	促进体制改革、发展开放型经济、行政特征明显；以培育为主，产城分离，产业基础薄弱；产业结构为劳动密集型，以食品饮料等中低端技术轻工业为主。
1991年至2003年	快速发展	推进改革开放、促进城市化进程、促进产业聚集；1992年南方谈话掀起了对外开发和招商引资热潮，一批产业园区开发运营企业成立，以产带城；产业结构为技术密集型，以化工金属、电气机械等中端技术制造业为主；2003年，开发区数量增至6 866个。
2003年至2008年	整顿调整	产业园区数量过多，效率低下；2003年，国务院多次发文整顿产业园区的无序扩张；2004年，开发区减少至2 053个；2006年，工业用地全面实施招拍挂制度，鼓励民营企业参与；产业结构呈现为资本与技术密集型，以精密仪器、电子信息等中高端技术为主。
2009年至今	创新升级	2009年，中关村园区成为第一个国家自主创新示范区，四万亿广修基建推动园区建设，园区适应新经济发展模式，进入转型升级和发展创新阶段；产业结构呈现为知识密集型，以高新技术、信息科技、文创产业等为主；2018年，新版《中国开发区审核公告目录》发布，政策向战略新兴等产业倾斜。

至今，经过40余年的发展，我国的产业园区已经具备了一定的规模。从产业园区的数量上看，根据中国开发区官网的数据，我国目前共有2 735个开发区，其中国家级开发区665个（经济技术开发区230个、高新技术产业开发区168个、海关特殊监管区域166个、边境/跨境经济合作区19个、国家级自贸区21个、国家级新区19个、国家级自创区19个、其他国家级园区23个）、省级开发区2 070个。我国国家级产业园区以国家级经济技术开发区、国家级高新区、海关特殊监管区域为主，数量合计占比约84.8%。上述统计范围仅围绕开发区展开，开发区只是产业园区的一部分，产业园区的数量远远超过开发区的数量。前瞻产业研究院的数据显示，全国的产业园区数量有近15 000个。面对数量庞大的产业园区，本次公募REITs试点的要求以研发楼、标准厂房、孵化器等小型产业园区为公募REITs的底层资产，开发区中囊括了数个小型产业园区。中国前瞻产业园库的数据显示，全国已收录的园区至少有83 000个；从产业园区的区域分布上看，产业园区主要围绕省会等重点城市分布，根据《中国开发区审核公告目录（2018）》，截至2020年年末，京津冀、粤港澳大湾区、长三角及长江中游的园区数量占比超过50%。据国家开发区网的数据统计，国家级产业园区及省级开发区主要分布于华东地区、中南地区的省会及中心城市。从产业园区涉及的行业分布上看，国家级开发区多涉及IT互联网、电子、汽车、文创、医疗大健康等行业，省级开发区则以新材料和节能环保等行业为主。头豹研究院数据显示，2021年年末，我国的专业产业园区以物流、文化创意、电商为主，分别占比18.2%、11.9%、10.7%。因疫情对防疫物资的需求增大，2021年度，生物医药园约占产业园区总量的5.3%，高于电子及化工材料园区的占比。

产业园区的健康发展离不开国家的政策指引。近年来，随着产业园区升级和国家利好政策频发，产业园区不仅在数量上稳中有升，在经济效益上也呈现出高速增长的态势。根据国家开发区网、头豹研究院、前瞻研究院等的数据，2020年，我国国家级开发区的地区生产总值为11.6万亿元，占总GDP的11.4%；国家级高新区的地区生产总值达13.6万亿元，占总GDP的13.3%。

表5-14 部分产业园区发展阶段的相关政策（部分已失效）①

时间	名称	核心内容
2003年7月	《国务院办公厅关于暂停审批各类开发区的紧急通知》（国办发明电〔2003〕30号）	对于开发区的过快发展进行控制。
2003年7月	《国务院办公厅关于清理整顿各类开发区加强建设用地管理的通知》（国办发〔2003〕70号）	对开发区的清理整顿： 1. 依据国家有关法律法规、土地利用总体规划和城市总体规划，纠正越权审批、违规圈占土地、低价出让土地等行为，促进各类开发区健康发展和土地资源的可持续利用。2. 要对各级人民政府及其有关部门批准设立的各类开发区进行全面清查。3. 要在检查清理的基础上进行整顿规范。4. 加强对开发区建设用地的集中统一管理。开发区建设用地必须符合土地利用总体规划并纳入土地利用年度计划，选址必须纳入城市统一规划管理。5. 今后要更严格控制设立以成片土地开发为条件的开发区。
2003年12月	《关于清理整顿现有各类开发区的具体标准和政策界限的通知》（发改外资〔2003〕2343号）（已失效）	规范了开发区由国务院和省、自治区、直辖市政府两级审批的制度，指导各类开发区进行整改，纠正违规擅自设立开发区、盲目扩大开发区规模的现象，解决开发区过多过滥、违规用地等突出问题。
2004年12月	国家发改委“布局集中、用地集约、产业集聚”设立开发区进行审核规定	通过设立审核的开发区，落实开发区“四至范围”设置界桩，将开发区清理整顿成果落到实地。
2005年8月	商务部办公厅关于印发《国家级经济技术开发区扩建审批原则和审批程序》的通知（商资字〔2005〕96号）	规范了国家级开发区扩建的审批程序。

① 资料来源：中国政府网，国家发改委。

续表

时间	名称	核心内容
2007年3月	国家发展和改革委员会、原国土资源部、建设部上报国务院的《全国各类开发区清理整顿工作总结报告》	经过清理整顿，全国开发区数量由6 866家减少到1 568家，减少77.2%；规划面积由386万平方千米压缩到9 949平方千米，减少74%；国家只保留三类开发区，即综合性经济开发区、高新技术产业区和特色产业园区。在每个县、县级市和城市远郊区原则上只保留一家开发区。
2012年10月	商务部发布的《国家级经济技术开发区和边境经济合作区“十二五”发展规划（2011—2015年）》	“十二五”期间，国家级开发区发展的重点任务为：营造优良投资发展环境；提高先进制造业竞争力；大力发展战略性新兴产业；壮大提升高新技术产业；推动现代服务业发展；着力构建区域创新体系；提升要素资源集聚整合能力；优化开放型经济格局；强化生态环境保护管理；全面促进区域协调发展。
2014年10月	《国务院办公厅关于促进国家级经济技术开发区转型升级创新发展的若干意见》（国办发〔2014〕54号）	明确新形势下的发展定位；推进体制机制创新；促进开发型经济发展；推动产业升级；坚持绿色集约发展；优化营商环境。
2016年3月	《关于完善国家级经济技术开发区考核制度促进创新驱动发展的指导意见》（国办发〔2016〕14号）	商务部牵头负责组织考核评价工作，会同相关部门加强对国家级经济技术开发区的宏观指导和管理。对发展较好的国家级经济技术开发区在金融、土地、人才等方面给予激励政策；围绕完善国家级经济技术开发区综合发展水平考核评价制度，从夯实产业基础、激发创新活力、发挥区域带动作用、强化绿色集约发展、推进体制机制创新五个方面，提出具体考核内容，通过考核促进国家级经济技术开发区实现目标要求，加大政策支持力度，提高政策精准度，充分调动国家级经济技术开发区加快转型升级、实现创新驱动发展的积极性。

续表

时间	名称	核心内容
2017年1月	《国务院办公厅关于促进开发区改革和创新发展的若干意见》（国办发〔2017〕7号）	进一步发挥开发区作为改革开放排头兵的作用，形成新的集聚效应和增长动力，引领经济结构优化调整和发展方式转变。 优化开发区形态和布局，科学把握功能定位和发展方向；加快开发区转型升级；全面深化开发区体制改革；完善开发区土地利用机制；完善开发区管理制度。
2018年5月	《国务院关于印发进一步深化中国（广东）自由贸易试验区改革开放方案的通知》（国发〔2018〕13号）	率先对标国际投资和贸易通行规则，建立与国际航运枢纽、国际贸易中心和金融业对外开放试验示范窗口相适应的制度体系，打造开放型经济新体制先行区、高水平对外开放门户枢纽和粤港澳大湾区合作示范区。强化自贸试验区同广东省改革的联动，开拓协调发展新领域，打造粤港澳大湾区合作示范区。
2019年5月	《国务院关于推进国家级经济技术开发区创新提升打造改革开放新高地的意见》（国发〔2019〕11号）	为提升开放型经济质量：拓展利用外资方式、优化外商投资导向、提升对外贸易质量；赋予更大改革自主权：深化“放管服”改革、优化开发建设主体和运营主体管理机制、支持开展自贸试验区相关改革试点；打造现代产业体系：加强产业布局统筹协调、实施先进制造业集群培育行动、实施现代服务业优化升级行动、鼓励国家级经济技术开发区复制推广自贸试验区、自主创新示范区等试点经验。
2019年8月	《国务院关于印发6个新设自由贸易试验区总体方案的通知》（国发〔2019〕16号）	《中国（山东）自由贸易试验区总体方案》《中国（江苏）自由贸易试验区总体方案》《中国（广西）自由贸易试验区总体方案》《中国（河北）自由贸易试验区总体方案》《中国（云南）自由贸易试验区总体方案》《中国（黑龙江）自由贸易试验区总体方案》。

续表

时间	名称	核心内容
2020年10月	《深圳建设中国特色社会主义先行示范区综合改革试点实施方案（2020—2025）》	以设立经济特区40周年为契机，在中央改革的顶层设计和战略部署下，支持深圳市实施综合授权改革试点；推进二、三产业混合用地，支持盘活利用存量工业用地；放宽能源、电信、公用事业、交通运输、教育等领域的市场准入，进一步放宽前沿技术领域的外商投资准入限制；提升城市空间的统筹管理水平；扩大金融业、航运业等的对外开放等。

2.我国产业园区的运营管理

从产业园区的开发运营管理主导权上看，我国的产业园区目前有政府主导、企业主导及政企联合三种主要模式，以政府主导为主。政府主导模式是我国产业园区中最为常见的模式，这和我国产业园区的产生和发展模式密切相关，在此种模式下，政府的背书使得产业园区在资源获取、优惠政策享受方面有巨大的优势，但同时也存在灵活度不足、运营效率低下等问题；企业主导模式是由政府引进具有实力的企业进行产业园区的开发、建设、运营，政府仅提供意见和配合政策，一切由企业进行主导的模式，此种模式因对运营企业的依赖度较高，存在风险较高的问题；政企联合模式是创新型模式，由政府和企业共同参与产业园区的开发、建设、运营，取长补短，发挥各自的优势，既能保证政府的有效对接，又能保证企业的运营效率，以PPP模式为代表，受到广泛的欢迎。

从产业园区开发运营的整个生命周期上看，一般会经过拿地开发建设—园区运营—投资孵化的过程。整个生命周期均有相应的参与主体，不同的主体根据其自身主营业务特点参与周期的一个阶段、数个阶段或者覆盖整个过程。产业园区开发商只专注于产业园区的拿地、开发建设阶段，以土地整理和基础设施建设（一级开发）及配套住宅建设（二级开发）为盈利点；产业园区运营商注重产业园区的招商、运营管理，以收取产业园区的管理费、服务费为盈利点，同时伴随获取公司股权，将其孵化为成熟企业后退出，获取资本的增值；产业园区的投资管理商一般会覆盖产业园区的整个过程。目前，我国产业园区的参与主体可分为以下几类：一是政府平台企业，以张江高科、上海临港、中关村发展集团等为代表，此类主体有国家的政策支持，可获取低成本的土地；二是专业开发商，以万科、恒大、招商蛇口、华夏幸福等房地产开发商为代表，此类主体的融资能力及商业地产开发能力较强；三是制造实体企业，以海尔集团、三一重工、长春高新等制造型实体企业为代表，此类主体具有较好的产业链资源；四是互联网企业，以腾讯、字节跳动、京东、阿里巴巴、百度等互联网企业为代表，此类主体业态丰富，易实现产业聚集；五是金融机构，以华融集团、复兴集团等金融类机构为代表，此类主体具有较强的资本运营能力。

从产业园区目前的经营模式上看，根据中金公司的总结，可以分为以下几种模式：一是注重产业园区拿地开发建设，利用产业园区勾地；二是更多地强调运营收益，通过招商运营服务获取持续的现金流；三是更多地注重分享园区企业的增值收益。目前，产业园区的经营模式以第一种为主，产业园区数目可观，但存在因“圈地”导致土地利用率低下及因产业定位不准导致有园无产、有园无人的问题，难以实现生产要素的优化配置，此种以“土地”获取盈利的模式是产业园区发展在特定背景下、特定阶段的模式，并不是成熟的产业园区经营模式。随着产业园区定位的逐渐清晰，将发展到第二个模式，依靠“服务”，以运营管理收入为盈利点，最后进入第三个模式，即在前两个盈利点的基础上，以取得企业的股权价值增值为盈利点，以投资人的角色参与，此种模式是产业园区发展的成熟模式，也是产业园区的应有之义。根据不同的运营模式，我国产业园区的盈利模式多元，包括物业运营、物业服务、金融投资及国家补贴等。物业运营主要是通过物业租赁、土地增值、配套商业地产及住宅地产的租售来获取运营收入，此种盈利模式也是我国产业园区主要的盈利模式，占比约为50%，符合我国产业园区运营模式处于第一阶段的现状。物业服务是通过提供产业咨询、园区信息技术、商业配套等服务获取营业收入，占比5%至35%。金融投资是通过产业投资、园区及产业资本运作获取营业收入，此部分占比5%至35%。政府补贴是通过国家及地方对产业园区在税收、孵化等方面的补贴获取收入，此部分占比很小。

3.我国产业园区的融资现状（见表5-15）

产业园区涉及拿地、开发、建设，再到运营，存在前期投资规模大、建设期间长、资金回笼周期长，运营风险等制约因素，因而产业园区的融资多以债权的形式进行，因无退出通道，股权融资较少。债权融资给地方政府平台以及产业园区企业带来了巨大的债务压力，亟须打通资金退出通道、拓宽股权融资的路径。

表5-15 我国产业园区主要融资模式①

融资性质	产品名称	特点说明
银行贷款	开发贷	需满足“432”的条件：取得四证、自有资金投入30%，开发商具有二级开发资质，仅用于开发阶段。
银行贷款	经营性物业贷	以物业作为抵押物，并以物业的未来经营性收入还本付息。
银行贷款	信托借款	集合募资，资金来源广、门槛低，但成本高于银行贷款。
发行债券	信用债	包含公司债、企业债、短期融资、中期票据、定向工具等，成本低，对发行主体的资质要求较高。
发行债券	专项债	政府支持战略性项目的专项债务工具。
发行债券	海外债	境内企业通过境外分支机构发行的外币债务工具，成本通常高于境内信用债。
资产证券化	ABS/ABN	将应收账款或租金收益权转让给保付代理商并获得融资的资产证券化产品。
资产证券化	CMBS	以单个或多个商业物业的抵押贷款组合作为基础资产的证券化产品，融资额一般为物业价值的50%至70%。
资产证券化	类REITs	现阶段对REITs的尝试，本质上仍具有较强的偏债型属性。
PPP	PPP项目融资	政府与社会企业合营，由社会资本提供公共服务，政府依据绩效评价结果向社会资本支付对价。

① 资料来源：亿翰智库，中金公司。

续表

融资性质	产品名称	特点说明
PPP	PPP资产证券化	底层资产为PPP项目的证券化产品，截至2019年年末共发行26单。
夹层融资	夹层基金	常包含偿付调控的股权协议，性质介于股权融资与债权融资之间。
夹层融资	IPO（首次公开募股）和增发	开发区主体或产业运营商可以通过上市在公开市场上募资。
股权融资	产业基金	园区运营方与政府、社会资本共同出资成立的，采用股权投资等方式，重点投资于园区建设的私募基金。
股权融资	公募REITs	股权性质的融资工具。

（三）公募REITs激发园区活力，提供了退出通道

从行业发展的角度看，结合我国产业园区的发展模式、运营现状以及主要的盈利模式，可以看出我国产业园区普遍存在“重资产、轻运营”的通病，公募REITs则有助于原始权益人重资产、轻运营的分离，从园区开发中抽出更多精力投入至园区运营中，从传统的开发建设转型为资产管理。重视园区的运营管理才是园区价值提升的主要抓手，开发建设作为一次性动作，从长期运营上看，靠专业的运营服务获取运营服务费才是持续稳定的现金流来源，保持持续稳定的现金流也是公募REITs的应有之义。

公募REITs将产业园区资产“打包上市”，以REITs底层资产的现金流（主要为产业园区租金）为还款来源，资产的上市流通加强了产业园区资产的流动性，在市场交易过程中，从市场的角度对资产进行评估定价，对产业园区提出具体量化的运营标准要求，促进园区的全生命周期管理、激发市场活力。同样，高标准的运营能力要求可以造就高水平的产业园区管理团队，促进我国产业园区的长远建设和发展。

产业园区作为政府产业发展的重要引擎，公募REITs的发行可以为当地

政府提供新的经济增长点。产业园区通过产业勾地造成的工业用地的严重浪费问题，是推进土地集约化利用和管理的重要障碍，“M0”用地制度则要求在工业用地的基础上增加新型产业用地，对土地容积率的要求在1.5以上，远远高于传统产业用地0.6的容积率标准，且限制分割销售。公募REITs作为一种整体性推出的工具，可以满足不分割销售的限制，同时，REITs产品的公开发行利于提高园区的运营水平、促进土地的集约化利用。

从原始权益人融资的角度看，公募REITs作为股权型融资工具，为产业园区的资产原始权益人提供了退出通道，可以实现资本“募—投—管—退”的闭环，提高产业园区融资工具中股权融资工具的占比。同时，公募REITs可以改变企业的财务状况，扩大企业的投资规模，构建闭环融资。

目前，我国处于产业园区政策和规模双层利好的阶段，产业园公募REITs的发展势头强劲、前景广阔，区域经济集聚升级，助力中国经济腾飞。

二、国际产业园区公募REITs

在国际REITs市场中，由于土地制度和政府角色上的差异，并没有单独的产业园区类公募REITs，产业园区更加贴近于亚太地区的概念，在欧美国家中，很难找到和我国产业园区资产趋近的底层资产类别。产业园区往往在工业、综合、基础设施及办公等资产类别中存在，以物流园区为主要的体现形式，且一般没有政府的政策倾斜支持。新加坡作为亚太国家，存在政府主导模式，对我国的园区类资产来说，是最好的参照标本。新加坡公募REITs产品中不存在只投资于产业园区类的资产，一般也会包含商业物业或者仓储物流。在国际视角下，产业园区和仓储物流园区存在边界模糊的现象，考虑到我国产业园区和仓储物流承载的经济作用不同，适用的土地管理法规不同，公募REITs中将它们作为两类不同资产类别来划分，本书也将分开讨论。本节将从一个较为广义的产业园区的视角讨论国际产业园区REITs产品，也就是说，只要其底层资产中至少包括一个产业园区的REITs即可作为本书参考讨论的标本。

（一）美国市场概况

1. 整体情况

美国作为世界上最大的公募REITs市场，产业园区属于其工业、综合REITs类底层资产。根据NAREIT数据，截至2021年年末，美国共有14只工业REITs，平均市值达14 972.4百万美元，2021年的平均收益率为51.70%，三年期收益率为35.67%，五年期收益率为26.61%；16只多元类REITs平均市值为2 506.2百万美元，三年期收益率为3.17%，五年期收益率为1.41%；基础设施类REITs共6只，平均市值44 844百万美元，平均收益率为39.65%，三年期收益率为28.12%，五年期收益率为16.55%。根据中金证券数据统计，2020年度，美国产业园区REITs市值占比为13%，2021年度的市值占比为11%（见图5-9）。

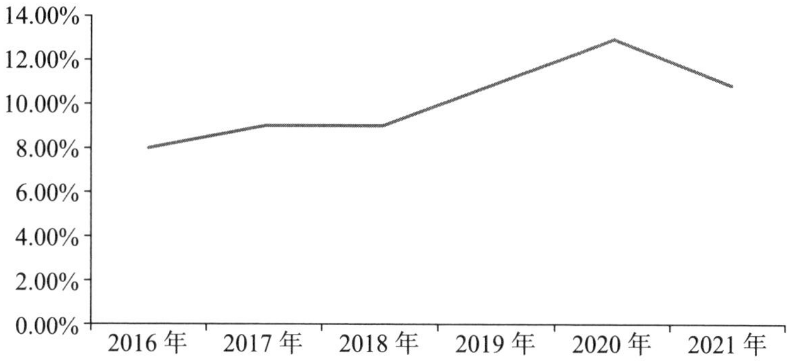

图5-9　美国产业园区的市值占比

2. 案例分析

（1）公司概况

PS BUSINESS PARK（PSB）于1986年设立，并于1988年在纽交所上市。PSB作为美国为数不多的产业园区运营商，主营业务在于产业园的开发、收购和运营。运营资产类别主要包括工业、办公工业+办公的物业组合；截至2021年6月30日，公司的隐含市值为64亿美元，截至2021年年底，PSB拥有约12个主要市场，为超过4 900个客户提供服务。PSB通过加州有限合伙企业PS Business Parks，L.P.持有并运营公司资产，开展公司业务。PSB作为PS Business Parks，L.P.的唯一普通合伙人，截至2021年年末，PSB持有其79.1%的份额，拥有完整的控制权。

（2）资产概况

截至2021年12月31日，PSB拥有并运营了2 770万个可出租平方英尺的商业空间，包括97个商业园区和666个位于加利福尼亚、得克萨斯、弗吉尼亚、佛罗里达、马里兰州和华盛顿的物业。在资产分布上，PSB着力聚焦于美国主要工业市场的子市场，90%的商业园区位于高需求的工业和工业柔性空间中，超过79%的商业园区位于交通发达的沿海市场，大部分位于美国大西洋沿岸及人口密集的区域，其中位于加利福尼亚州的物业面积占比40%，合计面积约为1 179万平方英尺。在资产类型方面，PSB工业物业的可出租面积占比达66%，纯办公面积较少，仅为11%；控股拥有395套多户公寓楼Mile Highgate 95%的权益，以及拥有411套多户公寓楼Mile Brentford 98.2%的权益；同时，PSB代表公共管理30万平方英尺的可出租面积。

（3）财务概况

截至2021年年底，PSB实现营业收入4.39亿美元，同比增长5.55%。在收入构成方面，商业园区的租金构成了营业收入的主要部分。同一商业园区的租金为3.92亿美元，占比89.4%；资产出售或打折销售收入1 958.4万美元，占比4.46%；非同一商业园收入1 782.9万美元，占比4.06%；多户住宅收入906.9万美元，占比2.07%。PSB的租赁坪效从2015年起至今稳步增长，2020年度，每平方英尺的租金收入为14.6美元；2021年度，每平方英尺的租金收入为15.61美元，同比增速为6.9%。

（4）运营概况

PSB服务于中小企业，租户多以小客户为主，采用多租户运营模式（租户行业分布如图5–10所示）。截至2021年，PSB有租户约4 900名，其租户数量显著领先于同类型企业（Terreno有签约租户460家）。在截至2021年12月31日的3个月和12个月内，加权平均入住率总额分别为95.5%和94.3%，而2020年的同期数据为92.4%和92.2%。PSB的租户行业分布多元，物流仓储、科技及商业服务的占比超10%，租户集中度较低，单一租户的租金贡献低于4%。2021年第四季度数据显示，租户的平均租期为3.6年。

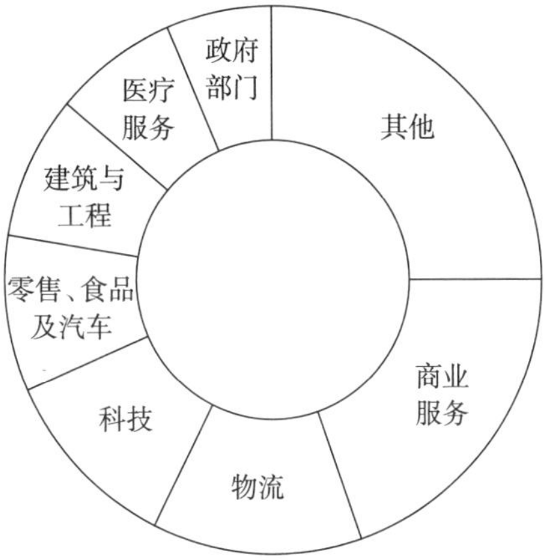

图5-10　PSB租户行业分布

截至2021的四季度和年度，PSB分别履行了180万平方英尺和740万平方英尺的租约，而截至2020年的四季度和年度，签租约面积分别为180万平方英尺和710万平方英尺。表5-16显示了截至2021年的四季度和年度内执行的租赁按产品类型分列的现金租金增长率和净有效租金增长。

表5-16　PSB公司2021年的四季度和年度内执行的租赁按产品类型分列的现金租金增长率和净有效租金增长

产品类型	截至2021年12月31日的三个月			截至2021年12月31日的十二个月		
	租赁量（平方英尺）	现金租赁增长率（%）	净有效租金增长（%）	租赁量（平方英尺）	现金租赁增长率（%）	净有效租金增长（%）
工业	1 246 000	11.5	25.7	5 211 000	9.4	21.7
工业柔性	302 000	1.2	8.0	1 514 000	1.0	7.2
办公室	207 000	–2.3	4.7	712 000	–5.6	0.7
总计	1 755 000	6.1	16.4	7 437 000	5.2	14.7

（5）收益率概况

2021年度，PSB的收益率为46.07%，低于工业REITs的平均收益率。PSB公司的杠杆率仅为0.1%。

（二）欧洲市场概况

欧洲市场方面，以英国为代表，截止到2021年年末，英国市场共有46只REITs产品，市值合计59 546.22百万英镑。其中，底层资产中含有工业资产的REITs共有14只（见表5-17），占比30%。从市值占比上分析，14只产品的市值合计10 978.03百万英镑，占英国REITs产品总市值的18.44%。

（三）新加坡市场概况

1.整体情况

新加坡作为亚洲主要的REITs市场之一（工业REITs一览表如表5-18所示，多元类REITs产品信息如表5-19所示），2021年，共有44只REITs，市值1 500亿新元。产业园区（包含物流园）资产分布于部分工业类REITs、多元类REITs中。新加坡市场共有9只工业REITs，数量占整个REITs的21%，市值34 682百万新元，占整个REITs市值的23.12%，2021年的平均回报率为6.2%。共有10只综合类REITs，数量占整个REITs的24%，市值43 132百万新元，占整个REITs市值的28.75%，2021年的平均回报率为5.7%。

结合我国产业园区资产的概念，新加坡在工业资产和多元类资产中均有较为相近的REITs产品，无论是工业资产，还是多元类资产的占比均超过REITs市值的20%，说明产业园区资产具有公募REITs基因，是具有市场活力的产品类型。

表5-17　英国市场底层资产中含有工业资产的14只REITs产品明细[①]

名称	市值（百万英镑）	股息率（%）	REIT类型	市值占比（%）	资产概况
AEW UK	129.59	9.78	Commercial（商业综合体）	0.22	该公司的投资目标是通过主要投资英国的小型商业地产组合，投资于商业地产领域的所有不动产和租赁地产，如办公地产、零售仓库、商业街零售和工业/仓库地产，以形成多元化租户基础的平衡投资组合。该公司的投资组合覆盖多个地理区域，包括东南部、约克郡和亨伯赛德、西米德兰、西南部、苏格兰、西北部、北爱尔兰和东部。公司投资于工业、办公、零售仓库、零售和其他行业。
Regional	330.97	8.34	Office（办公）	0.56	公司总部位于根西岛，通过四个部门运营，即工业、办公、零售和住宅。该公司的商业地产组合位于英国，包括位于M25高速公路外的英国区域中心的办公室和工业单位。该公司的投资组合多样，拥有160多处房产和904名租户。公司的区域房地产投资信托基金还投资房地产投资组合，其中约50%的房产位于M25高速公路内。
Drum Income Plus	18.15	6.32	Commercial（商业综合体）	18.15	公司的投资组合包括9个房产，出租给英国各地长期租赁的机构级租户，其特点是地块规模较小。公司主要投资于3个商业地产行业，即办公、零售（包括零售仓库）和工业。

① 资料来源：UKREIT。

续表

名称	市值（百万英镑）	股息率（%）	REIT类型	市值占比（%）	资产概况
Custodian	371.75	5.55	Diversified（多元类）	3.38	公司投资组合主要由在英国各地以长期租约出租给机构级租户的房产组成，其特点是地块面积较小。公司的房地产投资组合包括工业、办公、零售和其他行业。该公司的投资组合覆盖一系列领域，包括休闲、汽车展厅、交易柜台和日间托儿所。
Standard Life Investments	248.51	5.37	Industrial, Office（工业，办公）	0.42	公司投资于3个主要的商业地产行业，即办公、零售（包括休闲）和工业。它还可以投资约10%的其他商业地产，并进行约占总资产10%的房地产开发（包括投机性房地产开发）。
Urban Logistics	380.02	5.2	Logistics（仓储物流）	0.64	公司前身为太平洋工业与物流P.L.C.，是一家总部位于英国的投资公司。公司投资于工业和物流房地产，使企业能够运营分销网络。该公司投资于英国的工业和物流地产，投资于包括不动产或租赁财产权益在内的资产、较小的单一租赁物流站点。截至2018年3月31日，该公司已拥有32处房产和28名租户。
Schroder European	128.92	4.88	Office, Retail（办公，零售）	0.22	公司在欧洲大陆从事房地产投资，公司的房产位于巴黎、柏林、斯图加特和汉堡市。公司主要投资于办公、零售、物流和轻工业房地产行业。它还投资其他行业，包括但不限于休闲、住宅、医疗保健、酒店和学生住宿。
Hibernia REIT	749	4.42	Commercial（商业综合体）	1.26	公司主要布局爱尔兰都柏林市场的商业地产，公司通过6个部门运营，包括办公资产、工业资产、住宅资产、办公开发资产、其他资产以及中央资产和成本。该公司拥有大约32处房产和53名租户。

续表

名称	市值（百万英镑）	股息率（%）	REIT类型	市值占比（%）	资产概况
RDI	462.04	4.12	Office, Retail, Hotel（办公，零售，酒店）	0.78	公司的投资组合包括分销和工业部门以及其酒店和服务式办公运营平台。该公司的业务部门包括英国商业、英国酒店、英国零售和其他。英国商业部门包括该公司在大伦敦地区办事处、伦敦服务办事处、路边服务站和物流配送中心的投资组合。英国酒店板块包括由约18家有限服务品牌酒店组成的酒店组合。英国零售细分市场包括购物中心、零售公园和商业街零售资产组合，另一部分包括执行总部和集中资产管理活动的公司控股和管理公司。
BMO Real Estate	175.72	4.04	Diversified（多元类）	0.30	前身为F&C英国房地产投资有限公司，公司通过房地产投资部门运营。公司主要投资于3个以上的商业地产行业，包括办公、零售（包括零售仓库）和工业。
Picton Property Income Limited	477.51	3.15	Commercial（商业综合体）	0.80	公司的房地产投资组合包括约60处商业地产，分别处于工业、办公、零售、零售仓库和休闲行业。该公司的房产拥有来自不同行业的租户，如服务业、零售业，公司的物业包括帕克伯里工业区、格兰瑟姆图书服务公司、劳森·马登大厦、里昂商业园、数据点商业中心、西部工业区、科尔切斯特商业园、天使门办公村、水边公园、阿特拉斯之家、格洛斯特零售园、安古莱姆路零售园、苏格兰角、摄政码头、斯坦福大厦、巴斯街2号和阿盖尔街6号。

续表

名称	市值（百万英镑）	股息率（%）	REIT类型	市值占比（%）	资产概况
Workspace Group	1 449.81	3.06	Office（办公）	2.43	公司在伦敦市各地提供商业地产出租，在伦敦市各地拥有并管理着超过65处房产，并拥有约4 000家新的和不断增长的公司。该公司的投资组合包括各种房地产，如金属盒工厂、药盒、屏风、灯泡、饼干工厂、亚历山大大厦、阿彻街工作室、大麦庄园中心、卡纳洛特工作室、奇斯威克工作室、克莱肯威尔工作室、东伦敦工厂、费尔查姆、加勒特巷、唱片厅、霍利韦尔中心、肯宁顿公园、勒罗伊大厦、绿头广场、莫里街、优质庭院、河滨、南岸之家、印刷室和Vox工作室。
Land Securities Group	5 103.57	2.62	Retail（零售）	8.57	公司通过3个部门运营，即办公室、零售和专业部门。公司拥有约106处房产，包括休闲、住宅、零售、工作区、零售公园和购物中心。
UK Commercial Property	952.47	2.51	Industrial, Retail, Office（工业，零售，办公）	1.60	前身为英国商业地产信托有限公司，总部位于根西岛，公司投资了大约4个商业地产部门，即办公、零售、工业和休闲。公司的资产包括对英国商业地产的直接投资。

表5-18　新加坡工业REITs一览表[①]

名称	代码	市值（百万新元）	股息率（%）	杠杆率（%）	市净率（%）
宝泽安保资本工业房地产信托	O5RU	1 030	6.7	24.7	0.8
亚腾Logo物流信托	K2LU	1 307	5.7	37.8	1.3
腾飞房地产信托	A17U	12 383	5.1	37.4	1.3
太和房屋物流信托	DHLU	540	6.3	43.8	1
运通网城房地产信托	BWCU	623	8.0	37.9	0.8
易商红木信托	J91U	1 935	6.3	41.3	1.2
丰树工业信托	ME8U	7 209	4.9	39.6	1.4
丰树物流信托	M44U	9 179	4.5	38.2	1.4
胜宝工业信托	M1GU	476	8.4	34.8	0.9

表5-19　新加坡多元类REITs产品信息[②]

名称	代码	类型	市值（百万新元）	股息率（%）	杠杆率（%）	市净率（%）
腾飞印度信托	CY6U	多元类	1 639	5.9	35	1.3
凯德中国信托	AU8U	多元类	1 975	6.4	36.4	0.8
丰树商业信托	N2IU	多元类	6 645	4.9	33.7	1.1
凯德综合商用信托	C38U	多元类	13 471	5.4	40.9	1
克伦威尔欧洲信托	CWBU	多元类	2 178	6.9	35.8	1
星狮物流商业信托	BUOU	多元类	5 538	5.1	33.7	1.2
LENDLEASE全球商业地产投资信托	JYEU	多元类	1 067	5.2	34.3	0.9

① 资料来源：SGX。

② 资料来源：SGX。

续表

名称	代码	类型	市值（百万新元）	股息率（%）	杠杆率（%）	市净率（%）
丰树北亚商业信托	RW0U	多元类	3 916	6.1	42.1	0.9
华联商业信托	TS0U	多元类	2 395	6.1	38.4	0.8
新达信托	T82U	多元类	4 308	5.7	44.3	0.7

2. 案例分析

（1）公司概况

Capitaland China Trust，即凯德置地中国信托（CLCT），其设立在新加坡，是新加坡最大的、专注于中国市场的房地产投资信托（REITs）。CLCT于2006年12月8日在新加坡证券交易所有限公司（SGX-ST）上市，其目标是在中国内地、中国香港和澳门地区主要用于零售的房地产和房地产相关资产的多元化投资组合中长期投资。CLCT由嘉德置地中国信托管理有限公司管理，该公司是在新加坡上市的嘉德置地投资有限公司的全资子公司。嘉德置地投资有限公司是全球领先的房地产投资管理公司，在亚洲拥有强大的根基。我们通过对CLCT的资产分析可以看出国际成熟市场对何种产业园区、物流园区更为青睐，从而对我国产业园区的资产运营及公募REITs的操作提供思路。

（2）资产分布

CLCT的投资组合包括13个购物中心、5个商业园区物业和4个物流物业，资产位于中国内地的12个城市和地区，投资组合的总建筑面积（GFA）约200万平方米。13个购物中心包括位于北京市西直门凯德Mall、望京凯德Mall、上海市凯德Mall等人口稠密地区。

5个商业园区资产是于2020年从关联方手中收购而来的，分别位于苏州市工业园区、西安市高新区以及杭州市经济技术开发区，总对价43.7亿元，总建筑面积（GFA）约76万平方米（具体信息如表5-20所示）。

表5-20　CLCT所拥有的5个商业园区具体信息[①]

名称	位置	资产估值（百万元）	出租率（%）	面积（平方米）	租约数（个）	涉及行业
腾飞新苏	苏州市工业园区	2 265	91.6	373 334	307	工程、电子生物等
腾飞科汇城	西安市高新区	759	94.2	118 495	82	金融、TCT、电气
腾飞创新中心	西安市高新区	298	93.8	40 547	53	电子、服务业
杭州科技园一期	杭州市经济技术开发区	641	90.3	101 811	190	电商、服务业
杭州科技园二期	杭州市经济技术开发区	767	94.0	130 261	83	电商、房地产

4个物流园是CLCT于2021年度新增的资产类别，资产价值约17亿元，合计面积265 259平方米，平均出租率96.3%（具体信息如表5-21所示）。

表5-21　CLCT所拥有的4个物流园具体信息[②]

物流园	位置	资产价值（百万元）	出租率（%）	面积（平方米）	土地使用权到期时间
成都市	成都双流机场	352	90.5	71 556	2062年
昆山市	昆山市	759	94.2	118 495	2064年
上海市	临港区	623	98.6	62 785	2059年
武汉市	阳逻开发区	379.7	97.6	86 973	2064年

① 资料来源：CLCT官网。
② 资料来源：CLCT官网。

（3）信托结构（见图5-11）

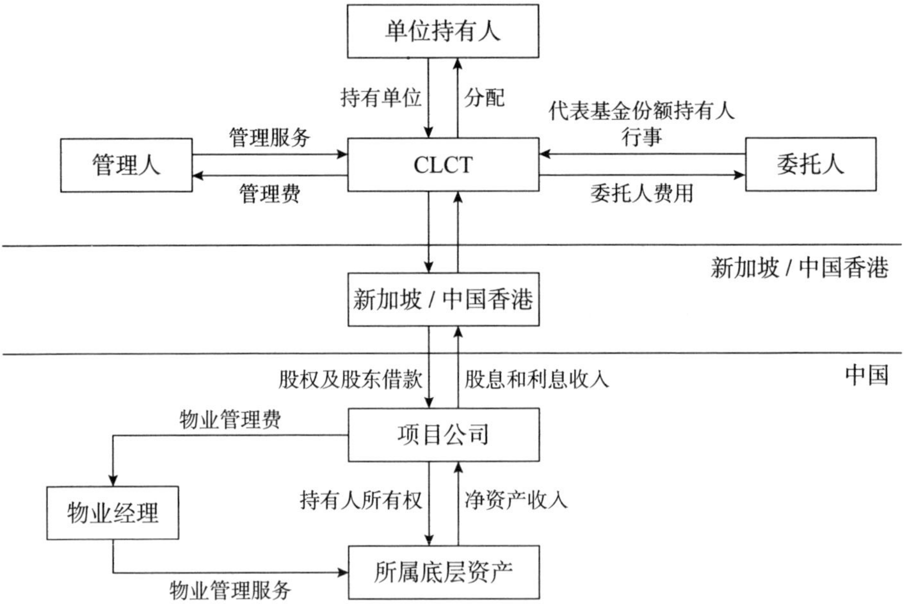

图5-11　CLCT信托结构

（4）经营情况

CLCT报告显示，2021年度，CLCT实现营业总收入为377.967百万新元，净收入为250.427百万新元，其中可供分配收入为135.516百万新元，单位可分配收入8.73美分；2020年度，CLCT实现收入约228.7百万新元，其中可分配收入约79.9百万新元，单位可分配收入6.35美分。

（5）收益率

2022年1月28日的数据显示（见图5-12），CLCT当日收盘价为1.14美元，2021年的收益率为7.7%。在回报率方面，在2019年年末新型冠状病毒肺炎流行和地缘政治挑战的背景下，包括房地产投资信托基金在内的股票市场受到了冲击。2020年，CLCT的总回报率比新加坡海峡时报指数（STI）高出1.1%。在更长的5年时间，CLCT的总回报率为33%，而STI为19.1%。

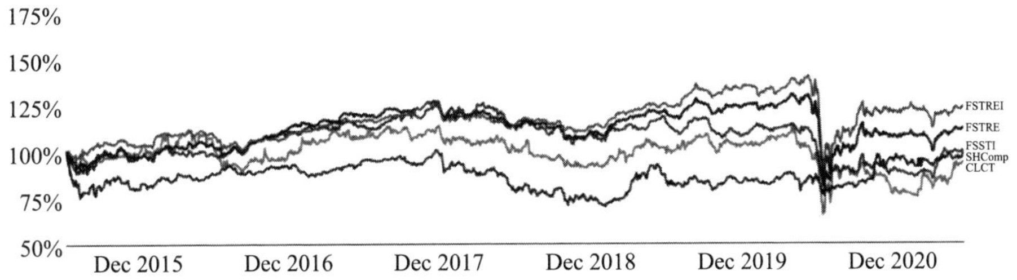

图5-12　CLCT与主要指数的交易业绩比较（2016财年至2020财年）[①]

CLCT的投资资产组合均位于中国市场，产业园区及物流园区资产分布于我国较发达地区，并通过资产收购扩张资产规模。同时，产业园区的主要业态属于我国新崛起的新兴产业，可提供稳定的现金流，主要入驻的企业也是我国知名及跨国企业，领先行业水平。

物业收购是CLCT资产扩张的主要途径。对优质资产的收购可以很快地扩大公司收入，同时运营增效可提高租金收入，资金的回笼有助于新项目的继续开发和项目的改造升级，从而带来新的收入增长点。CLCT通过上述途径实现公司资产规模的增长，为我国产业园区资产的保值增值提供了样板。

三、我国公募REITs展望及案例分析

（一）我国产业园区公募REITs的资产要求

前面我们探讨了我国产业园区的整体现状，虽然中国产业园区的数量较多，但是对REITs产品的入池资产还是有一定的要求：

• 位于国家发展改革委确定的战略性新兴产业集群，或者《中国开发区审核公告目录（2018年版）》确定的开发区范围内。

• 业态为研发、创新设计集中式平台，工业厂房，创业孵化器和产业加

① 资料来源：CLCT官网。

速器，产业发展服务平台等园区基础资产。

• 项目用地性质为非商业、非住宅用地；资产权属清晰、资产范围明确，发起人（原始权益人）依法合规拥有项目所有权、特许经营权或运营收费权，相关股东已协商一致同意转让。

• 项目运营时间原则上不少于3年，现金流持续稳定且来源合理分散，投资回报良好，近3年总体保持盈利或经营性净现金流为正；预计未来3年的净现金流分派率（预计年度可分配现金流/目标不动产评估净值）原则上不低于4%。

• 基础设施运营管理机构具备丰富的同类项目运营管理经验，配备充足的运营管理人员，公司治理与财务状况良好，具有持续经营能力。发起人（原始权益人）、基金管理人、基础设施运营管理机构近3年在投资建设、生产运营、金融监管、工商、税务等方面无重大违法违规记录，项目运营期间未出现过安全、质量、环保等方面的重大问题。

满足上述要求的产业园区的资产占比有限，考虑到底层地产规模庞大，且产业园区处于发展阶段，符合形成园区资产的产业园区的数量会增加，体量仍较为可观。

2021年6月21日，我国首批9只公募REITs挂牌上市，产业园区公募REITs共计3只。2021年12月中旬，第二批公募REITs挂牌上市，共计2只，包括1只产业园区REITs。截止到2022年3月，4只产业园区REITs产品平均涨幅37.3%，日均换手率2.3%，均高于首批及第二批公募REITs产品的均值。

以REITs成熟国家中REITs总市值占GDP的平均比重为13%计算，我国REITs的市值总值应在14万亿元人民币左右。参考各国工业资产在REITs中的占比以及我国产业园区属于工业资产的一部分且处于公募REITs起步阶段的现状，我们认为，我国产业园区REITs的市场将达万亿元规模。

（二）我国产业园区公募REITs案例分析

1.博时招商蛇口产业园封闭式基础设施证券投资基金

（1）基金概要

博时招商蛇口产业园封闭式基础设施证券投资基金（以下简称招商蛇口产业园公募REIT，基本情况如表5-22所示，交易结构统一如图5-13所示），招商蛇口产业园公募REIT在深交所上市，是以博时基金为基金管理人，招商银行为基金托管人的封闭式基金，合同生效日为2021年6月7日，上市日期为6月21日。基金主要投资资产支持专项计划，并持有资产支持专项计划的全部份额。基金通过持有资产支持专项计划的份额，间接持有基础资产项目公司的股权，进而持有基础资产的项目资产。

表5-22　招商蛇口产业园公募REIT基本情况

简称	不动产类型	项目规模（亿元）	类别	期限	募集份额（亿份）	认购价格（元）	募集金额合计（亿元）	原始权益人持有比例（%）
招商蛇口产业园REIT	产业园区	25.28	产权	50年	9	2.31	20.79	32

（2）原始权益人

招商蛇口产业园公募REIT的原始权益人为招商局蛇口工业区控股股份有限公司（以下简称招商蛇口股份），其于2019年在深交所上市，成为A股物业管理龙头企业。

招商局集团有限公司（以下简称招商局集团）直接通过招商局轮船有限公司间接持有招商蛇口股份63.31%的股权，系招商蛇口股份的实际控制人。招商局集团是中央直接管理的国有重要骨干企业，被列为我国香港地区四大中资企业之一。招商局集团是8家连续16年荣获国务院国资委经营业绩考核A级的央企之一和连续5个任期业绩优秀企业。截至2020年年末，招商局集团的总资产为10.4万亿元，公司利润总额、净利润和总资产在央企中均排名第一。

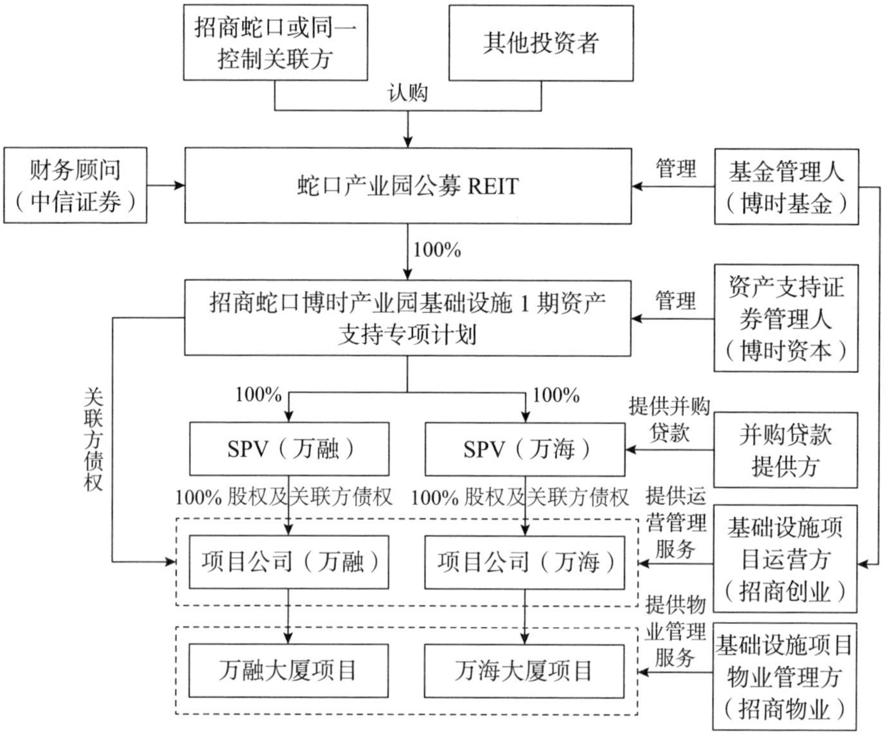

图5-13　招商蛇口产业园公募REIT交易架构

招商蛇口股份为招商局集团旗下城市综合开发运营板块的旗舰企业，是招商局集团唯一的地产资产整合平台及重要业务协同平台。公司以“成为中国领先的城市和园区综合开发运营服务商”为目标，以独特的前港—中区—后城综合发展模式，全面参与中国以及“一带一路”重要节点的城市化建设。招商蛇口股份园区的开发与运营主要包括特色产业园、大型城市综合体、商业、办公、酒店及配套等业态涉及的开发销售及运营管理业务，此外还涵盖了公司物业管理业务。目前，招商蛇口股份具有网谷、意库和智慧城3条产品线，规划及在运营的特色产业园区27个，规划建筑面积403万平方米。作为中国领先的城市园区综合开发运营服务商，招商蛇口股份园区的业务获得了广泛的社会认同和高度评价，荣获CIPC第六届中国产业园区大会2020年度中国产业园区运营商Top 50第一名等荣誉称号。

原始权益人招商蛇口转让基础设施项目回收的资金主要用于投资新的基础设施项目建设，拟新投资项目情况如表5-23所示。

表5-23　招商蛇口拟新投资项目情况

类别	募集资金投资项目情况				
项目名称	招商局智慧城A5、C地块一期和二期	高新网谷	杭州运河网谷	青岛网谷汇智园一期	海门开发区邮轮配套产业园
建设内容	产业园	产业园	产业园	产业园	产业园
前期工作进展	已开工建设	已开工建设	已开工建设	已开工建设	已开工建设
开工时间	2019年7月	2019年6月	2019年11月	2020年9月	2019年12月
募集资金投入项目的具体方式	资本金	资本金	资本金	资本金	资本金

（3）基础设施项目

招商蛇口产业园公募REIT投资的底层资产是位于蛇口网谷内的万融大厦和万海大厦。蛇口网谷为招商蛇口工业园下网谷系的品牌，万融大厦和万海大厦为蛇口网谷产业园区内的优质资产，依托蛇口网谷产业园互联网示范基地的定位、产业集群效应和运营优势，结合低密度、多层次绿化的花园式环境，为企业提供优质的产业办公环境和空间。

基础设施项目的营业收入主要来自万融大厦和万海大厦：产业研发办公物业租赁收入，即项目公司取得的、其与相关方签署的相应租赁合同项下的租赁收入；其他收入，即项目公司取得的基础设施管理收入、基础设施服务收入（含广告收入、物业管理费收入、车位收入、其他基础设施服务收入等）。营业成本和费用主要包括：运营支出，即营销推广费、代理费、维修费、物业管理费、审计费、律师费、系统费等；非运营支出，即房产税、土地使用税、增值税附加税、印花税、所得税、保险费；其他支出，即资本性支出、财务费用。

万融大厦及万海大厦2018年度至2020年度的营业收入均超过1亿元（基本情况如表5-24所示），其中2019年度至2020年度，因受疫情影响，营业收入相对有所下滑，但整体表现较为稳定。

表5-24　万融大厦及万海大厦2018年度至2020年度营业收入等情况

（单位：万元）

项目	指标	2018年度	2019年度	2020年度
万融大厦	营业收入	5 052.46	4 872.18	4 914.00
	息税摊销折旧前利润	4 012.22	3 809.06	3 931.23
	净利润（税后）	1 903.61	2 117.22	2 208.91
万海大厦	营业收入	8 275.08	8 310.09	6 579.37
	息税摊销折旧前利润	7 040.32	7 040.09	5 288.82
	净利润（税后）	4 233.81	4 418.87	3 143.75
合计	营业收入	13 327.54	13 182.27	11 493.37
	息税摊销折旧前利润	11 052.54	10 849.75	9 220.05
	净利润（税后）	6 137.42	6 536.09	5 352.66

万融大厦及万海大厦的物业出租率在2018年度至2020年度均维持在80%以上（见表5-25）。根据租户的行业类别划分，在万融大厦的租户行业中，新一代信息技术产业、文化创意行业租户租赁面积合计占比54.52%；在万海大厦的租户行业中，新一代信息技术产业、文化创意行业租户租赁面积合计占比54.81%。租户的行业与蛇口网谷产业园的定位群体相匹配。同时，租户具有较强的产业聚集性，一方面稳定性较强，另一方面更有利于打通行业上下游产业，发挥出产业园区应有优势。

表5-25　万融大厦及万海大厦的物业出租情况

项目	指标	2018年	2019年	2020年
万融大厦	期末出租率（%）	84.25	81.13	84.08
	期末平均租金（元/月/平方米）	125.78	131.09	127.92
万海大厦	期末出租率（%）	85.26	81.06	94.36
	期末平均租金（元/月/平方米）	137.20	154.10	145.74

评估机构采用收益法对估价对象的市场价值进行了测算，中国广东省深圳市南山区南海大道蛇口网谷万海大厦产业用房及配套项目，总建筑面积53 592.84平方米，土地使用权面积18 241.21平方米，2020年12月31日之市场价值为人民币1 493 000 000元，市场价值单价27 858元/平方米。中国广东省深圳市南山区招商街道蛇口网谷万融大厦产业用房及配套项目，总建筑面积41 707.23平方米，土地使用权面积17 243.53平方米，2020年12月31日之市场价值为人民币1 035 000 000元，市场价值单价24 816元/平方米。

在对外借款方面，基础设施基金成立前，基础设施项目不存在未结清的对外借款，不涉及抵质押等权利限制情况。基础设施基金成立及以后，基础设施基金在遵循基金份额持有人利益优先原则的前提下，可依法直接或间接对外借入款项，借款用途限于基础设施项目的日常运营、维修改造、项目收购等，且基金总资产不得超过基金净资产的140%。基础设施基金成立时，基础设施基金拟借入并购贷款，仅限用于收购基础设施项目。项目公司（万海）拟作为借款人向招商银行深圳分行申请贷款，授信金额4亿元，首次提款金额人民币3亿元，期限不超过5年，固定利率不高于4%，计息日为每季末月20日。还本方案为第1年至第5年分别为0%、0%、1%、1%和98%。增信方式为股权质押担保、基础设施项目抵押担保和应收账款质押担保。

在税务处理方面，在“税盾”的构建上采用了“股权+债券”的方式，在交易结构中新设SPV，衡量方法由“成本法”变更为“公允价值”，形成应付股利，加入外部银行借款，进行债务重组，再进行反向吸收合并。虽然此种方式较为复杂，但是优点在于无须单独构造股东关联借款。

值得注意的是，原始权益人最少自持20%股份且锁定5年以上。超过20%的部分的持有期自上市之日起锁定3年以上，基础设施公募REITs的份额在持有期间不允许质押。这比对IPO控股股东的股权要求更加严格，体现了政府部门在做顶层设计时希望公募REITs成为优质资产的运作平台，希望原始权益人，即原来的产业园区的开发、运营商，能够跟公募REITs基础资产进行长期绑定、共同发展。

2. 华安张江光大园封闭式基础设施证券投资基金

（1）基金概要

华安张江光大园封闭式基础设施证券投资基金（以下简称张江光大园REIT，基本信息如表5-26所示，交易结构如图5-14所示），张江光大园REIT在上交所公开发行，以华安基金管理有限公司为基金管理人，以招商银行股份有限公司为基金托管人。

表5-26 张江光大园REIT基本信息

简称	不动产类型	项目规模（亿元）	类别	期限	募集份额（亿份）	认购价格（元）	募集金额合计（亿元）	原始权益人持有比例（%）
张江光大园REIT	产业园区	14.70	产权	20年	5	2.99	14.95	20

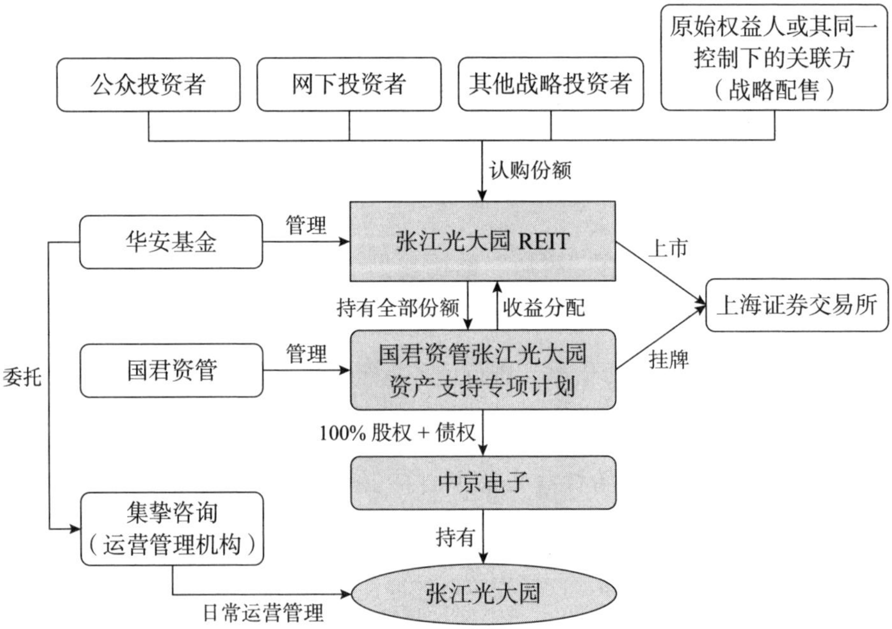

图5-14 张江光大园REIT交易结构

（2）原始权益人

张江光大园REIT的原始权益人为上海安恬投资有限公司的股东上海光全投资中心（有限合伙，以下简称光全投资）和光控安石（北京）投资管理有限公司（以下简称光控安石）。光全投资为有限合伙形式的私募基金，光控安石为其普通合伙人、执行事务合伙人及基金管理人（合伙人信息如表5-27所示）。

表5-27　光全投资合伙人信息

序号	合伙人信息	出资比例（%）	认缴出资额（万元）
1	上海张江集成电路产业区开发有限公司	81.15	47 400
2	上海国际集团资产管理有限公司	10.27	6 000
3	珠海安石宜达企业管理中心（有限合伙）	8.56	5 000
4	光控安石	0.02	10
合计		100.00	58 410

光全投资深耕产业发展服务园行业，目前主要投资于张江光大项目。张江高科作为光全投资的主要投资方，为光全投资的业务开展提供了较好的资源、品牌、技术等支撑。张江高科是张江科学城的重要开发主体、张江创新生态的打造者，截至2020年6月，张江科学城汇聚了企业2.2万余家。

原始权益人光控安石的重要股东光大安石，通过在境内外不动产投资领域十余年的精耕细作，已经形成了包括股权投资、结构化融资、跨境资产管理及不动产资产证券化等在内的多条产品线。同时，光大安石已经建立起全方位的资产管理体系。通过总部与项目现场结合的管理体系，光大安石可以对投资的项目提供从前期定位、设计工程建设到项目招商、销售、运营管理等全流程资产管理并最终实现证券化上市的一体化解决方案。

（3）基础设施项目

张江光大园基础设施项目张江光大园地处中国（上海）自由贸易试验区盛夏路500弄，位于国家级高科技产业园区张江高科技园区核心地带，园区总建筑面积50 947.31平方米，张江光大园可分为1号至6号项目工程及7号项目工程。

在基础设施项目的收入方面，科技园板块的租金水平一直显著高于上海产业园区的平均租金水平。截至2020年第四季度，张江光大园优质项目的净租金达5.4元/平方米/天，平均净租金达4.7元/平方米/天。在出租率方面，截至2020年年末，出租率稳定在99.51%左右。其历史出租率情况如下：2017年的平均出租率为96.29%，2018年的平均出租率为74.13%，2019年的平均出租率为97.39%。

在租户构成方面，张江光大园凭借良好的区域优势、产业配套及交通便利等优势，吸引了集成电路、先进制造业、在线经济、金融科技及产业服务配套等符合国家重大战略宏观调控及产业政策、发展规划的行业内优质企业入驻。在租户集中度方面，截至2020年年末，前十大租户的租赁面积占总可出租面积的81.6%，其中最大租户占比25.94%。

在租约方面，张江光大园租赁协议的租赁期限一般为1年到3年。已签租约中，以2020年12月31日起，租约为1年以内（含一年）的为34.86%，1至2年（含2年）的为58.17%，2至5年的（含5年）为6.72%，5年以上的为0.25%。

在管理模式方面，基础设施项目的管理机构为上海集挚咨询管理有限公司，为张江高科系的全资子公司，张江高科主要负责张江城市副中心和上海集成电路设计产业园两大园区的开发运营，张江高科重点围绕张江科学城涉及的重点产业进行招商引资，主要围绕集成电路、信息技术、生物医疗、人工智能等产业，关注上下游相关优质产业客户，已经成功引进了紫光长存、超威半导体、高通智能汽车等国内外知名企业，在产业招商领域具有丰富的服务经验。截至2020年6月，张江高科拥有园区物业约120万平方米，具有物业运营管理能力。同时，对于园区企业具有较好的产业发展推动，其发起设立并参与了多只科创基金，共计600余亿元。

在资本市场服务方面，上海证交所与浦东新区政府共建的长三角资本市场服务基地便落户于张江高科在管的礼德国际物业，是承担长三角区域一体化发展和科创板块两大任务的载体。

在构建税盾方面，本项目利用了已存在的私募基金、SPV和外部存量贷款（银行）架构，新增资产支持专项计划发放股东借款并做大存量债务，再予以置换，最后反向吸收合并。此方式与本书第三章交易结构设计中的“税盾”设计逻辑一致。

3. 东吴苏州工业园区产业园封闭式基础设施证券投资基金

（1）基金概况

东吴苏州工业园区产业园封闭式基础设施证券投资基金（以下简称东吴苏州园REIT，基本情况如表5-28所示，交易结构如图5-15所示），是以东吴基金管理有限公司为基金管理人，以招商银行股份有限公司为基金托管人，在上交所公开设立发行的封闭式基金。基金投资于两个资产支持专项计划，并持有资产支持专项计划的全部份额。基金通过分别持有资产支持专项计划的份额，间接全部持有基础资产项目公司的公司股权，进而持有基础资产的项目资产。

表5-28　东吴苏州园REIT基本情况

简称	不动产类型	项目规模（亿元）	类别	期限	募集份额（亿份）	认购价格（元）	募集金额合计（亿元）	原始权益人持有比例（%）
东吴苏州园REIT	产业园区	34.92	产权类	40	9	3.88	33.5	20

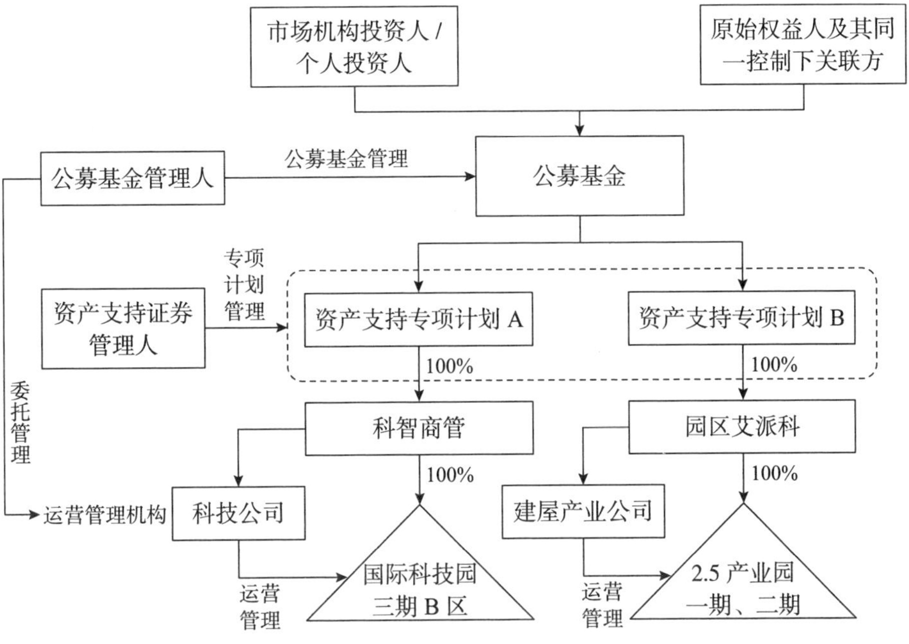

图5-15　东吴苏州园REIT交易结构

（2）原始权益人

东吴苏州园REIT的原始权益人为苏州工业园区科技发展有限公司和苏州工业园区建屋产业园开发有限公司（以下简称建屋产业公司）。截至2020年12月31日，苏州工业园区科技发展有限公司的股权结构如表5-29所示。

表5-29 苏州工业园区科技发展有限公司的股权结构

序号	股东姓名/名称	出资额（万元）	出资比例（%）
1	苏州工业园区兆润投资控股集团有限公司	162 922	50.44
2	苏州工业园区国有资本投资运营控股有限公司	160 078	49.56
合计		323 000	100.00

建屋产业公司是苏州新建元产业发展有限公司（以下简称新建元产业）旗下的全资子公司，新建元产业是苏州新建园控股集团有限公司（以下简称新建元控股）旗下的全资子公司。苏州工业园区兆润投资控股集团有限公司（以下简称兆润控股）是苏州工业园区国有资本投资运营控股有限公司（以下简称苏州工业园区）管理委员会的全资控股企业，分别持有新建元控股72.58%和27.42%的股权（见图5-16）。

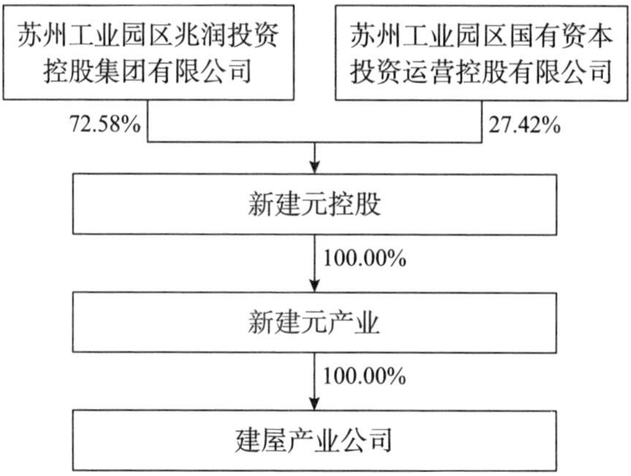

图5-16 建屋产业公司股权结构

兆润控股作为原始权益人的主要股东，是苏州工业园区管委会下属重要的基础设施投融资建设主体，在园区开发建设中的地位非常重要，在园区的基础设施建设上取得了较大成就。目前拥有工业商业住宅等多元化的不动产产品类型，获得了良好的业务收入和品牌效应。公司拥有独特的运营模式，可以通过内部的高度协调与合作快速完成整个产业园开发业务链条上的多项工作。

本次募集资金的拟定使用范围包括但不限于BT+IT融合创新中心、微软二期、研发地块、现代服务产业园A地块、汇智湾、苏宿智能制造产业园、生物医药产业园三期、生物医药产业园四期、生物医药产业园五期和现代服务广场项目共10个基础设施项目（以下简称拟新投资项目）的开发建设。拟新投资项目均为产业园，用地性质为工业用地、科研用地等（具体情况如表5-30所示）。

表5-30　东吴苏州园REIT拟投资基础设施项目情况

募投项目	项目总投金额（亿元）	资本金投入（亿元）	募集资金预计使用规模（亿元）	募集资金投入项目方式
BT+IT 融合创新中心	1.45	1.45	1.45	项目资本金
微软二期	3.87	1.17	0.67	项目资本金
研发地块	6.33	2.36	2.361	项目资本金
现代服务产业园A地块	16.8	6.55	6.552	项目资本金
汇智湾	4.45	2.35	0.783	项目资本金
苏宿智能制造产业园	2.22	0.72	0.479	项目资本金
生物医药产业园三期	8.63	4.04	0.202	项目资本金
生物医药产业园四期	13.0	5.90	3.95	项目资本金
生物医药产业园五期	15.5	6.50	6.00	项目资本金
现代服务广场	17.9	4.60	1.003	项目资本金
总计	90.2	35.64	23.45	—

（3）基础设施项目

东吴苏州园基础设施项目位于苏州市苏州工业园区，主要由两部分组成：一是国际科技园五期B区项目；二是2.5产业园一期、二期项目。苏州工业园区于1994年2月经国务院批准设立，在“国家级开发区审核公告名单”

范围内，苏州市工业园区在国家级经开区综合考评中连续5年位列第一，是长江经济带、长江三角洲的重点发展区域。

在基础设施项目的收入方面，国际科技园五期B区项目的平均租金为41元/平方米/月；2.5产业园一期、二期项目的租户平均签约固定租金为61.2元/平方米/月。在出租率方面，国际科技园五期B区项目截至2020年年末，出租率达90%，历史出租率平均维持在86%；2.5产业园一期、二期项目截至2020年年末，出租率为70%。

在租户方面，国际科技园五期B区项目有共计345名租户，在行业分布上，信息技术占比56.44%、专业服务占比8.22%、集成电路占比5.25%等；2.5产业园一期、二期项目有共计117名租户，在产业分布上，信息科技产业占比29.42%等。在租户集中度方面，国际科技园五期B区项目的前10大租户合计租赁面积占总面积的21%，2.5产业园一期、二期项目的前10大租户合计租赁面积占总面积的25.58%。

在租约方面，国际科技园五期B区项目租赁协议的租赁期限一般为1年到3年，已签租约中有41%的租约2021年年末前到期，27%的租约2021年到2022年年末到期，32%的租约2023年及以后到期；2.5产业园一期、二期项目已签约租户的租期为3年至6年，25.37%的租约2021年到期，22.93%的租约2022年到期，30.54%的租约2023年到期，21.16%的租约2024年及以后到期。

在税盾构建的处理方面，公司未新设立SPV，直接用所有者权益结构调整，衡量方法由"成本法"调整为"公允价值"，形成未分配利润，先进行增资，再进行减资，与其他存量债务合并为其他应付款，专项计划发放股东借款，予以置换，此种方式未新设SPV，为单层结构，通过财务操作完成，更为便捷。

第三节　房地产行业之仓储物流类公募REITs实践及展望

一、我国仓储物流发展现状

（一）仓储物流的概念

根据中国产业研究院的总结，仓储物流（Warehousing Logistics），就是利用自建或者租赁库房、场地储存、保管、装卸搬运、配送货物。传统的仓储定义是从物资储备的角度出发的，现代“仓储”不是传统意义上的“仓库”或“仓库管理”，而是在经济全球化与供应链一体化的背景下的仓储，是现代物流系统中的仓储。现代仓储物流开始于20世纪80年代，是由美国普洛斯集团率先提出的，至今已经发展了40年，且在美国、欧洲、日本、澳大利亚等发达国家和地区有了迅速的发展。

公募REITs语境下的仓储物流基础设施，可概括如下：仓储物流开发商在合适的地点建设、运营并管理的专业仓储物流设施，提供租赁、管理、装卸等服务，以此取得相应收入。目前，我国的仓储物流设施可分为现代仓储物流设施（“高标准仓库”，即“高标仓”）和非现代仓储物流设施，包括常规仓储物流设施及低端仓储物流设施（我国目前的仓储物流设施对比情况如表5–31所示）。高标仓权属清晰、收益良好、现金流稳定等特点使其成了优质的REITs基础资产。

表5–31　我国目前的仓储物流设施对比[①]

	现代仓储物流设施（高标仓）	非现代仓储物流设施
概念	能够满足安全存储、最大化空间利用以及高效运行等现代化物流操作要求	仅能满足基本的安全仓储，空间利用率及运行效率偏低
总面积	8 000平方米	小于8 000平方米

① 资料来源：仲量联行。

续表

	现代仓储物流设施（高标仓）	非现代仓储物流设施
净高	至少9米至12米，单层楼宇更高； 多层：1楼及2楼：大于9米，3楼：7米	1楼：6米；其他：4.5米
地板承重	1楼及2楼：大于3吨/平方米	1楼：大于2吨/平方米； 其他：大于0.6吨/平方米
结构类型	单层：优质混凝土、钢结构； 多层：混凝土、钢结构、附带通道、电梯	常用砖混、砖木及钢筋混凝土结构
装卸平台	多个配备液压装卸跳板的装卸码头	无装卸码头或数量有限
消防	喷水灭火装置、消防栓，配有应急物资及储水系统	无
天窗采光	屋顶面积的3%	无
空气循环	控制室内空气质量	无

现代仓储物流设施（高标仓）在选址、开发建设等方面都有较高的要求，往往处于现代物流的核心位置，一般在交通港口或者运输干线附近，出租率良好、权属清晰、储存的货品相对较多、高端收益良好、现金流稳定，可成为优质的REITs基础资产。

（二）我国仓储物流的发展：仓储物流的供需情况

我国仓储物流的发展与世界整体水平相比起步较晚，但发展稳步增长。从供需的角度分析，目前我国仓储物流设施的供给仍然处在不足的状态，规模虽可观，但人均面积不足、区域分布不均衡、高标仓的占比较低。经济的发展，尤其是电商行业未来的发展空间大、需求激增、发展势头足、市场呈现供需两旺的态势，市场集中度高。

从供给端的存量角度看，根据中国仓储业协会的统计数据，截至2019年年底，我国仓储物流设施总库存（含高标仓和非高标仓）约10.8亿平方米，同比增长1.9%，增速逾6年持续下降，低于美国（12.5亿平方米），但高于日本（5亿平方米）、德国（0.7亿平方米）和澳大利亚（0.4亿平方米）

等国；而高标仓的市场存量仅占物流设施总面积的7%，更为稀少。

从人均仓储物流设施面积的角度看，截至2020年年末，中国人均仓储物流设施面积不足1.0平方米，远远低于美国的5.4平方米及日本的4.0平方米。高标仓更是储备不足，我国的人均现代化仓储（高标仓）面积仅仅为0.1平方米，而美国的这一数据却高达1.2平方米。由于仓储物流是商品或货物由生产到销售中的一个环节，其需求取决于周边贸易的繁荣程度。

从商品货物的供需角度看，我国发达地区人口密集、消费能力强，仓储物流呈现出供不应求的态势，与之对应的是欠发达地区，我国西部等地区的仓储物流设施需求地出现空置现象。

表5-32　全球部分城市仓储面积、租金及空置率[①]

地区或城市	国家	存量（百万平方米）	人均（平方米）	租金（美元/月/平方米）	空置率（%）
墨尔本	澳大利亚	14.04	3.05	4.5	3.0
悉尼	澳大利亚	12.85	2.52	6.7	4.5
孟买	印度	12.44	0.97	2.6	10.7
新加坡	新加坡	4.56	0.80	8.0	11.7
中国东部	中国	12.51	0.40	5.8	13.5
班加罗尔	印度	2.56	0.30	2.6	29.7
首尔圈	韩国	6.82	0.27	7.8	8.0
奥克兰机场	澳大利亚	0.37	0.23	6.7	—
中国北部	中国	7.49	0.20	5.5	10.6
深圳圈	中国	5.30	0.18	3.6	20.9
中国西部	中国	10.19	0.18	5.9	3.4
广州圈	中国	4.04	0.15	4.9	11.9
卡兰巴	菲律宾	0.91	0.10	3.8	5.5
中国香港	中国	0.58	0.08	18.6	6.2
流山市	日本	1.32	0.04	10.8	5.0
茨木市	日本	0.11	0.01	11.3	5.0

① 资料来源：高力国际，中信证券研究部，截至2020年10月。

从增量的角度看，在增加仓储物流设施面积供给的同时需要国家工业用地的供给，这给提高供给带来了一定的局限性。近年来，因工业用地的划拨价格不高，对当地在地均税收、GDP增长、固定投资及就业人口等方面的贡献不显著，地方政府出让物流用地的热情不高、动力较弱。通过对非现代仓储物流设施进行改造来增加高标仓的供给不仅涉及高额的改造成本，且需要重新报批，其效率相对较慢。

从需求端的角度看，我国仓储物流未来的扩容空间大。从存量的角度看，我国目前的总体及人均仓储面积较成熟国家都存在继续扩容的空间。从增量的角度看，一是仓储物流作为我国实体经济的重要组成部分，加快均衡充分发展仓储物流对我国进行供给侧结构性改革具有重大意义。近年来，我国仓储物流领域的利好政策频出（见表5–33），有助于我国仓储物流的均衡充分发展。二是依托我国电商的扩张劲头，仓储物流可实现倍数扩容。根据中国仓储与配送协会2020年5月至2022年1月数据统计显示（见图5–17），对比一线城市、二线城市和其他城市的仓库价格和需求，2021年市场需求较之2020年度稳中有落，其中一线城市需求在整个市场占比过半。在价格方面，2021年仓储价格高于2020年，且一直保持得较为稳定，一线城市约在35元/平方米/月、二线城市约在25元/平方米/月、其他城市在20元/平方米/月。国家统计局的数据显示，2020年全年，全国网上零售额为11.76亿元，比上年增长了10.9%。其中，实物商品的网上零售额为9.76亿元，增长了14.8%，占社会消费品零售总额的24.9%，比上年提高了4.2个百分点；2021年，全国网上零售额为13.1万亿元，其中实物商品的网上零售额首次突破10万亿元，达10.8万亿元，占社会消费品零售总额的24.5%，对社会消费品零售总额增长的贡献率为23.6%。eMarketer[①]预测，我国2022年的线上零售渗透率将超过50%，超过线下零售的规模。由2020年线上消费实物商品占社会消费品零售额的比重达24.9%可知，大量的商品交易背后都伴随着一条甚至多条（退换货）的物流运输服务，我国仓储物流，尤其是高标仓的数量距离

① eMarketer，一家市场研究机构。

市场饱和还存在明显的空间。

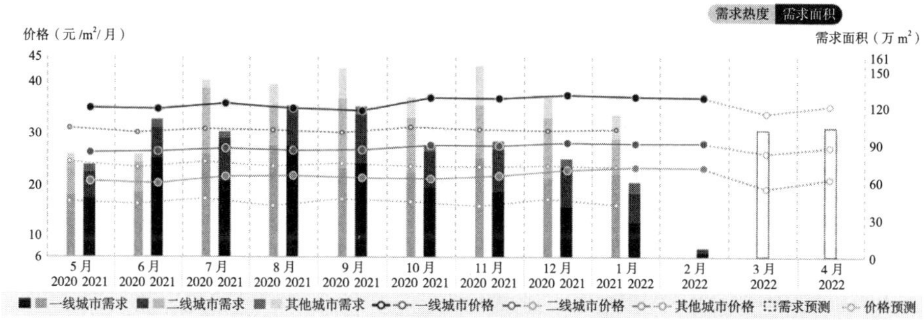

图5-17　全国仓库价格与需求走势①

表5-33　我国仓储物流领域相关政策（部分）

时间	部门	文件	内容
2012年	商务部	《关于促进仓储业转型升级的指导意见》(商流通发〔2012〕435号)	促进仓储业转型升级，引导仓储企业由传统仓储中心向多功能、一体化的综合物流服务商转变。
2013年	国家发展改革委	《全国物流园区发展规划(2013—2020年)》(发改经贸〔2013〕1949号)	根据实际需要建设不同类型的物流园，以物流基础设施的整合和建设为重点，优化空间布局、严控数量规模、防止圈占土地，国家级示范物流园区可获政策扶持。
2014年	国务院	《物流业发展中长期规划（2014—2020年）》(国发〔2014〕42号)	着力降低物流成本、增强物流企业竞争力，着力提升物流企业规模化、集约化水平，加强物流基础设施网络建设。
2015年	国务院	《关于促进快递业发展的若干意见》(国发〔2015〕61号)	实施快递“向下、向西、向外”工程，建设快递专业类物流园区、快件集散中心和快递末端服务平台，完善农村、西部地区的服务网络，构建覆盖国内外的快件寄递体系。

① 数据来源：中国仓储与配送协会。

续表

时间	部门	文件	内容
2015年	财政部、国家税务总局	《关于继续实施物流企业大宗商品仓储设施用地城镇土地使用税优惠政策的通知》（财税〔2015〕98号）（已失效）	自2015年1月1日起至2016年12月31日止，对物流企业自有的（包括自用和出租）大宗商品仓储设施用地，减按所属土地等级适用税额标准的50%计征城镇土地使用税。
2016年	国家发展改革委	《“互联网+”高效物流实施意见》（发改经贸〔2016〕1647号）	利用互联网等先进信息技术手段，重塑企业物流业务流程，创新企业资源组织方式，促进线上线下融合发展，提高仓储、配送等环节的运行效率及安全水平。
2017年	国务院	《关于进一步推进物流降本增效促进实体经济发展的意见》（国办发〔2017〕73号）	加强对物流发展的规划和用地支持；布局和完善一批国家级物流枢纽；开展仓储智能化试点示范。
2018年	财政部、商务部	《关于开展2018年流通领域现代化供应链体系建设的通知》（财办建〔2018〕101号）	强化物流基础设施建设，夯实供应链发展基础。
2019年	国家发展改革委、中央网信办、工业和信息化部等	《关于推动物流高质量发展促进形成强大国内市场的意见》（发改经贸〔2019〕352号）	推动国家物流枢纽网络建设；实施物流智能化改造行动；创新用地支持政策。
2020年	财政部、国家税务总局	《关于继续实施物流企业大宗商品仓储设施用地城镇土地使用税优惠政策的公告》（财政部、国家税务总局公告2020年第16号）	自2020年1月1日起至2022年12月31日止，对物流企业自有（包括自用和出租）或承租的大宗商品仓储设施用地，减按所属土地等级适用税额标准的50%计征城镇土地使用税。

我国仓储物流的主要参与者为仓储物流开发运营商及电商物流企业，仓储物流开发运营商专门为市场提供仓储物流设备设施租赁、管理等服务，而

电商物流企业建设的仓储物流设备设施多为自用。我国目前的仓储物流开发运营商以外资为主，具有代表性的为普洛斯中国、安博、丰树、嘉民、乐哥等，其中普洛斯中国在2020年度的中国市场占有率达30%；内资仓储物流开发商受外资开发商的影响，开始介入仓储物流的开发，代表企业有宝湾、宇培、北京建设等。基于战略规划和对资源的合理利用，头部电商企业也纷纷自建其物流网络，提升自己企业在物流节点上的渗透作用，以顺丰、苏宁、京东及阿里系的物流平台为代表。

（三）仓储物流设施资产的特性

仓储物流设施资产的开发运营具有较强的房地产属性，属于工业地产，仓储物流建设须取得项目相应的土地使用权，匹配的土地性质为工业用地，仓储物流的运营年限受制于工业用地的使用年限。对仓储物流运营企业而言，除了依赖于资产本来带来的租赁等收入，设施资产的内生性增值也是取得收入的重要来源。一般来说，一个仓储物流设施项目在拿地—设计—建设—投入运营（运营稳定）的过程中，项目需求资金量大，依循重资产运营逻辑，其资金投资回报期也相对较长。值得注意的是，从行业划分上看，在国家统计局，仓储物流属于“59装卸搬运和仓储业”；而在证监会/交易所，仓储物流属于“交通运输、仓储和邮政业行业”，这使得仓储物流不被归入房地产行业，不受房地产行业调控的影响。

从仓储物流的业态上看，其具有先天的地产性质，容易形成规模效应和网络效应。由于仓储物流供给稀缺，呈现出强者恒强的特征，资源聚集可以在优化人力资源的同时控制成本，形成规模经济。此外，强大的实力亦可以带来更多的优质客户，扩大资产布局，形成网络效应。

从行业的运作模式上看，现代仓储物流是2003年由Prologis（安博）引入中国的，发展至今，已形成较为成熟的基金化运作模式，金融化程度较高。现代仓储物流开发商在投资、建设、运营各个阶段权责明晰、资产权属清晰。仓储物流行业面对的租户主要是第三方物流企业（快递、快运、城市配送）、电商公司、批发零售企业、制造业以及其他行业的企业。租户行业分散、租赁具有相对稳定性，符合基金设立的要素。我国主要仓储物流开发主体代表采用的运作模式如下：传统仓储物流开发运营商代表普洛斯（中国）采取了基金化运作模式，宇培采用了自持模式+CMBS（Commercial Mortgage Backed Securities，指商业房地产抵押贷款支持证券）模式，嘉民采用了自持模式+上市平台模式；开发商旗下的仓储物流开发运营商代表万纬、宝湾均采用了自持模式+类REITs模式；电商旗下的仓储物流开发运营商代表苏宁、菜鸟均采用了自持模式+基金化运作模式。这为我国内资现代化仓储物流对接公募REITs提供了基础和优势。

以易商为例，其利用自身的开发建设、稳定运营和资产管理三大板块实现了资金循环，即在开发建设周期内可设立开发基金，待资产稳定运营后再出售给其自身管理的基金及投资公司，实现资金回笼，开发载体和退出载体相互配合。

二、国际仓储物流REITs

仓储物流的概念起源于美国，在国际市场上迅速崛起。近年来，伴随着互联网和电商经济的飞速发展，仓储物流行业也迎来了新的发展高潮。2020年在新冠肺炎疫情影响之下，更加速提高了仓储物流在不动产投资领域中的占比。

（一）整体情况

1. 仓储物流（工业资产）公募REITs概况

在国际视角下，在REITs成熟的国家，仓储物流是一项非常重要的REITs底层资产，美国、澳大利亚及英国是全球物流REITs总市值排名比较靠前的国家。从仓储物流资产在REITs产品市值中占比的角度分析，NAREIT数据显示，在美国REITs产品中，仓储物流以工业类资产为代表，截至2021年年末，美国共有15只工业类资产REITs产品，市值超过1 400亿美元，占REITs总市值的11%，超过全球仓储物流市场份额的50%；2021年度的回报率在51.70%，平均杠杆率为18.5%。

表5-34　美国前10名权益型REITs

REITs名称	资产类别	市值（百万美元）	占比（%）
Prologis	工业	115 444	7.77
American Tower Corp	基础设施	113 373	7.63
Crown Castle Corp	基础设施	78 524	5.29
Eauinix Inc	数据中心	64 690	4.35
Public Storage	自助存储	53 948	3.63
Simon Property Group	零售	47 914	3.23
Digital Realty Group	数据中心	41 798	2.81
Realty Income	零售	39 185	2.64
Welltower Inc	医疗保健	37 646	2.53
SBA Communications	基础设施	35 179	2.37
合计		627 701	42.25

富时数据显示，在美国头部权益类REITs中，工业（仓储物流）REITs居于首位，市值115 444百万美元。

在欧洲市场，截至2021年年底，英国市场共有46只REITs产品，其中底层资产涉及仓储物流的REITs产品共计5只。虽然数量不多，但市值占英国REITs总市值的28.23%，超过了1/4，这说明仓储物流在英国REITs市场上比较受投资人青睐。英国REITs市值单只占比最大的是Segro集团，其底层资产为仓储物流。2021年年底，Segro集团的市值超过108亿英镑，Segro集团拥有、开发和管理英国和欧洲大陆的仓库财产，包括大伦敦、泰晤士河谷和国家物流、北欧（主要是德国）、南欧（主要是法国）和中欧（主要是波兰）。在法国24只REITs产品中，有3只产品的投资底层资产包括仓储物流，仓储物流REITs总市值超过50亿美元。

在亚洲市场，日本REITs市场2021年年底共有61只REITs产品，其中有

14只REITs产品的底层资产中含有仓储物流，考虑到REITs产品的投资多以投资资产组合的形式出现，这14只产品中有10只产品直接以Logistics REIT分类，归属于仓储物流类公募REITs；3只产品以Diversified REIT分类，归属于多元化公募REITs；1只产品以Retail REIT分类，归属于零售REITs。10只Logistics REIT的市值合计约3 368 949百万日元，占日本REITs总市值的21.66%；14只底层资产含有仓储物流的REITs产品的市值合计约4 366 435百万日元，占日本REITs总市值的28.08%，超过了1/4。

新加坡作为亚洲重要物流REITs市场之一，截至2021年年底，新加坡工业REITs的数量占整个REITs市场的21%。从2021年新加坡REITs产品资产收购市场的情况看，收购的资产类型包括写字楼、数据中心、产业园区、零售、学生公寓、物流、疗养院、住宅8类资产，共计有51笔收购业务，其中收购物流资产的有16笔（见表5-35），数量占全部收购业务的31%。

表5-35　2021年新加坡REITs产品收购物流资产的情况[①]

序号	月份	REIT	物业资产	估值（新币/百万）	价格（新币/百万）
1	2月	丰树物流信托	韩国的5处物流资产	334.8	356.5
2	3月	丰树物流信托	印度马哈拉施特拉邦和浦那的两处物流	87.5	84.2
3	5月	易商红木信托	新加坡丹章彭鲁	119.6	112.0
4	5月	易商红木信托	位于澳大利亚物流合作公司10%的股份	—	62.4
5	5月	星狮物流商产信托	欧洲的6处物业	562.4	548.7
6	6月	克伦威尔欧洲信托	位于捷克的物流资产	—	16.4
7	7月	丰树物流信托	新加坡樟宜南二街9号	24.6	24.5
8	8月	克伦威尔欧洲信托	英国英格兰西北部沃灵顿的物流资产	19.4	18.8

① 资料来源：SGX。

续表

序号	月份	REIT	物业资产	估值（新币/百万）	价格（新币/百万）
9	8月	丰树物流信托	澳大利亚墨尔本的冷藏设施	43.0	42.8
10	8月	丰树物流信托	马来西亚丹戎帕拉帕斯的物流资产	131.8	130.2
11	10月	丰树物流信托	韩国骊州的物流设施	159	153.8
12	10月	凯德中国信托	中国上海、昆山、武汉和成都市的4处物流资产	350.7	297.7
13	10月	腾飞房地产信托	美国堪萨斯城的11处物流资产	208.2	207.8
14	11月	克伦威尔欧洲信托	意大利威尼托大区威尼斯的物流仓库轻工业	32.8	30.6
15	11月	丰树物流信托	中国和越南的物流资产	999.9	1 013.3
16	11月	丰树物流信托	日本桑名物流中心	416.3	403.8

从收益率的角度看，仓储物流类REITs很好地抵御了新冠肺炎疫情的不良影响。2020年，美国、新加坡、日本的写字楼、零售以及酒店业的收益率都出现了明显下滑，仓储物流却实现了较好的投资回报（见表5-36）。

表5-36　2020年度全球部分国家和地区各类资产REITs收益率[①]

	写字楼（%）	零售（%）	酒店（%）	物流（%）	数据中心（%）
中国香港	-22.8	-14.5	-37.6	57.5	—
美国	-24.5	-48.0	-32.7	9.1	18.9
欧洲	-22.7	-46.6	-19.9	15.7	—
日本	-16.4	-11.1	-23.5	20.6	—
新加坡	-13.1	-12.6	-18.6	15.3	22.9
澳大利亚	0.7	12.8	52.8	—	—

① 资料来源：ESR官网。

2. 自助仓储公募REITs概况

在欧美国家REITs的底层资产中，涉及仓储物流概念的资产类别包括：自助仓储（Self-storage REITs）和工业资产（Industrial REITs），包含仓储物流。

自助仓储为客户提供储存仓、钥匙、包装用品等来帮助保管和储存他们的物品。部分仓库可以提供全方位物流搬运、保险、卡车租赁等服务，与我国仓储物流存在一定的相似度。自助仓储的主要服务群体为美国家庭，居民生活中存在大量的仓储需求，例如搬家、结婚、离婚等，该类需求稳定、与经济形势的相关性低。因此，该类服务在美国同样可以提供稳定的现金流。

在美国市场，NAREIT数据显示，截至2021年年底，共有6只自助仓储REITs产品，平均股息率为2.53%，2021年的平均总回报率为81.3%。

在英国市场，UKREIT数据显示，2021年度，在46只REITs产品中，有2只自助仓储产品（见表5-37），2只产品的市值合计3 557.19百万英镑，占整个英国REITs总市值的6.23%。

表5-37　2021年英国自助仓储产品信息[①]

名称	市值（百万英镑）	股息率（%）	资产概况
Big Yellow Group	1 906.54	3.11	公司致力于提供自我存储和相关服务。公司在大约89家商店的平台上运营，其中包括16家名为Armadillo Self Storage的商店。公司还拥有7个以上的大黄色自存储开发站点（包括两个扩展站点），其中两个已获得规划同意。这个平台的最大可出租面积约为530万平方英尺。在大黄色商店和场地中，按价值计算，约96%为永久持股和长期持股，其余超过4%为短期持股。

① 资料来源：UKREIT。

续表

名称	市值（百万英镑）	股息率（%）	资产概况
Safestore Holdingd	1 650.65	2.38	公司投资资产组合包括伦敦和东南部、英国其他地区和巴黎；伦敦和东南投资组合在大都市地区大约有63家商店，英国其他地区大约有46家商店，巴黎投资组合大约有25家商店。该公司为伦敦、巴黎和英国地区约55 000名个人和商业客户提供存储空间。

（二）案例研究

1. 工业物流资产案例研究

（1）公司概况

PLD（Prologis，Inc.）公司成立于1983年，并于当年登陆纽交所，2003年入选标普500指数，并进入了中国市场，发展至今已成为物流地产REITs巨头企业，拥有1 900名员工，是全球最大的物流地产商之一，业务覆盖美洲、欧洲和亚洲3个大洲的19个国家，拥有5 800名客户。PLD为世界领先的企业和品牌提供物流仓储解决方案，业务领域包括资产运营、投资部署、施工建造、租赁管理等。

（2）资产规模

NAREIT数据显示，2021年12月31日，PLD公司的REITs股票市值达1 245.48亿美元（见图5-18）。根据官网，PLD公司管理的资产总额为1 483亿美元，近3年来，管理资产规模连续提升，拥有约10亿平方英尺的仓储物流面积、4 735处物流设施，资产绝大多数用于提供批量配送服务。以2019年年底的数据为例，其资产在美国、美洲其他地区、欧洲和亚洲的占比分别为71%、7%、16%和5%。

图5-18　PLD公司2020年度主要财务情况①

（3）收益水平

2021年，PLD公司的每股FFO估值466万美元，2022年，每股FFO估值509万美元，增速为9.23%。市价运营现金流比率2021年、2022年的P/FFO（市价运营现金流比率）分别为36.14、33.09；2021年度的回报率为72.33%，高于行业平均回报率51.70%；3年期投资回报率为45.46%，高于行业平均3年期回报率35.67%；5年期投资回报率为29.44%，高于行业平均5年期回报率26.61%。

（4）管理模式

PLD公司具备高度专业的运营能力，是典型的采取内部管理模式的运营主体。

2. 自助仓储资产案例研究

（1）公司概况

大众仓储公司（Public Storage, PSA）由Bradley Wayne Hughes, Jr.和Kenneth Volk, Jr.于1972年设立，发展至今已成为全球最大的自助仓储的所有者和运营商。PSA早于1980年就满足了税收法典对REITs规定的分红要求，1984年于纽交所上市。业务范围包括自助仓储设施、业务保管、汽车和房车存储、船舶存储等多个不同类型的储存单元，为个人和商业客户提供仓储业务，业务遍及美国及欧洲，拥有超过100万名客户。

① 资料来源：PLD公司年报。

在资产运营方面，大众仓储除运营自有资产外，还作为“第三方管理人”管理运营委托人的物业，通常花费1个月至2个月的改造时间，即可将委托人的物业改造为可出租的仓储空间，并负责进行对外出租，保持行业内较低的管理费，且根据出租率支付赔偿金。

（2）资产规模

截至2021年，PSA拥有1.7亿平方英尺的净出租面积。截至2019年年底，PSA在美国拥有2 483个仓储设施。在对外持股方面，PSA持有PSB 42%的股份。PSB作为上市REITs，底层资产包括工业园及办公，净可出租面积约为2 756万平方英尺。PSA还持有Shurgard 35%的股份。Shurgard作为欧洲最大的仓储服务商，在7个国家拥有234个仓储设施，净可出租面积约为1 302万平方英尺。

（3）收益水平

截至2021年年底，公司股票市值达655亿美元。2021年，每股FFO价值128.2万美元；2022年，每股FFO价值143.8万美元，增长率为12.2%；2021年，P/FFO为29.22；2021年，回报率为66.62%，低于行业平均回报率81.3%；3年期回报率为26.9%，低于行业平均3年期回报率33.52%；5年期回报率为14.83%，低于行业平均5年期回报率21.97%。公司整体财务状况不复20世纪90年代的高速增长，但是公司仍具有成熟的运营模式及业务规模，财务更加稳健。从公司杠杆率的角度看，近年来，公司的杠杆率始终保持在20%以下，2006年以来的杠杆率平均值仅为8%。

三、REITs助力我国仓储物流行业发展

（一）我国仓储物流公募REITs展望

仓储物流开发运营企业在开发运营仓储物流设施资产时遵循的还是重资产开发运营逻辑，其运营可以带来相对稳定的收益，且我国的仓储物流资产已具备较好的金融属性，和发行公募REITs产品的契合度很高，我国的仓储

物流REITs具有广阔的发展空间。参考主要国家公募REITs市场规模占GDP的中位比例（7%左右）[①]，依据我国2021年度的GDP总值计算，我国公募REITs的市场规模应在7万亿元。结合仓储物流REITs占REITs总市值13%左右的比例计算，我国仓储物流REITs的市场规模应在9 000亿元。

我国本次将仓储物流资产列入公募REITs，对仓储物流的行业发展起到了助力作用。第一，从仓储物流公募REITs可以实现重资产运营向轻资产运营的转变，由此一来，企业可以快速回笼前期投入的资金，这部分资金可用于新设立项目的开发，可形成闭环的良性循环。在本章后续的案例分析中会详细阐述公募REITs原始权益人募集资金的投向。

第二，公募REITs产品在公开市场上发行，可从市场化的角度对仓储物流资产的运营水平、发展方向提出相应的要求，用市场化的手段促进我国仓储物流的良性发展，大大促进我国仓储物流以老旧仓储物流设施为主、高标仓占比低、区域发展不均衡现状的改变。

第三，公募REITs产品可以提高仓储物流运营管理人的运营管理水平，仓储物流产业得以健康快速发展，其核心在于有“人”的管理运营，高水平的运营管理团队不可或缺。目前，我国在此领域的专业机构和人才相对稀缺，REITs产品的发行对运营团队提出了更新的要求和挑战。同时，我国的仓储物流领域专业团队在市场环境的硬性要求之下，可以大大提升运营管理水平。

（二）我国仓储物流公募REITs案例分析

1. 中金普洛斯仓储物流封闭式基础设施证券投资基金

（1）基金概要

中金普洛斯仓储物流封闭式基础设施证券投资基金（以下简称中金普洛

① 蔡建春、刘俏、张峥、周芊等：《中国REITs市场建设》，中信出版社2020年版，第332—333页。

斯REIT，基本情况如表5-38所示，交易结构如图5-19所示）是在上交所上市发行的仓储物流公募REITs产品。中金普洛斯REIT以中金基金管理公司为基金管理人，兴业银行为基金托管行，基金投资于中金普洛斯仓储物流基础设施资产支持专项计划，并通过计划持有6个项目公司的全部股权，间接持有7处基础设施资产。

表5-38 中金普洛斯REIT基本情况

简称	不动产类型	项目估值（亿元）	类别	期限	募集份额（亿份）	认购价格（元）	募集金额合计（亿元）
中金普洛斯REIT	仓储物流	53.46	产权	50年	15	3.89	58.35

（2）原始权益人

中金普洛斯基础设施项目原始权益人为GLP China Holdings Limited（普洛斯中国控股有限公司，以下简称普洛斯中国，股权结构如图5-20所示），普洛斯中国为GLP Pte.Ltd.（以下简称普洛斯集团）于中国境内全部的仓储项目公司和业务管理公司的控股公司，于2013年10月15日正式成立，业务性质为投资控股，在中国境内的主要业务为现代仓储开发、经营和物流相关业务。截至2020年12月31日，普洛斯中国第一大控股股东为CLH Limited，持股比例66.21%。CLH Limited为普洛斯集团的全资控股子公司。

普洛斯中国是中国境内最大的现代物流及工业基础设施提供商和服务商，在现代仓储领域具有显著的领先地位。截至2020年12月31日，其所拥有已建成的仓储物流等物业的总建筑面积约3 170万平方米。此外，公司还有1 155万平方米的在建物业和土地储备，在中国有40多处战略性区域市场，在我国具有15年以上的行业运营经验，居于中国境内现代仓储行业第一。

普洛斯中国的实际控制人为普洛斯集团，该集团成立于2007年8月28日，注册地为新加坡，公司注册号码为200715832Z，股本金为645 630.30万美元，主要业务为在全球范围内进行现代物流仓储设施的开发、运营和管理。

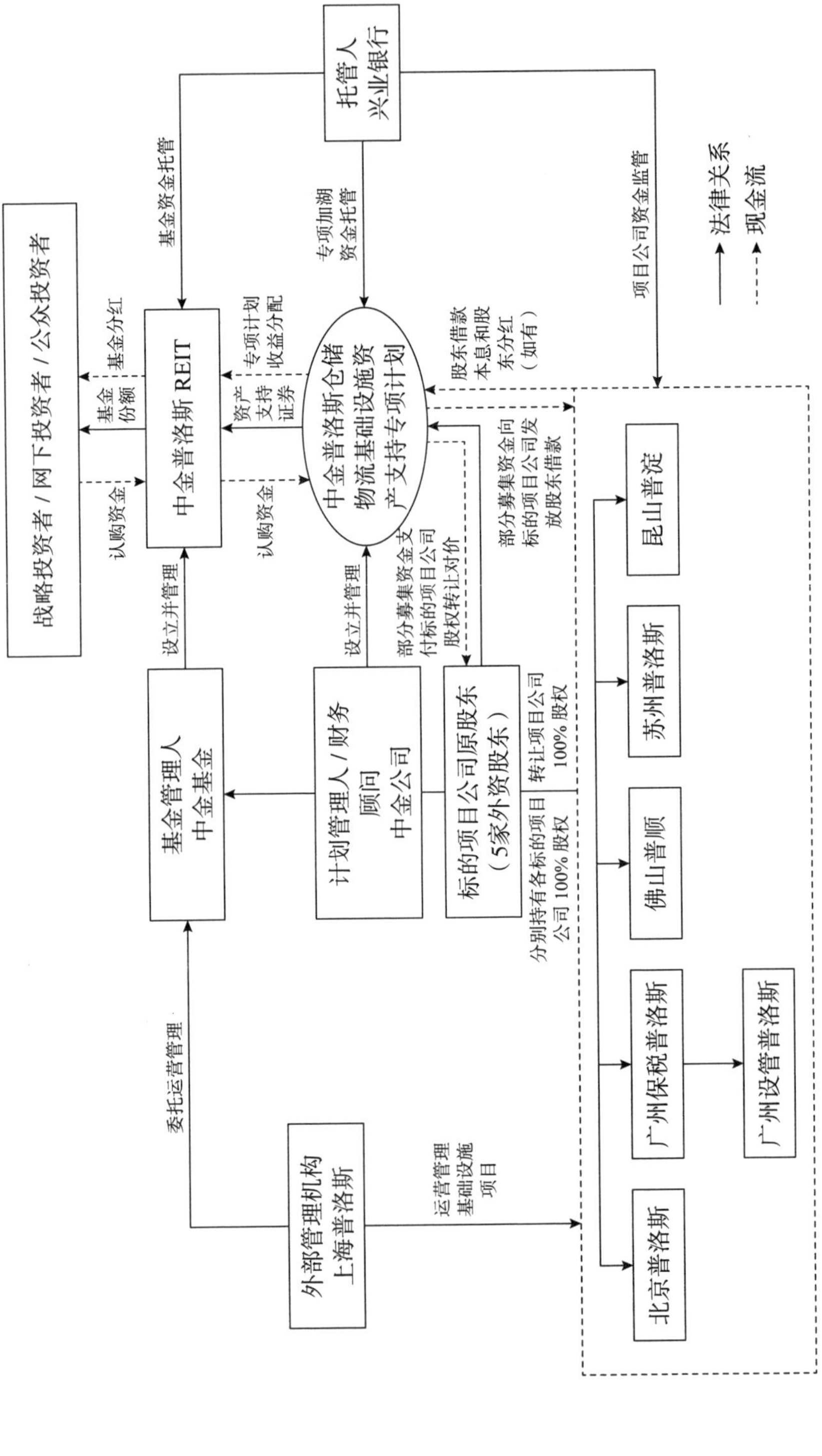

图5-19　中金普洛斯REIT交易结构

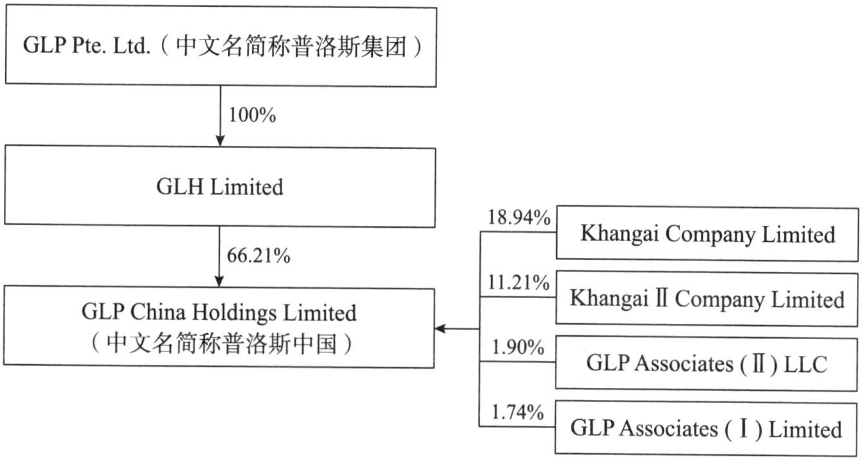

图5-20　普洛斯中国的股权结构

普洛斯集团的前身为美国Prologis在中国和日本境内的仓储资产的组合。2008年12月24日，美国Prologis将中国和日本的全部仓储资产组合出售给了新加坡政府投资有限公司。2010年10月19日，普洛斯集团在新加坡主板挂牌上市。

普洛斯集团于2018年1月19日完成私有化，并于2018年1月22日正式从新加坡证券交易所退市。私有化之后，普洛斯集团成为在开曼群岛注册的GLP Bidco Limited（GLP Bidco）的全资子公司。截至2020年12月末，普洛斯集团的股东信息如表5-39所示。

表5-39　普洛斯集团的股东信息

合伙人	权益比例（%）
厚朴投资	21.1
高瓴资本	21
Spring Hill	21
中银投资	15.7
万科	21.2

普洛斯集团是全球领先的专注于物流、不动产、基础设施、金融及相关科技领域的投资管理与商业创新公司。截至2020年12月31日，普洛斯集团

的业务遍及中国、日本、巴西、欧洲、印度、越南和美国，在不动产及私募股权基金领域的资产管理规模达1 000亿美元。截至2019年年末，普洛斯集团经审计，总资产为345.95亿美元，净资产为184.09亿美元；其中，中国市场是普洛斯集团的最大市场和最主要的增长市场。普洛斯集团的各个园区均战略性地位于关键物流枢纽内并靠近主要海港、机场、交通枢纽或大都市区中的工业区。截至2020年12月31日，普洛斯集团在中国境内持有仓储物流等物业总建筑面积约4 332万平方米。

在本次项目中，原始权益人普洛斯中国在中金普洛斯REIT发行的过程中实际净回收资金为42.96亿元，普洛斯中国计划将净回收资金全部以资本金的方式投资于普洛斯顺义李桥产业园等15个新增物流园区和产业园区项目，如表5-40所示。

表5-40　普洛斯中国投资的15个新增物流园区和产业园区项目

募投项目	项目总投金额（亿元）	普洛斯权益投资额（亿元）	募集资金使用规模（亿元）
普洛斯顺义李桥产业园	16.65	5.63	2.08
普洛斯蓟州邦均物流园	7.03	2.38	1.87
普洛斯怀来大数据科技产业园	18.44	7.91	6.58
华成（昆山）智能制造产业园	17.60	5.95	2.80
普洛斯常熟支塘物流园	6.97	2.36	1.54
普洛斯常熟大数据科技产业园	36.82	15.02	14.60
安普昆山花桥物流园	5.67	1.92	1.92
普洛斯昆山花桥产业园	4.96	1.68	1.05
普洛斯青浦香花桥物流园	10.24	3.46	1.75
普洛斯外高桥物流园	2.32	0.78	0.78
普洛斯杭州湾物流园	5.36	1.81	1.25
普洛斯深圳龙华物流园	8.35	2.82	1.89
普洛斯白云空港物流园	5.10	1.73	0.86
普洛斯龙泉驿南产业园	17.53	5.93	3.90
普洛斯昆明环普产业园	10.99	3.72	2.56
合计	174.03	63.10	45.43

（3）基础设施项目

中金普洛斯REIT的基础设施资产由7个仓储物流园组成，建筑面积合计约704 988平方米。分布于北京市，广东省广州市、佛山市以及江苏省苏州市、昆山市的核心集散地，属于京津冀、长三角、粤港澳大湾区三大城市群，大型城市群不仅能引领中国经济的发展，而且在很大程度上能推动中国的中产阶级消费群体、零售总额和零售创新等领域的不断壮大。区域一体化的发展也促进了城市群内的区域配送需求，发达的城市群拥有最高效的仓储和配送网络，在城市群中心两小时的车程范围内可覆盖2 500多万名消费者。在拥有高度密集城市群的长三角和粤港澳大湾区，部分城市的仓库甚至可以在两小时的车程范围内覆盖6 000万人。这些因素对仓储物流市场需求的增长是有利的。粤港澳大湾区、长三角、京津冀三大城市群集中了全国29.89%的人口、42.37%的GDP和37.01%的社会消费品零售总额，且每个城市群的人口规模高达5000万至1.2亿。这7处资产均位于这三大城市群，巨大的消费潜力带动了仓储物流的发展，交通便利，周围工业厂房、物流仓库群聚，产业聚集度高，同时给产品提供了可观的现金流。

中金普洛斯的基础设施资产均采用市场化运营且运营状态良好。截至2020年12月31日，目标基础设施资产合计平均出租率约为98.72%，其中有5个处于满租状态，其余2个出租率均高于95%。主要租户包括京东、美团、德邦物流、上海医药、捷豹、路虎等共计53个租户。租户行业包括运输、商业及专业服务、软件与服务等，其中运输行业占比近50%。

基础设施资产收入主要来自租金及管理费，7处资产的合同租金及管理费平均约为40.04元/月/平方米，月合同租金及管理费为2 772.71万元，前十大租户占比58.32%，关联租户占比5.7%。

根据戴德梁行出具的初始评估报告，截至2020年年末，中金普洛斯7个目标基础设施资产估值合计53.46亿元，平均估值单价为7 583元/平方米，如表5-41所示。

表5-41　中金普洛斯REIT基础设施资产情况

项目名称	所属地区	项目所在地	建筑面积（平方米）	可出租面积（平方米）	出租率（%）	有效租金单价（元/月/平方米）	估值（万元）	估值单价（元/平方米）	资产组成
普洛斯北京空港物流园	京津冀	北京市顺义区	130 540	128 061	96.85	67.38	163 700	12 540	5栋仓库、1栋办公楼
普洛斯通州光机电物流园	京津冀	北京市通州区	45 597	40 530	100.00	74.35	48 900	10 724	3栋仓库
普洛斯广州保税物流园	粤港澳大湾区	广州市	44 201	43 895	100.00	24.63	20 100	4 547	2栋仓库
普洛斯增城物流园	粤港澳大湾区	广州市	109 093	112 757	100.00	41.13	88 900	8 149	6栋仓库
普洛斯顺德物流园	粤港澳大湾区	佛山市	105 008	106 737	100.00	33.05	58 700	5 590	5栋仓库
苏州普洛斯望亭物流园	长三角	苏州市	92 148	94 434	100.00	33.72	50 900	5 524	6栋仓库、1栋办公楼
普洛斯淀山湖物流园	长三角	昆山市	178 401	181 223	97.24	25.24	103 400	5 796	10栋仓库、1栋办公楼
合计	—	—	704 988	707 637	98.72	40.04	534 600	7 583	—

（4）特殊安排

中金普洛斯REIT是首批9只公募REITs中唯一涉及股东身份为外资背景的项目，在整个项目审批过程中未显示对此外资背景有何特殊安排，可以看出，公募REITs看中的还是底层资产的运营能力。

2. 红土创新盐田港仓储物流封闭式基础设施证券投资基金

（1）基金概要

红土创新盐田港仓储物流封闭式基础设施证券投资基金（以下简称红创盐田港REIT，基本情况如表5-42所示，交易结构如图5-21所示）是以红土创新基金管理有限公司为基金管理人，以招商银行股份有限公司为基金托管人设立的、在深交所发行的封闭式基金。

表5-42　红创盐田港REIT基本情况

简称	不动产类型	项目规模（亿元）	类别	期限	募集份额（亿份）	认购价格（元）	募集金额合计（亿元）	2021年现金分配率
红创盐田港REIT	仓储物流	17.05	产权	36年	8	2.3	18.4	4.47%

（2）原始权益人

本基金的原始权益人为深圳市盐田港集团有限公司（以下简称盐田港集团），于1985年2月26日成立，其前身为深圳东鹏实业有限公司，深圳市人民政府国有资产监督管理委员会持有盐田港集团100%的股权。盐田港集团依托优良的自然、区位条件，利用深圳经济特区的政策优势，实施高度市场化的港口发展模式，经过快速发展，已成长为一家以港口建设投资与经营、综合物流和港口配套服务为主业的大型港口产业集团。盐田港集团的主要经营活动包括交通、港口运输及仓储、成品油销售、自营进出口业、房地产销售等。在经营方面，盐田港集团近3年的营业收入呈逐年上涨的趋势，在2018年度至2020年度的收入分别为15亿元、27亿元和29.8亿元。其中，2019年度，盐田港集团主营业务毛利率为39%，近3年的净利润均超过12亿元，经营状况良好。

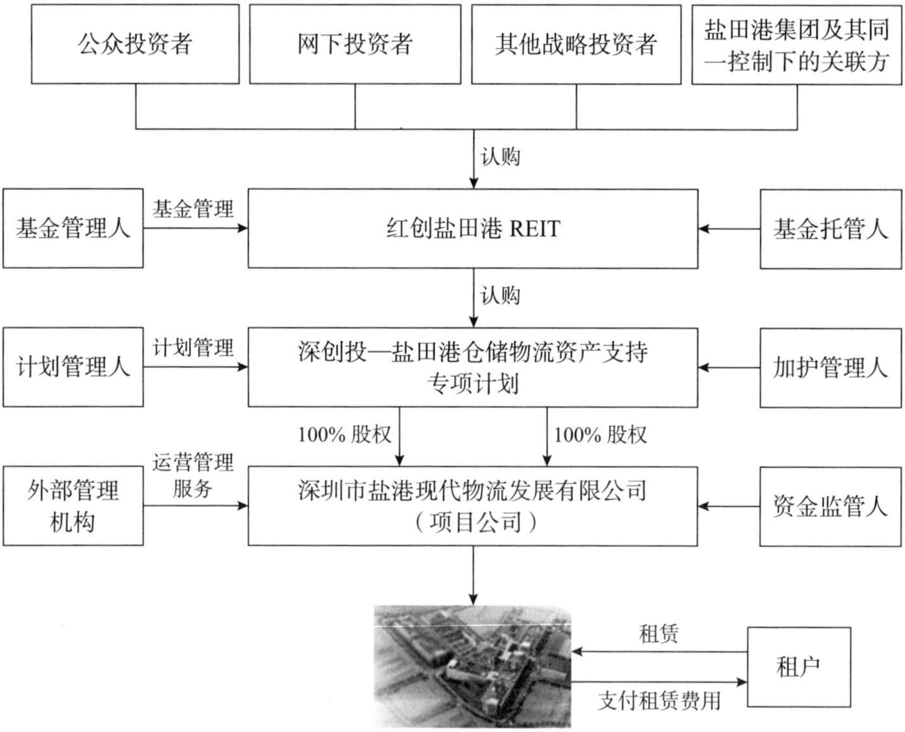

图5-21　红创盐田港REIT交易结构

本原始权益人为国有企业，其在本交易结构中涉及的国有资产的转让问题值得关注。第一，关于基础设施项目涉及的国有土地使用权问题，鉴于基础设施项目对应的宗地国有土地使用权系通过协议出让方式取得的，根据发改委试点通知的要求，须取得《土地出让合同》签署机构（或按现行规定承担相应职责的机构）出具的无异议函。就此，盐田港集团已经取得了深圳市规划和自然资源局盐田管理局于2021年1月27日出具的《深圳市规划和自然资源局盐田管理局关于盐田港现代物流中心项目参与基础设施不动产投资信托基金REITs相关意见的复函》，确认盐田港现代物流中心项目（宗地号J306–0009）已签订的土地使用权出让合同及补充协议书未对项目股权转让进行限制，其对该项目以100%股权转让的方式发行基础设施REITs无异议。第二，关于基础设施项目涉及的国有股权的转让问题，项目公司系深圳市人民政府国有资产监督管理委员会间接持有100%股权的国有企业，项目公司的100%股权转让交易适用《中华人民共和国企业国有资产法》、《企业国有资产监督管理暂行条例》(2019修订)、《企业国有资产交易监督管理办法》、《深圳市属国有企业产权变动监管办法》(2021年修订)(深国资委〔2021〕22号)等法律法规。就本次发行涉及的项目公司股权转让事宜，根据深圳市人民政府国有资产监督管理委员会于2020年10月12日出具的《深圳市国资委关于深圳市地铁集团有限公司、深圳市盐田港集团有限公司申请基础设施REITs试点的反馈意见》：基础设施REITs是通过证券交易所公开发行的金融产品，项目所涉国有资产按照中国证监会公布的《公开募集基础设施证券投资基金指引(试行)》等证券监管制度要求，遵循等价有偿和公平公正的原则公开规范发行，无须另行履行国有资产交易程序。你公司与基金管理人等中介机构应严格按照证券监管制度要求，充分发挥公开市场配置资源作用，根据基础设施项目评估情况及基础设施REITs交易结构，按照市场化方式通过公开询价确定基金份额认购价格，进而确定基础设施项目交易价格，防止国有资产流失，实现国有资产保值增值。上述反馈意见明确表示，深圳市国资委同意按照市场化的方式，通过公开询价，确定基金份额认购价格和基础设施项目交易价格，本次发行中无须另行履行国有资产交易程序。

原始权益人盐田港集团在红创盐田港REIT的发行过程中实际净回收资金14.72亿元，盐田港集团计划将全部募集资金以资本金的方式投入深汕特别合作区小漠国际物流港一期项目和盐田港冷链服务仓项目等。

(3)基础设施项目

本基金初始投资的基础设施项目为现代物流中心项目。现代物流中心项目位于深圳市盐田区沿港路综合保税区内，邻近盐田港码头，地理位置优越。项目包括4座仓库、1栋综合办公楼及1座气瓶站，各仓库通过连廊和行车道相互连通，均为高标准多层坡道库。基础设施项目总建筑面积为320 446.22平方米，仓储及配套部分总可租赁面积为266 113.00平方米。基础设施资产在2021年3月31日的评估价为人民币1 705 000 000元。

基础设施资产的运营模式是由项目公司对现代物流中心项目进行经营，向在盐田港有现代仓储需求的港口运营商、国际海运船公司、国际货代、跨国采购商、制造商等企业提供仓储、配套设施等不动产设施，并向这些企业收取租金及综合管理服务费用。租金收入以及综合管理服务收入构成项目公司全部的收入来源。该项目可分为两个阶段，其中阶段一基础设施项目所在的项目公司并无真正的工作人员，基础设施项目资产由深圳市盐田港物流有限公司（以下简称盐田港物流）以整租的方式承包经营，由盐田港物流向租户提供租赁等一体化服务。阶段二基础设施项目所在的项目公司匹配了相应的工作人员，基础设施项目资产由项目公司直接进行市场化招租，其中盐田港集团租赁116 327.80平方米，除自用部分面积外，主要是为了服务于自身的港口运营业务，为客户提供一站式服务。

基础设施资产的收入主要来自租金及服务费。截止到2020年度，基础设施项目资产的出租率为100%，包括盐田港整租的116 327.80平方米。租户共计23户，非仓储及配套部分共3个租户，非关联租户占比56%，总体现金流相对分散。日平均租金水平在37.5元至50元，2019年度收入为7 900万元，2020年度为7 200万元，因疫情国家设置了相应减免政策，收入有小幅下滑。

（4）特殊安排

值得注意的是，本次基础设施项目资产存在整租部分，租赁面积占比最大的为盐田港集团，租赁面积116 328平方米，占仓储及配套部分总可租赁面积的44%。此种安排与盐田港的历史原因有关：REIT设立前，公司有固租、散租及一体化服务，为了更好地进行一体化经营服务，采取了由盐田港集团整租全部资产并二次转租的方式。REIT设立后，资产被划转至项目公司，盐田港集团根据其自身自用或者对外租赁需要整租部分面积。

总体而言，普洛斯租户分散程度高的租赁模式优于盐田港关联方大比例整租的方式：一是考虑到项目及其现金流的稳定性，较为分散的租户组合可以更好地抗风险，单一租户占比过高对项目的影响也是巨大的；二是分散的租户体现出的出租率是运营管理者真正的运营管理水平。物流资产的运营水平及其价值的提升都依赖于运营管理者的能力，较高能力的运营管理团队意味着运营资产的升值以及未来资产扩募的可能。当然，考虑到盐田港作为港口类企业中实力较强的企业，此种关联方整租的方式不仅解决了原始权益人资产"出表"的资金补充，同时也可以保证REITs投资者的稳定分红，也是一种支持实体经济的创新举措。

第四节 房地产行业之数字地产：数据中心公募REITs展望

目前，我国经济正处在从高速增长阶段向高质量发展转变的阶段，传统的经济发展模式需要进行转换，因此转变发展方式、优化经济结构、转换增长动力是当前的主要任务。深化供给侧结构性改革、重塑持续转型升级的产业生态，推动互联网、大数据、人工智能和实体经济深度融合，发展以大数据中心、人工智能等为代表的新型基础设施建设成为国家战略的重点。作为算力基础设施的重要组成部分，数据中心是促进5G、人工智能、云计算等新一代数字技术发展的数据中枢和算力载体，对数字经济增长具有重要的助推作用。

根据《数据中心设计规范》（GB 50174—2017）的定义，数据中心（Data Center，DC），即为集中放置的电子信息设备提供运行环境的建筑场所，包括主机房、辅助区、支持区和行政管理区等。数据中心主要容纳电子数据和电信系统，运营商通常会在数据中心提供电源备份、冗余数据通信、温度和湿度控制以及设施安全服务，主要收入来源为租赁所得的租金收入。

根据所有性质或服务对象的不同，数据中心可以分为互联网数据中心（Internet Data Center，IDC）和企业数据中心（Enterprise Data Center，EDC）。其中，IDC是指利用相应的机房设施，以外包出租的方式为用户的服务器等互联网或其他网络相关设备提供放置、代理维护、系统配置及管理服务，并提供数据库系统或服务器等设备的出租和存储空间的出租、通信线路和出口带宽的代理租用和其他应用服务的数据中心［根据中国信息通信研究院发布的《数据中心白皮书（2018年）》中的定义］；EDC则是指由企业或机构构建并所有，服务于自身业务的数据中心。

数据中心的产业链通常可分为三层。从图5-22中描绘的产业链中可以看出，数据中心兼具IT行业、房地产行业和基础设施类行业的行业属性。从技术上看，它是IT系统的延伸，从硬件的服务器物理单元到软件的操作系统，数据中心所持有的核心资产即电子计算机技术、网络通信技术的关键组成部分。

从收益模式上看，由于数据中心建设需要持有或租赁面积较大的不动产物业，土地、建筑物的升值、租赁回报是数据中心重要的收入来源之一。数据中心的建设运营又与房地产项目颇有共通之处。

从产业结构上看，数据中心与周边环境息息相关，充足的用电供应、低廉的电价、充沛的水源、寒冷的环境等都是关键要素。因此，数据中心又具备基础设施类资产的属性。[①]

图5-22 数据中心的产业链[②]

应该说，数据中心这类资产重新定义了房地产，丰富了房地产的内涵，

① 参见刘少伟、张栩、肖夏、卢玉玲、方波：《中美数据中心产业对比及思考》，载财新网转，https://opinion.caixin.com/2017-09-28/101151648.html，最后访问日期：2022年5月28日。

② 图片来源：Savills第一太平戴维斯2021年11月发布的《中国数据中心》报告。

使房地产不单单是一种“收租”型的资产，更是一种为数字经济、实体经济提供支撑的资产，是推动创新发展的新基础设施。数据中心具有重资产、高回报的特性，需要较长时间的运营来实现盈利和退出，在“房住不炒”的背景下，能够提供新的房地产投资方向，引导投资去往实体经济领域。

一、发展数字地产：数据中心的意义

数字经济是继农业经济、工业经济之后的主要经济形态，是以数据资源为关键要素，以现代信息网络为主要载体，以信息通信技术的融合应用、全要素数字化转型为重要推动力，促进公平与效率更加统一的新经济形态。数字经济发展的速度之快、辐射范围之广、影响程度之深前所未有，正推动生产方式、生活方式和治理方式的深度变革，成为重组全球要素资源、重塑全球经济结构、改变全球竞争格局的关键力量。

发展数字经济是把握新一轮科技革命和产业变革新机遇的战略选择。数字经济是数字时代国家综合实力的重要体现，是构建现代化经济体系的重要引擎。世界主要国家均高度重视发展数字经济，纷纷出台战略规划，采取各种举措打造竞争新优势，重塑数字时代的国际新格局。

数据要素是数字经济深化发展的核心引擎。数据对提高生产效率的乘数作用不断凸显，成为最具时代特征的生产要素。数据的爆发式增长和海量集聚蕴藏了巨大的价值，为智能化发展带来了新的机遇。协同推进技术、模式、业态和制度创新，切实用好数据要素，将为经济社会的数字化发展带来强劲动力。

数字化服务是满足人民美好生活需要的重要途径。数字化方式正有效打破时空阻隔，提高有限资源的普惠化水平，极大地方便群众的生活，满足多样化、个性化的需要。数字经济的发展正在让广大群众享受到看得见、摸得着的实惠。

数据是国家的基础战略性资源和重要的生产要素。加快构建全国一体化大数据中心协同创新体系，是贯彻落实党中央、国务院决策部署的具体举措。

以深化数据要素市场化配置改革为核心，优化数据中心建设布局，推动算力、算法、数据、应用资源的集约化和服务化创新，对于深化政企协同、行业协同、区域协同，全面支撑各行业数字化升级和产业数字化转型具有重要意义。

新型数据中心是以支撑经济社会数字转型、智能升级、融合创新为导向，以5G、工业互联网、云计算、人工智能等应用需求为牵引，汇聚多元数据资源、运用绿色低碳技术、具备安全可靠能力、提供高效算力服务、赋能千行百业应用的新型基础设施，具有高技术、高算力、高能效、高安全等特征。随着新一代信息技术的快速发展，数据资源存储、计算和应用需求将大幅提升，传统的数据中心正加速与网络、云计算融合发展，加快向新型数据中心演进。

二、数据中心公募REITs在发达国家的现状

（一）美国数据中心公募REITs

1.整体情况

美国作为REITs的发展大国，据NAREIT统计，截至2021年12月31日，美国数据中心REITs的市值约为1 370亿美元，共有3只，约占美国REITs总市值（17 403万亿美元）的8%。NAREIT的数据显示，数据中心REITs CyrusOne, Inc.（股票名称CONE）、Digital Realty Trust（股票名称DLR）、Equinix, Inc.（股票名称EQIX）的相关数据如表5–43所示。

表5-43　美国3只数据中心REITs基本情况

数据中心REITs名称	股票名称	市值（百万美元）	负债率（%）	股息收益率（%）	2021年投资回报率（%）	近三年投资回报率（%）	近五年投资回报率（%）
CyrusOne, Inc.	CONE	11 386.6	25.3	2.32	26.05	22.81	18.45
Digital Realty Trust	DLR	51 480.0	23.3	2.62	30.66	22.40	16.32
Equinix, Inc.	EQIX	75 770.3	16.6	1.36	20.27	36.12	20.99
均值	—	46 212.3	21.7	2.10	25.66	27.11	18.58

从以上数据可以看出，虽然美国数据中心REITs只有3只，但每只的体量都较大。

2.具体案例

以下将以市值最高的EQIX作为分析研究对象。

（1）基本情况

Equinix，Inc.（易昆尼克斯，纳斯达克股票代码EQIX）成立于1998年，并于2012年开始申报REITs，2015年成功发行。EQIX在数据中心的规模和业务收入等方面均处于世界领先地位，截至2021年12月31日，其在美洲、亚太、欧洲及中东27个国家和地区的66个市场运营着240个IBX®［International Business Exchange™（IBX®），国际商业交易所］和xScale数据中心（xScale数据中心8个），服务客户超过10 000家（在2021年，没有一家客户占总业务收入的10%或以上），在全球拥有10 944名员工。

EQIX 2021-10K年报数据显示，截至2021年12月31日，其运营的数据中心的总面积为23.8百万平方英尺（1平方英尺=0.092 9平方米），即2 211 020平方米。

EQIX是一家全球性的数据中心运营公司。从资产结构上看，EQIX作为数据中心公司，也拥有此类公司的特点，即重资产公司。从其下属的资产结构表中可以看出，固定资产部分（不动产、厂房及设备和网络等）以及经营租赁使用权资产约占公司总资产的60%。关于EQIX的资产结构表及IBX®数据中心的概述投资组合如表5-44及表5-45所示。

表5-44 EQIX的资产结构表

单位：千美元

	2021年12月31日	2020年12月31日
现金及现金等价物	1 536 358	1 604 869
短期投资	—	4 532
应收账款（扣除11 635和10 677的计提坏账准备）	681 809	676 738

续表

	2021年12月31日	2020年12月31日
其他流动资产	462 739	323 016
持有待售资产	276 195	—
流动资产合计	2 957 101	2 609 155
不动产、厂房及设备净值	15 445 775	14 503 084
经营租赁使用权资产	1 282 418	1 475 057
商誉	5 372 071	5 472 553
无形资产净值	1 935 267	2 170 945
其他资产	926 066	776 047
资产合计	27 918 698	27 006 841

表5-45　IBX®数据中心的概述投资组合①

	IBX数据中心数量	机柜总容量	机柜使用量	机柜利用率（%）	单个机柜平均收入
美洲	103	13 600	103 200	76	2 342
欧洲、中东、非洲	78	128 800	107 400	83	1 586
亚洲及环太平洋	50	74 700	59 300	79	1 970
合计	231	339 500	269 900	—	—

① 上述数据排除了9个未合并实体（8个xScale™数据中心和MC1 IBX®数据中心）；柜机总容量代表IBX®数据中心中特定数量的空间，客户可以组合使用多个；机柜利用率表示计费的机柜空间与总机柜容量的百分比；单个机柜平均收入代表每月确认的平均经常性收入除以平均橱柜的数量。数据截至2021年12月31日。

（2）服务内容

• 数据中心解决方案：通常是根据客户使用的空间和电力来计费的，在固定期限合同下交付，并产生每月经常性收入MRR（Monthly Recurring Revenue）。其中，International Business Exchange™ Data Centers（国际商业交易所数据中心）由230多个IBX®供应商中立的托管组成，为客户提供安全、可靠和稳健的环境，是聚集和分发信息、连接数字和全球商业生态的系统，IBX®数据中心使企业、网络、云计算和SaaS提供商以及业务合作伙伴可以直接、安全地相互连接。

xScale™数据中心的设计，是为了满足一组目标是超大规模公司独特核心工作的负载部署需求，这些公司包括世界上最大的云服务提供商，借助xScale™数据中心，超大规模的客户可以在其核心超大规模数据中心部署和现有客户在Equinix的接入点上进行扩展，从而简化了与单一全球供应商的扩展。

• 互联互通：将业务直接、安全、动态地连接到全球平台的数据中心内部和数据中心之间，通常根据客户的出站连接计费，并生成每月经常性收入MRR。

• 边缘服务：帮助企业在Equinix的全球数据中心快速部署，服务网络、安全和硬件，作为购买、拥有和管理物理基础设施的替代方案。边缘服务通常根据实例数量和客户使用与生成的容量计费，并生成MRR。

• 主机托管服务：Equinix提供多种托管服务，旨在为客户加快和简化数字转换和数据中心部署。这些服务通常是基于消费而产生的，并以非经常性收入NRR（Non Recurring Revenue）计费。

（3）数据

从收入、成本、利润和EBITDA数据看Equinix。2021年和2020年，Equinix在美洲、EMEA（欧洲、中东、非洲）和亚太地区的收入、成本、销售费用和管理费用数据如图5–23、图5–24、图5–25和图5–26所示。

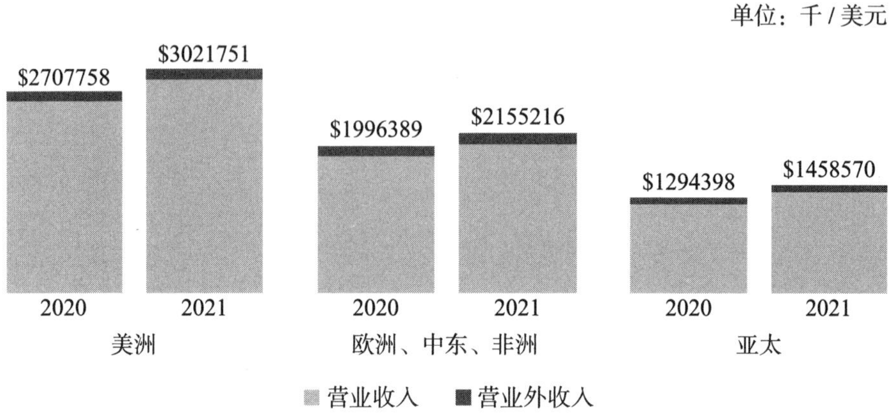

图5-23　Equinix的收入数据①

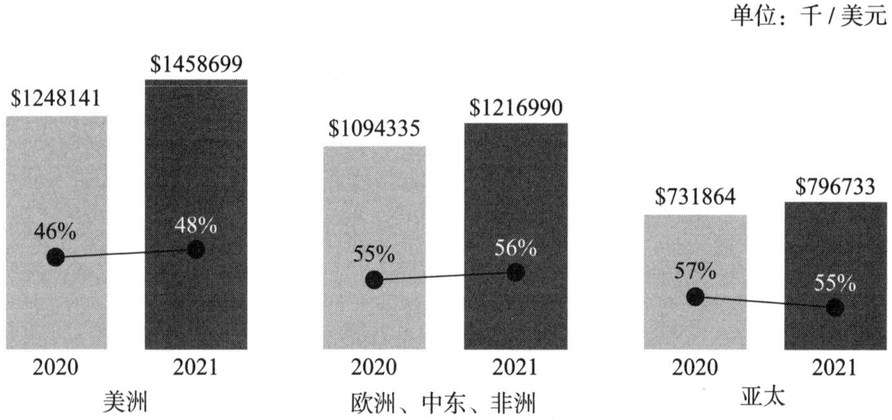

图5-24　Equinix的成本数据②

① 图表来源：Equinix的2021年公司年报。

② 图表来源：Equinix的2021年公司年报，百分比表示营业成本占收入的比重。

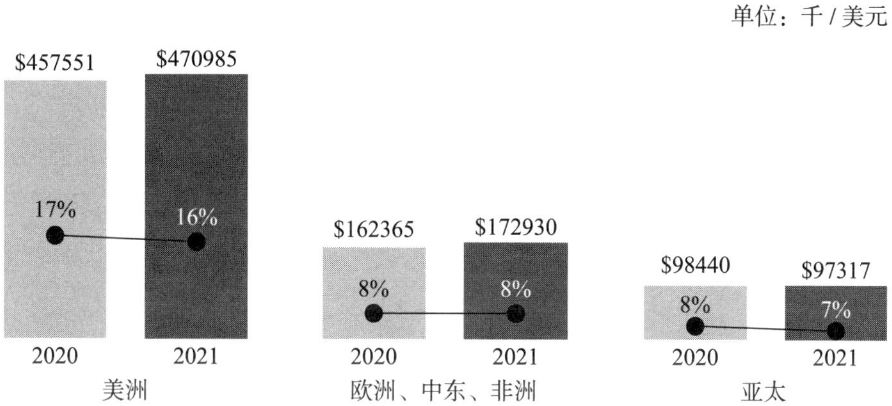

图5-25 Equinix的销售费用数据[①]

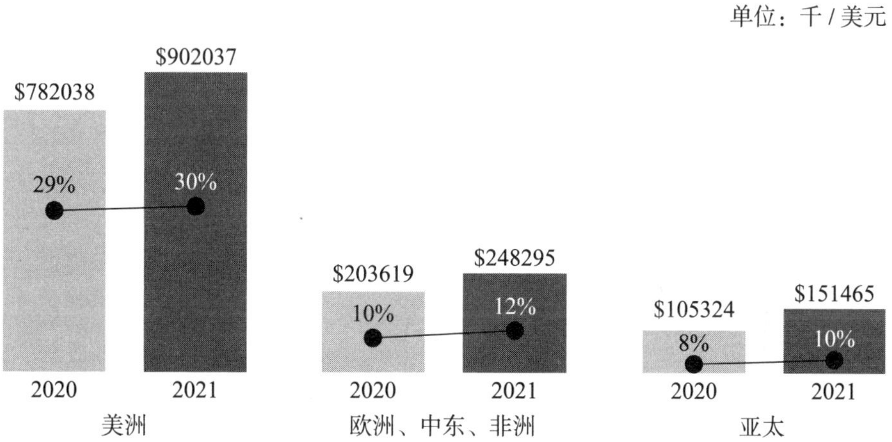

图5-26 Equinix的管理费用数据[②]

2021年和2020年，Equinix在美洲、EMBA（欧洲、中东、非洲）和亚太的EBITDA（息税前利润）数据如表5-46所示，连续3年的EBITDA数据如表5-47所示。

① 图表来源：Equinix的2021年公司年报，百分比表示销售费用占收入的比重。

② 图表来源：Equinix的2021年公司年报，百分比表示管理费用占收入的比重。

表5-46 Equinix的EBITDA数据

	2020年（千美元）	占比（%）	2021年（千美元）	占比（%）	变动值（千美元）	增长率（%）	按不变汇率计算的增长率（%）
美洲	1 186 022	42	1 326 460	42	140 438	12	12
欧洲、中东、非洲	974 246	34	1 033 333	33	59 087	6	5
亚洲及环太平洋	692 630	24	784 591	25	91 961	13	11
合计	2 852 898	100	3 144 384	100	291 486	10	9

表5-47 Equinix连续3年的EBITDA数据

截至各年12月31日　　单位：千美元

	2019年	2020年	2021年
运营收入	1 169 631	1 052 928	1 108 162
折旧、摊销和更新费用	1 285 296	1 427 010	1 660 524
股权激励费用	236 539	311 020	363 774
业务费	24 781	55 935	22 769
减值费用	—	15 790	7 306
资产销售收益	44 310	1 301	10 845
调整后EBITDA	2 687 727	2 852 898	3 144 384

可以看出，Equinix连续3年的EBITDA均在稳步上升中。结合Equinix近3年和近5年的投资回报率36.12%和20.99%来看，应该说Equinix作为数据中心的领军企业，经营状态良好。

（二）亚洲数据中心公募REITs：具体案例

吉宝数据中心房地产信托（吉宝Digital Core REIT，以下简称“吉宝DC REIT”）于2014年12月12日在新加坡证券交易有限公司（SGX-ST）上市，吉宝DC REIT的战略是直接或间接投资于主要用于数据中心的房地产资产的多元化投资组合，以及支持数字经济所需的房地产和资产。截至2021年12月6日，吉宝DC REIT也是亚洲唯一的纯数据中心REITs（吉宝DC REIT已于2021年12月6日在新加坡开始交易）。

截至2021年12月31日，吉宝DC REIT（基金结构见图5-27）市值4 236百万新元，负债率为35.1%，股息收益率为4.0%。

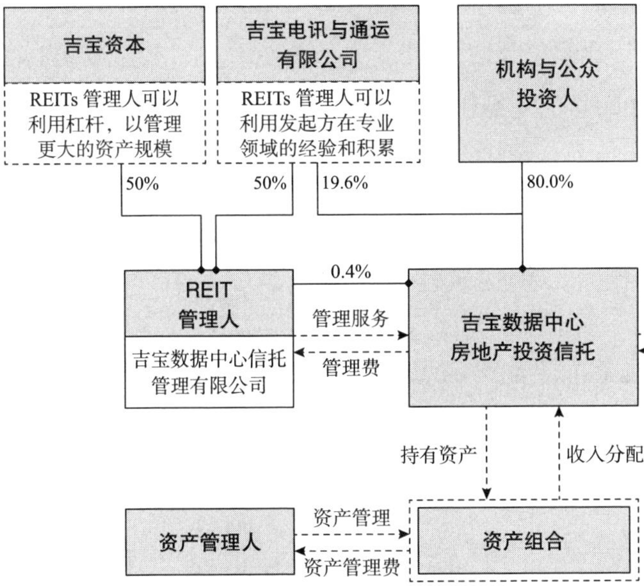

图5-27　吉宝DC REIT基金结构[①]

吉宝讯通（Keppel T&T）作为吉宝DC REIT的发起人，享有该信托基金的优先购买权；吉宝DC REIT由基金管理人吉宝DC REIT管理有限公司管理，而吉宝资本（Keppel Capital）和吉宝讯通（Keppel T&T）各享有吉宝DC REIT管理有限公司50%的股权。基金管理人的主要目标是为房地产投资信托基金的单位持有人提供持续、稳定的分配，并在保持最佳资本结构的同时实现资产组合的长期增长。对于数据中心这一特殊的业态，设备设施及能

① 数据来源：吉宝数据中心房地产信托2021年公司年报。

源管理尤为重要，吉宝DC REIT的设备设施管理方由不同物业的设施管理协议任命。对所有的数据中心公司而言，吉宝房地产投资信托基金也是典型的重资产公司。截至2021年12月31日，吉宝房地产投资信托基金的投资组合规模约34亿美元，如表5-48所示。该投资组合主要包括21个位于新加坡、马来西亚、中国、澳大利亚、英国、荷兰、爱尔兰、意大利和德国以及其他投资地区的高质量、位置优越的数据中心。吉宝数据中心房地产信托持有的投资性房地产项目如表5-49所示，吉宝数据中心房地产信托持有的数据中心的区位、可租赁面积、出租率及估值情况[①]如表5-50所示，吉宝数据中心房地产信托2021年及2020年的主要利润指标如表5-51所示。

表5-48　吉宝数据中心房地产信托主要数据（2020年、2021年）[②]

	截至2020年12月31日	截至2021年12月31日	变动比例（%）
投资性房地产（千新元）	3 005 038	3 401 436	13.2
在建中的投资性房地产（千新元）	24 676	—	100
总资产（千新元）	3 349 828	3 780 150	12.8
借款总额（千新元）	1 165 756	1 289 580	10.6
总负债（千新元）	1 367 586	1 444 474	5.6
信托投资人投资金额（千新元）	1 944 652	2 293 247	17.9
发行单位（份）	1 633 121	1 715 512	5.0
单位净资产（千新元/份）	1.19	1.34	12.6
单位市价（新元）	2.81	2.47	12.1
单位净资产溢价（%）	136.1	84.3	51.8

① 除非另有说明，估值根据各自最新独立估值及截至2021年12月31日的所有权权益计算。

② 图表来源：吉宝数据中心房地产信托2021年公司年报，截至2021年12月31日的资产报表情况。

表5-49　吉宝数据中心房地产信托持有的投资性房地产

投资性房地产	资产持有状况	2020年12月31日（千新元）	2021年12月31日（千新元）
Keppel DC Singapore 1	租赁资产，到期日为2055年9月30日	305 528	343 725
Keppel DC Singapore 2	租赁资产，到期日为2051年7月31日	177 654	183 000
Keppel DC Singapore 3	租赁资产，到期日为2052年1月31日	268 626	316 378
Keppel DC Singapore 4	租赁资产，到期日为2050年6月30日	387 250	426 000
Keppel DC Singapore 5	租赁资产，到期日为2041年8月31日	360 000	360 000
DC1	租赁资产，到期日为2044年7月31日	212 000	273 000
Basis Bay Data Centre	自有资产	23 630	22 107
Guang dong Data Centre	租赁资产，到期日为2067年1月17日	—	148 005
Gore Hill Data Centre	自有资产	205 810	224 135
Intellicentre Campus	自有资产	58 239	102 323
Iseek Data Centre	租赁资产，到期日为2047年6月29日	43 896	—
GV7 Data Centre	租赁资产，到期日为2183年9月29日	66 346	65 696
Cardiff Data Centre	自有资产	65 054	47 447
Almere Data Centre	自有资产	150 946	155 270
Amsterdam Data Centre	自有资产	44 867	45 028
Eindhoven Campus	自有资产	—	57 450
Keppel DC Dublin 1	租赁资产，到期日为2998年12月31日	153 670	150 612
Keppel DC Dublin 2	租赁资产，到期日为2997年12月31日	143 014	141 296

续表

投资性房地产	资产持有状况	2020年12月31日（千新元）	2021年12月31日（千新元）
Milan Data Centre	自有资产	61 212	60 478
Maincubes Data Centre	自有资产	150 706	155 270
Kelsterbach Data Centre	自有资产	126 590	124 216
合计	—	3 005 038	3 401 436

表5-50　吉宝数据中心房地产信托持有的数据中心的区位、可租赁面积、出租率及估值情况

	区位	股权情况（%）	可租赁面积（平方英尺）	客户数	出租率（%）	估值（千新元）
亚太地区						
Keppel DC Singapore 1	新加坡	100	109 721	25	93.1	336.0
Keppel DC Singapore 2	新加坡	100	38 480	5	98.2	183.0
Keppel DC Singapore 3	新加坡	90	49 433	2	100.0	280.8
Keppel DC Singapore 4	新加坡	99	83 698	6	95.7	421.7
Keppel DC Singapore 5	新加坡	99	92 889	3	100.0	356.4
DC1	新加坡	100	213 815	1	100.0	273.0
Basis Bay Data Centre	马来西亚赛城	99	48 193	1	63.1	21.9
Gore Hill Data Centre	澳大利亚悉尼	100	90 955	3	100.0	224.1
Imellicentre Campus	澳大利亚悉尼	100	174 042	1	100.0	102.3

续表

	区位	股权情况（%）	可租赁面积（平方英尺）	客户数	出租率（%）	估值（千新元）
Guangdong Data Centre	中国广东	100	221 689	1	100.0	148.0
欧洲区域						
Cardiff Data Centre	英国卡迪夫	100	79 439	1	100.0	47.4
GV7 Data Centre	英国伦敦	100	24 972	1	100.0	65.7
Almere Data Centre	荷兰阿尔梅勒	100	118 403	1	100.0	155.3
Amsterdam Data Centre	荷兰阿姆斯特丹	100	141 698	10	99.1	45.0
Eindhoven Campus	荷兰埃因霍温	100	83 341	3	100.0	57.4
Keppel DC Dublin 1	爱尔兰都柏林	100	68 118	25	82.3	150.6
Keppel DC Dublin 2	爱尔兰都柏林	100	28 128	4	100.0	141.3
Milan Data Centre	意大利米兰	100	165 389	1	100.0	60.5
maincubes Data Centre	德国奥芬巴赫	100	97 043	1	100.0	155.3
Kelsterbach Data Centre	德国克尔斯特尔巴赫	100	540 869	1	100.0	124.2

表5-51　吉宝数据中心房地产信托2021年及2020年的主要利润指标

财务指标名称	2021年度	2020年度	2021年比2020年上浮比例（%）
总收入（千新元）	271 065	265 571	2.1
营业费用（千新元）	–22 911	–21 405	7.0

续表

财务指标名称	2021年度	2020年度	2021年比2020年上浮比例（%）
净收入（千新元）	248 154	24 466	1.6
可分配收入（千新元）	171 606	156 915	9.4
单位派息（DPU，新分）	9.851	9.170	7.4
股息收益率（Distribution Yield）（%）	3.99	3.71	7.5

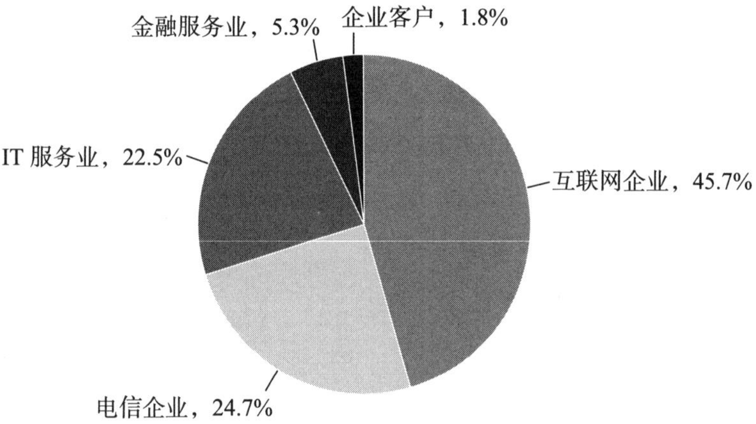

图5-28　吉宝数据中心房地产信托的收入构成[①]

从图5-28中可以看出，互联网企业（Internet Enterprise）是其最大的客户，由此而来的收入占全部租金收入的45.7%；其次是电信企业，由此而来的收入占全部租金收入的24.7%；再次是IT服务业，由此而来的收入占全部租金收入的22.5%；最后是金融服务业和企业客户，由此而来的收入分别占全部租金收入的5.3%和1.8%。

最后，根据新交所研究部于2022年1月出具的《新加坡房托和地产商业信托分析报告》，吉宝DC REIT近3年的年化总回报率为28.1%，近5年的年化总回报率为21.5%。应该说，吉宝DC REIT作为一只纯数据中心REITs，

① 数据截至2021年12月31日。

近几年一直有着稳健的发展和良好的收益回报。

三、我国数字地产在政策鼓励背景下迎来重大机遇

1.《关于数据中心建设布局的指导意见》

2013年1月，工业和信息化部等五部委联合发布了《关于数据中心建设布局的指导意见》（工信部联通〔2013〕13号），为满足社会信息化水平不断提高的要求，促进我国数据中心，特别是大型数据中心的合理布局和健康发展，提出数据中心建设布局的指导意见。该意见指出，数据中心的建设和布局应以科学发展为主题，以加快转变发展方式为主线，以提升可持续发展能力为目标，以市场为导向，以节约资源和保障安全为着力点，遵循产业发展规律，发挥区域比较优势，引导市场主体合理选址、长远规划、按需设计、按标建设，逐渐形成技术先进、结构合理、协调发展的数据中心新格局。

2.《国家信息化发展战略纲要》

2016年7月，中共中央办公厅、国务院办公厅发布的《国家信息化发展战略纲要》提出：推进物联网设施建设，优化数据中心布局，加强大数据、云计算、宽带网络协同发展，增强应用基础设施服务能力。

3.《“十三五”国家信息化规划》

2016年12月，国务院发布了《“十三五”国家信息化规划》（国发〔2016〕73号）。该规划提出：建立国家治理大数据中心，统筹利用政府和社会数据资源，推动宏观调控决策支持、市场监督管理、社会信用、风险预警大数据应用，建设社会治理和公共服务大数据应用体系。提升大数据产业支撑能力，加快培育大数据龙头骨干企业，建立政产学研用联动、大中小企业协调发展的大数据产业体系，建立完善大数据产业公共服务支撑体系。建设覆盖全国、链接畅通的数据中心，合理规划布局国家互联网大数据平台，考虑现有数据中心布局情况，选择条件适宜的地方建设区域性数据中心，依托安全可靠的通信网络，汇聚政府部门、电信运营商、互联网企业、

各地区数据中心、大数据交易所、专业机构等渠道平台的数据，构建汇聚网民、企业和政府三类数据的大数据资源中心，提高信息的及时性、全面性和准确性。优化大型、超大型数据中心布局，加快推动现有数据中心的节能设计和改造，有序推进绿色数据中心建设。

4.《关于加强“十三五”信息通信业节能减排工作的指导意见》

2017年4月，工业和信息化部发布了《关于加强“十三五”信息通信业节能减排工作的指导意见》（工信部节〔2017〕77号），提出要创新推广绿色数据中心技术。推广绿色智能服务器、自然冷源、余热利用、分布式供能等先进技术和产品的应用，以及现有老旧数据中心节能改造典型应用，加快绿色数据中心建设；认真执行绿色数据中心相关标准，优化机房的油机配备、冷热气流布局，从机房建设、主设备选型等方面进一步降低能耗。

5.《关于加强绿色数据中心建设的指导意见》

2019年1月，工业和信息化部、国家机关事务管理局、国家能源局三部委发布了《关于加强绿色数据中心建设的指导意见》（工信部联节〔2019〕24号）。该意见指出：建设绿色数据中心是构建新一代信息基础设施的重要任务，是保障资源环境可持续的基本要求，是深入实施制造强国、网络强国战略的有力举措。该意见要求：强化绿色设计、深化绿色施工和采购、完善绿色运行维护制度、有序推动节能与绿色化改造、加强废旧电器电子产品处理、加快绿色关键和共性技术产品研发创新、加快先进适用绿色技术产品推广应用、完善标准体系、培育第三方服务机构、探索与创新市场推动机制。

目标是到2022年，数据中心平均能耗基本达到国际先进水平，新建大型、超大型数据中心的电能使用效率值达到1.4以下，高能耗老旧设备基本淘汰，水资源利用效率和清洁能源应用比例大幅提升，废旧电器电子产品得到有效回收利用。

6.《关于组织申报2019年度国家新型工业化产业示范基地的通知》

2019年6月，工业和信息化部《关于组织申报2019年度国家新型工业化产业示范基地的通知》（工信厅规函〔2019〕145号）表示，要支持工业互联网、数据中心、大数据、云计算、产业转移合作等新兴领域产业集聚区积极创建示范基地。

7.《关于加快构建全国一体化大数据中心协同创新体系的指导意见》

2020年12月，国家发展改革委、中央网信办、工业和信息化部、国家能源局四部委联合发布了《关于加快构建全国一体化大数据中心协同创新体系的指导意见》（发改高技〔2020〕1922号）。该指导意见指出：全面落实习近平总书记关于建设全国一体化大数据中心的重要讲话精神，按照国务院统一部署，以加快建设数据强国为目标，强化数据中心、数据资源的顶层统筹和要素流通，加快培育新业态新模式，引领我国数字经济高质量发展，助力国家治理体系和治理能力现代化。

该指导意见指出：优化数据中心供给结构。发展区域数据中心集群，加强区域协同联动，优化政策环境，引导区域范围内数据中心集聚，促进规模化、集约化、绿色化发展。引导各省（自治区、直辖市）充分整合利用现有资源，以市场需求为导向，有序发展规模适中、集约绿色的数据中心，服务本地区算力资源需求。对于效益差、能耗高的小散数据中心，要加快改造升级，提升效能。发展目标是到2025年，全国范围内数据中心形成布局合理、绿色集约的基础设施一体化格局；东西部数据中心实现结构性平衡，大型、超大型数据中心运行电能利用效率降到1.3以下；数据中心集约化、规模化、绿色化水平显著提高，使用率明显提升。创新大数据中心体系构建，统筹围绕国家重大区域发展战略，根据能源结构、产业布局、市场发展、气候环境等，在京津冀、长三角、粤港澳大湾区、成渝等重点区域，以及部分能源丰富、气候适宜的地区布局大数据中心国家枢纽节点。

8.《新型数据中心发展三年行动计划（2021—2023年）》

2021年7月，工业和信息化部发布了《关于印发〈新型数据中心发展三年行动计划（2021—2023年）〉的通知》（工信部通信〔2021〕76号）。该通知指出：把握新发展阶段、贯彻新发展理念、构建新发展格局，以赋能数字经济发展为目标，推动新型数据中心建设布局优化、网络质量提升、算力赋能加速、产业链稳固增强、绿色低碳发展、安全保障提高，打造新型智能算力生态体系，有效支撑各领域数字化转型，为经济社会高质量发展提供新动能。

主要目标是，用3年时间，基本形成布局合理、技术先进、绿色低碳、算力规模与数字经济增长相适应的新型数据中心发展格局。总体布局持续优化，全国一体化算力网络国家枢纽节点（以下简称国家枢纽节点）、省内数据中心、边缘数据中心梯次布局。技术能力明显提升，产业链不断完善，国际竞争力稳步增强。算力算效水平显著提升，网络质量明显优化，数网、数云、云边协同发展。能效水平稳步提升，电能利用效率（PUE）逐步降低，可再生能源利用率逐步提高。到2021年年底，全国数据中心平均利用率力争提升到55%，总算力超过120 EFLOPS，新建大型及以上数据中心PUE降低到1.35。到2023年年底，全国数据中心机架规模的年均增速保持在20%左右，平均利用率力争提升到60%，总算力超过200 EFLOPS，高性能算力占比达到10%。国家枢纽节点算力规模占比超过70%。新建大型及以上数据中心PUE降低到1.3，严寒和寒冷地区力争降低到1.25以下。国家枢纽节点内数据中心端到端网络单向时延原则上小于20毫秒。

该通知还明确了新型数据中心的建设布局优化行动。加快建设国家枢纽节点，推动京津冀、长三角、粤港澳大湾区、成渝等国家枢纽节点适当加快新型数据中心集群建设进度，实现大规模算力部署，满足重大区域发展战略实施需要；贵州、内蒙古、甘肃、宁夏等国家枢纽节点重点提升算力服务品质和利用效率，打造面向全国的非实时性算力保障基地。按需建设各省新型数据中心，国家枢纽节点以外的地区，着力整合并充分利用现有数据中心资源，加快提高存量数据中心利用率。灵活部署边缘数据中心，积极构建城市内的边缘算力供给体系。加速改造升级“老旧小散”数据中心，分类分批推动存量“老旧小散”数据中心改造升级。逐步布局海外新型数据中心，支持我国数据中心产业链上下游企业“走出去”，重点在“一带一路”沿线国家布局海外新型数据中心，加强与我国海陆缆等国际通信基础设施有效协同，逐步提升全球服务能力。

9.《“十四五”数字经济发展规划》

2021年12月12日，国务院发布了《“十四五”数字经济发展规划》（国发〔2021〕29号），指导思想为立足新发展阶段，完整、准确、全面贯彻新发展理念，构建新发展格局，推动高质量发展，统筹发展和安全、统筹国内和国际，以数据为关键要素，以数字技术与实体经济深度融合为主线，加强数字基础设施建设，完善数字经济治理体系，协同推进数字产业化和产业数字化，赋能传统产业转型升级，培育新产业新业态新模式，不断做强做优做大我国数字经济，为构建数字中国提供有力支撑。

该发展规划制定的发展目标为：到2025年，数字经济迈向全面扩展期，数字经济核心产业增加值占GDP的比重达到10%，数字化创新引领发展能力大幅提升，智能化水平明显增强，数字技术与实体经济融合取得显著成效，数字经济治理体系更加完善，我国数字经济竞争力和影响力稳步提升。《发展规划》要求：推进云网协同和算网融合发展。加快构建算力、算法、数据、应用资源协同的全国一体化大数据中心体系。在京津冀、长三角、粤港澳大湾区、成渝地区双城经济圈、贵州、内蒙古、甘肃、宁夏等地区布局全国一体化算力网络国家枢纽节点，建设数据中心集群，结合应用、产业等发展需求优化数据中心建设布局。加快实施“东数西算”工程，推进云网协同发展，提升数据中心跨网络、跨地域数据交互能力，加强面向特定场景的边缘计算能力，强化算力统筹和智能调度。按照绿色、低碳、集约、高效的原则，持续推进绿色数字中心建设，加快推进数据中心节能改造，持续提升数据中心可再生能源利用水平。推动智能计算中心有序发展，打造智能算力、通用算法和开发平台一体化的新型智能基础设施，面向政务服务、智慧城市、智能制造、自动驾驶、语言智能等重点新兴领域，提供体系化的人工智能服务。

同时，该发展规划要求：推动产业园区和产业集群数字化转型。引导产业园区加快数字基础设施建设，利用数字技术提升园区的管理和服务能力。积极探索平台企业与产业园区联合运营模式，丰富技术、数据、平台、供应链等服务供给，提升线上线下相结合的资源共享水平，引导各类要素加快向园区集聚。围绕共性转型需求，推动共享制造平台在产业集群落地和规模化发展。探索发展跨越物理边界的“虚拟”产业园区和产业集群，加快产业资源虚拟化集聚、平台化运营和网络化协同，构建虚实结合的产业数字化新生态。依托京津冀、长三角、粤港澳大湾区、成渝地区双城经济圈等重点区域，统筹推进数字基础设施建设，探索建立各类产业集群跨区域、跨平台协同新机制，促进创新要素整合共享，构建创新协同、错位互补、供需联动的区域数字化发展生态，提升产业链供应链协同配套能力。

四、我国数字地产公募REITs的目前实践及未来发展

“十三五”时期，我国深入实施数字经济发展战略，不断完善数字基础设施建设，加快培育新业态、新模式，数字产业化和产业数字化取得积极成效。2020年，我国数字经济核心产业增加值占国内生产总值（GDP）的比重达到7.8%，数字经济为经济社会的持续健康发展提供了强大动力。而根据国务院发布的《“十四五”数字经济发展规划》，到2025年，我国数字经济核心产业增加值占GDP的比重将达到10%。

就数据中心的市场份额而言，美国是世界上最大的IDC（International Data Center）市场，中国是全球第二大IDC市场。根据Synergy Research Group 2020年发布的数据，美国拥有全球IDC市场39%的份额，排名第一，排名第二的是中国，占全球IDC市场份额的10%（全球IDC市场份额如图5–29所示）。受新冠肺炎疫情带来的线上需求激增的影响，全球数据中心需求剧增。在中国，IDC市场规模在2020年年底同比上涨43.3%，增速为2012年以来最高，达2 238.7亿元。未来随着新基建政策逐渐落地，互联网及云计算大客户的需求扩张，数据中心行业将实现高速扩张。预计到2025年，我国IDC市场规模将达5 952亿元，发展前景广阔。[①]

① 参见《新基建系列之：2020年中国城市数据中心发展指数报告》，载36氪研究院，https://36kr.com/p/1204401537087237，最后访问日期：2022年5月31日。

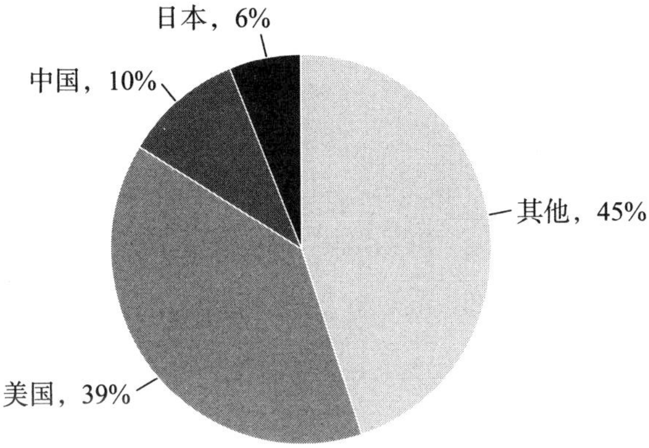

图5-29 全球IDC市场份额[①]

根据第一太平戴维斯于2021年11月发布的《中国数据中心》报告，中国电信、中国联通、中国移动三大电信运营商仍然占据中国IDC市场的主导地位，整体规模占比63%。由于运营商中立服务的优势，第三方IDC服务提供商正变得更加活跃。随着大客户资源的积累及资本实力的不断增强，第三方IDC服务提供商所占市场份额呈上升趋势。截至2021年年底，包含世纪互联、万国数据在内的前五大服务商合计占市场份额约16%。

根据第一太平戴维斯于2021年11月发布的《中国数据中心》报告，运营商中立数据中心的不同投资运营模式（见表5-52）可以分为三种模式，即运营方直接投资、运营方租赁及大客户定制，其基本模式如图5-30、图5-31和图5-32所示。

表5-52 运营商中立数据中心的不同投资运营模式

模式 / 项目	运营方直接投资	运营方租赁	大客户定制
基本模式	由持照IDC运营公司直接投资建设数据中心	由资产公司持有后出租或委托给持照IDC运营公司运营，再由IDC运营公司向第三方出租	由资产公司建设后直接出租于终端客户自用或拥有IDC牌照的终端客户

① 图表来源：Synergy Research Group发布的2020年的数据。

续表

项目 \ 模式	运营方直接投资	运营方租赁	大客户定制
案例	光环新网自建	黑石+PDG出租给互联网公司	基汇+中金数据为互联网公司定制
建设周期	较长	较短	较短
资产轻重	投资及运营方：重资产	投资方：重资产 运营方：轻资产	投资方：重资产 运营方：轻资产
毛利润	较高	较低	中等
定制化程度	较低	较低	较高
租户集中度	较低	较低	极高

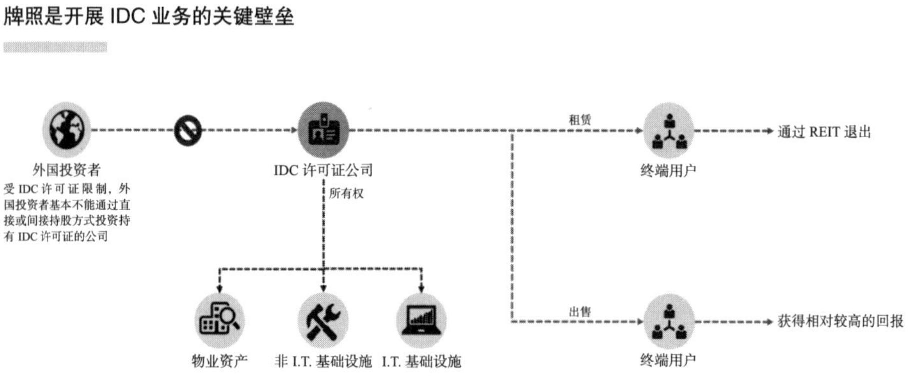

图5-30 运营方直接投资模式

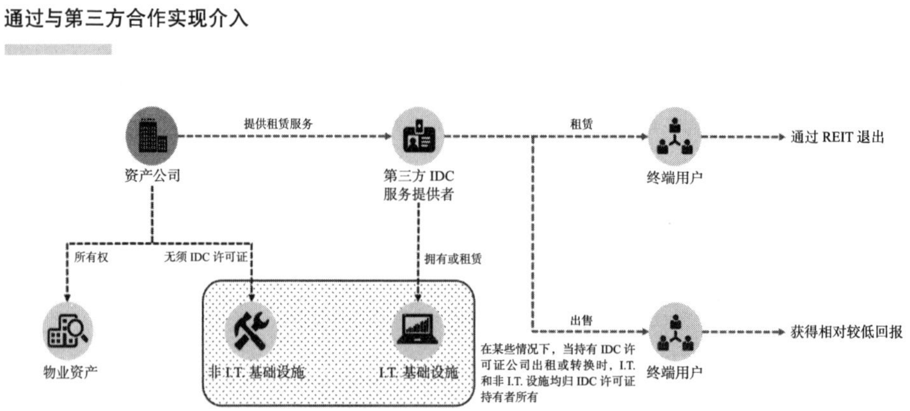

图5-31 运营方租赁模式

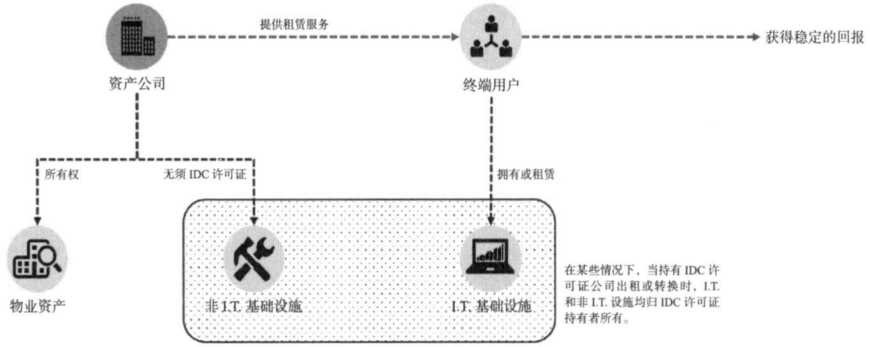

图5-32　大客户定制模式

就上述三种模式而言，在房地产商运营方租赁模式和大客户定制模式中，地产商扮演着资产公司的角色，并均可以通过REITs模式退出。就前述分析而言，美国和新加坡已经有相对成熟的REITs产品；就我国目前出台的公募REITs政策而言，IDC也属于试点项目类型，因此在我国现有的政策下，该类型的资产已经可以实现融—投—管—退的完整闭环。

IDC里的资产是海量数据，数据在某种程度上可以说是数字经济时代的重要资产，如何让既有的水泥、钢筋与数字产生连接，是房地产行业未来发展探讨的方向之一，作为一个可能在未来突破万亿的市场，值得房地产行业进行研究和探讨。

第五节　房地产行业之养老医疗公募REITs展望

随着全球越来越多的国家进入老龄化社会，老龄化问题逐渐发展为全球问题，人口老龄化进程的持续加速，促使养老需求不断增加，带动养老市场规模的持续增长，养老医疗产业也逐渐规模化、规范化、成熟化。养老医疗产业是一个非常宽泛的概念，和养老医疗相关的产业都可以成为养老医疗产业中的一部分。在公募REITs语境下，我们更多讨论的是养老地产及部分养老医疗服务。目前，我国普遍认同养老地产、养老医疗服务产业在我国处于起步阶段，面对行业发展的困境和痛点，我们要学习国际成熟经验模式，结合本土情况，寻求一条具有中国特色的养老医疗道路。

一、国际养老医疗公募REITs

（一）美国市场情况

1. 美国养老医疗REITs市场概况

在国际REITs市场中，养老医疗类REITs一直占有一席之地，虽然占比不大，但是养老医疗作为社会的刚性需求，随着全球越来越多的国家进入老龄化社会，养老医疗成为非常有发展潜力的REITs资产类别，此种刚性需求产业对我国的养老医疗产业发展提供了参考。

美国自1960年进入老龄化社会以后，其养老医疗产业进入了蓬勃发展阶段，从最初的慈善型养老医疗逐步向市场化转型，目前已成为美国的经济支柱产业之一。数据显示，截至2015年，美国养老服务消费规模已达3.88万亿美元，占GDP的22.3%。发展至今，美国已成为世界上养老医疗产业非常发达的地区之一，在养老产业的探索中创造了世界有名的“太阳城中心”（在美国，人们把老年人称作太阳）及大学老年村等领先的养老模式。

养老医疗公募REITs自20世纪70年代至80年代起萌芽，随着养老医疗市场需求的增大，其规模也逐渐扩张。NAREIT数据显示，2021年年底，美国养老医疗公募REITs共有16只，居世界第一，市场规模达127 594.9百万美元，占美国REITs市场比重超过10%，16只产品的平均股息率为4.80%，平均负债率为35%，因REITs产品有90%的分红比例要求，其发展高度依赖外部融资，负债率平均保持在35%，是一个相对可观的水平。从回报率的角度看，16只产品的一年期平均回报率为7.10%，3年期的平均回报率为7.39%，5年期的平均回报率为6.02%，较商业类、工业类有一定的差距，但作为刚性需求，受金融波动影响较小，存在较好的稳定性。

截至2021年12月31日，美国上市医疗类REITs产品明细如表5-53所示。

表5-53 美国上市医疗类REITs产品明细

养老医疗REITs	代码	股息率（%）	负债率（%）	市值（百万美元）	一年回报率（%）	三年回报率（%）	五年回报率（%）
CareTrust REIT	CTRE	4.64	23.4	2 209.6	7.88	12.54	13.48
Community Healthcare Trust	CHCT	3.68	18.2	1 180.9	4.08	22.57	21.06
Diversified Healthcare Trust	DHC	1.29	85.6	736.2	–24.27	–32.63	–25.81
Global Medical REIT	GMRE	4.62	32.8	1 139.5	43.51	34.38	23.76
Healthcare Realty Trust	HRL	3.82	27.9	4 668.2	11.2	7.68	4.88
Healthcare Trust Of America, Inc.	HTA	3.89	30.8	7 306.6	27.00	14.44	7.27
Healthpeak Properties, Inc.	PEAK	3.33	23.0	19 450.0	23.75	13.83	9.12
LTC Properties	LTC	6.68	33.0	1 343.9	–6.77	–0.93	–0.89
Medical Properties Trust	MPW	4.74	42.9	14 076.4	14.26	19.95	21.06
National Health Investors	NHI	6.26	33.0	2 612.5	–11.73	–2.89	0.69
Omega Healthcare Investors	OHI	9.06	42.1	7 068.3	–12.02	1.84	7.09
Physicians Realty Trust	DOC	4.89	26.2	4 148.1	11.42	11.34	5.31
Sabra Health Care REIT	SBRA	8.86	47.1	3 096.3	–16.18	1.54	–3.45
Universal Health Rlty Income	UHT	4.74	29.5	819.0	–3.27	2.76	1.87
Ventas, Inc.	VTR	3.52	37.6	20 405.9	7.75	0.21	0.93
Welltower, Inc.	WELL	2.84	27.6	37 333.5	36.98	11.62	9.94

养老医疗类REITs是美国养老地产主要的投资者，在美国前十大养老机构中，不乏REITs的身影，如Ventas, Inc.、Welltower, Inc.等。养老医疗REITs主要的投资资产类别包括医院、医疗办公楼、门诊设施、养老院、康复院、生物科技办公楼等，根据REITs产品投资策略的不同，不同REITs在不同类别资产中的比重也有所不同，多元化的投资能更好地分散产品风险。在投资资产的地域分布上也呈现出多样性特点，在与人口分布情况相匹配的同时也满足了某一地区的集聚性。

2. 美国养老医疗资产运营模式

美国养老医疗REITs公司的资产运营模式主要包括净出租模式（Net Rental）及委托运营模式（Entrusted Operation）。净出租模式是指REITs公司把养老/医疗物业租赁给运营商，每年收取固定的租金费用，所有直接运营费用、社区维护费用、税费、保险费均由租赁方承担。在此模式下，REITs公司的毛利率很高，净租金收益/毛租金收益率往往可以达到80%以上，几乎不承担任何经营风险，受金融危机的影响小，运营商获取全部经营收入及剔除租金费用、运营成本后的剩余收益，并承担绝大部分经营风险。委托运营模式自2008年兴起，RIDEA法案（REIT Investment and Diversification Empowerment ACT）规定，“只要REITs子公司能够找到一个享有养老社区运营资质的独立运营商来管理社区，REITs公司就可以将旗下物业租赁给自己的子公司，但是子公司不能享受免税优惠”，这一模式被确认。在委托运营模式下，REITs公司把旗下物业委托给运营商进行运营，运营商按照营业收入的一定比例收取管理费，既不承担任何经营风险，也不获取收益，所有经营收入归REITs公司所有，所有的营业成本也由REITs公司承担。REITs公司获取租金及经营剩余收益，承担大部分经营风险。随着经营模式的逐步发展，两种运营模式也出现了新的组合方式，即“租赁+委托运营模式”，收益组成部分呈现为“固定+浮动”模式，有固定收益打底，对于吸引长线资金具有一定优势。

3. 案例分析：PEAK

（1）公司概况

PEAK（Healthpeak Properties）是美国较大的医疗养老类REITs之一，公司成立于1985年，因医疗养老类业务成立，专注于医疗健康护理类地产企业，主要的投资组合为生命科学、生物技术、医疗办公室及高级住房。公司于设立当年登陆纽交所，同时也是第一个入选标普500指数的医疗养老类REITs。截至2019年年末，公司机构股东数量达626人，前十大股东合计持股31%，大股东Blackrock持股10.87%。

（2）资产规模

截至2019年年底，公司医疗养老物业资产总值约139亿美元，包括90座高端住宅、115座高级房屋组合、134个生命科技园、267个医疗办公楼、11座医院类物业，资产运营采用净出租模式。

（3）收益水平

NAREIT数据显示，截至2021年年底，PEAK公司的基本情况如表5–54所示。

表5-54　PEAK公司的基本情况和收益水平①

资产类别	资产数量	容量	资产总值（千美元）	不动产收入（千美元）	运营开销（千美元）
高级住宅	90	8 623个房间	968 327	199 441	4 565
高级版房组合	115	13 176个房间	2 727 105	725 171	565 713
生命科学园	134	8 275平方英尺	5 526 770	440 784	107 472
医疗办公室	267	20 712平方英尺	4 380 750	571 530	201 538
医院	11	1 242张床位	286 629	49 641	82
合计	617		13 889 581	1 986 567	879 370

（4）战略发展

根据企业的发展需要，结合市场供需状态以及行业状态，近年来，公司一直在优化资产结构，将部分养老物业资产售出，聚焦于生命科学、医疗办公和高端住宅，核心部门中的资产组合有望为公司持续提供稳定的现金流。

4.案例分析：Welltower, Inc.

（1）公司简介

Welltower, Inc.（WELL）总部位于美国俄亥俄州（公司曾用名为Health Care REIT），于1970年设立，致力于老年人养老及医疗领域，业务范围囊括了全部老年人住房和医疗保健房地产，包括老年人住房、急性后护理、门

① 资料来源：PEAK兴业证券。

诊医疗和生命科学设施等。公司业务覆盖了美国、加拿大、英国等国家。截至2021年，公司拥有专业护理人员10万余人，拥有超过23万名老年人客户，公司市值约373.33亿美元，是美国市值最大的养老医疗类REITs。

（2）资产情况

2021年，WELL公司的资产总规模达349.1亿美元，包括超过1 300个老年人住房社区、368处门诊医疗设施等（WELL公司的基本情况如表5–55所示）。公司84%的资产位于美国，9%的资产位于加拿大，7%的资产位于英国。在老年人住房社区的资产运营上采用净出租和委托经营相结合的模式，以委托经营为主、净出租模式为辅。

表5–55　WELL公司基本情况[①]

资产位置	老年人住房：委托运营			老年人住房：净出租			门诊医疗设施		
	数量（个）	投资总额（千美元）	年化收入（千美元）	数量（个）	投资总额（千美元）	年化收入（千美元）	数量（个）	投资总额（千美元）	年化收入（千美元）
美国	560	13 357 813	2 978 296	557	7 283 622	918 687	306	5 830 199	633 845
加拿大	97	2 047 065	405 295	6	140 606	10 840	—	—	—
英国	64	2 084 141	407 824	61	1 543 664	178 100	—	—	—
合计	721	17 489 019	3 791 415	624	8 967 892	1 107 627	306	5 830 199	633 845

根据表5–56，在入住率方面，老年人住房的入住率低于门诊医疗。在租户构成方面，老年人住房在净出租和委托运营模式下都存在大租户。据WELL公司披露，在老年人住房净出租模式下，租户Sunrise Senior Living的收入约占运营部门收入的33%和公司总收入的22%。此外，租户Revera贡献的收入约占运营部门收入的11%和公司总收入的7%。Revera拥有Sunrise Senior Living的控股权。在老年人住房委托运营模式下，租户ProMedica Health System贡献的收入约占运营部门收入的26%和公司总收入的5%。门诊医疗资产的租户构成呈现出分散化特点，现存租户中未有占比超过20%

① 资料来源：WELL公司官网。

的。在租期方面，老年人住房一般是12年至15年，可以续5年至15年，门诊医疗的租期一般是5年。实力雄厚的长期租户提供的收入占比大，虽对运营有一定的稳定作用，但同时也带来了风险。

表5-56　2021年和2020年WELL公司各项目入住率和年化收入平均数对比表[①]

	入住率		年化收入平均数[②]	
	2021年（%）	2020年（%）	2021年	2020年
老年人住房：委托运营	76.4	75.9	48 300每单位	48 749每单位
老年人住房：净出租	73.0	72.8	19 675每张床/单位	17 604每张床/单位
门诊医疗	95.4	95.4	37每平方英尺	36每平方英尺

（3）财务数据

2021年，WELL公司实现净利润3.745亿美元，实现经营收入47.42亿美元。其中，租赁收入13.75亿元，占比29%；服务费收入31.97亿美元，占比67.42%，是公司经营收入的主要构成部分。公司的负债率为27.6%，低于市场平均水平。

（4）收益水平

2021年，WELL公司的回报率为36.98%，较养老医疗行业的平均回报率7.1%有不错的表现，3年期回报率为11.62%，5年期回报率为9.94%，均优于市场平均水平。每股FFO为3.19美元，增长率13.78%，P/FFO为26.85。出色的回报率表现得益于WELL公司高水准的运营管理能力，实现了资产+服务的双赢。

（5）战略发展

WELL公司在资产类别上以老年社区为主、门诊医疗为辅，在资产规模扩张方面，WELL公司通过并购的方式把资产扩张到英国、加拿大等国家。

---

① 资料来源：WELL公司官网。

② 代表12月的年化收入除以总床位、单位或平方英尺，如表5-55所示。

（二）欧洲市场情况：以英国为代表

欧洲国家为REITs国际市场较为发达的地区。以英国为代表，英国同样面临着人口老龄化问题，统计数据显示，英国在1985年至2010年，65岁以上老人人口增加了170万，目前约有1 050万老年人。预计到2035年，英国老年人数量将达1 700万，占人口总数的23%。到2050年，退休人员与就业人员的比例将达到2∶1，这意味着每个在职人员平均需要负担两名退休者。UKREIT数据显示，2021年度，英国共有存续REITs产品46只，其中底层资产中包含养老医疗的共计7只，市值合计6 563.5百万英镑，占REITs总市值的11.02%。在这7只产品中，有3只产品的底层资产全部为养老医疗类资产，归属在Healthcare REITs中，市值合计4 223.41百万英镑，占REITs总市值的7.09%；其余4只产品的底层资产呈现出多元的结构，市值合计2 181.73百万英镑，占REITs总市值的3.66%。英国现存底层资产含有养老医疗资产的REITs产品概况如表5-57所示。

表5-57　英国现存底层资产含有养老医疗资产的REITs产品概况[①]

名称	市值（百万英镑）	股息率（%）	资产概况	归属类别
Impact Healthcare	360.42	5.57	公司的投资目标是通过接触多元化的医疗房地产投资组合机会，以季度收入分配的形式为股东寻求有吸引力的回报，具有资本和收入增长的潜力。公司在英国收购、拥有、租赁、翻新、扩展和重新开发医疗房地产资产，并以全面维修和保险租赁的方式将这些资产主要租赁给提供住宅医疗服务的医疗运营商。	Healthcare（医疗保健）

① 资料来源：UKREIT。

续表

名称	市值（百万英镑）	股息率（%）	资产概况	归属类别
Assura	1 923.74	3.945	Assura是一家总部位于英国的医疗保健房地产投资信托基金（REIT）。该公司是一家初级保健房地产投资者和开发商。该公司在英国各地开发、投资和管理一系列初级保健医疗中心。该公司的房地产投资组合包括利兹阿尔伍德利医疗中心，弗利特伍德健康与福利中心，弗洛姆医学实践，苏比顿克莱蒙特医疗中心，埃尔伯里摩尔医疗中心，灰色山墙手术，特雷勒手术，博德利医疗中心，马尔梅斯伯里初级保健中心，马尔梅斯伯里和厄姆斯顿集团诊所。	Healthcare（医疗保健）
Primary Health Properties	1 939.25	4.09	PHP（初级健康物业）是一家总部位于英国的房地产投资信托基金（REIT）。该公司的主要活动是投资英国和爱尔兰共和国的初级保健财产。它拥有专门建造的医疗保健设施的永久所有权或长期租赁权益，其将这些设施租赁给全科医生、政府医疗保健机构和其他相关医疗保健用户。其投资组合包括约510处房产。该公司的物业包括伯肯黑德的圣凯瑟琳健康中心、雷克瑟姆的霍普家庭医疗中心、考文垂的阿勒斯利公园医疗中心、埃姆斯伯里的巴克罗夫特医疗中心、卡诺斯蒂的卡诺斯蒂医疗集团、迪纳斯·波伊斯的迪纳斯·波伊斯医疗中心、威斯特摩兰初级保健中心和迪达斯外科。	Healthcare（医疗保健）

续表

名称	市值（百万英镑）	股息率（%）	资产概况	归属类别
Secure Income	1 100.1	4.46	Secure Income是一家总部位于英国的房地产投资信托基金（REIT）。该公司正在投资房地产资产，拥有超过175种资产的投资组合，其财产包括医疗保健、旅行和休闲资产。医疗保健资产包括位于英格兰各地的19家终身私立医院，这些医院被租给拉姆齐医疗保健有限公司的子公司。其物业组合包括奥尔顿塔主题公园、里弗斯医院、索普公园主题公园、海德公园主题公园、斯普林菲尔德医院、约克郡诊所、公园、国医院、菲茨威廉医院、南丁格尔医院、松希尔医院、沃里克城堡、伍德兰兹医院和西米德兰兹医院。	Diversified（多元类）
Civitas Social Housing	678.84	4.95	Civitas Social Housing是一家总部位于英国的封闭式投资公司。该公司的投资目标是通过在英格兰和威尔士受监管的社会住房领域进行与社会相关的投资，为股东提供可持续的回报。该公司还寻求投资于专为专家支持的生活而设计的社会养老院，通常为那些有中高层护理需求或其他需求的人以及一般需求的家庭服务。截至2017年9月30日，该公司已在英格兰和威尔士建造了282个多元化的社会住房组合，为1 827名租户提供住宿，其中有10家注册供应商，涉及83个地方当局。其投资顾问为Civitas Housing Advisors Limited，另类投资基金经理是G10 Capital Limited。	Residential（住宅）

续表

名称	市值（百万英镑）	股息率（%）	资产概况	归属类别
Triple Point Social Housing	402.79	4.01	Triple Point Social Housing是一家总部位于英国的封闭式投资公司。公司直接或通过SPV收购并持有投资性房地产。它的重点是英国的社会住房资产组合，特别是支持性住房资产。其物业包括康米尔大厦、先锋大厦、布伦瑞克大厦、喷泉苑和克拉里奇苑。康米尔大厦是一个由16套一居室公寓组成的住房设施；先锋大厦是一个住房设施，包括14套一居室公寓和一居室半独立平房；布伦瑞克大厦是一个由16套一居室公寓组成的住房设施；喷泉苑是一个由16套一居室公寓组成的住房设施；克拉里奇苑是一个由16套一居室公寓组成的住房设施。其投资组合还包括精神健康和药物滥用设施运营商。	Social Housing（社会住宅）

（三）亚洲市场情况

在亚洲，随着人口的增长、城市化进程的推进、物质财富的积累和消费水平的提升，医疗服务消费需求提升，各类养老产业都将迎来增长良机，养老医疗在亚洲有着雄厚的市场基础。

1.日本市场概况

（1）基本情况

作为全世界老龄化比较严重的国家，日本早在1970年便进入了老龄化社会。1970年，日本有65岁以上老人739.33万人，占总人口的7.03%。截至2021年，日本有65岁以上老人3 640万，占总人口的近30%。多层次年金制度和介护保险制度的实施使日本的养老医疗产业得以迅速、大规模发展，截至2021年年末，日本共有61只REITs产品存续，其中底层资产中含有养老医疗的公募REITs有3只（基本情况如表5-58所示），市值合计477 917百万日元，占日本REITs市场总市值的3.07%。其中，投资组合全部为养老医疗类资产有1只，归属于养老医疗REITs，其余2只投资组合为养老医疗和住宅，归属于多元类REITs。

表5-58　日本底层资产中含有养老医疗的公募REITs基本情况

名称	代码	市值（百万日元）	股息率（%）	类别
Healthcare & Medical Investment Corporation	3455	50 400	4.7	Healthcare REITs
Daiwa Securities Living Investment Corporation	8986	230 631	4.17	Diversified REITs
Kenedix Real Estate Fund Management, Inc.	3278	1 965 886	4.36	Diversified REITs

（2）案例分析

①公司概况

Healthcare & Medical Investment Corporation（医疗保健和医疗投资公司），于2014年由医疗保健资产管理公司根据日本《投资信托和投资公司法》第69条第1款设立，并于2015年在东京证交所上市。公司主要投资于养老医疗保健设施，提供包括但不限于付费养老院、定制老年人住房租赁、老年人护理的服务。

②产品结构

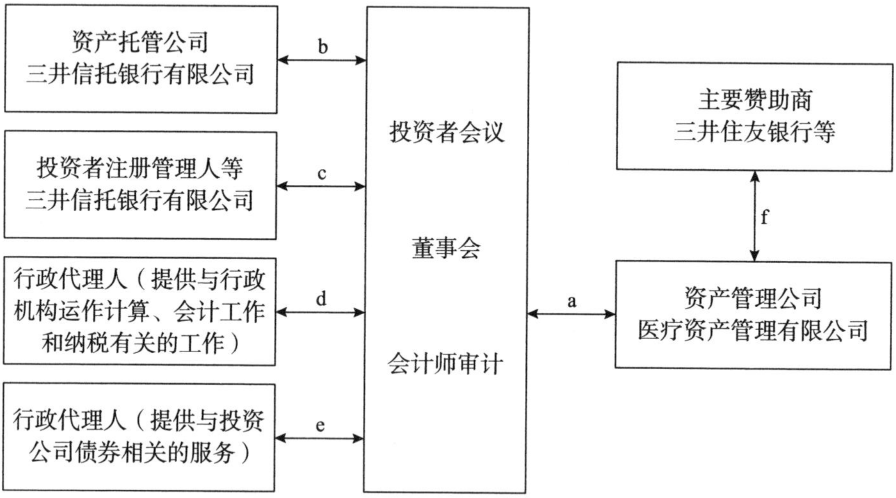

a. 管理协议　b. 资产托管协议　c. 管理协议（投资者注册等）　d. 一般管理协议
e. 财务代理协议　f. 赞助商支持协议

图5-33　医疗保健和医疗投资公司产品结构

③资产概况

截至2022年1月，医疗保健和医疗投资公司拥有43处房产、3 669间客房，评估总值为80 041万日元。资产分布在日本三大都市、核心城市和其他区域（见图5-34），资产类别包括付费养老院、老年人服务性住房、医疗服务相关设施、付费养老院及医疗服务相关设施（见图5-35）。

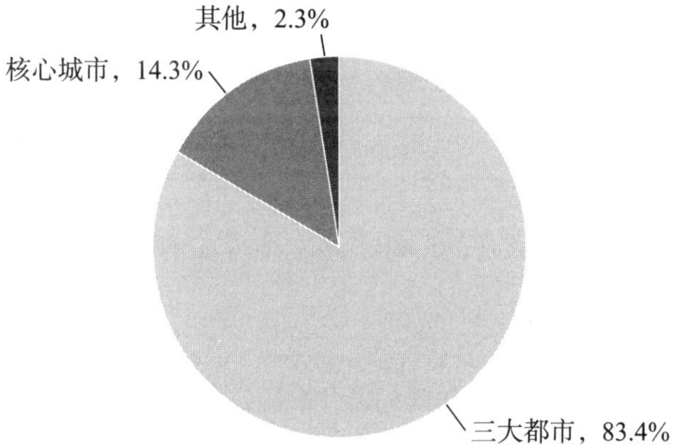

图5-34　医疗保健和医疗投资公司资产分布

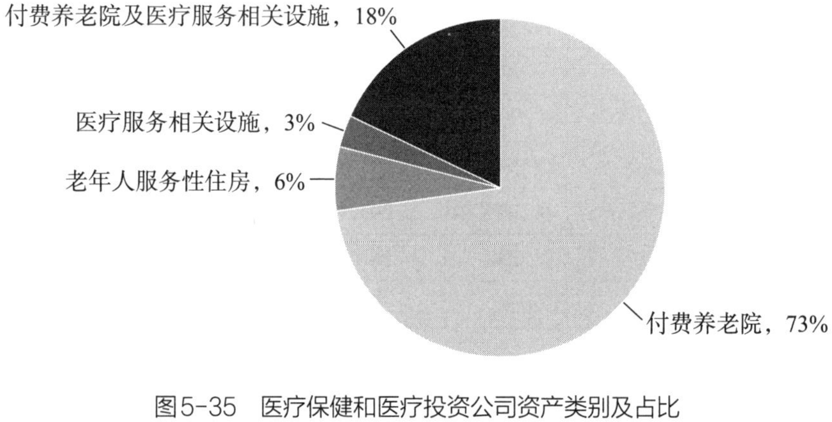

图5-35　医疗保健和医疗投资公司资产类别及占比

④运营情况

公司总收入自2018年至2021年稳步增长，截至2021年7月31日，实现总收入4 131.41百万日元，净收入1 831.26百万日元，过去12个月的毛利率为79.69%，净利率为44.16%（见表5-59）。

表5-59 医疗保健和医疗投资公司运营情况

项目＼截至	2018年7月31日	2019年7月31日	2020年7月31日	2021年7月31日
总收入	2 486.49	3 309.88	4 037.09	4 131.41
毛利	2 015.07	2 745.45	3 273.95	3 298.45
营业利润	1 249.31	1 836.74	2 175.56	2 146.47
净收入	1 033.49	1 585.76	1 861.69	1 831.26

公司资产的出租率（见表5-60）基本维持在99%到100%，截至2022年1月，平均租约到期时间为13.1年。

表5-60 医疗保健和医疗投资公司资产出租情况

项目＼地区		所有地区	大都会地区	金基地区	中部地区	其他区域
2022年2月	租赁区域（平方米）	187 735.51	66 293.89	64 787.98	8 858.49	47 793.15
	租赁总面积（平方米）	187 918.74	66 293.89	64 787.98	8 858.49	47 978.38
	占用率（%）	99.9	100	100	100	99.6
	房产数量（处）	37	21	8	1	7
2022年1月	租赁区域（平方米）	187 918.74	66 293.89	64 787.98	8 858.49	47 978.38
	租赁总面积（平方米）	187 918.74	66 293.89	64 787.98	8 858.49	47 978.38
	占用率（%）	100	100	100	100	100
	房产数量（处）	37	21	8	1	7

⑤管理模式

公司采用外部管理的模式，这主要是因为养老医疗提供的服务存在一定的专业壁垒，需要具有养老、医疗相应专业背景的运营机构进行管理运营。为了确保医疗保健和医疗投资公司（REITs）的收益，医疗保健和医疗投资公司（REITs）已与运营商签订长期固定租赁协议。根据该协议，投资公司收购时的剩余租赁期至少为10年，自投资公司收购之日起至少5年内禁止提前终止协议，并且没有规定租金与收入或任何其他变量挂钩。因此，无论设施的运营状况如何，运营商都有责任支付租赁协议中规定的租金，投资公司能够长期获得稳定的收入。

⑥发展战略

首先，在政府政策的支持下，对医疗保健设施进行升级和扩建。日本政府于2014年6月提出《关于利用针对老年人住房的医疗保健房地产投资信托基金的指导方针》、2015年6月提出《关于针对医院房地产的房地产投资信托基金的指导方针》、2016年提出《住房生活基本计划》，为了使老年人能够独立生活，制定了将老年人住房占老年人人口的比例从2014年的2.1%提高到2025年的4%的目标。其次，在外部增长方面，利用广泛的网络和仓储功能创造新的收购机会，打造成功案例作为品牌代表以及路径方案。最后，在内部增长方面进行长期管理，从而获得稳定的现金流，与运营商密切联系，提高设施的运营能力。

2.新加坡市场概况

（1）基本情况

新加坡作为亚太地区REITs市场活跃度较高的国家，其市场对我国目前的REITs建设比较有参考意义。2021年度，新加坡共有44只REITs，资产类别包含工业类、酒店类、多元类、零售类、办公类、专门类、医疗保健（养老医疗）类7个主要类别（见图5-36）。其中，养老医疗资产REITs的数量占全部资产份额的5%。从不同类别资产的收益率上看，2021年11月，养老医疗类REITs的整体收益为35.8%（见图5-37），领先平均收益率（2021年度为6.1%）及其他类别资产。其中，具有代表性的2只养老医疗REITs分别为先锋医疗产业信托（First REIT，以下简称先锋医疗）和百汇生命产业信托（Park Way，以下简称百汇生命），基本情况如表5-61所示。

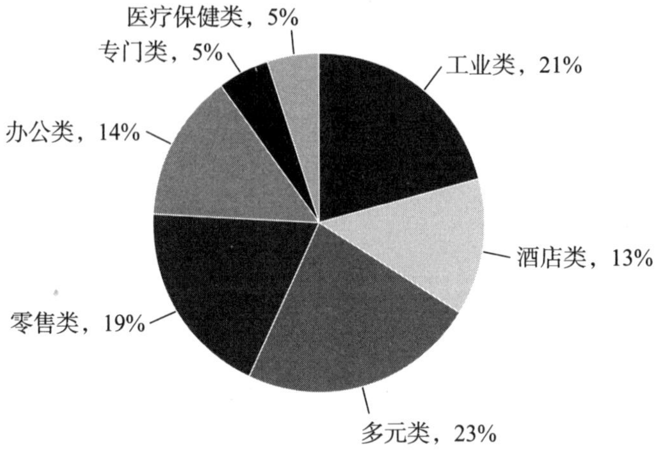

图5-36 新加坡市场REITs资产类别及占比

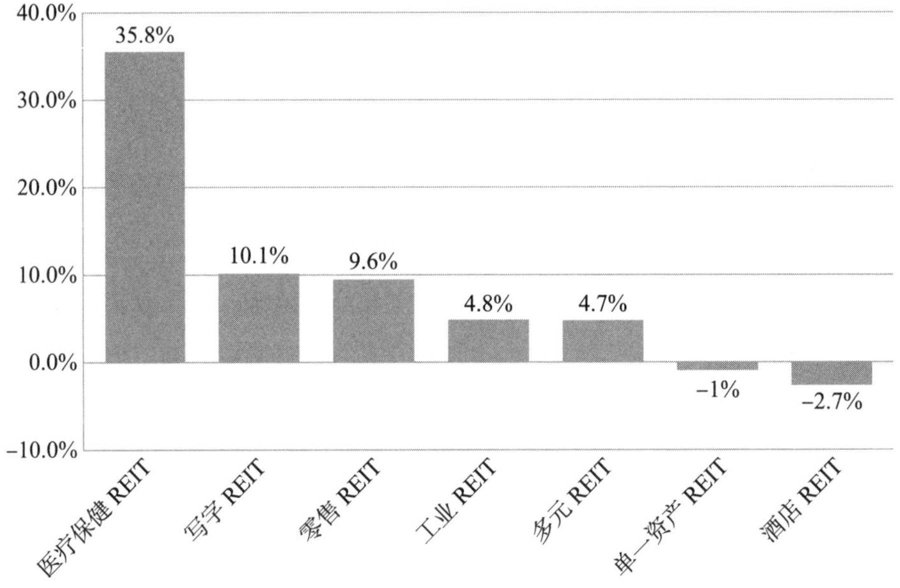

图5-37 S-REIT子板块2021年年初至今的回报率[①]

① 资料来源：SGX。

表5-61　先锋医疗和百汇生命基本情况[①]

名称	代码	REIT类型	市值（百万新元）	股息率（%）	杠杆率（%）	市净率（%）	一年回报率（%）	三年回报率（%）	五年回报率（%）
先锋医疗产业信托	AW9U	Healthcare（医疗保健）	492	9.0	34.7	0.9	56.6	–24.1	–17.3
百汇生命产业信托	C2PU	Healthcare（医疗保健）	3 104	2.7	34.9	2.2	36.9	29.8	21.8

（2）案例分析

①资产概况

截至2021年年底，先锋医疗持有19处房产，总值约9.397亿新元，拥有5 046个房间，共计353 569平方米，包括医院、养老院、康复中心和其他医疗保健相关设施，拥有100%的入住率，租约加权平均到期时间为11.6年。百汇生命为亚洲较大的养老医疗上市REITs之一,百汇生命的总投资组合规模为56处房产，建筑面积合计346 129平方米，估值总金额约22.9亿新元，包括医院、医疗中心和养老院，拥有99.7%的入住率，租约加权平均到期时间为17.1年。

新加坡养老医疗REITs的资产地域分布，在新加坡境内平均为33.7%、印度尼西亚为96%、韩国为0.4%、日本为36%。其中，先锋医疗的资产主要分布在印度尼西亚，持有比例为96%，在新加坡境内的持有比例为3.6%，在韩国的持有比例为0.4%。百惠生命的资产主要分布在新加坡，其境内的持有比例为64%，在日本的持有比例为36%。

②发展战略

新加坡养老医疗REITs一直在积极扩大资产范围，先锋医疗提出了2.0版增长战略，通过积极收购养老医疗资产来扩张规模。2021年度，先锋医疗和百汇生命的收购明细如表5-62所示。

① 资料来源：SGX。

表5-62　2021年先锋医疗和百汇生命的收购明细[①]

名称	物业	物业类别	估值（百万新币）	收购价格（百万新币）
先锋医疗	日本的12处养老院	疗养院	301.6	290.1
百汇生命	日本的2处养老院	疗养院	53.5	49.4
	日本大东京地区的养老院	疗养院	40.7	37.9

二、我国养老医疗行业现状

1.基本情况

我国作为一个人口大国，人口发展规律和美国有着很多类似的地方，均经历了人口数量的激增，到计划生育制度下的少子化，再逐步到小家庭化、细分化，进入人口老龄化。面对我国进入老龄化社会的这一基本国情，养老医疗产业将是未来非常重要的发展板块。参考前述讨论过的国际上成熟的养老医疗REITs，考虑到我国医疗以公立医院为主的基本情况，我们将以养老为切入点，对我国的养老医疗REITs进行展望。

根据联合国关于老龄化社会的界定，若60岁以上人口占到一个社会总人口的10%，该社会即进入老龄化社会。在新标准下，若65岁以上老人占总人口的7%，该社会即进入“老龄化社会”；若65岁以上人口占总人口的比例超过14%，即进入“老龄社会”；若65岁以上人口占总人口的比例超过20%，则该社会进入“超老龄社会”。据此，我国于1999年便进入了老龄化社会。根据七普数据，全国人口共计14.43亿人，其中60岁以上人口26 402万人，占18.7%；65岁以上人口19 064万人，占13.5%（我国历次普查人口年龄构成如图5–38所示）。相比于2010年，2020年60岁及以上人口的比重上升了5.44个百分点。《中国发展报告2020：中国人口老龄化的发展趋势和政策》预测，中国社会的老龄化速度将加快，并于2022年进入深度老龄化社会，于2050年达到峰值。

① 资料来源：SGX。

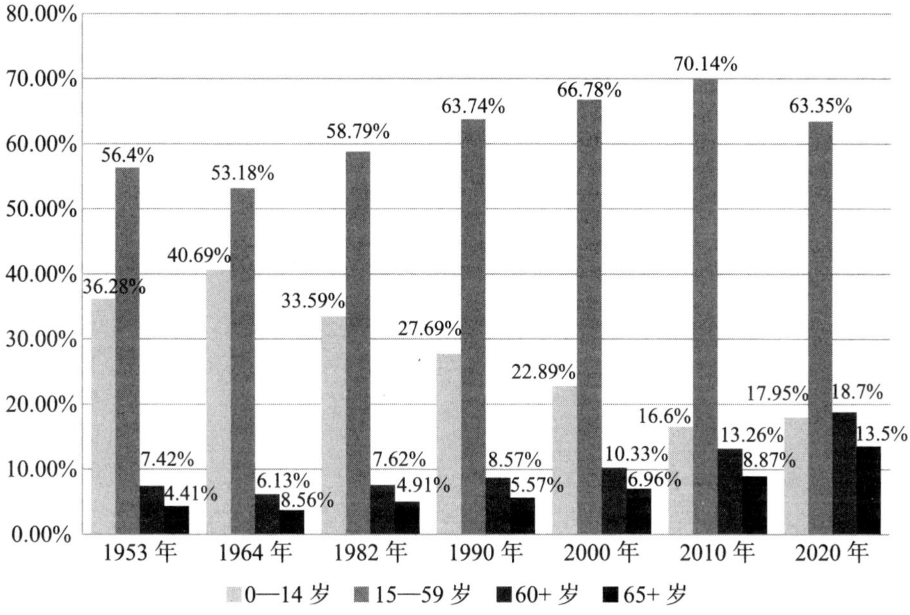

图5-38　我国历次普查人口年龄构成①

2. 我国养老产业发展处于初级阶段

从养老模式上看，我国以居家养老为主。2011年国务院办公厅出台的《社会养老服务体系建设规划（2011—2015年）》（国办发〔2011〕60号）提出：我国主流的养老模式有居家养老、社区养老及机构养老三种模式。有数据显示，居家养老占比约96%、社区养老占比约3%，机构养老占比约1%。三种模式呈现出倒金字塔形，最主要的还是居家养老模式，原因在于我国养老资源的高度错配，老年人的资产不足以支付养老机构较高的收费。除此之外，我国“养儿防老”的传统观念对此模式的形成也有一定的影响。随着我国老龄化社会程度的逐渐加深，以及老年人资产构成的改变，居家养老逐渐向社区养老、机构养老过渡。值得注意的是，居家养老并不是家庭养老，在居家养老模式下，养老责任是由家庭、社会、政府共同承担的，老人自行解决居住问题，同时可以向社会机构购买各种护理服务。社区养老是将养老院嵌入

① 资料来源：国家统计局。

社区的养老模式，为社区老人提供养老及日间照料等服务。机构养老则是由社会专业养老机构提供服务，包括但不限于养老院等机构。居家养老、社区养老及机构养老这三种模式均和养老服务有密切的联系，其中和养老地产有较强联系的为部分社区养老及机构养老。

从市场规模上看，民政部的数据显示，我国养老机构和养老机构床位自2016年以来逐年增加。截至2021年，我国登记注册的养老服务机构共有42 534个，比2020年新增了0.4万个。2020年，全国注册登记的养老机构床位数为483.1万张，而2021年全国注册登记的养老机构床位数为501.6万张（见图5–39），与国际标准（每千名老人拥有50张床位）仍有较大差距。

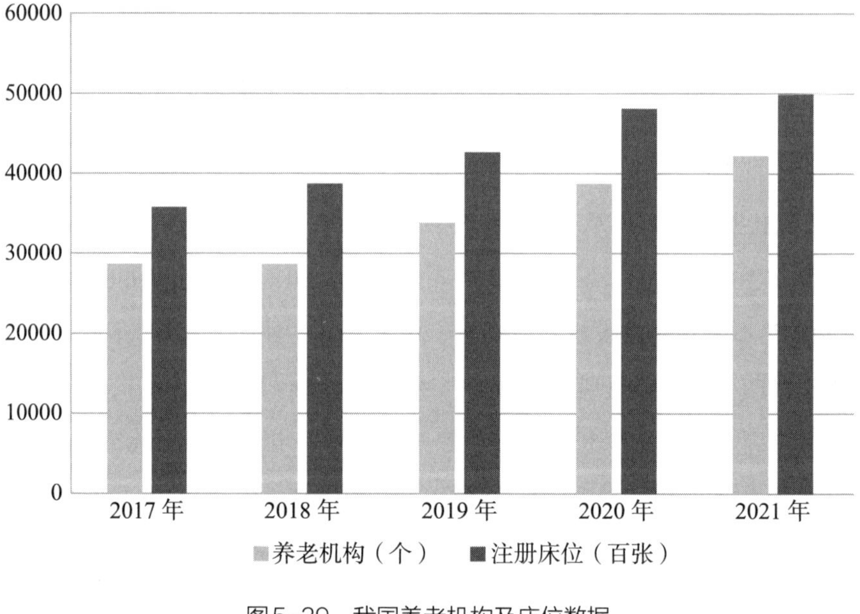

图5–39　我国养老机构及床位数据

3.养老需求升级，叠加政策红利，促进养老医疗产业发展

伴随着社会老龄化程度的逐步加深，我国“421家庭结构”带来的养老压力逐渐凸显。随着老年人经济实力的增强与社会养老观念的转变（2016年至2020年全国老年人的人均消费结构如图5–40所示，2018年全国老年人的人均消费结构如图5–41所示），加之“70后”“80后”“90后”逐渐参与

到养老医疗产业中，成为养老消费新生态的撬动者，他们较强的理财意识、互联网思维消费观以及高性价比的消费习惯均会助力我国养老需求的逐步升级。

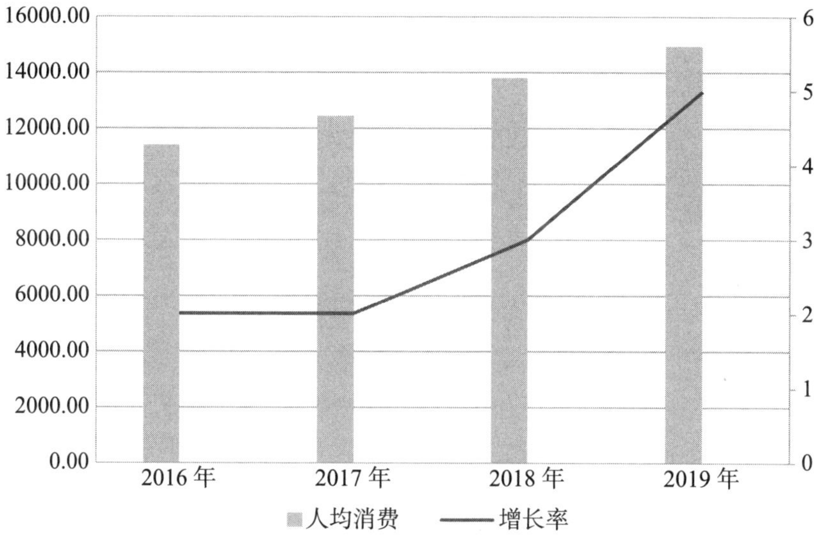

图5-40　2016年至2020年全国老年人的人均消费结构（元/年）①

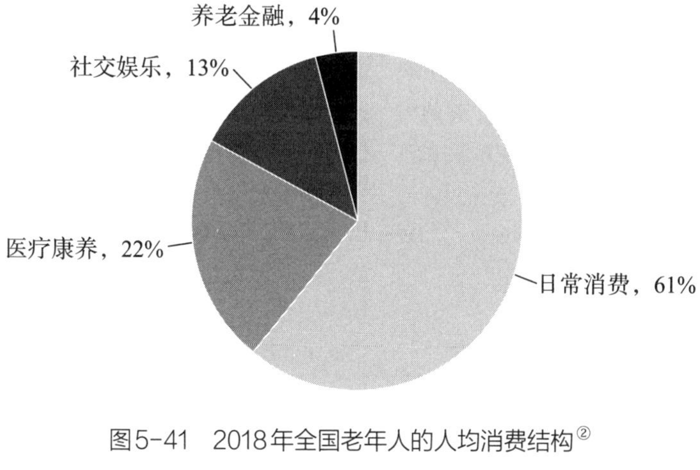

图5-41　2018年全国老年人的人均消费结构②

① 资料来源：赛迪顾问。

② 资料来源：赛迪顾问。

近年来，我国提出了“健康中国”战略，并从养老医疗产业的发展规模、土地政策、融资、税收优惠、政府补贴等多个角度，出台了相应的利好政策（见表5-63）。“十四五”期间，国务院发布了《“十四五”国家老龄事业发展和养老服务体系规划》（国发〔2021〕35号），围绕推动老龄事业和产业协同发展，明确了“十四五”期间养老事业的总体蓝图。

表5-63　我国围绕养老服务提出的相关政策[①]

时间	发布单位	政策名称	核心内容
2021年12月	国务院	《“十四五”国家老龄事业发展和养老服务体系规划》（国发〔2021〕35号）	到2025年，实现养老服务床位总量达到900万张以上。充分调动社会力量参与积极性。综合运用规划、土地、住房、财政、投资、融资、人才等支持政策，引导各类主体提供普惠养老服务，扩大供给，提高质量，提升可持续发展能力。在京津冀、长三角、粤港澳大湾区、成渝等区域，规划布局10个左右高水平的银发经济产业园区。
2020年12月	国务院办公厅	《关于促进养老托育服务健康发展的意见》（国办发〔2020〕52号）	在年度建设用地供应计划中保障养老托育用地需求，并结合实际安排在合理区位。在城市居住社区建设补短板和城镇老旧小区改造中统筹推进养老托育服务设施建设。探索允许空置公租房免费提供给社会力量供其在社区为老年人开展助餐助行、日间照料、康复护理、老年教育等服务。支持将各类房屋和设施用于发展养老托育，鼓励适当放宽最长租赁期限。非独立场所按照相关安全标准改造建设托育点并通过验收的，不需变更土地和房屋性质。引导金融机构提升服务质效，促进康养融合发展。

① 资料来源：政府官网。

续表

时间	发布单位	政策名称	核心内容
2019年4月	国务院办公厅	《关于推进养老服务发展的意见》(国办发〔2019〕5号)	支持养老机构规模化、连锁化发展，着力打造养老服务商标品牌，提升政府投入精准化水平，推动解决养老服务机构融资问题，支持商业保险机构举办养老服务机构或参与养老服务机构的建设和运营，适度拓宽保险资金投资建设养老项目资金来源。完善养老服务设施供地政策，鼓励各地探索利用集体建设用地发展养老服务设施，存量商业服务用地等其他用地用于养老服务设施建设的，允许按照适老化设计要求调整土地和规划要求。减轻养老服务税费负担。
2017年2月	国务院	《关于印发“十三五”国家老龄事业发展和养老体系建设规划的通知》(国发〔2017〕13号)	到2020年，以居家为基础、社区为依托、机构为补充、医养相结合的养老服务体系更加健全，大力发展居家社区养老服务，推动养老机构提质增效，推进医养结合。
2016年12月	国务院办公厅	《关于全面放开养老服务市场提升养老服务质量的若干意见》(国办发〔2016〕91号)	全面放开养老服务市场，放宽外资准入。完善土地支持政策，统筹利用闲置资源发展养老服务，营利性养老服务机构利用存量建设用地建设养老设施，涉及划拨建设用地使用权出让(租赁)或转让的，在原土地用途符合规划的前提下，允许补缴土地出让金(租金)，办理协议出让或租赁手续。民间资本举办的非营利性养老机构与政府举办的养老机构可依法使用农民集体所有的土地。对在养老服务领域采取政府和社会资本合作(PPP)方式的项目，可以国有建设用地使用权作价出资或者入股建设。拓宽投融资渠道，鼓励社会资本采取建立基金、发行企业债券等方式筹集资金，用于建设养老设施、购置设备和收购改造社会闲置资源等。

续表

时间	发布单位	政策名称	核心内容
2015年4月	民政部、国家开发银行	《关于开发性金融支持社会养老服务体系建设的实施意见》（民发〔2015〕78号）	对社区居家养老服务设施建设项目、居家养老服务网络建设项目、养老机构建设项目提供国家开发银行贷款支持。
2015年2月	民政部、国家发改委、教育部等	《关于鼓励民间资本参与养老服务业发展的实施意见》（民发〔2015〕33号）	鼓励民间资本在城镇社区举办或运营老年人日间照料中心、老年人活动中心等养老服务设施。支持采取股份制、股份合作制、PPP等模式建设或发展养老机构。通过中央基建投资等现有资金渠道，对合适的养老项目予以适当扶持，民政部本级彩票公益金和地方各级政府用于社会福利事业的彩票公益金，要将50%以上的资金用于支持发展养老服务业。其中，支持民办养老服务发展的资金不得低于30%。同时对符合要求的机构和服务给予免征或者优惠的税收政策支持。

多项养老利好政策的出台，对养老产业的发展提供了基础资源支持，多措并举，加强养老地产土地供应，加强融资支持，放宽了多种融资渠道，养老产业迎来了新的契机。

目前，我国养老地产的主要参与方有三种：一是传统地产开发商，在住宅地产的利润空间被逐渐压减之后，传统地产开发商向多元素的地产进行转型，保利、万科、碧桂园等纷纷布局养老领域；二是金融机构，以泰康人寿为代表；三是养老产业运营商。房地产企业布局养老产业概况如表5-64所示。

表5-64　房地产企业布局养老产业概况[①]

	2009年	2010年	2011年	2012年	2013年	2014年	2015年	2016年	2017年	2018年
万科	● 首个养老项目“随园嘉树”立项 ● 推出万科幸福汇养老项目			● 深度战略布局养老业务 ● 在多地规划建设儿童医院				● 万科蕙心医院开业 ● 与北控合作建立合作关系		
绿地							● 21城孝贤坊开盘 ● 成立康养产业集团 ● 成立康养产业联盟			
恒大							● 并购韩国最大医疗整形机构“原辰”		● 博整恒大国际医院正式开业 ● 推出“恒大养生谷”	
复星		● 收购和睦家医院及诊所 ● 以持股形式收购医院			● 和美国峰堡集团合资成立星堡中环养老社区 ● 提出大健康“1+1+战略” ● 开发建设“佛山祥医健康蜂杲项目”					
华润			● 成立华润健康集团			● 一次性打包收购17家医院		● 与凤凰医疗合作，整合旗下医疗资源 ● 拍下南宁市与沈阳市养老项目地块 ● 提出“华润理想国”项目		
远洋					引入国际品牌，推出格莹茂产品	成立养老地产业务发展中心	与瀚恩维康成立远洋健康			
万达								与英国IHG合作	成立大健康集团	合办国际医院

① 资料来源：平安证券研究所。

4.“重售房、轻服务”为养老产业当前主要问题

从参与方的经营上看，我国养老地产发展面临的困境，一是未找到稳定可持续的盈利模式，“重售房、轻服务”的理念仍较为普遍，开发商的角色惯性以“养老”进行产业勾地，随着住宅利润被挤压，此种模式会逐渐发生变化。但是养老产业也遵循重资产运营路径，若没有可持续的盈利模式，企业就无法在短时间内回笼资金，自持物业期间若没有较好的运营效果，整个项目就无法实现盈利。二是缺少足够的金融工具支持，特别是可以匹配到期限长、成本低的资金，来建立一个养老地产金融生态链至关重要。目前，我国养老地产的主要融资模式有贷款、产业基金、BOT模式、PPP模式等，上述融资模式提供的均是短线资金，这与养老地产的长周期资金需求难以匹配，如BOT模式，开发商在建设完成之后往往会直接交付，缺少长期资金的支持，难以运营。项目进入运营期和运营稳定期前需要一定的培育期，培育期依然需要资金支持。

三、我国养老医疗公募REITs展望

美国养老产业的发展如火如荼，业界普遍认为是因其对开发商、运营商及投资商三个角色进行了清晰的划分。在我国，有时投资商也是开发商，每个角色在参与项目的过程中均可获得企业收益，开发商可将建成后的物业卖给REITs以获得资金回笼，而运营商则实行轻资产运营。公募REITs可以给我国的养老产业开发商提供一个退出的渠道。同时，可通过REITs提供长线资金，拓宽养老产业的融资渠道。通过对英国、日本和新加坡养老医疗REITs的分析，可以推导出同样的运营逻辑。

养老医疗REITs作为养老医疗产业的“投资者”，可以为“开发者”提供重资产退出渠道，开发者快速回笼资金，从而获取其作为开发商的相应收益。同时，REITs的发行对运营者提出了量化指标，如此一来，开发者、运营者及投资者在整个价值周期内的角色便可以厘清。

在当前“重出售、轻运营”的背景下，REITs分担了资金回笼的压力，

“重出售”现象必然得到疏解，使开发商可以腾出更多精力来提升运营服务。通过上述对日本、新加坡养老医疗REITs案例的分析可以看出，在发展战略上除收购资产外，便是和运营商密切合作以提高运营能力，即“得运营者得天下，得服务者得天下”。成熟的养老医疗产业必然是以营运、服务为内核支撑的，且向重运营服务转型是养老医疗产业成熟发展的必经之路，REITs无疑是助力我国养老医疗产业成熟化的加速器之一。

养老医疗公募REITs可以起到连接养老医疗产业和资产市场的桥梁作用，通过稳定地投资和持有养老医疗资产发挥其桥梁作用。养老医疗作为公募REITs的底层资产有其独特的优势——租户一般持有超长租约，日本、新加坡的加权平均租约到期时间均超过10年，这意味着其可以提供稳定持续的现金流，稳定的收益可以促进底层资产的内生性增长，提升资产的自身价值。

虽然我国的养老医疗产业处于发展初期，但有着雄厚的市场基本面支撑，因此未来发展空间充足。中国社科院《中国养老产业发展白皮书》显示，预计到2030年，我国养老产业市场可达13万亿元。结合美国、英国、日本及新加坡REITs市值占国家GDP的比重看，取其中位数（7%）以及养老医疗REITs占REITs总市值的比重（10%），考虑到我国养老资产和医疗资产的特殊性，估计我国养老医疗未来的REITs市场总值在3 000亿元至4 000亿元人民币。根据美国养老医疗产业市场总值和养老医疗REITs总市值的比例（3%）推算，到2030年，我国养老医疗REITs的总市值将在4 000亿元人民币左右。

第六节　房地产行业之商业（零售商业、办公）公募REITs展望

本节中的商业物业聚焦零售商业（百货超市、购物中心、商业广场、商业街区等）和办公物业，是与住宅物业并列的传统房地产资产。在海外公募

REITs产品中，商业物业也是最早通过REITs实现资产证券化的物业类别之一，为物业持有人的资金流转提供了强大支持，便于企业在资金有限的情况下，盘活更多存量资产，提升资产投资回报效率。在国内，目前还未开放商业物业资产发行公募REITs。但是我们可以未雨绸缪，因为未来国内REITs大概率会逐步拓展至商业地产领域，借鉴其他国家的经验可以使我们提前了解商业物业的特点，为未来的变化做好充足准备。

一、海外发达国家商业物业及REITs现状

1.美国市场情况

零售商业和办公物业作为与住宅并列的传统房地产物业，不论是面积还是市值都在各个市场占有重要地位。虽然突如其来的新冠肺炎疫情打乱了经济发展的脚步，各个国家采取规定“社交距离”等疫情管控措施使商业物业的价值受到了一定冲击，但商业物业的体量和价值依然庞大，其在疫情冲击后的迅速恢复也说明了商业物业有较强的活力和弹性。

作为REITs产品中最早出现的物业类别，商业物业在海外REITs产品中的占比较高。研究海外商业物业及其REITs历史，可以启发我们对国内存量物业未来发展路径的选择。

FTSE Russell（富时）与NAREIT合作编制了FTSE NAREIT All REITs Index（富时全REITs指数）和FTSE NAREIT All Equity REITs Index（富时权益型REITs指数），是衡量美国整体REITs市场与权益型REITs产品的标杆指数。截至2022年1月，富时全REITs指数共收录了217只REITs产品，总市值超过1.74万亿美元，其中包含写字楼REITs 22只，市值超过0.1万亿美元，占指数总市值的7%；零售商业REITs 37只，市值近0.21万亿美元，占指数总市值的13.8%。在回报率上，REITs市场也表现良好，2021年，富时全REITs指数中全部REITs的市值增长率为39.88%，其中权益类REITs的市值增长率为41.3%，是自1976年以来单年最佳涨幅，远超标普500（增长了28.71%）、纳斯达克（增长了22.18%）、道琼斯指数（增长了20.95%）的数据。具体到零

售类商业REITs和写字楼REITs，涨幅分别为49.35%和19.17%。[①]

表5-65是富时全REITs指数中21只写字楼REITs的基本情况，从中可以看到，写字楼REITs平均市值近53.7亿美元，其中Alexandria Real Estate Equity的市值最高，达346.8亿美元；Boston Properties位列第二，市值约179.8亿美元。写字楼REITs平均负债率为42.2%，高于富时全REITs指数28%的平均负债率，其中负债率最高的是Paramount Group（65.6%）。写字楼REITs平均股息收益率为3.97%，高于富时全REITs指数2.85%的平均股息收益率，其中Office Properties Income Trust的股息收益率最高达到8.86%，Equity Commonwealth在过去一年则没有支付股息。在投资回报率方面，2021年，写字楼REITs平均投资回报率为19.17%，低于全部REITs投资回报率（39.88%），同时和其他REITs一样，2021年的回报率是近3年和近5年中最高的，这可能是由于在疫情冲击下，REITs的价格达到低点，而随着疫苗普及、疫情得到控制、经济复苏，REITs价格上涨，因此2021年获得较大涨幅。

表5-65　富时REITs指数中21只REITs基本情况[②]

写字楼REITs	股票名称	市值（百万美元）	负债率（%）	年股息收益率（%）	2021年投资回报率（%）	三年投资回报率（2019—2021年）（%）	五年投资回报率（2017—2021年）（%）
Alexandria Real Estate Equity	ARE	34 682.8	22.4	2.06	28.09	27.83	18.11
Boston Properties	BXP	17 976.6	40.8	3.40	26.22	4.47	1.47
Brandywine Realty Trust	BDN	2 292.9	44.8	5.66	19.54	7.62	1.07

① 数据来源：NAREIT：*REIT Watch-A Monthly Statistical Report on the Real Estate Investment Trust Industry*，2022（1）：1，pp.30–31。

② 数据来源：NAREIT：*REITWatch-A Monthly Statistical Report on the Real Estate Investment Trust Industry*，2022（1）：1，pp.30–31。

续表

写字楼REITs	股票名称	市值（百万美元）	负债率（%）	年股息收益率（%）	2021年投资回报率（%）	三年投资回报率（2019—2021年）（%）	五年投资回报率（2017—2021年）（%）
CIM Commercial Trust	CMCT	171.8	56.4	4.08	–46.52	–14.43	–5.04
City Office REIT	CIO	855.8	41.9	3.04	112.21	33.01	16.30
Corporate Office Properties	OFC	3 141.8	40.7	3.93	11.63	14.62	1.83
Cousins Property	CUZ	5 987.8	26.3	3.08	23.31	12.23	6.78
Douglas Emmett	DEI	5 878.3	42.5	3.34	18.75	2.69	1.25
Easterly Government Properties	DEA	1 974.3	31.8	4.62	6.29	19.12	7.95
Empire State Realty Trust	ESRT	1 530.2	45.3	1.57	–3.53	–12.63	–13.22
Equity Commonwealth	EQC	3 157.8	0.0	0.00	–5.06	2.78	3.18
Franklin Street Properties	FSP	628.5	51.8	6.05	54.21	6.65	–8.07
Highwoods Prop	HIW	4 639.8	38.5	4.49	17.61	9.70	1.55
Hudson Pacific Properties	HPP	3 767.7	53.9	4.05	6.80	–1.74	–3.39
Kilroy Realty	KRC	7 739.3	34.0	3.13	19.30	4.92	0.81
New York City REIT	NYC	140.9	—	3.77	36.62	—	—
Office Properties Income Trust	OPI	1 200.2	64.7	8.86	18.57	4.75	–12.37
Paramount Group	PGRE	1 826.0	65.6	3.36	–4.96	–9.65	–9.41
Piedmont Office Realty Trust, Inc.	PDM	2 279.7	42.6	4.57	18.62	7.25	2.34

续表

写字楼REITs	股票名称	市值（百万美元）	负债率（%）	年股息收益率（%）	2021年投资回报率（%）	三年投资回报率（2019—2021年）（%）	五年投资回报率（2017—2021年）（%）
SL Green Realty	SLG	4 815.3	47.8	5.20	27.17	2.90	–3.07
Vornado Realty	VNO	8 014.7	52.2	5.06	17.72	–6.96	–8.75
平均数	—	5 366.8	42.2	3.97	19.17	5.76	–0.03

表5–66为富时全REITs指数中36只零售商业REITs的基本情况。零售商业REITs根据底层物业的不同又划分为购物中心（Shopping Centers）、区域性商业中心（Regional Malls）和独立商业（Free Standing）。从表中数据可以看出，零售商业REITs平均市值为57.2亿美元，其中平均市值最高的是区域性商业中心（Regional Malls），为187亿美元，单只REITs市值最高的是西蒙房地产集团（Simon Property Group, Inc.，SPG，西蒙集团），反映出底层物业规模决定着REITs的规模和市值。零售商业REITs平均负债率为44.15%，其中区域性商业中心（Regional Malls）平均负债率最高，达60.5%。零售商业REITs平均股息收益率为3.4%，其中区域性商业中心（Regional Malls）的股息率最低（2.53%）。在投资回报率方面，零售商业REITs在2021年达47.4%，在富时全REITs指数各类别REITs中排名第二，仅次于住宅REITs。

表5–66　富时全REITs指数中36只零售商业REITs基本情况①

购物中心	股票名称	市值（百万美元）	负债率（%）	股息收益率（%）	2021年投资回报率（%）	3年投资回报率（2019—2021年）（%）	5年投资回报率（2017—2021年）（%）
Acadia Realty	AKR	1 930.5	48.4	2.75	58.30	0.28	–4.53
American Finance Trust	AFIN	1 127.6	62.4	9.31	35.75	–3.42	—

① 数据来源：NAREIT：*REITWatch-A Monthly Statistical Report on the Real Estate Investment Trust Industry*，2022（1）：1，pp.30–31。

续表

购物中心	股票名称	市值（百万美元）	负债率（%）	股息收益率（%）	2021年投资回报率（%）	3年投资回报率（2019—2021年）（%）	5年投资回报率（2017—2021年）（%）
Brixmor Property Group	BRX	7 545.7	42.3	3.38	60.23	26.45	6.42
Cedar Realty Trust	CDR	342.2	60.0	1.05	151.95	11.40	-6.31
Federal Realty Investment Trust	FRT	10 600.2	28.7	3.14	65.92	9.03	2.80
InvenTrust Properties	IVT	1 942.6	21.6	0.75	155.77	22.80	7.32
Kimco Realty Corp.	KIM	15 114.3	33.5	2.76	69.47	24.67	5.11
Kite Realty Group Trust	KRG	4 753.8	22.1	3.31	50.92	22.64	4.80
Phillips Edison & Company	PECO	645.9	—	1.36	—	—	—
Regency Centers	REG	12 799.1	25.2	3.32	71.39	13.26	5.78
Retail Opportunity	ROIC	2 380.0	35.7	2.24	50.63	10.52	1.90
Retail Value	RVI	135.4	4.8	18.07	95.18	9.07	—
RPT Realty	RPT	1 127.8	46.4	3.59	59.51	8.65	1.13
Saul Centers	BFS	1 249.9	40.6	4.15	76.58	9.50	-0.01
SITE Centers	SITC	3 340.6	35.6	3.03	61.37	17.05	-3.74
Tanger Factory Outlet Center	SKT	2 004.3	41.7	3.79	101.76	4.74	-6.29
Urban Edge Properties	UE	2 223.5	42.9	3.16	51.67	9.18	-3.22
Urstadt Biddle Properties, Inc.	UBA	641.1	31.6	4.32	57.28	8.79	2.56

续表

购物中心	股票名称	市值（百万美元）	负债率（%）	股息收益率（%）	2021年投资回报率（%）	3年投资回报率（2019—2021年）（%）	5年投资回报率（2017—2021年）（%）
Wheeler Real Estate Investment Trust, Inc.	WHLR	18.8	95.2	0.00	–29.96	29.60	–30.53
Whitestone REIT	WSR	497.5	55.0	4.24	33.31	0.29	0.51
平均数	—	3 521.04	40.72	3.89	67.21	12.34	–0.96
区域性商业中心							
Macerich	MAC	3 680.8	55.5	3.47	68.48	–19.21	–18.67
Pennsylvania Real Estate Investment Trust	PEI	81.8	95.7	0.00	2.00	–39.69	–39.60
Simon Property Group，Inc.	SPG	52 433.5	30.3	4.13	95.77	3.88	3.02
平均数	—	18 732.03	60.50	2.53	55.42	–18.34	–18.42
独立商业							
Agree Realty	ADC	4 979.5	24.1	4.14	11.26	10.37	13.37
Alpine Income Property Trust	PINE	226.4	—	5.39	41.39	—	—
Essential Properties Realty Trust	EPRT	3 505.0	20.3	3.61	41.17	33.55	—
Four Corners Property Trust	FCPT	2 274.9	28.3	4.52	3.41	9.25	12.39
Getty Realty	GTY	1 455.1	28.9	5.11	22.76	8.38	10.00
National Retail Properties	NNN	8 440.2	30.8	4.41	23.03	4.43	6.47
Netstreit corp.	NTST	902.4	—	3.49	21.93	—	—

续表

购物中心	股票名称	市值（百万美元）	负债率（%）	股息收益率（%）	2021年投资回报率（%）	3年投资回报率（2019—2021年）（%）	5年投资回报率（2017—2021年）（%）
Orion Office REIT	ONL	1 028.5	—	0.00	—	—	—
Postal Realty Trust	PSTL	270.4	—	4.55	22.86	—	—
Realty Income	O	40 506.5	19.5	4.13	24.07	9.99	9.84
Seritage Growth Properties	SRG	579.0	65.7	0.00	−9.60	−25.54	−19.97
Spirit Realty Capital	SRC	5 942.6	32.9	5.30	26.65	18.06	6.98
Store Capital REIT	STOR	9 305.0	30.5	4.48	5.77	11.77	11.98
平均数	—	6 108.88	31.22	3.78	19.56	8.92	6.38
总体平均数	—	9 453.98	44.15	3.40	47.40	0.97	−4.33

以市值最高的西蒙集团为例，作为美国著名的房地产投资信托公司，西蒙集团成立于20世纪60年代，并于1993年上市，主要从事零售房地产物业开发、收购、管理和租赁，主要物业是区域性商业中心，也包括部分独立商业和大型商超。截至2020年年底，西蒙集团在美国拥有203处物业，在亚洲、欧洲和加拿大拥有31处物业，持有资产总价值达231.6亿美元。2021年，西蒙集团的市值为524.3亿美元，负债率则仅有30.3%，有较强的抗风险能力。2021年，其他市值增长带来的回报率高达95.77%。

2. 欧洲市场情况

在欧洲，写字楼和零售商业也是REITs的重要底层资产。EPRA在报告中指出，据富时欧洲发达市场指数（FEN Developed Europe Index）统计，2012年，在富时欧洲发达市场指数所包含的所有REITs产品中，写字楼REITs市值占比为19.7%，零售商业市值占比为50.2%，两者的市值之和几乎占了全部REITs市值的70%。到了2019年，随着住宅和医疗健康等REITs

的发展，零售商业REITs市值占比下降至26.8%，市值1 572亿欧元；写字楼REITs市值占比上升至29.3%，市值1 719亿欧元，两者依然占据了全部REITs市值的半壁江山（见图5-42）。[1]

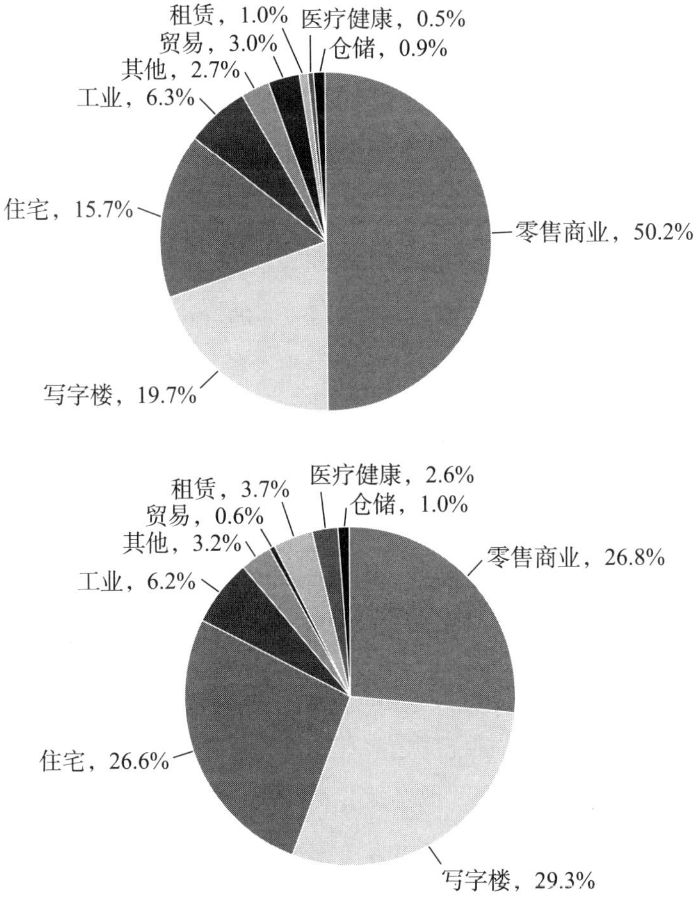

图5-42　2012年与2019年富时欧洲发达市场指数包含的房地产投资组合[2]

在投资回报率上，欧洲REITs表现良好。截至2021年5月31日，在富时欧洲发达市场指数中，欧洲写字楼REITs产品1年期的投资回报率为24.6%，

① EPRA：*European Listed Real Estate*, *Sector Report*：*Office*，2021（8）：8.

② 数据来源：EPRA网站。

其中英国写字楼REITs产品的1年期投资回报率为34%。[①]EPRA首席执行官Dominique Moerenhout在2021年金融街论坛上的讲话中表示："新冠肺炎不可避免地影响了整个不动产行业，但目前行业已出现复苏态势，当前上市物业的价格很低，这刺激了投资者增加投资额，包括一些私人股本公司也非常关注上市不动产行业……截至2021年8月底，不动产行业在世界三大地区的整体表现突出，均实现了正向收益，其中欧洲上涨了20%，亚洲上涨了13%，北美洲上涨了35%。"针对写字楼行业和零售商业，Dominique Moerenhout也作出了对未来的判断："投资者并不总是根据行业或地理结构进行投资，而是越来越倾向于根据市场的大趋势，如城镇化、人口老龄化等主题进行投资……办公空间也是值得我们关注的增长点之一。这次疫情以来，包括在未来，更多的人将会有更灵活的工作方式，可能无须在每个工作日都去办公室报到，这是一个值得探讨的问题。对寻求高效和快速发展的企业而言，办公室是一个重要场所。在现代化市场中，联合办公也更加普及，且在疫情之后获得了更多的关注。在欧洲，绿色节能建筑的发展越来越重要……零售业没有走向消亡，但枯燥的零售业正走向消亡。大型零售商越发倾向于线上销售渠道，'最后一公里'成为非常重要的课题，零售业和物流行业之间的联系越发紧密。在欧洲，一大趋势是越来越多的法律将允许零售空间采用更加灵活的租赁方式。在疫情之前有人曾表示，美国零售业的情况将被复刻至欧洲，但事实绝非如此，电子商务在欧洲的渗透率不同于美国。人均出租面积和百货商店面积的增长是引发美国零售业危机的真正原因，其数值是欧洲的5倍之高。因此，欧洲和美国的零售情况之间并不能进行简单比较。但可以肯定的是，零售对所有投资者来说都非常重要，很多投资者也已经开始重回零售领域。"[②]

---

① EPRA：*European Listed Real Estate*，*Sector Report*：*Office*，2021（8）：8.

② 参见《EPRA：REITs市场复苏明显物流、租赁住房领域潜力值得关注》，载REITsForum百家号，https://baijiahao.baidu.com/s?id=1714734114398646755&wfr=spider&for=pc，最后访问日期：2022年3月28日。

3. 亚洲市场情况

在亚洲的REITs市场中，商业和写字楼REITs也占据着重要地位。截至2022年3月11日，日本共有10只商业REITs，合计市值3.3万亿日元，占全部REITs市值的21%。其中，有3只写字楼REITs，合计市值0.7万亿日元，占全部REITs市值的5%。表5-67是日本商业REITs和写字楼REITs的基本情况。[①]写字楼REITs的平均市值为0.3万亿日元，平均股息率4.5%。商业REITs的平均市值为0.2万亿日元，平均股息率4.8%。

表5-67 日本商业REITs和写字楼REITs的基本情况[②]

证券代码	REIT名称	类型	市值（百万日元）	股息率（%）	股价（日元）	每净资产（日元）	每股股价/每股净资产
8951	Nippon Building	写字楼	1 090 335	3.8	641 000	580 525	1.1
8952	Japan Real Estate	写字楼	831 126	3.8	600 000	569 559	1.05
8958	Global One	写字楼	104 364	4.5	108 500	134 807	0.8
8972	Kenedix Office	写字楼	287 959	4.2	672 000	737 263	0.91
8975	Ichigo Office REIT	写字楼	123 339	5.6	81 500	84 782	0.96
8976	Daiwa Office	写字楼	337 757	4.1	692 000	761 956	0.91
8987	Japan Excellent	写字楼	169 937	4.5	125 600	161 648	0.78
3234	Mori Hills REIT	写字楼	259 279	4.2	135 300	144 636	0.94
3290	One REIT, Inc.	写字楼	76 057	5.0	283 300	277 651	1.02
2972	Sankei Real state, Inc.	写字楼	49 793	5.1	106 600	121 200	0.88
平均	—	写字楼	332 995	4.5	344 580	357 403	0.9
3453	Kenedix Retail	商业	155 732	5.1	267 500	258 694	1.03
3292	Aeon REIT	商业	293 585	4.6	143 600	146 387	0.98
8964	Frontier	商业	252 647	4.7	467 000	452 104	1.03
平均	—	商业	233 988	4.8	292 700	285 728	1.0

① 参见List of Yield，载J-REIT官网，http://en.japan-reit.com/list/rimawari/，最后访问日期：2022年3月28日。

② 数据来源：JapanREIT，截至2022年3月11日。

Nippon Building Fund Inc.（NBF）的市值超过1万亿日元，是日本规模最大的REIT，2001年9月上市，也是日本第一只公募REIT。经过20多年的发展，到2022年，NBF拥有73处资产，物业价值超过1.3万亿日元，管理面积超119万平方米。2021年，NBF收入超230亿日元，净利润超217亿日元，每单位派发现金股利1.18万日元。[①]在新加坡，据新交所披露，根据新加坡市区重建局（URA）的数据，2021年第四季度，新加坡办公楼租金价格环比上涨0.9%，全年整体增长1.9%，较2020年有所改善。同时，办公楼的空置率也开始降低，零售商业的情况与之类似，整体租赁情况逐渐好转。[②]受租金回升、空置率下降的刺激，投资于商业物业的REITs的回报率也相应提升。以新加坡新达产业信托为例，其拥有的物业组合价值117亿新元，包括位于新加坡、澳大利亚和英国的共10处零售商业与写字楼资产，2021年的回报率为7.3%，高于最近3年期与5年期的平均回报率。根据新达产业信托对旗下物业运营和租户的观察，虽然由疫情导致的居家办公等混合工作制仍将继续，但由于各公司对建立企业文化和促进员工协作的必要性都非常重视，实体办公室仍具有重要意义。新达产业信托是新加坡REITs的一个代表，在行业信心恢复的背景下，整个2021年，新加坡REITs的总回报率为6%，而2020年的总回报率为–0.7%。表现最佳的3个子行业是医疗保健REITs、办公物业REITs和零售商业REITs。[③]

表5–68为截至2021年12月底的新加坡零售商业REITs的基本情况。商业REITs平均市值为13.43亿新元，其中规模最大的星狮地产信托的市值为39.39亿新元。近一年零售商业REITs股息收益率平均为7.15%，平均负债率为34.8%，而负债率最高的力保商产信托的负债率为42.3%。2021年的年化总回报

---

① 参见关于NBF，载NBF官网，https://www.nbf-m.com/nbf_e/profile/message.html，最后访问日期：2022年3月28日。

② 参见《REIT观察——新加坡房托中办公楼资产的租金前景可期》，载新交所网站，https://www.sgx.com/zh-hans/research-education/market-updates/20220207-reit-watch-s-reits-singapore-office-assets-sanguine，最后访问日期：2022年3月15日。

③ 参见《新加坡房托和地产商业信托分析报告》，载新交所SGX微信公众号，https://mp.weixin.qq.com/s/7Bq2OLwnZvbppQ2-HKuvlw，最后访问日期：2022年3月25日。

率平均为5.8%，其中大信商用信托（Dasin Retail Trust，DRT）的年化总回报率为–48.3%。大信商用信托于2017年年初在新交所主板上市，是中国内地首个在新交所主板上市的民营商业地产企业商业信托，主营业务是在大中华区（中国内地、香港和澳门）范围内投资、开发和持有可产生租金收入的商业地产项目。上市时持有3个项目，2019年、2020年，大信商用信托通过收并购等方式将资产组合拓展为7个项目，分别位于中山、珠海、佛山市。新加坡大信商用信托管理有限公司是大信商用信托的管理人，2021年10月，远洋资本通过指定主体新沃投资（New Harvest）收购了新加坡大信商用信托管理有限公司70%的股份，正式成为其控股股东。远洋资本称，此次收购使远洋资本同时拥有境内不动产私募基金和境外公募REITs两个平台，未来可以实现资产在平台间的转移增值。

表5-68　新加坡零售商业REITs基本情况[①]

名称	类型	市值（百万新元）	股息收益率（%）	负债率（%）	1年年化总回报率（%）	3年年化总回报率（%）	5年年化总回报率（%）
北京华联商业信托	商业	313	3.6	34.5	15.5	–0.3	4.6
大信商用信托	商业	291	13.5	36.7	–48.3	–18.4	–7.8
星狮地产信托	商业	3 939	5.2	33.3	–1.4	6.9	9.3
力保商产信托	商业	414	6	42.3	–8.6	–26.2	–25.2
砂之船房地产投资信托	商业	1 028	8.4	27.2	11.7	19.3	—
新加坡报业控股房地产投资信托	商业	2 800	5.4	30.3	25.6	4.8	6.2
升禧环球信托	商业	1 460	6	36.3	39	4.2	3.4
美国汉普郡联合房地产投资信托	商业	499	9.1	37.6	12.7	—	—
平均	—	1 343	7.15	34.8	5.8	–1.4	–1.6

① 数据来源：参见《新加坡房托（S-REIT）和地产商业信托分析报告》，载新交所SGX微信公众号，https://mp.weixin.qq.com/s/7Bq2OLwnZvbppQ2-HKuvlw，最后访问日期：2022年3月25日。

表5-69为截至2021年12月底，新加坡零售办公REITs的基本情况，平均市值为17.89亿新元，其中市值最高的是吉宝房地产信托（41.76亿新元）。吉宝房地产信托专注于写字楼资产，2021年的出租率为95.4%、租户保留率为62%，全年物业收益净额超过1.72亿新元，同比增长27.3%，全年每单位派息5.82新分，同比增长1.6%。吉宝房地产信托称，派息的增长主要归功于2020财年新增的投资组合澳大利亚维多利亚警察中心（Victoria Police Centre）、Pinnacle办公园区（Pinnacle Office Park）以及2021年5月收购的新加坡吉宝湾大厦（Keppel Bay Tower），不过部分增长被2021年7月出售的澳大利亚275 George Street办公楼地产以及一些楼宇入住率的下降所抵消。[①]由此可见底层资产的重新组合对收益的影响。办公REITs平均股息收益率为7.22%，平均负债率约为38.3%。2021年，办公REITs平均年化总回报率为11.4%，其中回报率最高的是吉宝太恒美国房地产信托（KORE）（27.2%）。吉宝太恒美国房地产信托市值11.2亿新元，2021财年的可分配收入为6.2亿新元，同比增长6.5%，全年每单位派息达到6.34美分，同比增长1.8%。其优异表现归功于几个因素，包括年内新收购资产的贡献以及物业组合中农续租时的租金上调和条款绑定的年租金上涨机制。[②]

表5-69　新加坡零售办公REITs基本情况[③]

名称	类型	市值（百万新元）	股息收益率（%）	负债率（%）	1年年化总回报率（%）	3年年化总回报率（%）	5年年化总回报率（%）
IREIT全球	办公	750	6.9	35.8	8.9	7.6	8.1

① 参见《REIT观察——新加坡房托中办公楼资产的租金前景可期》，载新交所网站，https://www.sgx.com/zh-hans/research-education/market-updates/20220207-reit-watch-s-reits-singapore-office-assets-sanguine，最后访问日期：2022年3月15日。

② 参见《REIT观察——吉宝集团旗下新加坡房托2021财年每单位派息平均增长3.6%》，载新交所网站，https://www.sgx.com/zh-hans/research-education/market-updates/20220131-reit-watch-keppel-groups-s-reits-average-36-dpu-growth，最后访问日期：2022年3月15日。

③ 数据来源：参见《新加坡房托（S-REIT）和地产商业信托分析报告》，载新交所SGX微信公众号，https://mp.weixin.qq.com/s/7Bq2OLwnZvbppQ2-HKuvlw，最后访问日期：2022年3月25日。

续表

名称	类型	市值（百万新元）	股息收益率（%）	负债率（%）	1年年化总回报率（%）	3年年化总回报率（%）	5年年化总回报率（%）
吉宝太恒美国房地产信托	办公	1 121	7.9	37.7	27.2	18.8	—
吉宝房地产信托	办公	4 176	5.2	37.6	6.1	4.2	6.9
宏利美国房地产投资信托	办公	1 584	7.9	42	0.1	3.8	5.4
PRIME美国房地产投资信托	办公	1 315	8.2	38.4	14.5	—	—
平均	—	1 789.2	7.22	38.3	11.4	8.6	6.8

表5-70为截至2021年12月底，新加坡多元REITs的基本情况，平均市值为43.18亿新元，其中凯德综合商业信托市值最高，达134.7亿新元。多元REITs平均股息收益率为5.77%，平均负债率为37.4%，其中负债率最高的是新达产业信托（44.3%）。2021年的年化总回报率为10.6%，其中回报率最高的是联实全球商业地产投资信托（Lendlease）（29.7%）。

表5-70　新加坡多元REITs基本情况[①]

名称	类型	市值（百万新元）	股息收益率（%）	负债率（%）	1年年化总回报率（%）	3年年化总回报率（%）	5年年化总回报率（%）
腾飞印度信托	多元类	1 639	5.9	35	8.9	15.5	13
凯德综合商业信托	多元类	13 471	5.4	40.9	–0.1	1.4	7
凯德中国信托	多元类	1 975	6.4	36.4	–9.4	2.5	4
克伦威尔欧洲信托	多元类	2 178	6.9	35.9	13.5	12.8	—
星狮物流商产信托	多元类	5 588	5.1	33.7	13.7	20.8	17.7

① 数据来源：参见《新加坡房托（S-REIT）和地产商业信托分析报告》，载新交所SGX微信公众号，https://mp.weixin.qq.com/s/7Bq2OLwnZvbppQ2-HKuvlw，最后访问日期：2022年3月25日。

续表

名称	类型	市值（百万新元）	股息收益率（%）	负债率（%）	1年年化总回报率（%）	3年年化总回报率（%）	5年年化总回报率（%）
联实全球商业地产投资信托	多元类	1 067	5.2	34.3	29.7	—	—
丰树商业信托	多元类	6 645	4.9	33.7	–1.8	5.3	9.8
丰树北亚商业信托	多元类	3 916	6.1	41.4	22	11.5	12.9
华联商业信托	多元类	2 395	6.1	38.4	22	4.6	–0.3
新达产业信托	多元类	4 308	5.7	44.3	7.3	–0.2	3.6
平均	—	4 318.2	5.77	37.4	10.6	8.2	8.5

海外市场的经验说明，市场对零售商业和写字楼依然存在需求，零售商业REITs和办公REITs依然拥有广阔的发展空间。

二、我国商业物业现状与REITs实践

1. 基本情况

随着经济社会的发展，国内市场对房地产的需求也在转变。住房和城乡建设部前部长王蒙徽指出，当前我国城市发展已经进入了城市更新的重要时期，由过去大规模的增量建设向存量的提质改造和增量的结构调整并重转变，从“有没有”向“好不好”转变，内需潜力巨大。①

由于我国正处于人口集中度的提升时期，大城市、核心城市聚集的人口、资源、消费能力更多，居民的非必要消费支出增多，为我国的商业地产带来了更多发展机会。互联网零售曾给线下销售带来较大冲击，而随着以购物中心为主的零售商业业态的调整、体验式消费等内容的增加，线下零售重新获得了客流。2020年的新冠肺炎疫情给零售商业、写字楼出租带来了一定

① 参见王蒙徽：《我国进入城市更新的重要时期从“有没有”向“好不好”转变》，载全联房地产商会城市更新分会微信公众号，https://mp.weixin.qq.com/s/ibMWueKkH3dwBGaiP2A8Tg，最后访问日期：2022年3月18日。

冲击，“社交距离”“居家办公”等防疫措施减少了商业活动的数量，但随着疫苗的普及、经济活动的恢复，商业活动的数量也得到了恢复。赢商网数据显示，截至2020年年底，国内购物中心存量约4 832家，同比增加8.6%，存量面积4.3亿平方米，平均单位体量约8.9万平方米。在写字楼方面，根据克尔瑞数据，2020年，我国整体办公物业的存量面积为15.7亿平方米，预计2025年，整个写字楼物业的管理面积将达到16.7亿平方米，年营业收入将达到1 419亿元。[①]世邦魏理仕的调查显示，2021年，国内写字楼的净吸纳量达到创纪录的740万平方米，释放出写字楼需求进入新增长周期的强烈信号。[②]

在市场空间增长的同时，政策方面也在支持商业地产发展。2021年4月，国务院常务会议提出：部署加强县域商业体系建设，支持有条件的乡镇建设购物、娱乐、休闲等业态融合的商贸中心；同年7月，商务部在培育国际消费中心城市工作推进会上宣布：在上海、北京、广州、天津、重庆五座城市率先展开国际消费中心城市培育建设；8月，商务部流通发展司发布《城市商圈建设指南（征求意见稿）》，旨在加快推进“城市商业提升行动”，将城市圈更新改造与城市更新相结合。

虽然有庞大的存量资产，又有国家政策支持，但商业物业也存在比较严重的问题，主要表现为“重资产、轻运营”现象较严重，物业管理良莠不齐，许多物业的价值不能得到最大发挥，也因此失去了再融资、再造血的能力。此外，长期以来，商业地产的资产回报率显著低于住宅地产，且回报周期更长，导致专注于商业物业开发经营的企业数量比住宅地产少很多，许多住宅开发商也并不擅长建造、运营商业地产。但同时，房地产政策调控收紧，住宅市场逐步平稳、利润下降，许多开发商或主动或被动地把眼光转向

---

① 参见史晓敏：《千亿级办公物业市场，物企如何抓住机会？》，载和讯科技搜狐号，http://news.sohu.com/a/505806521_170520，最后访问日期：2022年3月20日。

② 参见《中国2022年投资者意向调查》，载世邦魏理仕官网，https://www.cbre.com.cn/zh-cn/research-reports/2022%E5%B9%B4%E4%B8%AD%E5%9B%BD%E6%8A%95%E8%B5%84%E8%80%85%E6%84%8F%E5%90%91%E8%B0%83%E6%9F%A5，最后访问日期：2022年4月19日。

了商业物业，商业物业成为未来房地产企业发展和盈利的路径之一。此外，大量的存量物业如何处置、如何置换出沉淀在物业上的资金用于投资也成为亟待解决的问题。

对已经拥有商业物业的企业来说，新兴的物流地产、仓储地产由于门槛和经验限制在短时间内较难进入，而住宅市场逐渐饱和、竞争激烈，因此如何利用好现有存量资产是必须面对的问题。在当前市场环境下，企业逐步由以住宅开发为主转变为开发、运营并重将是房地产行业发展的趋势，经营管理带来的收益将成为未来重要的利润来源。因此，虽然公募REITs尚未扩展到商业地产的范畴，但房地产开发商等物业持有人和相关市场已经开始为商业物业REITs进行大量努力和实践。除模仿公募REITs衍生出的类REITs产品外，内地开发商也已经开始实践真正的REITs。

2. 案例分析

越秀地产是国内商业地产资产证券化领域的领跑者，2005年12月，越秀房地产信托基金（越秀REIT）在港交所上市，是我国第一只离岸REITs。上市时，越秀REIT仅投资于4个项目，均位于广州市，总建筑面积16.52万平方米。到2020年6月底，越秀REIT已持有8个物业，总建筑面积97.3万平方米，整体估值346亿元，物业类型包括批发市场、商场、写字楼和商业综合体。上市以来，越秀REIT保持着100%的分派率，分红收益率基本维持在6%以上，由于母公司越秀集团是越秀REIT最大份额持有人，因此越秀集团也获得了稳定的分红和物业提升带来的资本增值。越秀REIT之所以对其他企业有借鉴意义，不仅是因为越秀REIT成功在港交所上市，更是因为越秀REIT打通了REITs上市与地产开发之间的循环。越秀集团或越秀地产可以将物业出售给越秀REIT，获得的资金可以用来进行新的开发建设，同时作为越秀REIT份额持有人，越秀集团还可以获得REIT的分红收益及资产增值收益，未来越秀REIT也可以通过出售持有的资产来实现资产组合优化。

在上市地点的选择上，越秀REIT选择在港交所上市，一是因为内地尚未开放商业物业REITs上市；二是2005年6月，我国香港证监会修订了《房地产投资信托基金守则》，允许内地商业地产项目以REITs的形式到香港上市融资，越秀REIT借此东风设立离岸公司，直接持有境内物业，可以节省税收成本。2006年，住房和城乡建设部、商务部等六部委共同出台了《关于规范房地产市场外资准入和管理的意见》（建住房〔2006〕171号，以下简称“171号文”），其中规定，境外机构和个人在境内投资购买非自用房地产，应当遵循商业存在的原则，按照外商投资房地产的有关规定，申请设立外商投资企业。此后，境外企业无法通过离岸机构直接持有境内物业，如企业希望物业在港交所发行REITs，就需要先在境内设立公司持有物业，再由BVI（离岸公司）通过境内外商投资公司间接持有境内物业，增加了运营成本和税收成本。2019年，招商局REIT于港交所上市，采用的就是上述的间接持有结构。至此，内地物业如希望在港交所、新交所等地上市，除要达到交易所对投资范围、分红比例、杠杆限制等常规交易所制度要求外，还面临着结构和税收两大主要障碍。结构上主要是需要满足“171号文”的规定，税收上则是根据现行《企业所得税法》，境内的外商独资企业或合资企业在向境外SPV支付股息之前，应先行缴纳25%的企业所得税；在缴纳企业所得税后，境内外商独资企业或合资企业要为境外SPV代扣代缴10%的预提企业所得税。

三、未来商业物业发行公募REITs展望

虽然国内公募REITs尚未扩展到商业物业领域，在海外发行又存在较高的成本，但这并不意味着商业物业资产证券化将走入绝境。一方面，根据发达国家的经验，商业地产在REITs中占据了较高比重，研究者们也认为内地REITs终将扩展至商业物业领域。另一方面，只要商业物业运营得当，保证现金流充足、物业价值提升，本身对企业的发展和融资就有促进作用。

商业资产估值与运营效率直接挂钩，一旦商业地产被允许公募REITs化，REITs对资产的严格要求就将进一步提升市场对商业资产优质性的检验，从而推动商业资产市场的进步与提升。同时，公募REITs要求定期披露运营数据，也可以促进商业运营管理的规范化、透明化，形成可比较的市场。

因此，无论是否能公募化、何时公募化，商业物业运营都是物业持有者需要面对的挑战。再好的硬件也抵不过劣质管理带来的贬值，确保商业物业保值增值的关键在于提升物业软实力，即提高招商、运营、管理能力，而这一系列软实力最终又会反映到物业租金上。睿富中国商业房地产投资信托基金（睿富REIT）在上市后随即退市，根源就在于底层物业租金水平不足带来的造假问题。2007年6月，睿富REIT于港交所上市，底层基础资产为位于北京市朝阳区东三环的佳程广场。2010年4月，睿富发布公告，出售佳程广场，并宣布撤销睿富REITs的上市地位，成为我国香港首个自动清盘的房地产投资信托基金。佳程广场竣工于2005年，可出租面积为10.6万平方米，是当时北京市仅有的9座甲级写字楼之一，上市估值近40亿港元。原佳程广场持有者在将佳程广场出售给睿富时提供的单位租金数据为273元/月/平方米，而睿富接手后发现实际租金远达不到该价格，可能只有176元/月/平方米。实际租金数据公布后，由于与先前的数据差距较大，因此市场对佳程广场的实际估值产生了怀疑，从而引发了睿富REIT的股价大跌，从最高点5.19港元跌至1.53港元，并最终退市。2010年，睿富将佳程广场以19亿元的价格转让。

当然，真正的好资产是不会被埋没的。2010年，佳程广场的接手者依然是一家私募基金——新加坡丰树印度中国基金1号。随后，丰树基金对佳程广场进行优化升级，并最终出售给丰树第四只房地产投资信托——丰树北亚商业信托。由此也许可以得出这样的观点：好的商业地产最终的归宿终将是金融化。

佳程广场只是内地物业成为REITs底层资产的例子之一，实际上，虽然国内商业物业公募REITs尚未开放，但已有大量优质的商业物业成为REITs的底层资产。新加坡、中国香港REITs市场中均存在较多以中国内地物业为底层资产标的的，包含当地企业于内地的物业开发及投资项目（如凯德中国信托、领展等）和内地企业将商业地产项目分拆于香港REITs上市（如运通网城房地产信托、越秀房托等）。根据戴德梁行的数据，截至2020年年末，

24%的新加坡REITs（S-REITs）和55%的中国香港REITs（H-REITs）持有中国内地物业，内地物业数量分别达到82处和30处，为内地房企分拆投资物业于上述地区上市融资降低了一定的投资者教育成本。从物业类型上看，在新加坡和中国香港上市REITs持有的中国内地物业中，零售物业的占比均较高。戴德梁行数据显示，2020年年末，在S-REITs和H-REITs持有的内地物业中，零售物业数量的占比分别达到23.3%和36.6%。[①]

上海、北京等一线城市的物业吸引着投资者的目光。世邦魏理仕发布的《中国2022年投资者意向调查》显示，投资者对中国内地商业地产的长期信心增强，59%的受访者选择在2022年“更积极投资”，再创2016年首次投资者意向调查以来的新高。此外，选择“更积极出售”的受访者较上年大幅上升了10个百分点，达到51%。购置和出售意愿同创新高，预示着2022年中国的大宗交易市场将在资产配置再平衡和价格博弈中继续前行。调查发现，64%的受访者将上海作为首选投资目的地，使其蝉联境内外买家在中国内地最青睐的投资市场，并且在亚太地区跨境投资目标城市中跃居次席。2021年，上海创新高的写字楼需求和租金走势的企稳进一步提振了投资者的信心。并且，在主流物业类型之外，生命科学地产、长租公寓等新投资热点的快速涌现也让上海呈现出更加多元化的投资机会。北京的投资意向在中国区受访者的反馈中位居第二，同时也位列亚太区跨境投资目标城市的第五。此外，粤港澳大湾区作为中国经济的另一引擎，其仓储物流设施、面向创新产业和先进制造业的商务园区以及兼具高品质办公性能和产业用地内核的新型产业写字楼项目也值得关注。

境外REITs和投资者对境内物业的关注说明，只要商业物业运营得当，就能够获得市场的认可。同时，国内也有呼吁将公募REITs拓展到商业物业的声音。全国人大代表王填在2022年两会上建议，将商业不动产入池公募

---

① 参见《商业物业REITS分拆简析》，载中达研究微信公众号，https://mp.weixin.qq.com/s/TPVnJ_uEUq3CTzHlAl-o8g，最后访问日期：2022年3月20日。

REITs：由于商业不动产具有服务民生的公共属性，是一种生产资料，具有基础设施的功能，建议将公募REITs延展到商业不动产领域，发挥商业不动产对保民生、稳就业、促消费的积极作用；建立和推动商业不动产REITs的体制建设：公募REITs作为优质商业不动产的金融工具，可有效盘活存量资产，有利于提高市场效率，建议尽快推动商业不动产REITs的体制建设，促进商业不动产产业链的健康良性循环，助力实体经济的发展。其他委员也对商业地产发行公募REITs多有建议。一向作为改革先行者的深圳则更进一步，深圳市商务局官网于2022年3月发布《深圳市关于加快建设国际消费中心城市的若干措施》，提出了建设国际一流商业载体、集聚全球优质商业资源、培育创新型领军商业企业、打造多元多层次消费新场景、创建享誉全球的消费环境等共8个部分27项具体措施，推动深圳商业和消费高质量发展，明确提出“支持商圈建设项目发行不动产投资信托基金（REITs），形成存量资产和新增投资的良性循环”。

也许在不久的将来，商业物业REITs就会出现在国内市场，为此我们更要积极做好准备，提升物业运营能力，从海外国家市场的经验看，我们可以借鉴以下几点：

第一，选址是最重要的。商业地产依然遵循“location、location、location”（地段、地段，还是地段）原则，即哪里是人口流动密集地区，哪里就是重点布局区域。核心城市、重点商圈等区位一直都是商业地产争夺的焦点。除此之外，还要关注商圈内的位置优劣，建立在地铁上盖并与地铁联通的商场、写字楼肯定更具交通优势。

第二，优化资产组合、提升效益。成熟的商业REITs往往持有多个底层物业，可以通过底层物业的差异化搭配来提升整体REITs的价值、降低风险。

第三，做好服务与优化提升。商业地产最终是要与人打交道，写字楼物业不仅要服务好租户、零售商业，更要服务好终端消费者。物业所有者要定期对硬件进行升级改造以改善环境，更重要的是要培育好的运营团队，提升服务软实力。

第四，积极应对变化。市场在不断变化，商业物业管理也要与时俱进。当前的新趋势包括绿色建筑、节能环保等理念在不动产建造和管理方面的要求，客户和消费者对灵活办公、体验式消费的需求增加等，这些都要求商业物业管理者不断调整运营策略。

第五，提升金融能力。商业物业拥有长久持续的现金流，因此天然具备金融属性。把握政策趋势，灵活运用融资手段可以最大限度实现物业价值。

商业物业作为重要的不动产资产，在房地产市场占有较大份额，同时也是提升和改善人民生活水平的重要设施。海外商业物业REITs发展完善，为物业持有人改善现金流发挥了重要作用。国内商业物业公募REITs虽然尚未开放，但已有许多运营优秀的商业物业成为海外REITs的底层资产，同时国内公募REITs也在不断完善，也有许多将商业物业纳入公募REITs的呼声，相信未来公募REITs的范围会越来越大。

本章总结

公募REITs作为重要的金融工具，在住宅、商业、养老、数字中心、产业园区、物流等各个领域都发挥着重要的作用。国内公募REITs从基础设施领域开始，相信未来也会拓展到各个方向。

第六章

公募REITs关键问题

第二章介绍了主要发达国家市场中公募REITs的发展历程，它们几乎都经历了法律法规、税收体系的改革与完善。我国公募REITs当前也面临诸多法律、税务相关的关键问题，如何正视和应对这些关键问题是发行公募REITs必须面对的。解决这些关键问题的过程，也是公募REITs以及整个行业的成长过程。

第一节　我国公募REITs相关法律法规制度概况及主要法律法规总结

一、我国公募REITs相关法律法规制度概况

如第四章所述，公募REITs的法律法规体系是在《中华人民共和国证券法》和《中华人民共和国证券投资基金法》的法律框架下设立的，可以分为4个体系：发改委体系、证监会体系、交易所体系及行业自律组织体系。

（一）发改委和证监会同时发布的相关法律法规

2020年4月24日，中国证券监督管理委员会、国家发展和改革委员会联合发布了《关于推进基础设施领域不动产投资信托基金（REITs）试点相关工作的通知》，提出聚焦重点区域、聚焦重点行业、聚焦优质项目、加强融资用途管理，推动基础设施REITs试点工作顺利开展。优先支持基础设施补短板行业，包括仓储物流、收费公路等交通设施，水电气热等市政工程，城镇污水垃圾处理、固废危废处理等污染治理项目。鼓励信息网络等新型基础

设施，以及国家战略性新兴产业集群、高科技产业园区、特色产业园区等开展试点。此文件的发布具有重大意义，标志着中国境内基础设施领域的公募REITs试点正式起步。

（二）发改委体系的相关法律法规

表6-1　发改委体系相关法律法规

序号	发布日期	名称	文号	主要内容
1	2020年7月31日	《国家发展和改革委员会办公厅关于做好基础设施领域不动产投资信托基金（REITs）试点项目申报工作的通知》	发改办投资〔2020〕586号	进一步对试点项目聚焦重点、应满足的基本条件、申报程序等进行了明确。优先支持基础设施补短板项目，包括仓储物流、收费公路等交通设施，城镇污水垃圾处理、固废危废医废处理等污染治理项目。鼓励5G、物联网等新型基础设施，以及国家战略性新兴产业集群、高科技产业园、特色产业园等开展试点。
2	2021年1月13日	《国家发展和改革委员会办公厅关于建立全国基础设施领域不动产投资信托基金（REITs）试点项目库的通知》	发改办投资〔2021〕35号	将符合条件的项目纳入基础设施REITs试点项目库，项目库包含意向项目、储备项目和存续项目3类项目，明确各类项目的入库条件。
3	2021年6月29日	《国家发展和改革委员会关于进一步做好基础设施领域不动产投资信托基金（REITs）试点工作的通知》	发改投资〔2021〕958号	加强项目储备管理和协调服务，严把项目质量关，促进基础设施REITs长期健康发展。扩大了试点区域和行业范围，试点范围扩大到保障性租赁住房及具有供水、发电等功能的水利设施、自然文化遗产、国家AAAAA级旅游景区等具有较好收益的旅游基础设施。

续表

序号	发布日期	名称	文号	主要内容
4	2021年12月29日	《国家发展和改革委员会办公厅关于加快推进基础设施领域不动产投资信托基金（REITs）有关工作的通知》	发改办投资〔2021〕1048号	进一步加快推进基础设施REITs试点有关工作，要求各地加强宣传解读，调动参与积极性，摸清项目底数，分类辅导服务，用好回收资金，鼓励先进典型，形成示范引领。

（三）证监会体系的相关法律法规

2020年8月6日，中国证券监督管理委员会发布了《公开募集基础设施证券投资基金指引（试行）》，该指引明确了产品定义及运作模式；强化了基金管理人与托管人的专业胜任要求；明确要发挥专业机构作用，在准入环节严控项目质量；明确定价方式和发售安排；规范基金投资运作，加强项目运营管理，压实管理人受托责任；坚持"以信息披露为中心"，确保基金运作公开透明；明确监督管理和法律责任。

（四）交易所体系的相关法律法规

表6-2　交易所体系相关法律法规

序号	发布时间	名称	文号	主要内容
1	2021年1月29日	《上海证券交易所公开募集基础设施证券投资基金（REITs）业务办法（试行）》	上证发〔2021〕9号	作为《公开募集基础设施证券投资基金指引（试行）》的配套业务规则，规范了基础设施证券投资基金上市审核、持续监管及交易等行为，明确了公募REITs项目挂牌和发售行为的基本规范和核心问题，在基础设施资产支持证
2	2021年1月29日	《上海证券交易所公开募集基础设施证券投资基金（REITs）规则适用指引第1号——审核关注事项（试行）》	上证发〔2021〕10号	
3	2021年1月29日	《上海证券交易所公开募集基础设施证券投资基金（REITs）规则适用指引第2号——发售业务（试行）》	上证发〔2021〕11号	

续表

序号	发布时间	名称	文号	主要内容
4	2021年1月29日	《深圳证券交易所公开募集基础设施证券投资基金业务办法（试行）》	深证上〔2021〕144号	券的挂牌及转让等业务活动中借鉴了公开发行证券、公募基金、股票及固收益类产品的监管经验，针对公募REITs项目资产和交易结构的独特属性进行规范。是对证监会公募REITs项目要求在具体规则上的落实，是公募REITs项目得以落地实施的关键一步。
5	2021年1月29日	《深圳证券交易所公开募集基础设施证券投资基金业务指引第1号——审核关注事项（试行）》	深证上〔2021〕144号	
6	2021年1月29日	《深圳证券交易所公开募集基础设施证券投资基金业务指引第2号——发售业务（试行）》	深证上〔2021〕144号	
7	2021年4月30日	《上海证券交易所公开募集基础设施证券投资基金（REITs）业务指南第1号——发售上市业务办理》	上证函〔2021〕895号	
8	2021年6月17日	《上海证券交易所公开募集基础设施证券投资基金（REITs）业务指南第2号——存续业务》	上证函〔2021〕1033号	

（五）行业自律组织体系的相关法律法规

行业自律组织体系包括中国证券投资基金业协会、中国证券登记结算有限责任公司。其中，中国证券投资基金业协会发布的相关法律法规如表6-3所示。中国证券登记结算有限责任公司发布的相关法律法规如表6-4所示。

表6-3　中国证券投资基金业协会发布的相关法律法规

序号	发布时间	名称	备注
1	2021年2月8日	《公开募集基础设施证券投资基金尽职调查工作指引（试行）》	作为《公开募集基础设施证券投资基金尽职调查工作指引（试行）》的配套自律规则，完善了公开募集基础设施证券投资基金业务的规则体系，规范了基础设施基金业务的尽职调查工作，压实了中介机构尽职调查的责任。

续表

序号	发布时间	名称	备注
2	2021年2月8日	《公开募集基础设施证券投资基金运营操作指引（试行）》	作为《公开募集基础设施证券投资基金运营操作指引（试行）》的配套自律规则，完善了公开募集基础设施证券投资基金业务的规则体系，从会计核算、基金收益分配及相关信息披露三个方面对基金的运营操作进行了规范。

表6-4 中国证券登记结算有限责任公司发布的相关法律法规

序号	发布时间	名称	文号	备注
1	2021年2月5日	《公开募集基础设施证券投资基金登记结算业务实施细则（试行）》	中国结算发字〔2021〕15号	为配合开展公开募集基础设施证券投资基金发行试点工作，规范相关登记结算业务。
2	2021年2月5日	《中国证券登记结算有限责任公司上海证券交易所公开募集基础设施证券投资基金登记结算业务指引（试行）》	中国结算发字〔2021〕20号	为配合开展公开募集基础设施证券投资基金发行试点工作，进一步规范了上海证券交易所、深圳证券交易所公开募集基础设施证券投资基金登记结算业务。
3	2021年2月5日	《中国证券登记结算有限责任公司深圳证券交易所公开募集基础设施证券投资基金登记结算业务指引（试行）》	中国结算发字〔2021〕21号	

综上，上述几类体系构成了目前中国关于公募REITs相关法律法规制度的框架体系。

二、法律法规关于公募REITs几个主要问题的规定

（一）关于产品结构

根据中国证监会发布的《公开募集基础设施证券投资基金指引（试

行）》，公开募集基础设施证券投资基金（以下简称基础设施基金）采用“公募基金+基础设施资产支持证券”的产品结构，基金管理人与基础设施资产支持证券管理人应存在实际控制关系或受同一控制人控制。此外，基础设施基金须同时符合下列特征：第一，80%以上的基金资产投资于基础设施资产支持证券，并持有其全部份额；基金通过基础设施资产支持证券持有基础设施项目公司的全部股权。第二，基金通过资产支持证券和项目公司等特殊目的载体取得基础设施项目的完全所有权或经营权利。第三，基金管理人主动运营管理基础设施项目，以获取基础设施项目租金、收费等稳定现金流为主要目的。第四，采取封闭式运作，收益分配比例不低于合并后基金年度可供分配金额的90%，如图6-1所示。

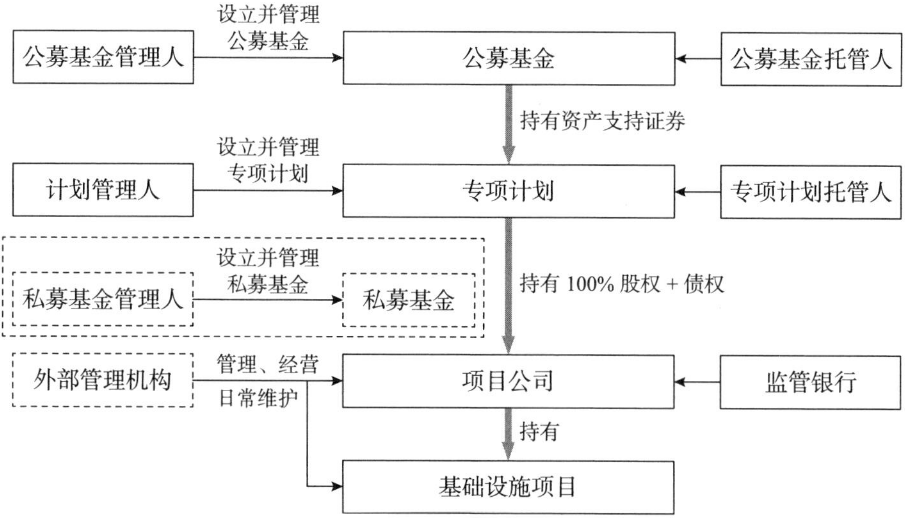

图6-1　公募基金的运作模式

（二）关于基础设施领域不动产投资信托基金（REITs）的项目试点区域及范围

根据《国家发展和改革委员会关于进一步做好基础设施领域不动产投资信托基金（REITs）试点工作的通知》，基础设施领域不动产投资信托基金

（REITs）试点项目申报要求对试点区域和行业范围作了明确规定。

1.项目试点区域

全国各地区符合条件的项目均可申报。重点支持位于京津冀协同发展、长江经济带发展、粤港澳大湾区建设、长三角一体化发展、海南全面深化改革开放、黄河流域生态保护和高质量发展等国家重大战略区域，符合“十四五”有关战略规划和实施方案要求的基础设施项目。

2.试点主要包括下列行业

（1）交通基础设施。包括收费公路、铁路、机场、港口项目。

（2）能源基础设施。包括风电、光伏发电、水力发电、天然气发电、生物质发电、核电等清洁能源项目，特高压输电项目，增量配电网、微电网、充电基础设施项目，分布式冷热电项目。

（3）市政基础设施。包括城镇供水、供电、供气、供热项目以及停车场项目。

（4）生态环保基础设施。包括城镇污水垃圾处理及资源化利用环境基础设施、固废危废医废处理环境基础设施、大宗固体废弃物综合利用基础设施项目。

（5）仓储物流基础设施。应为面向社会提供物品储存服务并收取费用的仓库，包括通用仓库以及冷库等专业仓库。

（6）园区基础设施。位于自由贸易试验区、国家级新区、国家级与省级开发区、战略性新兴产业集群的研发平台、工业厂房、创业孵化器、产业加速器、产业发展服务平台等园区基础设施。其中，国家级与省级开发区以《中国开发区审核公告目录》（2018年版）发布的名单为准，战略性新兴产业集群以国家发展和改革委公布的名单为准。

（7）新型基础设施。包括数据中心类、人工智能项目，5G、通信铁塔、物联网、工业互联网、宽带网络、有线电视网络项目，智能交通、智慧能源、智慧城市项目。

（8）保障性租赁住房。包括各直辖市及人口净流入大城市的保障性租赁住房项目。

（9）探索在其他基础设施领域开展试点。

具有供水、发电等功能的水利设施；自然文化遗产、国家AAAAA级旅游景区等具有较好收益的旅游基础设施，其中自然文化遗产以《世界遗产名录》为准。

酒店、商场、写字楼等商业地产项目不属于试点范围。项目土地用途原则上应为非商业、非住宅用地，租赁住房用地以及为保障项目正常运转而无法分割的办公用房、员工宿舍等少数配套设施用地除外。

（三）关于项目自身的要求

关于项目自身的要求，在国家发展和改革委员会与证监会及交易所发布的法律法规等文件中均有规定。根据目前的发行规定，发改委进行项目前置审批，根据项目申报材料对项目进行综合评估后，确定拟向中国证监会推荐的项目名单，发改委推荐项目时一并将有关项目材料转送证监会。证监会在《公开募集基础设施证券投资基金指引（试行）》中对基础设施基金拟持有的基础设施项目作了一个相对原则性规定；国家发改委在《关于进一步做好基础设施领域不动产投资信托基金（REITs）试点工作的通知》中的规定最为详细。

1.《公开募集基础设施证券投资基金指引（试行）》对基础设施基金拟持有的基础设施项目的规定

第一，原始权益人享有完全所有权或经营权利，不存在重大经济或法律纠纷，且不存在他项权利设定，基础设施基金成立后能够解除他项权利的除外。

第二，主要原始权益人的企业信用稳健、内部控制健全，最近3年无重大违法违规行为。

第三，原则上运营3年以上，已产生持续、稳定的现金流，投资回报良好，并具有持续经营的能力、较好的增长潜力。

第四，现金流来源合理分散，且主要由市场化运营产生，不依赖第三方补贴等非经常性收入。

第五，中国证监会规定的其他要求。

2.《国家发展和改革委员会关于进一步做好基础设施领域不动产投资信托基金（REITs）试点工作的通知》对项目要求的规定

第一，基础设施项目权属清晰、资产范围明确，发起人（原始权益人）依法合规直接或间接拥有项目所有权、特许经营权或经营收益权。项目公司依法持有拟发行基础设施REITs的底层资产。

第二，土地使用依法合规。

对项目公司不拥有土地使用权的项目。应说明土地使用权拥有人取得土地使用权的具体方式、出让（转让）方和取得时间等相关情况、土地使用权拥有人与项目公司之间的关系，并说明项目公司使用土地的具体方式、使用成本、使用期限和剩余使用年限，分析使用成本的合理性，并提供相关证明材料。

第三，基础设施项目具有可转让性。

发起人（原始权益人）、项目公司相关股东已履行内部决策程序，并协商一致，同意转让。

如相关规定或协议对项目公司名下的土地使用权、项目公司股权、特许经营权、经营收益权、建筑物及构筑物转让或相关资产处置存在任何限定条件、特殊规定约定，相关有权部门或协议签署机构应对项目以100%股权转让的方式发行基础设施REITs无异议，确保项目转让符合相关要求或相关限定具备解除条件。

第四，基础设施项目成熟稳定。

项目运营时间原则上不低于3年，对已能够实现长期稳定收益的项目，可适当降低运营年限要求。

项目现金流投资回报良好，近3年内总体保持盈利或经营性净现金流为正。

项目收益持续稳定且来源合理分散，直接或穿透后来源于多个现金流提供方。

因商业模式或者经营业态等原因，现金流提供方较少的，重要现金流提供方应当资质优良，财务情况稳健。

预计未来3年的净现金流分派率（预计年度可分配现金流/目标不动产评估净值）原则上不低于4%。

第五，资产规模符合要求。

首次发行基础设施REITs的项目，当期目标不动产评估净值原则上不低于10亿元。

发起人（原始权益人）具有较强的扩募能力，以控股或相对控股的方式持有、按有关规定可发行基础设施REITs的各类资产规模（如高速公路通车里程、园区建筑面积、污水处理规模等）原则上不低于拟首次发行基础设施REITs资产规模的2倍。

第六，发起人（原始权益人）等参与方符合要求。

优先支持有一定知名度和影响力的行业龙头企业的项目。

发起人（原始权益人）、项目公司、基金管理人、资产支持证券管理人、基础设施运营管理机构近3年在投资建设、生产运营、金融监管、市场监管、税务等方面无重大违法违规记录。项目运营期间未出现安全、质量、环保等方面的重大问题或重大合同纠纷。

应该说，不管是发改委还是证监会，除对项目的合法合规基础有明确约定外，对项目的运营也提出了较高要求，这也反映了公募REITs的核心要义——运营质量为王。

三、公募REITs法律法规制度完善建议

（一）建议进一步完善我国公募REITs实施的法律体系

从前几章欧美国家公募REITs发展的经验中可以看出，REITs的产生和发展都伴随着专法的设立以及税法等相关法律的修改完善。我国在现有《中华人民共和国证券法》《中华人民共和国证券投资基金法》的法律框架下，

形成了“公募基金+基础设施资产支持证券”架构下的REITs，但并未从法律层面进行专项立法或修改税法等相关法律。因此，为了我国公募REITs的下一步发展，应在保护投资者利益、保障我国公募REITs顺利实施的宗旨下，进一步完善相关法律法规体系。

（二）关于公募REITs的试点范围扩大至市场类租赁住宅项目

在《国家发展和改革委员会关于进一步做好基础设施领域不动产投资信托基金（REITs）试点工作的通知》中，明确规定保障性租赁住房为试点项目范畴，但市场类租赁住宅项目不属于试点项目，且明确规定项目土地的用途原则上应为非商业、非住宅用地。目前，房地产发展模式正在调整的过程中，对于其他商业类项目可根据国家经济发展情况稳妥推进，但是对于住宅租赁类项目建议予以放开，这一方面符合房住不炒的政策基调，另一方面对住宅租赁运营企业的发展予以了制度性保障鼓励，也是房地产发展模式的一个重要探索方向。

其他关于公募REITs涉及的税费制度及国有资产相关交易制度，将在下文进行讨论。

第二节　税收相关问题及主要规定

一、公募REITs税收新政解读

伴随公募REITs的发展，税收问题一直是讨论的焦点。与类REITs一样，公募REITs的交易步骤也可以分为“设立前资产重组、设立时资产（股权）转让、运营、分配及份额转让”几个环节。其中涉及的税赋也和类REITs一样，会遇到企业所得税、个人所得税、增值税及附加税、契税、土增税、印花税、房产税等，较高的税费负担在一定程度上打击了企业发行公募REITs的热情。美国、英国、新加坡、日本等国家大多发布了针对公募REITs的税收优惠政策，采用税收递延、减税、免税等方式鼓励企业发行REITs，对REITs市场的建设起到了积极的促进作用。从海外的发展经验角度看，税收优惠和基于税收的金融创新是REITs发展的驱动力之一。从税收逻辑的角度看，对公募REITs给予税收优惠的基础在于REITs在设立的过程中产生了大量的新增税赋，这些新增税赋在不发行REITs时通常不会出现，从而为税收优惠提供了空间。从维护税源的角度看，给予REITs的税收优惠一般不会改变资产的计税基础，在未来发生出售等应税行为时不会引起税收的减少和流失。

2022年1月26日，财政部、税务总局发布了《关于基础设施领域不动产投资信托基金（REITs）试点税收政策的公告》（财政部、税务总局公告2022年第3号，以下简称2022年第3号公告），虽然全文只有几百字，但对市场影响深远，被认为是我国公募REITs税收立法的开端，全文如下：

为支持基础设施领域不动产投资信托基金（以下称基础设施REITs）试点，现将有关税收政策公告如下：

一、设立基础设施REITs前，原始权益人向项目公司划转基础设施资产相应取得项目公司股权，适用特殊性税务处理，即项目公司取得基础设施资产的计税基础，以基础设施资产的原计税基础确定；原始权益人取得项目公司股权的计税基础，以基础设施资产的原计税基础确定。原始权益人和项目公司不确认所得，不征收企业所得税。

二、基础设施REITs设立阶段，原始权益人向基础设施REITs转让项目公司股权实现的资产转让评估增值，当期可暂不缴纳企业所得税，允许递延至基础设施REITs完成募资并支付股权转让价款后缴纳。其中，对原始权益人按照战略配售要求自持的基础设施REITs份额对应的资产转让评估增值，允许递延至实际转让时缴纳企业所得税。

原始权益人通过二级市场认购（增持）该基础设施REITs份额，按照先进先出原则认定优先处置战略配售份额。

三、对基础设施REITs运营、分配等环节涉及的税收，按现行税收法律法规的规定执行。

四、本公告适用范围为证监会、发展改革委根据有关规定组织开展的基础设施REITs试点项目。

五、本公告自2021年1月1日起实施。2021年1月1日前发生的符合本公告规定的事项，可按本公告规定享受相关政策。

2022年第3号公告之所以重要，是因为其在企业所得税层面对公募REITs的“设立前资产重组”和“设立时资产（股权）转让”两个阶段给予了“不征+递延”的税收优惠，从而显著降低了底层资产剥离和置入公募REITs架构的税赋成本，解决了企业发行公募REITs的重要阻力之一，缓解了原始权益人参与基础设施REITs的现金流压力，提高了企业的参与热情。

具体来说，2022年第3号公告对企业的优惠在于以下几点。

第一，在设立前资产重组时，原始权益人向项目公司划转底层资产可直接使用所得税特殊性税务处理的优惠政策。如果没有2022年第3号公告，在重组事项中，企业所得税特殊性税务的处理主要依据《财政部、国家税务总局关于企业重组业务企业所得税处理若干问题的通知》（以下简称59号文）、《财政部、国家税务总局关于促进企业重组有关企业所得税处理问题的通知》（以下简称109号文）的规定，但59号文和109号文规定的特殊性税务处理需要满足特定资产或股权转让比例、股权支付比例及在重组后连续12个月内不得转让所取得的股权等要求，而在公募REITs交易结构搭建的过程中很难实现重组后12个月内不转让股权，因此也就很难适用59号文和109号文。2022年第3号公告突破了59号文和109号文关于特殊性税务处理的条件限制，允许对在设立公募REITs前原始权益人划转底层资产给项目公司并取得相应项目公司股权的行为适用特殊性税务处理，承继原计税基础，暂不确认所得。

第二，在原始权益人将股权转让给公募REITs时，原始权益人的股权增值部分可递延缴纳所得税，延至基础设施REITs完成募资并支付股权转让价款后。本条出台之前，依据《国家税务总局关于贯彻落实企业所得税法若干税收问题的通知》（国税函〔2010〕79号）第3条的规定，企业转让股权收入，应于转让协议生效且完成股权变更手续时，确认收入的实现。转让股权收入扣除为取得该股权所发生的成本后，为股权转让所得。据此，原始权益人在没有实际取得基础设施REITs发行价款之前（例如，向ABS转让项目公司股权时）很可能已经产生所得税的纳税义务。此项优惠使得原始权益人可以在真实收到转让款、获得现金时再支付税款，减轻了原始权益人的资金压力。

第三，对原始权益人自持的份额允许递延至实际转让时再缴纳企业所得税。由于监管要求，原始权益人自持公募REITs的份额比例至少为20%、持有期自上市之日起不少于5年。因此，原始权益人实际从发行公募REITs中获得的金额低于实际募集的金额，所以在该阶段对原始权益人的自持份额征收企业所得税并不合理且存在双重征税的风险，即现阶段征收因股权转让而形成的企业所得税，退出时征收因出售基金份额而形成的企业所得税。2022年第3号公告的规定避免了双重征税，并且只要原始权益人自持的战略配售份额不退出市场，其对应的资产评估增值就可以一直不缴纳企业所得税。

第四，原始权益人可能通过二级市场继续买卖该基础设施REITs份额，其新买入的增持份额与原战略配售的自持份额将发生混同。为明确原始权益人转让REITs份额产生的资产增值的计算口径问题，2022年第3号公告规定了“先进先出”规则，即原始权益人在对外转让基础设施REITs份额时，认定优先处置原战略配售自持份额。

第五，对公募REITs运营和分配阶段的税收，按现行税收法律法规的规定执行。

作为国内第一个针对公募REITs税收的专项规定，2022年第3号公告在公募REITs历史上具有重要意义，大大减轻了原始权益人的税赋压力，对鼓励企业选择公募REITs实现资产上市起到了积极的作用，是我国公募REITs发展史上的里程碑事件，标志着REITs税收政策体系建立的正式开启，也推动着REITs配套政策的进一步发展。

从国际对比来看，2022年第3号公告给原始权益人带来的所得税税收优惠已经比美国的伞形REITs（UP REITs/DOWN REITs）结构给原始权益人带来的税收优惠更大。美国的伞形REITs主要交易结构为，原始权益人不直接对底层资产进行划转，而是设立经营性合伙企业（Operating Partnership，OP），将底层资产转移至OP名下，换取代表OP权益的OP单位，此过程无须缴纳税费；当OP单位转换成现金或REITs份额时才须缴纳资本利得税。对比之下，我国2022年第3号公告要求原始权益人纳税的时间点为出售自持的REITs份额时，递延期更长，更具有税收优势。

当然，税收体系精密复杂，仅靠2022年第3号公告不可能覆盖所有事项，就2022年第3号公告来说，本身也存在一些需要细化的问题。

首先，2022年第3号公告在底层资产重组环节规定可享受所得税税收优惠的操作是“向项目公司划转基础设施资产”，那么除了“划转”之外的其他资产重组方式，比如公司分立、实物出资等是否可享受同等优惠呢？

其次，2022年第3号公告仅对“原始权益人”的行为给予了税收优惠。根据《公开募集基础设施证券投资基金指引（试行）》（54号文）之规定，原始权益人是指基础设施基金持有的基础设施项目的原所有人，同时公募REITs的战略配售方也可以是原始权益人的关联方，那么其关联方是否可享受所得税递延纳税优惠还需要进一步明确。另外，在实践过程中，资产重组通常会涉及多层公司、多个持有人等复杂情况，甚至可能进行多次重组，那么所得税递延政策是否适用于资产重组过程中的所有相关方？更进一步讲，如果适用资产重组全过程的所有相关方，如何证明前序重组过程有多少是为了设立公募REITs？

最后，2022年第3号公告并未涉及对于公募REITs如发行失败，之前的资产重组等行为该如何处理、是否需要纳税，已经纳税的部分是否要退税等问题。

虽然还有需要细化的问题，但2022年第3号公告已经迈出了历史性的一步，相信随着金融体系不断完善、公募REITs市场不断发展，包括税收政策在内的相关配套政策也会逐步完善。

二、现行税法体制下公募REITs税收要点及政策

除了2022年第3号公告提到的“设立前资产重组”和“设立时资产（股

权）转让”两个阶段，公募REITs还存在“运营”与“分配及份额转让”阶段。在“运营”阶段，公募REITs可以采取“股+债”的资本弱化方式来合理减轻税负；在“分配及份额转让”阶段，个人投资者与企业投资者分别有不同的纳税要求和税收优惠。

（一）设立前资产重组环节

资产重组是税赋最多、最复杂的环节，进行资产转移的双方都可能纳税。相关法律法规如表6-5所示。

表6-5 设立前资产重组环节主要税种与相关法律法规

税种	税基	纳税人	纳税原则及特殊税务处理	主要相关法律法规
企业所得税	应纳税所得额	转移资产方	采用资产划转，公司合并、分立、出售、置换等方式，可适用特殊性税务处理。	《中华人民共和国企业所得税法》；财税〔2009〕59号《关于企业重组业务企业所得税处理若干问题的通知》；国家税务总局公告2010年第4号《企业重组业务企业所得税管理办法》（部分失效）；财税〔2014〕109号《关于促进企业重组有关企业所得税处理问题的通知》；财税〔2014〕116号《关于非货币性资产投资企业所得税政策问题的通知》；国税发〔2009〕31号《房地产开发经营业务企业所得税处理办法》；财政部、税务总局公告2022年第3号《关于基础设施领域不动产投资信托基金（REITs）试点税收政策的公告》；国家税务总局公告2011年第34号《关于企业所得税若干问题的公告》。

续表

税种	税基	纳税人	纳税原则及特殊税务处理	主要相关法律法规
增值税及附加	增值金额	转移资产方	在资产重组过程中，通过合并、分立、出售、置换等方式，将全部或者部分实物资产以及与其相关联的债权、负债和劳动力一并转让给其他单位和个人，对其中涉及的不动产、土地使用权转让行为，不征收增值税。因为附加税费是增值税应税项目和消费税应税项目的从属税，除特殊情形外，不征收增值税亦无须缴纳附加税。	《中华人民共和国增值税暂行条例》（2017年修订）；《中华人民共和国城市维护建设税法》；《征收教育费附加的暂行规定》（2011年修订）；财税〔2016〕36号《关于全面推开营业税改征增值税试点的通知》。
土地增值税	增值金额	转移资产方	企业分设为两个或两个以上与原企业投资主体相同的企业，对原企业将房地产转移、变更到分立后的企业，暂不征收土地增值税；单位、个人在改制重组时以房地产作价入股进行投资，对其将房地产转移、变更到被投资的企业，暂不征收土地增值税。房地产开发企业除外。	《中华人民共和国土地增值税暂行条例》（2011年修订）；财政部、税务总局公告2021年第21号《关于继续实施企业改制重组有关土地增值税政策的公告》；国家税务总局公告2016年第70号《关于营改增后土地增值税若干征管规定的公告》；国税发〔2006〕187号《国家税务总局关于房地产开发企业土地增值税清算管理有关问题的通知》。

续表

税种	税基	纳税人	纳税原则及特殊税务处理	主要相关法律法规
印花税	交易价格（合同金额）	交易双方	以合并或分立方式成立的新企业，其新启用的资金账簿记载的资金，凡原已贴花的部分可不再贴花，未贴花的部分和以后新增加的资金按规定贴花；实行公司制改造的企业在改制过程中成立的新企业（重新办理法人登记的），其新启用的资金账簿记载的资金或因企业建立资本纽带关系而增加的资金，凡原已贴花的部分可不再贴花，未贴花的部分和以后新增加的资金按规定贴花。	《中华人民共和国印花税法》；财政部、税务总局公告2022年第23号《关于印花税法实施后有关优惠政策衔接问题的公告》
契税	交易价格（合同金额）	获得资产方	直接资产转让需要缴纳契税。公司分立为两个或两个以上与原公司投资主体相同的公司，对分立后公司承受原公司土地、房屋权属，免征契税；对同一投资主体内部所属企业之间土地、房屋权属的划转，包括母公司与其全资子公司之间，同一公司所属全资了公司之间，同一自然人与其设立的个人独资企业、一人有限公司之间土地、房屋权属的划转，免征契税；母公司以土地、房屋权属向其全资子公司增资，视同划转，免征契税。	《中华人民共和国契税法》；财政部、税务总局公告2021年第17号《关于继续执行企业、事业单位改制重组有关契税政策的公告》。

（二）设立时资产（股权）转让环节

公募基金管理人设立公募基金（REITs）和专项计划管理人设立专项计划（ABS）时不涉及收益或增值额，因此不涉及税务问题。如前文“类REITs交易结构”中所述，专项计划在购买项目公司股权时可能会采取反向吸收合并方式及构建“股+债”的资本弱化结构。相关法律法规如表6-6所示。

表6-6 设立时资产（股权）转让环节主要税种与相关法律法规

税种	税基	纳税人	纳税原则及特殊税务处理	主要相关法律法规
企业所得税	应纳税所得额	原始权益人（股权转让方）	原始权益人向基础设施REITs转让项目公司股权实现的资产转让评估增值，当期可暂不缴纳企业所得税，允许递延至基础设施REITs完成募资并支付股权转让价款后缴纳。其中，对原始权益人按照战略配售要求自持的基础设施REITs份额对应的资产转让评估增值，允许递延至实际转让时再缴纳企业所得税。	《中华人民共和国企业所得税法》；财政部、税务总局公告2022年第3号《关于基础设施领域不动产投资信托基金（REITs）试点税收政策的公告》。
印花税	交易价格（合同金额）	原始权益人、专项计划或专项计划下设的SPV	产权发生转移，则按“产权转移书据”征收印花税，按万分之五贴花。	《中华人民共和国印花税法》。

（三）运营环节

在公募REITs的存续期间，主要商业活动为项目公司出租、底层资产运营，因此税赋也集中于项目公司。相关法律法规如表6-7所示。

表6-7　运营环节主要税种与相关法律法规

税种	税基	纳税人	纳税原则及特殊税务处理	主要相关法律法规
企业所得税	应纳税所得额	项目公司	项目公司根据收入与应纳税所得额缴纳企业所得税，可构建“股+债”的资本弱化结构来合理降低所得税税赋。	《中华人民共和国企业所得税法》；财税〔2008〕121号《关于企业关联方利息支出税前扣除标准有关税收政策问题的通知》。
增值税及附加	增值金额	项目公司、专项计划	项目公司在运营期间可能会产生不动产租赁收入、高速公路运营收入、广告费收入等，也可能出售底层资产以优化资产组合，分别按照现行《中华人民共和国增值税暂行条例》的规定进行处理；专项计划从项目公司取得的利息收入，暂适用简易计税方法，按照3%的税率缴纳增值税。	《中华人民共和国增值税暂行条例》(2017年修订)；《中华人民共和国城市维护建设税法》；《征收教育费附加的暂行规定》(2011年修订)。
土地增值税	增值金额	项目公司	项目公司可能出售底层资产以优化资产组合，根据增值金额对应的税率纳税。	《中华人民共和国土地增值税暂行条例》(2011年修订)；财政部、税务总局公告2021年第21号《关于继续实施企业改制重组有关土地增值税政策的公告》；国家税务总局公告2016年第70号《关于营改增后土地增值税若干征管规定的公告》；国税发〔2006〕187号《国家税务总局关于房地产开发企业土地增值税清算管理有关问题的通知》。

续表

税种	税基	纳税人	纳税原则及特殊税务处理	主要相关法律法规
房产税	房产余值（房产未出租）、租金收入（房产出租）	项目公司	项目公司持有经营性房产，但未产生租金收入，应按1.2%的税率以房产余值为基础缴纳房产税，若取得了房产租金收入，按租金收入的12%缴纳房产税。	《中华人民共和国房产税暂行条例》（2011年修订）。
城镇土地使用税	根据各地规定	项目公司	对部分城市公交站场、道路客运站场、城市轨道交通系统运营用地，免征城镇土地使用税。	《中华人民共和国城镇土地使用税暂行条例》（2019年修订）；财税〔2019〕11号《关于继续对城市公交站场道路客运站场、城市轨道交通系统减免城镇土地使用税优惠政策的通知》（执行期限2019年1月1日至2021年12月31日）。
印花税	交易价格（合同金额）	项目公司（作为出租人）、承租人	根据签署合同对应的业务类别适用不同的税率缴纳印花税，资金账簿按照实收资本和资本公积之和缴纳印花税，涉及财产转移时，按产权转移书据缴纳印花税。	《中华人民共和国印花税法》。

（四）分配与出售环节

由于专项计划一般会对项目公司构建“股+债”的资本弱化结构，使项目公司可以通过支付专项计划股东借款利息来向专项计划分配资金，避免项目公司对专项计划分红的不确定性和无法税前抵扣。因此，分配环节的主要操作为项目公司向专项计划支付利息、专项计划向公募基金（REITs）分配投资收益，投资者从公募基金（REITs）取得投资收益或者出售公募基金（REITs）份额获得资本利得。相关法律法规如表6-8所示。

表6-8　分配与出售环节主要税种与相关法律法规

税种	税基	纳税人	纳税原则及特殊税务处理	主要相关法律法规
企业所得税	分红、出售利得	公募REITs投资者	对于分红，财税〔2008〕1号规定，对投资者从证券投资基金分配中取得的收入，暂不征收企业所得税；对于出售利得，计入当年应纳税所得。	《中华人民共和国企业所得税法》;《中华人民共和国企业所得税法实施条例》(2019年修订)；财税〔2006〕5号《关于信贷资产证券化有关税收政策问题的通知》；财税〔2008〕1号《关于企业所得税若干优惠政策的通知》。
个人所得税	分红、出售利得	公募REITs投资者	对于分红，对个人投资者从基金分配中获得的股票的股息、红利收入以及企业债券的利息收入，由上市公司和发行债券的企业在向基金派发股息、红利、利息时代扣代缴20%的个人所得税，基金向个人投资者分配股息、红利、利息时，不再代扣代缴个人所得税；对于出售利得、个人买卖股票差价免征个人所得税，买卖公募REITs份额参照执行。	《中华人民共和国个人所得税法》(2018年修正)。
增值税及附加税	增值金额	专项计划代缴、公募REITs投资者	对于专项计划对项目公司股东借款的利息收入，专项计划代投资者按3%的税率简易纳税；对于分红，金融商品持有期间（含到期）取得的非保本的投资收益，不属于利息或利息性质的收入，不征收增值税；保本投资收益，按照3%的税率简易纳税；对于转让利得，企业需要缴纳增值税，对个人投资者免征增值税。	《中华人民共和国增值税暂行条例》(2017年修订);《中华人民共和国城市维护建设税法》;《征收教育费附加的暂行规定》；财税〔2016〕140号《财政部、国家税务总局关于明确金融、房地产开发、教育辅助服务等增值税政策的通知》。

续表

税种	税基	纳税人	纳税原则及特殊税务处理	主要相关法律法规
印花税	交易金额	公募REITs投资者	2022年7月1日前，对投资者（包括个人和机构）买卖封闭式证券投资基金免征印花税；2022年7月1日后，根据《财政部、税务总局关于印花税法实施后有关优惠政策衔接问题的公告》取消该优惠政策。	《中华人民共和国印花税法》；财政部、税务总局公告2022年第23号《关于印花税法实施后有关优惠政策衔接问题的公告》

第三节　国有资产交易相关法律法规

一、法律法规索引

（一）主要法律

- 中华人民共和国企业国有资产法；
- 中华人民共和国公司法（2018年修正）；
- 中华人民共和国证券法（2019年修订）。

（二）主要行政法规/部门规章

1.产权登记

（1）企业国有资产产权登记管理办法；

（2）财政部关于修订《企业国有资产产权登记管理办法实施细则》的通知（财管字〔2000〕116号）；

（3）国家出资企业产权登记管理暂行办法；

（4）国务院国有资产监督管理委员会关于印发《国家出资企业产权登记

管理工作指引》的通知（国资发产权〔2012〕104号）。

2.资产评估

（1）国有资产评估管理办法（2020年修订）；

（2）国家国有资产管理局关于印发《国有资产评估管理办法施行细则》的通知（国资办发〔1992〕36号）；

（3）国有资产评估管理若干问题的规定（中华人民共和国财政部令第14号）；

（4）企业国有资产评估管理暂行办法（国务院国有资产监督管理委员会令第12号）；

（5）国务院国有资产监督管理委员会关于加强企业国有资产评估管理工作有关问题的通知（国资发产权〔2006〕274号）；

（6）国务院国有资产监督管理委员会关于企业国有资产评估报告审核工作有关事项的通知（国资产权〔2009〕941号）；

（7）国务院国有资产监督管理委员会关于印发《中央企业资产评估项目核准工作指引》的通知（国资发产权〔2010〕71号）；

（8）国务院国有资产监督管理委员会关于印发《企业国有资产评估项目备案工作指引》的通知（国资发产权〔2013〕64号）。

3.产权转让

（1）企业国有资产监督管理暂行条例（2019年修订）（中华人民共和国国务院令第709号）；

（2）企业国有资产交易监督管理办法（国务院国有资产监督管理委员会、中华人民共和国财政部令第32号）；

（3）中央企业境外国有资产监督管理暂行办法（国务院国有资产监督管理委员会令第26号）；

（4）中央企业境外国有产权管理暂行办法（国务院国有资产监督管理委员会令第27号）；

（5）国务院国有资产监督管理委员会、财政部、国家发展和改革委员会、监察部、原国家工商行政管理总局、中国证券监督管理委员会关于做好企业国有产权转让监督检查工作的通知（国资发产权〔2005〕294号）。

4.无偿划转

（1）国务院国有资产监督管理委员会关于印发《企业国有产权无偿划转管理暂行办法》的通知（国资发产权〔2005〕239号）；

（2）国务院国有资产监督管理委员会关于印发《企业国有产权无偿划转工作指引》的通知（国资发产权〔2009〕25号）。

5.其他法规

（1）国务院办公厅转发国务院国有资产监督管理委员会关于规范国有企业改制工作意见的通知（国办发〔2003〕96号）；

（2）国务院办公厅转发国资委关于进一步规范国有企业改制工作实施意见的通知（国办发〔2005〕60号）；

（3）国务院办公厅转发国资委《关于推进国有资本调整和国有企业重组的指导意见》的通知（国办发〔2006〕97号）；

（4）国务院国有资产监督管理委员会关于印发《关于国有企业改制重组中积极引入民间投资的指导意见》的通知（国资发产权〔2012〕80号）；

（5）最高人民法院、原国家工商总局关于加强信息合作规范执行与协助执行的通知（法〔2014〕251号）；

（6）集体企业国有资产产权界定暂行办法（中华人民共和国国家国有资产管理局令第2号）。

6.金融法规

（1）金融企业国有资产转让管理办法（中华人民共和国财政部令第54号）；

（2）中国证券监督管理委员会关于修改《非上市公众公司监督管理办法》的决定（2021年修正）（中国证券监督管理委员会令第190号）；

（3）上市公司国有股权监督管理办法（国务院国有资产监督管理委员会、中华人民共和国财政部、中国证券监督管理委员会令第36号）；

（4）上市公司收购管理办法（2020年修正）（中国证券监督管理委员会令第166号）；

（5）上市公司重大资产重组管理办法（2020年修正）（中国证券监督管理委员会令第166号）；

（6）区域性股权市场监督管理试行办法（中国证券监督管理委员会令第132号）；

（7）商业银行股权管理暂行办法（中国银行业监督管理委员会令2018年第1号）；

（8）保险公司股权管理办法（2018年修订）（中国保险监督管理委员会令〔2018〕5号）。

二、国有资产交易相关法律分析及实务实践

（一）国有资产交易行为分类

根据《企业国有资产法》的规定，以下行为是国有资产交易行为：

- 合并、分立、改制、上市；
- 增加或者减少注册资本；
- 发行债券；
- 进行重大投资；
- 为他人提供大额担保；
- 转让重大财产；
- 进行大额捐赠；
- 分配利润；
- 解散；
- 申请破产等重大事项；
- 企业改制；
- 与关联方的交易；
- 国有资产转让。

根据《企业国有资产交易监督管理办法》的规定，以下行为是国有资产交易行为：

- 企业产权转让；
- 企业增资；
- 企业资产转让。

《企业国有资产交易监督管理办法》适用范围外的企业在这一问题的认定上仍然适用《企业国有资产法》。

（二）国有资产交易程序要求

根据《企业国有资产交易监督管理办法》的规定，企业国有资产交易应履行交易审批、审计评估、进场交易3项法定程序。

1.交易审批程序

《企业国有资产交易监督管理办法》规定，对不同类型的企业在进行增资股权转让及资产转让行为时审批的机关不同，具体如表6–9所示。

表6–9　企业在进行增资股权转让及资产转让行为中需履行的审批程序

交易类型	企业类型	审批机关	例外情况	法律依据
产权转让	国家出资企业	国资监管机构	因产权转让致使国家不再拥有所出资企业控股权的，须由国资监管机构报本级人民政府批准。	《企业国有资产交易监督管理办法》第7条
	国家出资企业子企业	国家出资企业制定其子企业产权转让管理制度，确定审批管理权限；有多家国家股东的企业，由其中持股比例最大的国有股东负责履行相关批准程序；各国有股东持股比例相同的，由相关股东协商后确定其中一家股东负责履行相关批准程序	对主业处于关系国家安全、国民经济命脉的重要行业和关键领域，主要承担重大专项任务子企业的产权转让，须由国家出资企业报同级国资监管机构批准。	《企业国有资产交易监督管理办法》第8条

续表

交易类型	企业类型	审批机关	例外情况	法律依据
企业增资	国家出资企业	国资监管机构	因增资致使国家不再拥有所出资企业控股权的，须由国资监管机构报本级人民政府批准。	《企业国有资产交易监督管理办法》第34条
企业增资	国家出资企业子企业	国家出资企业决定，有多家国有股东的企业，由其中持股比例最高的国有股东负责履行相关批准程序；各国有股东持股比例相同的，由相关股东协商后确定其中一家股东负责履行相关批准程序	对主业处于关系国家安全、国民经济命脉的重要行业和关键领域，主要承担重大专项任务的子企业的增资行为，须由国家出资企业报同级国资监管机构批准。	《企业国有资产交易监督管理办法》第35条
资产转让	国家出资企业	国家出资企业负责制定本企业不同类型资产转让行为的内部管理制度	涉及国家出资企业内部或特定行业的资产转让，确需在国有及国有控股、国有实际控制企业之间非公开转让的，由转让方逐级报国家出资企业审核批准。	《企业国有资产交易监督管理办法》第49条
	国家出资企业子企业	国家出资企业制定其子企业的资产转让管理制度，确定审批管理权限；有多家国有股东的企业，由其中持股比例最高的国有股东负责履行相关审批程序；各国有股东持股比例相同的，由相关股东协商后确定其中一家股东履行相关批准程序		

2.审计评估程序

根据《企业国有资产交易监督管理办法》及《企业国有资产评估管理暂行办法》的相关规定，审计评估程序的具体要求及例外情形如表6-10所示。

表6-10　企业在审计评估程序中的具体要求[①]

交易类型	企业类型	审计评估程序	例外情形	法律依据
产权转让	国家出资企业	转让方应当进行审计、应当进行资产评估	企业有下列行为之一的，可以不对相关国有资产进行评估： （1）经各级人民政府或国有资产监督管理机构批准对企业整体或者部分资产实施无偿划转； （2）国有独资企业与其下属独资企业之间或其下属独资企业之间的合并资产置换和无偿划转。	《企业国有资产交易监督管理办法》第11条、第12条
	国家出资企业子企业			
资产转让	国家出资企业	转让方应当进行审计、应当进行资产评估	企业有下列行为之一的，可以不对相关国有资产进行评估： （1）经各级人民政府或国有资产监督管理机构批准对企业整体或者部分资产实施无偿划转； （2）国有独资企业与其下属独资企业之间或其下属独资企业之间的合并、资产置换和无偿划转。	《企业国有资产评估管理暂行办法》第6条、第7条
	国家出资企业子企业			
企业增资	国家出资企业	应当进行审计、进行资产评估	以下情形按照《中华人民共和国公司法》、企业章程履行决策程序后，可以依据评估报告或最近一期审计报告确定企业资本及股权比例： （1）增资企业原股东同比例增资的； （2）履行出资人职责的机构对国家出资企业增资的； （3）国有控股或国有实际控制企业对其独资子企业增资的； （4）增资企业和投资方均为国有独资或国有全资企业的。	《企业国有资产交易监督管理办法》第38条
	国家出资企业子企业			

3.进场交易程序

根据《企业国有资产交易监督管理办法》规定的总体要求，国有资产交

---

① 参见《法窗|国有资产交易规则的实务指引》，载360个人图书馆，http://www.360doc.com/content/18/0813/22/45623180_778048602.shtml，最后访问日期：2022年6月1日。

易以进场交易为原则，以非公开协议交易为例外，此程序也意在实现国有资产交易转让的公平、公允性。相关事项如表6-11和表6-12所示。

表6-11　国有资产公开转让程序要求

<table>
<tr><th>交易类型</th><th>企业类型</th><th>产交所公开转让</th><th>定价原则</th><th>法律依据</th></tr>
<tr><td rowspan="2">产权转让</td><td>国家出资企业</td><td>进场交易</td><td rowspan="4">（1）底价不得低于经核准或备案的转让标的评估结果；
（2）1次流拍的新底价如果低于评估结果的90%，应当经转让行为批准单位书面同意；
（3）首次披露满12个月仍流拍的，重新履行审计、资产评估，重新走流程程序。</td><td rowspan="4">《企业国有资产交易监督管理办法》第17条、第18条、第19条</td></tr>
<tr><td>国家出资企业子企业</td><td>进场交易</td></tr>
<tr><td rowspan="2">资产转让</td><td>国家出资企业</td><td>进场交易</td></tr>
<tr><td>国家出资企业子企业</td><td>进场交易</td></tr>
</table>

表6-12　国有资产非公开协议转让要求

<table>
<tr><th>交易类型</th><th>企业类型</th><th>非公开协议转让</th><th>定价原则</th><th>法律依据</th></tr>
<tr><td rowspan="2">产权转让</td><td>国家出资企业</td><td rowspan="2">（1）涉及重要行业和关键领域企业的重组整合，对受让方有特殊要求，企业产权需要在国有及国有控股企业之间转让的，经国资监管机构批准；
（2）国有企业内部重组整合的，同一国有母公司及其各级控股企业或实际控制企业之间转让，经国家出资企业审批。</td><td rowspan="4">（1）转让价格不得低于经核准或备案的评估结果；
（2）转让双方为国企及其全资子公司的内部重组整合，转让价格可以资产评估报告或最后一期经审计的净资产值为基础确定，包括一级企业内部重组整合；同一国有控股或实际控制企业的内部重组整合。</td><td rowspan="2">《企业国有资产交易监督管理办法》第31条、第32条</td></tr>
<tr><td>国家出资企业子企业</td></tr>
<tr><td rowspan="2">资产转让</td><td>国家出资企业</td><td rowspan="2">涉及国家出资企业内部或特定行业的资产转让，确需在国有及国有控股、国有实际控制企业之间非公开转让的，由转让方逐级报国家出资企业审核批准。</td><td rowspan="2">《企业国有资产交易监督管理办法》第48条</td></tr>
<tr><td>国家出资企业子企业</td></tr>
</table>

续表

交易类型	企业类型	非公开协议转让	定价原则	法律依据
企业增资	国家出资企业	经同级国资监管机构批准，可以采取非公开协议方式进行增资： （1）因国有资本布局结构调整需要，由特定的国有及国有控股企业或国有实际控制企业参与增资； （2）因国家出资企业与特定投资方建立战略合作伙伴或利益共同体需要，由该投资方参与国家出资企业或其子企业增资。	评估报告不需要经监管部门批准或备案，审计结果与评估结果相互结合作为协商议价的依据。	《企业国有资产交易监督管理办法》第45条、第46条
	国家出资企业子企业	经国家出资企业审议决策，可以采取非公开协议方式进行增资： （1）国家出资企业直接或指定其控股、实际控制的其他子企业参与增资； （2）企业债权转为股权； （3）企业原股东增资。		

（三）公募REITs国有资产交易相关案例

我国公募REITs以基础设施领域的不动产为试点，而基础设施领域的不动产多为国有资产，在现行交易模式下，基础设施项目需要与公募REITs持有的资产支持专项计划进行股权划转或其他的资产交易行为。在首批发行的9只产品中，除张江光大园REIT及中金普洛斯REIT外，其余7只产品的原始权益人均涉及国有资产背景。

表6-13 我国首批发行的公募REITs涉及国有资产交易的基本情况①

序号	REITs名称或简称	原始权益人	是否为国有企业
1	广州广河REIT	广州交通投资集团有限公司	是
2	浙江杭徽REIT	沪杭甬高速、杭州交投、临安交投、余杭交通	是
3	富国首创水务REIT	北京首创股份有限公司	是
4	中航首钢绿能REIT	首钢环境产业有限公司	是
5	招商蛇口产业园REIT	招商局蛇口工业区控股股份有限公司	是
6	红创盐田港REIT	深圳市盐田港集团有限公司	是
7	张江光大园REIT	光全投资（有限合伙）、光控安石	否
8	中金普洛斯REIT	普洛斯中国	否
9	东吴苏州工业园REIT	苏州工业园区科技发展有限公司、苏州工业园区建屋产业园开发有限公司	是

在现行的交易模式下，涉及资产交易的情形可以概括为两个环节：第一个环节为REITs产品设立前的、持有底层资产的项目公司的内部重组（形式不限于公司分立、资产划转、增资减资、剥离重组、出资新设等），此过程可以依据《企业国有资产交易监督管理办法》第31条、第32条和第48条规定的内部重组情形进行，可进行非公开协议交易；第二个环节为REITs产品交易结构要求的，公募基金通过公开市场询价，以持有资产支持专项计划的方式间接收购SPV项目公司。

根据《企业国有资产交易监督管理办法》的规定，国有资产产权交易以进场为原则、不进场为例外。REITs产品交易模式项下的第二个环节，即资产转让交易履行进场交易程序在实操中存在障碍。REITs产品发行的意图在于实现资产的上市，而进场交易程序则会带来交易的一揽子买卖，难以发挥REITs产品的类IPO作用。除此之外，在定价方面，REITs产品通过基金采用网下询价的方式，而进场程序往往为交易对手在资产评估的基础上进行定

① 资料来源：招募说明书。

价，此两种定价方式有很大的不同，网下询价的投资人多为财务投资人，而进场交易的交易对手多是产业投资人，二者关注资产的角度存在差异。面对进场交易实务中的矛盾，首次发行的REITs产品对此进行了不同的安排。

在首批发行的9只产品中，除了招商蛇口产业园REIT未披露相关信息以及张江光大园REIT、中金普洛斯REIT论证不适用国有资产转让相关规定之外，其余的6只产品均对此做了相应安排，其中广州广河REIT、富国首创水务REIT及东吴苏州工业园REIT构建了股权收购并发放股东借款，浙江杭徽REIT、中航首钢绿能REIT及红创盐田港REIT进行了承债式收购；6只产品均取得了国资监管机构的审核批复，其中广州广河REIT、中航首钢绿能REIT及红创盐田港REIT被豁免进场交易，浙江杭徽REIT、富国首创水务REIT及东吴苏州工业园REIT采用非公开协议转让。值得关注的是，国资监管机构及各地方政府对公募REITs产品是否进场交易的问题与时俱进，以市场化为视角，既坚持了维护国有资产保值增值、防止国有资产流失，又充分尊重了资本市场的市场规则，提出“公募REITs通过证券交易所公开发行的金融产品，执行证监会公布的《REITs基金指引（试行）》等证券监管制度，遵循等价有偿和公开、公平、公正的原则公开规范发行，无须另行履行国有资产进场交易程序，或豁免国资进场交易程序”，意见鲜明。

本章总结

随着公募REITs产品在我国“开枝散叶”，与此相关的法律法规亦会逐步完善，从国家各阶层对首次公开发行产品的积极反馈态度可以看出，建立相应的法律法规指日可待。届时，REITs产品的痛点、难点问题也会迎刃而解。

图书在版编目（CIP）数据

REITs：房地产运营时代 / 蔺玉红，李杨，杜楠著
. -- 北京：中国法制出版社，2022.9
ISBN 978-7-5216-2783-1

Ⅰ. ①R… Ⅱ. ①蔺… ②李… ③杜… Ⅲ. ①房地产投资—信托基金—研究—中国 Ⅳ. ①F832.49

中国版本图书馆CIP数据核字（2022）第123620号

策划编辑：赵 宏

责任编辑：陈晓冉　　封面设计：李 宁

REITs：房地产运营时代

REITs: FANGDICHAN YUNYING SHIDAI

著者 / 蔺玉红 李 杨 杜 楠

经销 / 新华书店

印刷 / 三河市国英印务有限公司

开本 / 710毫米 × 1000毫米 16开　　印张 / 26 字数 / 360千

版次 / 2022年9月第1版　　2022年9月第1次印刷

中国法制出版社出版

书号ISBN 978-7-5216-2783-1　　定价：89.00元

北京市西城区西便门西里甲16号西便门办公区

邮政编码：100053　　传真：010-63141600

网址：http://www.zgfzs.com　　**编辑部电话：010-63141835**

市场营销部电话：010-63141612　　**印务部电话：010-63141606**

（如有印装质量问题，请与本社印务部联系。）